UNE RÉVOLUTION SOUS NOS YEUX

Comment l'Islam va transformer la France et l'Europe

Christopher Caldwell

UNE RÉVOLUTION SOUS NOS YEUX

Comment l'Islam va transformer la France et l'Europe

Traduit de l'anglais par Johan Frederik Hel Guedj

Préface de Michèle Tribalat

Ouvrage traduit avec le concours
du Centre national du livre

éditions du
Toucan

collection
« Enquête & Histoire »

ISBN 978-2-81000-444-7

25, rue du général Foy – 75008 Paris
www.editionsdutoucan.fr

À Zelda

Pourrait-il oublier l'ambition d'un enfant de vieillir
Et les institutions où elle apprenait à se laver et à mentir,
Il dirait la vérité pour laquelle il se croit trop jeune,

Que tout à son horizon, le ciel dans son entier,
N'aspire depuis toujours qu'à s'entendre prier
D'être la maison de son père et de parler la langue de sa
mère.

W.H. Auden, *La Quête*

Sommaire

Préface 15

PREMIÈRE PARTIE

IMMIGRATION

CHAPITRE 1

Des rivières de sang. 25

Enoch Powell à tort ou à raison – Combien d'immigrants ? – L'immigration musulmane – Le problème de population de l'Europe – Civilisation et décadence ? – La diversité surévaluée – Aura-t-on la même Europe avec un peuple différent ?

CHAPITRE 2

L'économie de l'immigration. 55

La grande migration de l'après-guerre – L'ampleur sans précédent de l'immigration récente – L'argument capitaliste : le sauvetage des industries moribondes – Des emplois dont personne ne veut – L'argument socialiste : le sauvetage de l'État providence.

CHAPITRE 3

À qui profite l'immigration ? 85

Les bons immigrés et les mauvais – L'immigration est-elle

faite pour les autochtones ou pour les immigrés ? – L'aide sociale et la fuite hors des villes – Le plombier polonais – Barcelone ou la mort – Le devoir d'hospitalité – L'asile et les droits de l'homme – L'asile et la démocratie.

CHAPITRE 4
La peur déguisée en tolérance.................. 125

Neutralité et politiquement correct – La criminalisation de l'opinion – Les groupes d'arbitrage – Diversité et mépris de soi – Des citoyens de seconde classe.

DEUXIÈME PARTIE
L'ISLAM

CHAPITRE 5
Les colonies ethniques 161

La conception historique européenne de l'Islam – Populations musulmanes, présentes et à venir – Le rajeunissement des quartiers en déshérence – Architecture et ségrégation – Zones de non-droit – Ségrégation ou autoségrégation ? – Espaces de la charia – Violence, délinquance et émeutes – Les banlieues de l'émeute et l'Islam – Tribalisme, idéologie et escalade.

CHAPITRE 6
Une culture concurrente...................... 207

Jus soli et *jus sanguinis*, assimilation et intégration - L'illusion de la diversité – L'Islam comme hyperidentité – Loyauté duale – Humiliation et islamophobie – Musulmans et Noirs américains.

CHAPITRE 7
La crise de la foi en Europe.................. 241

Résurgence religieuse – Islam et croyants européens – Islam

et incroyants européens – Benoît XVI : de nouvelles idées sur la foi et l'incrédulité – Sympathie occidentale envers (et conversion à) l'Islam – Le modèle européen de gestion de la religion – Organiser les corps religieux – Liberté de religion = liberté de l'Islam – La crise des caricatures danoises.

CHAPITRE 8

Les règles du sexe 287

La liberté sexuelle comme exigence européenne non négociable – Virginité et violence – Islam ou coutume ? L'attrait de la charia – Mariages arrangés - Loi du mariage au Danemark – Controverses sur le foulard – La loi française contre le voile – Libération obligatoire.

TROISIÈME PARTIE

L'OCCIDENT

CHAPITRE 9

Tolérance et impunité 333

Le tournant de l'autoaffirmation politique – Intimidation et autodéfense – La politique de la terreur – Antisémitisme et antisionisme – « Le communisme du XXIe siècle ».

CHAPITRE 10

Résistance et jihad 361

Pauvreté, emploi, grandeur perdue et autres griefs – Islam et violence – « L'Islam est la paix » – Musulmans modérés – Tariq Ramadan et le double langage – Résistance et jihad.

CHAPITRE 11

Libéralisme et diversité 399

L'immigration, l'Islam et l'Union européenne – Le projet de faire entrer la Turquie dans l'Europe – Pim Fortuyn et la faiblesse de l'Occident – « Droitisme » et « fascisme » dans le contexte de l'immigration et de l'Islam – Le Parti du Peuple danois – Nicolas Sarkozy et la force de la république – Discrimination positive.

CHAPITRE 12
Survie et culture 435

Le devoir de l'Europe envers le monde – L'Europe émancipée de l'Amérique – Le modèle américain de société multiethnique et le modèle ottoman – De l'« Islam, c'est la paix » à « tu l'aimes ou tu le lâches » – Deux types d'utilité.

Notes 463

Bibliographie 513

Index 519

Remerciements 535

Préface

Nous étions quelques-uns à avoir lu le livre de Christopher Caldwell lorsqu'il est paru à l'été 2009 et à nous demander s'il serait traduit en français un jour. Nous l'espérions tout en redoutant qu'aucun éditeur ne saute le pas. Nous avions écho des refus de grandes maisons d'édition et la situation nous semblait sans espoir. C'est pourtant chose faite aujourd'hui avec la parution de cet ouvrage aux éditions du Toucan.

Les Français, et les Européens en général, doivent lire ce livre car c'est d'eux qu'il est question et jamais on ne leur a parlé comme le fait Christopher Caldwell. Observateur constant de l'Europe qu'il connaît bien, il jette un regard extérieur sur la situation européenne dont nous avons bien besoin. Ce regard est à la fois bienveillant, sans concession et souvent ironique. Il nous dévoile les contorsions que nous développons pour nous cacher les problèmes et rester dans les limites du débat raisonnable définies par notre politiquement correct bien à nous. Nous pouvons lui savoir gré d'avoir jeté par-dessus bord toutes les prudences oratoires qui rendent le discours jargonneux et souvent incompréhensible et empêchent l'émergence d'une pensée claire. Il s'en explique ouvertement à la fin de son premier chapitre : « Le lecteur doit avoir conscience que, sans un certain laconisme et une certaine brusquerie, rien de sérieux ne peut s'énoncer. Border chaque raisonnement de précautions oratoires de *certes* et de *nonobstant* aurait rendu ce livre pénible à écrire, et sa lecture assommante. » À cet égard le pari est réussi, on ne s'ennuie pas une seconde à le lire.

Sans tourner autour du pot, Christopher Caldwell se demande si l'Europe pourra demeurer elle-même après la grande révolution démographique qu'elle connaît depuis quelques décennies, causée par une immigration étrangère porteuse d'Islam dans une Europe vieillissante, languissante et sur le déclin. Il n'entretient pas le suspens et répond d'emblée par la négative. Son livre s'emploie donc à nous présenter l'analyse qui l'a conduit à un tel diagnostic.

Cette manière d'aborder franchement les problèmes est très rafraîchissante, particulièrement en France ou le débat sur l'immigration est si peu sincère et si caricatural. Ce débat ressemble, en effet, trop souvent à une guerre de tranchées entre pro et anti, à tel point que les tentatives visant à peser les arguments ne trouvent pas d'espace et sont vite rapatriés d'un côté ou de l'autre de la bataille. Cette bataille est asymétrique avec, d'un côté, le camp de l'ouverture, de la générosité, du partage, de la modernité – le camp du Bien, comme disait feu Philippe Muray –, généralement occupé par une bonne partie des élites politiques, intellectuelles et des classes supérieures qui tirent sans vergogne le bénéfice moral d'une position qui ne leur coûte absolument rien et, de l'autre côté, le camp de la fermeture, du repli sur soi, de l'égoïsme et de la ringardise qui rassemble les couches populaires au front de la cohabitation inter-ethnique et des personnalités à l'idéologie forcément suspecte de xénophobie, de racisme, voire pire si c'est possible.

Dans un tel climat où la réputation se joue sur un mot, nous préférons nous voiler la face et éviter le cœur du sujet : celui de la compatibilité culturelle et des transformations fondamentales des cultures et des modes de vie européens auxquels nous risquons d'avoir à consentir. Nous rejouons ainsi *Hamlet* sans le prince du Danemark. C'est le grand mérite de Christopher Caldwell de nous obliger à le réintroduire. « On a l'impression, dit-il, que la partie la plus sérieuse du débat a été éludée – la partie non-économique. Les effets sociaux, spirituels et politiques de l'immigration sont considérables et durables, alors que ses effets économiques sont faibles et transitoires. »

Le plus souvent, nous évitons soigneusement de regarder toutes les facettes d'un argument, nous contentant de celle qui nous arrange. Au contraire, Christopher Caldwell pèse le pour et le contre avec finesse et n'hésite pas à conclure lorsque c'est possible. C'est le cas, par exemple, lorsqu'il rend compte des reproches qui ont été faits aux musulmans britanniques de ne pas s'être désolidarisés assez ouvertement et massivement des attentats de 2005 à Londres. Pourquoi, en effet, demander des comptes à des musulmans qui se sentent pleinement britanniques ? En a-t-on demandé autant aux Américains blancs lorsqu'un des leurs, Timothy McVeigh, a perpétré l'attentat d'Oklahoma City ? Non, bien sûr. C'est qu'entre les deux événements, une différence de taille subsiste : « Aucune catégorie d'Américains blancs n'a applaudi l'acte de McVeigh ou déclaré que, même si les moyens employés étaient mauvais, les injustices qu'il dénonçait étaient réelles. »

Christopher Caldwell nous aide à replacer les problèmes français dans le cadre européen. Nous nous exagérons souvent l'exceptionnalité de notre situation par manque de curiosité pour celle de nos voisins. Or, comme il l'explique très bien, les problèmes que rencontre la France avec l'immigration et l'Islam n'ont rien d'exceptionnel et ne sont pas spécifiquement liés à son passé colonial. Les Français pensent avoir un problème particulier avec les Arabes d'Algérie, les Berbères de Kabylie étant jugés, de longue date, plus assimilables. La hiérarchisation est exactement inverse chez les Néerlandais, qui attribuent le fort taux de criminalité marocain aux Berbères du Rif, supposés moins faciles à assimiler que les Arabes. La France se lamente sur son passé colonial que l'Allemagne lui envie, d'une certaine manière, en s'imaginant que les difficultés des Turcs en Allemagne auraient été moindres si celle-ci avait pu les accueillir « comme de vieilles connaissances ». La Suède, qui n'a pas de passé colonial, connaît des problèmes semblables aux nôtres. À Rosengård, près de Malmö, la plupart des femmes sont voilées. En 2008, plusieurs nuits d'émeutes y ont pris une tournure bien connue en France. Comme en France, des transports en commun suspendent la desserte des bus dans certains quartiers. Ce fut le cas à Tensta en 2004. Comme en France, des pompiers, des infirmières ou des médecins y sont agressés. Les zones de non-droit ne sont donc pas une spécialité française, loin s'en faut. La France n'est pas non plus la seule a expérimenter les conflits de loyauté à l'occasion des matchs de football. Cela a été le cas aux Pays-Bas lors de la Coupe du monde de football de 2006 : « Une foule de locaux agonirent un barman "d'injures" quand il voulut régler la télévision sur le match Pays-Bas-Tchécoslovaquie de qualification pour la Coupe du monde de football, au lieu du match Maroc-Tunisie. »

Christopher Caldwell nous rafraîchit la mémoire. À l'heure où tout semble tourner autour de la pensée de Samuel Huntington, pour savoir s'il a eu raison ou non de prophétiser « le choc des civilisations », il nous rappelle que Raymond Aron exprimait déjà, trente ans plus tôt, ses inquiétudes sur les effets pervers de la mondialisation : « Dans une humanité en voie d'uniformisation, l'inégalité entre nations revêt la signification qu'avait autrefois l'inégalité entre les classes. » Voilà un domaine où notre vantardise n'est pas allée se nicher.

Sa bonne connaissance de l'Europe et, naturellement, des États-Unis nous aide à réfléchir. La comparaison est toujours féconde, même si elle a ses limites. À l'heure où nous nous rassurons comme nous pouvons en misant sur une transformation de l'Islam au point de discerner un Islam français, un Islam allemand..., et où nous invoquons la grande diversité de l'Islam qui rend, à nos yeux, fort improbable la fusion des identités musulmanes en Europe, Christopher Caldwell nous raconte comment l'identité hispanique, qui n'était, à l'origine, qu'une catégorie de recensement, est devenue une réalité. Internet et les chaînes satellites devraient, sans nul doute, faciliter l'émergence d'une identité musulmane qui, bien que touchant l'Europe, n'en sera pas pour autant pro-européenne. Mais, comme Christopher Caldwell est un honnête homme, il ne nous fait pas le coup de la supériorité américaine. Si l'Amérique a moins de problèmes que l'Europe, ce n'est pas tant en raison des ses vertus propres que d'une présence musulmane encore dérisoire (2 millions) : « Si le poids et la dispersion des musulmans y étaient ceux de la France, elle en compterait 40 millions, concentrés dans une poignée de grandes villes et sur le point d'en prendre le contrôle politiquement. » Nous savons, maintenant, que les États-Unis ont eux aussi, de sérieux problèmes avec l'Islam, malgré le faible nombre de ses adeptes. La jurisprudence de l'affaire Rushdie est mondiale et s'étend désormais aux États-Unis où la liberté d'expression n'est plus ce qu'elle était, sous l'effet de la peur et de l'intimidation, comme en Europe. On l'a vu avec la censure de la série *South Park*, la menace de mort lancée par al-Awlaki, du fin fond de son Yémen, contre la dessinatrice Molly Norris et le refus, par le *Washington Post*, de publier un dessin de Willey Miller intitulé « Where is Muhammad ? »

Le livre de Christopher Caldwell, tout en nous parlant de l'Europe, a l'avantage du dépaysement parce qu'il nous montre les choses sous un angle auquel nous ne sommes guère habitués. Il a l'art de débusquer les contradictions dans lesquelles nous sommes empêtrés. Par exemple, nous avons l'habitude de considérer que les immigrés viennent occuper les emplois dont les Européens ne veulent plus. Pourtant, cet avantage économique disparaît, normalement, dès que l'intégration, qui est aussi l'un des buts affichés des sociétés européennes, fait son œuvre. Autre exemple, nous avons l'habitude de dédouaner les musulmans des actions et engagements déplaisants des musulmans, terrorisme de certains d'entre eux compris. Ce que nous prenons pour une bonne action en refusant, au minimum, de partager avec eux la responsabilité de leurs comportements, est en fait la manifestation d'une grande condescendance à leur égard et s'accorde mal avec l'idée intrinsèque d'égalité des êtres humains, que nous sommes si prompts à prôner par ailleurs. « Si les musulmans sont des humains comme les autres, ils ont tendance à construire leurs idéologies à partir des valeurs et des aspirations qui leur sont propres, et non de celles des autres », écrit très justement Christopher Caldwell. Louk Hagendoorn et Paul M. Sniderman faisaient la même analyse dans leur livre publié en 2007 au titre éloquent, *When Ways of Life Collide* : « Ce n'est pas parce qu'une minorité a moins de pouvoir qu'une majorité que l'on doit faire comme si les minorités ne jouaient aucun rôle dans l'existence ou non d'un conflit ou, pire encore, assumer qu'elles n'ont aucun moyen d'influer sur les termes d'un conflit. Les musulmans aux Pays-Bas ont clairement démontré leur capacité à le faire. »

Enfin, Christopher Caldwell a le grand mérite de revenir sur l'anachronisme historique qui nous fait aborder les enjeux du XXIe siècle avec l'état d'esprit qui nous a tant manqué il y a soixante-dix ans. Notre « trousse à outils rhétoriques » reste celle de l'antinazisme. Cela revient à chercher ses clefs sous un lampadaire, parce c'est là que se trouve la lumière. Jean-François Revel avait longuement écrit sur ce problème dans son beau livre *La Connaissance inutile*, publié en 1988. Il y expliquait, entre autres, pourquoi nous tenions tellement à réactiver la bataille contre le nazisme et comment l'application du principe de neutralité avait profité à l'idéologie communiste. Livrer bataille contre le nazisme, alors que la menace avait disparu, apportait « une satisfaction symbolique » et « une revanche onirique ». Nous y sommes toujours. Par ailleurs, livrer la bataille contre un spectre, c'était s'assurer de la victoire et se dispenser de combattre contre des dangers bien réels. Le souci d'équité voulait que toute critique du communisme ne pût, alors, guère être entendue si vous n'aviez, auparavant, donné des gages de votre engagement contre les menaces fascistes imaginaires censées sévir en Occident. Tel était alors la manière dont fonctionnait le principe de neutralité et qui a permis au communisme d'échapper à la critique radicale dont il aurait dû faire l'objet. Christopher Caldwell fait la même analyse s'agissant de notre attitude vis-à-vis de l'Islam. Cela a quelque chose de désespérant de se retrouver, vingt ans après le livre de Jean-François Revel, dans la même ornière, et il n'est pas sûr que cela se termine aussi bien.

Michèle Tribalat

Première Partie

Immigration

CHAPITRE 1

Des rivières de sang

Sans que personne ne l'ait vraiment décidé, l'Europe occidentale s'est changée en société multiethnique. L'immigration de masse a débuté dans la décennie postérieure à la Seconde guerre mondiale – avec, comme on le verra, fort peu de débat public. En Grande-Bretagne, en France, aux Pays-Bas et en Scandinavie, l'industrie et le gouvernement ont mis en place des politiques de recrutement de main-d'œuvre étrangère pour leurs économies en plein boom. Certains immigrés ont pris des emplois qui paraissent aujourd'hui enviables, tant ils offraient la sécurité et des rémunérations respectables, en particulier dans l'industrie lourde. Mais d'autres travaillaient dans les secteurs les plus rudes, les plus ingrats de l'industrie européenne. Nombre d'entre eux avaient été de loyaux sujets dans les colonies, et ils avaient même porté les armes pour le compte des puissances européennes.

Et c'est ainsi que l'Europe devint une destination d'immigration, suite à un consensus de ses élites politiques et commerciales. Si tant est qu'elles aient un seul instant réfléchi aux conséquences à long terme, celles-ci se sont fondées sur quelques certitudes présumées : ces immigrés seraient peu nombreux ; comme ils ne venaient que pour suppléer à des carences à court terme du marché du travail, la plupart d'entre eux ne resteraient en Europe que temporairement. Et même si certains d'entre eux devaient rester, personne ne supposait qu'ils seraient un jour éligibles aux dispositifs de protection sociale. L'idée selon laquelle ils conserveraient les habitudes et les cultures de leurs villages, de leurs clans, des mosquées et des bourgs marchands du Sud était bien trop exotique pour que l'on s'y attarde.

La quasi-totalité de ces hypothèses se sont révélées fausses. Dès que leur fausseté fut avérée, l'Europe cessa d'être accueillante envers les pauvres de la planète – d'abord de manière ambiguë, à travers la rhétorique de quelques politiciens boutefeux, dans les années 1960, puis de manière plus explicite, avec une législation intransigeante contre l'immigration, dans les années 1970. Les décennies passant, les opinions publiques d'Europe occidentale, telles que les mesuraient les sondages, se révélèrent résolument hostiles à l'immigration de masse. Mais ce n'est pourtant que le début de notre histoire. Plus ou moins explicite, le revirement des politiques migratoires européennes eut peu d'effet pour réduire les flux d'entrées. Les années passant, l'immigration vers l'Europe s'est accélérée. À aucun moment les Européens n'ont été conviés à évaluer ses coûts et ses avantages à long terme.

Enoch Powell, à tort ou à raison

Le 20 avril 1968, deux semaines après l'assassinat de Martin Luther King et les émeutes raciales que sa mort déclencha à Washington et dans d'autres villes des

États-Unis, le parlementaire britannique *tory* Enoch Powell prononçait au Midland Hotel de Birmingham un discours qui n'a cessé de hanter l'imaginaire politique européen depuis lors. Powell parla de l'arrivée, encore modeste à ce stade, de sujets « de couleur » des anciennes colonies, essentiellement du sous-continent indien, mais aussi des Caraïbes. À l'époque cette immigration n'avait encore modifié l'aspect que d'un nombre très limité de quartiers urbains. Enoch Powell laissait entendre qu'à long terme, l'Angleterre connaîtrait des ghettos similaires à ceux d'Amérique, ceux-là même qui se consumaient à l'heure où il s'exprimait. « Nous devons être fous, déclara-t-il, littéralement fous à lier, dans ce pays, pour autoriser chaque année l'entrée de 50000 personnes à charge, qui seront ensuite à l'origine de l'essentiel de la croissance de la population d'origine immigrée. J'ai l'impression de regarder ce pays s'employer à construire fébrilement son propre bûcher funéraire. » Citant le poète Virgile, il mettait en garde : « Je vois confusément "le Tibre écumant de sang"[1]. »

Six mois plus tard, lors d'un discours encore plus lugubre devant le Rotary Club de Londres, il avertissait que si l'immigration devait continuer à ce rythme,

> La population des centres urbains de villes entières du Yorkshire, des Midlands et des comtés du Grand Londres serait composée de manière prépondérante ou exclusive d'Afro-asiatiques. Nous aurions plusieurs Washington en Grande-Bretagne. La population originelle, le peuple d'Angleterre, qui s'imaginait naïvement que ce pays était le sien et que ces villes étaient celles où elle avait grandi, en serait délogée – ici, j'ai délibérément choisi le mot le plus neutre que j'ai pu trouver. Et ici, pour la première

> fois, ce matin, je vous livre mon jugement subjectif [...]. Le peuple d'Angleterre ne le supportera pas[2].

Depuis ce jour-là, au Royaume-Uni, tout le débat sur l'immigration s'est résumé à une querelle pour savoir si Enoch Powell avait vu juste. C'est une querelle stérile, car ceux qui s'y engagent tendent à confondre deux significations du mot *juste* – sa signification morale et sa signification factuelle. Dire que la Déclaration d'Émancipation est *juste* n'a pas le même sens que de dire que le théorème de Pythagore est *juste*. Les remarques de Powell mirent à nu une fracture de classe autour de la question de savoir laquelle de ces deux conceptions du *juste* était véritablement l'affaire de la politique. Et cette fracture-là est inhérente à tous les débats sur l'immigration contemporaine, dans tous les pays.

Pour leur part, les élites politiques s'attachèrent à comprendre si Powell avait vu juste du point de vue de la morale. Même si presque toutes les peurs qu'il invoquait étaient légitimes, et même si quantité d'éléments démontrent que le personnage n'avait lui-même rien d'un raciste (on en veut pour preuve sa passion de l'Inde et des langues de l'Inde, par exemple), il eut du mal à se défendre contre les accusations de xénophobie. Il eut vite les médias contre lui. Le chef des Tories, Edward Heath, rival inexpiable de Powell à la tête du Parti conservateur, le contraignit à démissionner de son poste de ministre de la Défense du *shadow cabinet*. Moralement, Powell n'avait donc pas vu *juste*.

L'opinion populaire, en revanche, se demanda si les faits ne lui donneraient pas raison. Or en ce sens-là, il était dans le juste, sans l'ombre d'un doute. On eut beau, à l'époque, copieusement dénigrer ses prévisions démographiques, elles ne se sont pas seulement révélées à peu près exactes. En effet, elles étaient d'une exactitude aussi parfaite que peut l'être ce type de projections : lors de son discours au Rotary Club, il choqua son auditoire en déclarant que la population non-blanche de Grande-Bretagne, à peine plus d'un million d'individus à l'époque, atteindrait 4,5 millions en 2002[3]. (Selon les chiffres du recensement national, à cette date, les « minorités ethniques » du Royaume-Uni comptaient 4635296 personnes[4].) Lors d'un autre discours, pendant la campagne législative de 1970, il déclara aux électeurs de Wolverhampton, sa circonscription, qu'entre le cinquième et le quart de la population de leur ville, de celle de Birmingham et de l'Inner London[5*] serait composé d'immigrés et de descendants d'immigrés originaires de pays du Commonwealth[6]. (D'après le recensement de 2001, Wolverhampton est peuplée à 22,2 %, Birmingham à 29, 6 % et l'Inner London à 34,4 % d'habitants non-blancs[7].)

Les Britanniques ordinaires adorèrent le discours de Powell à Birmingham. L'élu de Wolverhampton reçut des fourgons de courriers – littéralement : 100000 lettres dans les dix jours qui suivirent, dont 800 seulement exprimaient un désaccord[8]. Pourtant, s'il avait vu juste en avertissant que l'immigration dépasserait ce qu'un Britannique de 1968 aurait jugé supportable, il eut tort de prédire que les Anglais des générations ultérieures ne le toléreraient pas. Si le sang a en effet quelquefois coulé – une vague de meurtres à caractère raciste de ressortissants d'Asie du Sud dans l'East End de Londres dans les années 1970, une dizaine de grandes émeutes en quarante ans, et de nombreux complots terroristes, y compris les attentats à la bombe du 7 juillet 2005 dans les transports londoniens, perpétrés par des Anglais islamistes d'ascendance pakistanaise –, il n'a pas fait écumer les rivières. Alors, qu'est-ce qui a pu échapper à Enoch Powell ?

Une chose lui a échappé : la honte. Après deux méfaits de dimension historique, le colonialisme et le nazisme, le climat moral dominant l'Europe de l'après-guerre était celui de la repentance. Il est vrai que la Grande-Bretagne, cas unique parmi les nations d'Europe de l'Ouest, n'avait aucune raison d'éprouver du repentir pour avoir perpétré, encouragé ou passivement observé les atrocités du fascisme, vingt ou trente ans plus tôt. Cependant, le Royaume-Uni avait récemment dissous le plus grand empire de l'histoire du monde (quand il n'en avait pas été chassé), laissant ses citoyens osciller entre la gêne et le manque d'assurance. Powell n'en était pas. Amoureux de l'ancien Empire, envoûté par son caractère romanesque, il refusait de prêter l'oreille au chant lugubre du repentir, et n'avait pas non plus l'impression que ses concitoyens entendaient une autre musique.

Quand ils s'adressaient aux Africains, aux Asiatiques et à d'autres immigrants en puissance, les Européens de l'après-guerre éprouvaient un sentiment d'illégitimité qui n'a cessé de s'approfondir avec le temps. Un téléfilm de fiction, *The March*, que BBC 1 diffusa pour le « One World Week » en 1990, résumait cet état d'esprit. Dans ce film, un dirigeant politique charismatique, El-Mahdi, prend la tête d'un groupe de 250 000 réfugiés partis d'un camp soudanais pour une marche de près de 5 000 kilomètres jusqu'en Europe, derrière cette banderole : « Nous sommes pauvres parce que vous êtes riches » – un message que ce film de fiction ne cherchait guère à contredire[9].

Même ceux qui croyaient ce sentiment de honte injustifié étaient obligés d'en admettre la puissance. Dans *Le Camp des saints*, le sombre roman de Jean Raspail, publié en 1973[10*], un groupe de philanthropes et de militants incitent un million d'Indiens sous-alimentés dans le delta du Gange, à s'embarquer à bord d'une armada de cargos rouillés à destination de l'Europe. L'entreprise a de sinistres conséquences, notamment la mort de leurs sympathisants, piétinés alors qu'ils se précipitaient pour les accueillir à leur débarquement. La vision de Jean Raspail parvient mieux à saisir la complexité du monde moderne que ne le fait *The March*. Les affrontements politiques n'y sont pas seulement causés par les inégalités. Ils sont aussi le produit de simples accidents, de la vanité des élites intellectuelles et de l'effet boule de neige des médias. Là où le réalisateur de la BBC n'avait vu qu'une question de conscience, Raspail y voyait un mélange de couardise et de conséquences inattendues.

Pour Enoch Powell comme pour Jean Raspail, l'immigration de masse vers l'Europe n'était pas l'affaire d'individus « à la recherche d'une vie meilleure », selon la formule consacrée. C'était l'affaire de masses organisées *exigeant* une vie meilleure, désir gros de conséquences politiques radicalement différentes. « On sera bien plus proche de la vérité, insistait Powell, en se représentant des détachements des Caraïbes, d'Inde ou du Pakistan campant dans certaines régions d'Angleterre[11]. » Détachements, campements – ce sont là des vocables militaires. Enoch Powell a tort d'y recourir. Toutefois, même si ces immigrants n'agissent pas collectivement, à l'ère de la mondialisation, la somme de leurs décisions individuelles peut produire des effets collectifs massifs. Comme l'écrivait le poète et essayiste allemand Hans Magnus Enzensberger en 1992 :

> Tendanciellement, la libre circulation des capitaux entraîne celle de la force de travail. Avec l'instauration toute récente du marché planétaire, les mouvements migratoires prendront, eux aussi, des formes nouvelles. Au lieu de guerres coloniales organisées étatiquement, au lieu de campagnes de conquête et au lieu de déportations, on va sans doute assister à des migrations massives de type moléculaire[12].

Si l'on veut bien renoncer à l'idée que les Européens de l'Ouest seraient par nature des rapaces et des exploiteurs, et que les Africains, les Asiatiques et d'autres candidats à l'immigration seraient inévitablement leurs victimes, alors la différence fondamentale entre colonisation et migration de la main-d'œuvre cesse d'être évidente.

Combien d'immigrants ?

Pour la première fois de son histoire moderne, l'Europe est désormais un continent d'immigrants. Sur les 375 millions d'habitants que compte l'Europe de l'Ouest, 40 millions vivent en dehors de leur pays de naissance[13]. Dans presque tous les pays d'Europe occidentale, le nombre de ces immigrants et de leurs enfants approche ou dépasse les 10 %. Même les pays historiquement pauvres et plus retardataires de la périphérie de l'Europe catholique, comme l'Irlande (14,1 % d'immigrés) et l'Espagne (11,1 %) sont devenus des carrefours. Entre 2000 et 2005, la population née à l'étranger a augmenté de 8,4 % par an en Irlande et de 21,6 % par an en Espagne (et ce dernier chiffre n'est pas une coquille typographique)[14].

Toutefois, il faut établir ici une nette distinction. Nombre de ces immigrants – les Européens partant s'installer dans d'autres pays européens – n'en sont pas vraiment. Ils reflètent une politique d'accroissement de la mobilité résidentielle et professionnelle qui a fait l'objet d'un accord explicite, à travers des traités conclus entre plus d'une vingtaine d'États membres de l'Union européenne. En effet, les membres de l'Union se sont promis une « union encore plus étroite ». Les « accords de Schengen », ratifiés dans la décennie postérieure à 1985, ont autorisé la libre circulation des habitants du continent à travers la quasi-totalité de ses frontières intérieures, sans contrôles et sans visas.

Il n'y a rien d'extraordinaire à ce que le tiers des habitants du Luxembourg (37 %) soient nés à l'étranger. La quasi-totalité d'entre eux sont nés dans l'UE : Portugal, France, Belgique, Allemagne et Italie pour ne citer que les principaux pays d'origine. Le Luxembourg est membre de l'Union européenne, et l'un des plus loyaux. Par ailleurs, un Polonais qui part s'installer en Irlande – comme ils ont été à peu près 63 000 à le faire depuis le tournant du XXIe siècle, au point que 2 % de la population de l'île sont natifs de Pologne –, ne se contente pas de quitter un pays pour entrer dans un autre. Il se déplace à *l'intérieur* d'une fédération.

L'UE n'est pas unanimement aimée en Europe, et la mobilité entre pays de l'Union ne plaît guère – 78 % des Irlandais, par exemple, veulent réinstaurer des restrictions à l'immigration en provenance d'Europe de l'Est[15]. Une telle mobilité érode les cultures nationales qui ont modelé et consolidé les peuples depuis des siècles et, à cet égard, il importe donc peu de savoir qui sont ceux qui arrivent. Ainsi, le sociologue suédois Åke Daun a souvent écrit sur ces Suédois « qui aiment tant être comme les autres[16] ». La plupart des êtres sont dans ce cas, mais quand leur pays se remplit de visiteurs venus d'ailleurs, cela leur est plus difficile. Ces préférences pour la similitude culturelle portent souvent sur de petits détails – par exemple, la soupe de pois jaunes que les Suédois servent traditionnellement le jeudi ou ce caractère taciturne, un trait national si ancré que, selon Åke Daun, en Suède, « mettre son clignotant quand on conduit est souvent considéré comme un signe d'agressivité assez peu apprécié[17] ». Si vous êtes de ces Suédois à qui la soupe de pois jaunes du jeudi soir réchauffe le cœur ou qui sont un peu gênés d'avoir à mettre leur clignotant, l'immigration peut aisément vous gâcher l'existence, car elle bouleverse ces habitudes de comportement. Et cela reste vrai même si ces immigrés sont des citoyens parfaitement éduqués, venus d'un pays voisin.

Pourtant, l'immigration des pays voisins ne suscite pas les questions les plus préoccupantes à propos de l'immigration : « vont-ils bien s'intégrer ? », « veulent-ils s'assimiler ? », et surtout « où va réellement leur loyauté ? » – autant de questionnements qui s'achèvent sur une interrogation inquiète : « et où cela nous mène-t-il ? ». Présenter ces mouvements de population intra-européens comme une immigration peut être un ressort utile pour ceux qui souhaitent court-circuiter le débat autour des problèmes posés par l'immigration *non*-européenne. (« Pourquoi les taudis habités par les Marocains d'Amsterdam seraient-ils un problème, et pas les colonies de retraités allemands à Ibiza ? ») En ce sens, l'emploi du terme *immigration* pour décrire des mouvements intra-européens n'aurait guère plus de sens que dire d'un New-Yorkais partant pour la Californie que c'est un « immigrant ». Les mouvements entre pays européens comptent bel et bien comme des migrations, mais à des fins statistiques. Ce n'est pas le sujet de ce livre.

L'immigration musulmane

Ce livre traite d'un second type d'immigration : l'immigration en provenance de pays et de cultures non-européens. Pour être plus précis, il aborde certains problèmes créés par le désir de non-européens de s'installer en Europe pour de bon : problèmes des sociétés multiethniques et multiculturelles. Il existe de très longue date en Europe occidentale des nations comprenant plusieurs peuples européens aux identités linguistiques et culturelles distinctes. C'est le cas en Belgique, en France, en Grande-Bretagne, en Finlande, en Espagne et en Suisse en particulier. En revanche, l'immigration intercontinentale, à l'échelle actuelle, reste sans précédent. Et elle est impopulaire. Dans aucun pays d'Europe, la majeure partie de la population n'aspire à vivre dans le vaste bazar des cultures du monde. Et pourtant, tous les pays européens aboutissent à cette prise de conscience déchirante : d'une manière ou d'une autre, sans que personne ait fait ce choix délibéré, ils se sont tous transformés en de tels bazars.

En théorie, toute culture profondément différente aura du mal à s'assimiler à la vie européenne. Dans la pratique, c'est l'Islam qui pose les problèmes les plus aigus. Pendant mille quatre cents ans, les mondes islamique et chrétien se sont opposés, parfois violemment. Nous vivons l'une de ces périodes. Si à certains égards, sur un plan structurel ou économique, l'immigration est nécessaire à l'Europe – une proposition que l'on examinera de plus près dans le chapitre suivant –, c'est probablement des pays musulmans surpeuplés situés aux franges sud et sud-est de l'Europe qu'elle viendra. Naturellement, cette immigration-là existe déjà, et elle ne se tarira pas.

Le solde migratoire avec les pays extérieurs à l'Europe atteint des niveaux record avec à peu près 1,7 million de nouveaux arrivants chaque année[18]. La paix et la prospérité futures de l'Europe dépendent de la facilité avec laquelle ces nouveaux arrivants (et leurs enfants et petits-enfants) s'assimileront à la vie européenne. Au milieu du XXe siècle, il n'y avait quasiment pas de musulmans en Europe occidentale. À l'orée du XXIe, ils étaient entre 15 et 17 millions, dont 5 millions en France, 4 millions en Allemagne et 2 millions au Royaume-Uni[19].

Le « poids » démographique de l'immigration en Europe est à peu près l'équivalent de celui de l'immigration aux États-Unis, un chiffre qui invite à comparer l'immigration musulmane en Europe à l'immigration latino-américaine aux États-Unis. Mais une telle comparaison occulte davantage qu'elle n'éclaire. Les particularités culturelles des immigrants d'Amérique latine – hormis une première langue différente (d'origine européenne) qu'ils abandonnent inévitablement dès la deuxième génération au profit de l'anglais – correspondent généralement à une version archaïque de leurs congénères américains. Les *Latinos* ont moins d'argent, représentent une part plus importante de la main-d'œuvre ouvrière, possèdent des structures familiales plus autoritaires, connaissent un taux de divorce plus faible, une fréquentation des églises plus élevée (toujours et surtout catholiques, malgré une pénétration impressionnante du protestantisme évangélique), un régime alimentaire moins sain et s'engagent davantage dans les forces armées que les autochtones américains. En d'autres termes, et à grands traits, la culture latino est comparable à la culture de la classe ouvrière blanche américaine d'il y a quarante ans. Elle reste parfaitement intelligible pour tout Américain doué d'un peu de patience qui aurait déjà discuté du passé avec ses parents. L'immigration hispanique de masse peut déranger quelques coutumes locales et, selon le volume, cet afflux peut provoquer quelques casse-têtes logistiques dans les écoles, les hôpitaux et les administrations locales. Mais elle ne nécessite aucune réforme fondamentale des pratiques culturelles ou des institutions américaines. Tout bien considéré, elle peut même les renforcer.

L'Islam en Europe, c'est une autre affaire. Depuis son arrivée voici un demi-siècle, il a bousculé bon nombre de coutumes, d'idées reçues ou d'institutions avec lesquelles il est entré en contact – ou imposé leur adaptation, ou suscité des réactions d'arrière-garde. Parfois, ces ajustements sont des accommodements mineurs à la tradition musulmane – suppression, dans les entreprises, du pot traditionnel après une journée de travail, horaires réservés aux femmes à la piscine ou salles de prière dans les immeubles de bureaux, les usines et les grands magasins. Parfois, de nouvelles lois sont jugées nécessaires, comme en France le texte interdisant le port du voile à l'école.

Dans certains cas, c'est l'essence même de l'Europe qui qu'il faudrait adapter. C'est l'un des thèmes qui court tout au long des derniers chapitres de cet ouvrage : en plus de son coût économique, l'immigration coûte cher à la liberté. Le multiculturalisme, qui demeure le principal outil de gestion de l'immigration de masse en Europe, impose le sacrifice de libertés que les autochtones européens tenaient naguère pour acquises. Par exemple, ces dix dernières années, dans la plupart des pays du continent, la surveillance des imams et des mosquées de tendance radicale a été renforcée. De telles pratiques sont volontiers critiquées (et parfois avec cynisme) comme une volonté de surveiller les gens uniquement parce qu'ils sont musulmans. Un régime de surveillance renforcée, visant tout le monde indistinctement, peut ouvrir la voie à un affaiblissement des protections constitutionnelles. Dans des pays où les coutumes immigrées répriment les femmes, les intrusions dans les arrangements conjugaux de l'ensemble des familles sont devenues moins rares. Pour prendre un exemple sur lequel nous reviendrons au chapitre 8, un ministre du gouvernement suédois a proposé l'examen génital de toutes les fillettes pour combattre l'excision chez une petite minorité d'immigrantes – les Somalies et les Africaines de l'Est, à dominante musulmane, arrivées à partir des années 1990.

Peu à peu, les autochtones européens sont aussi devenus moins francs ou plus craintifs dans l'expression publique de leur opposition à l'immigration. En revanche, ils l'expriment en privé, notamment devant les sondeurs. Il ne semble pas seulement s'agir d'une objection à l'arrivée de nouveaux citoyens, mais à la société multiculturelle en général. Seuls 19 % des Européens pensent que l'immigration a été un bien pour leurs pays respectifs. Plus de la moitié (57 %) estime que leur pays compte « trop d'étrangers ». Plus un pays connaît d'immigration, plus l'antipathie envers cette immigration augmente : 73 % des Français considèrent que leur pays comporte trop d'immigrés, tout comme 69 % des Britanniques. L'argument n'est plus de savoir quelle quantité d'immigration les Européens désirent, mais ce qu'ils sont prêts à tolérer.

Les inquiétudes sur l'immigration en général ne sont rien comparées à celles que suscite l'Islam en particulier. Depuis le 11 septembre 2001, les craintes relatives aux immigrés et à leurs enfants, perçus comme une véritable cinquième colonne, se sont propagées dans toutes les sociétés européennes. Même avant le 11 Septembre, les sondages mentionnés plus haut montraient que les Français avaient trois fois plus de chances de se plaindre du « trop d'Arabes » que du trop-plein de telle ou telle autre communauté[20]. Le maire de Madrid, Alberto Ruiz-Gallardón, déclarait en 2006, se référant à l'Islam, que sa ville « n'est pas – et ne souhaite pas être – multiculturelle »[21]. La diatribe de feu Oriana Fallaci contre l'Islam européen (*La Rage et l'Orgueil*) est devenue en 2002 l'essai le mieux vendu de toute l'histoire italienne, avec plus d'un million d'exemplaires écoulés[22*]. En 2004, Bernard Lewis, professeur à Princeton, spécialiste de l'Islam, a eu cette répartie moqueuse quand un journal allemand lui a demandé de prédire si l'Europe, à la fin du siècle, serait une superpuissance : « L'Europe, a-t-il décrété, fera partie d'un Occident arabe, ou du Maghreb »[23].

Ces dix dernières années, le Danemark a durci sa législation en matière d'immigration après que des projections alarmantes établies dans les années 1990 prévirent que, dès 2020, 13,7 % des Danois seraient originaires de pays et de cultures « autoritaires »[24]. Comme aucun des États membres de l'UE n'a de régime autoritaire, ce qualificatif peut dès lors être considéré comme un euphémisme désignant des univers non-européens. Que les Européens s'inquiètent avant tout des immigrés d'ethnies différentes ne signifie pas nécessairement que leur inquiétude ait des motivations racistes. Leur malaise peut naître du sentiment que des griefs ancestraux risquent aisément de se réveiller, et que la nostalgie des identités claniques se ravive facilement. Un tel malaise affecte la perception que les Européens ont des Basques, des Irlandais et d'autres peuples du continent, et il n'y a aucune raison pour qu'il ne touche pas leur perception des immigrés de fraîche date. En 2006, des ressortissants musulmans du Danemark ont traversé le monde à seule fin d'attiser la haine contre ce royaume, le leur, lors de la crise des caricatures anti-islamiques. Des citoyens britanniques musulmans ont fomenté et perpétré des attentats contre des civils, non seulement dans leur pays, le Royaume-Uni, mais aussi en Israël. L'Islam se révélera peut-être assimilable à l'Europe, à long terme, mais cela n'a rien d'évident.

L'Europe et son problème démographique

Dans tous les pays du continent, quel que soit le rapport quantitatif actuel entre migrants européens et non-européens, le nombre de ces derniers va croissant et deviendra prédominant. Les Européens ne font pas assez d'enfants. Que ce soit dû à leur degré de prospérité, de décadence ou à d'autres facteurs liés au moral des nations, la fécondité des autochtones européens décline depuis des années, et elle atteint maintenant l'un des plus bas niveaux jamais enregistrés, toutes régions du monde confondues[25]. La population autochtone chute dans pratiquement tous les États de l'Union. Dans certains d'entre eux, cette chute est vertigineuse.

En règle générale, les Européens minimisent cet écueil. Ils soutiennent que les démographes se sont déjà trompés dans le passé, et que l'on ne peut connaître que très grossièrement ce que sera la population de l'Europe dans vingt ou trente ans. Ils se trompent. Bien sûr, il est possible que, tôt ou tard, l'Europe connaisse un nouveau baby-boom. Mais, à brève échéance, la démographie sait se montrer aussi exacte qu'une science sociale peut l'être. Par ailleurs, ce déclin démographique ne s'arrêtera pas nécessairement, d'autant que les familles peu nombreuses sont devenues une norme culturelle. En Autriche et en Allemagne, par exemple, les femmes âgées de 20 à 34 ans considèrent que la taille de famille idéale est de 1,7 enfant. Comme l'ont souligné Wolfgang Lutz et ses collègues, c'est très proche du niveau où un pays tombe dans ce qu'il appelle « la trappe à faible fécondité » d'où il a peu de chances de ressortir. Pour qu'une société maintienne une taille inchangée, une femme doit avoir en moyenne 2,1 enfants au cours de sa vie (c'est ce que l'on appelle la « descendance finale »). Tous les pays européens se situent nettement au-dessous, sauf l'Albanie musulmane. Il existe une « plage de sécurité » au-dessus de 1,6 enfant par femme, où le déclin de la population est plus progressif et plus facile à inverser. Au-dessous de ce seuil, la population tend à s'effondrer. Une société qui maintient une descendance finale de 1,8 conservera 80 % de sa taille initiale d'ici la fin du siècle ; une société où les femmes n'ont que 1,3 enfant (l'Italie, l'Espagne, l'Allemagne orientale et les

États baltes sont dans ce cas) perdra les trois quarts de sa taille initiale[26]. Au rythme actuel, d'ici le milieu du siècle (soit dans un peu plus d'une génération), la population autochtone de l'Italie sera divisée par deux[27].

Non contents de ne pas faire d'enfants, les Européens sont vieux. Un quart d'entre eux a déjà plus de 60 ans. Dans la banlieue parisienne de Montfermeil, avec sa forte présence nord-africaine, les enfants des cités appellent le quartier pavillonnaire essentiellement occupé par des autochtones, qu'ils traversent tous les jours pour aller à l'école, *la ville des vieux*[28*][29]. Dans de nombreuses régions d'Europe, les individus jeunes ont tendance à être d'origine étrangère. À Paris, quand quelqu'un évoque une agression provoquée par une *bande de jeunes*[30*], il sous-entend généralement qu'ils sont d'origine nord-africaine. Dans les endroits fortement peuplés de gens âgés, des logements se libèrent, et les immigrés les occupent, réitérant ainsi à l'échelle des quartiers ce qui se produit à celle de la civilisation européenne.

Comme il n'existe plus de source européenne de croissance de la population, l'Europe ne peut conserver sa taille et son dynamisme qu'en important des non-Européens. Dans certains pays du continent, le pourcentage de gens qui sont soit immigrés, soit enfants d'immigrés approche du quart. Sur 9 millions de Suédois, 1,5 million sont des immigrés ou des enfants d'immigrés. Il en va de même pour 3 millions de Hollandais sur 16 et deux tiers des étudiants d'Amsterdam, de Rotterdam et de La Haye. D'après les projections, en 2050, 29 % des Néerlandais auront au moins un parent né à l'étranger. Certains d'entre eux viendront de pays européens, mais la plupart – environ 2,8 millions, soit 17 % de la population des Pays-Bas – seront d'origine non-occidentale[31]. Ces chiffres sous-estiment le nombre d'individus d'origine non-européenne, car certains d'entre eux seront les enfants de citoyens hollandais nés aux Pays-Bas.

En 2050, selon David Coleman, démographe et chercheur à Oxford, la Grande-Bretagne compterait 7 millions de « non-blancs », même si l'immigration était complètement gelée, et 16 millions si elle se poursuivait à un niveau « élevé », de l'ordre de 108 000 nouveaux arrivants par an[32]. (Et pourtant, ce niveau élevé pourrait lui-même sous-estimer la pression migratoire. Au milieu des années 2000, la Grande-Bretagne accueillait à peu près 500 000 nouveaux immigrants tous les ans – l'équivalent d'1 % de sa population[33].) Au milieu du siècle, dans la plupart des grands pays européens, les populations d'origine étrangère représenteront entre 20 et 32 % du total[34].

Une partie de cette augmentation est liée aux nouvelles arrivées, mais l'essentiel découle du large fossé entre la fécondité des autochtones européens et celle des immigrés non-européens, qui peut mettre des générations à se combler. À Turin, la ville du nord de l'Italie qui subitement, depuis les années 1990, compte 10 % d'immigrés, ces derniers représentent 0,2 % des décès mais 25 % des naissances[35]. Le cinquième des enfants de Copenhague, le tiers des enfants de Paris et la moitié de ceux de Londres sont nés de mère étrangère[36]. En France, dans les années 1990, l'indicateur conjoncturel de fécondité des femmes autochtones était de 1,7 enfant par femme, mais celui des immigrées de 2,8[37]. En moyenne, les immigrées de Tunisie, de Turquie et du Maroc avaient entre 3,3 et 3,4 enfants, plus que les femmes restées leur pays d'origine.

Les Européens partent du principe que cette croissance

rapide de la population au sein des communautés immigrées va cesser. Ils ont eu tendance à prêter une foi quasi religieuse aux théories de la « transition démographique » qui prévoient une baisse de la fécondité à mesure que les gens accèdent à une certaine aisance. Selon de telles théories, quand la médecine moderne, l'hygiène et la diététique s'imposent dans une société, les gens âgés vivent plus longtemps et davantage d'individus jeunes survivent jusqu'à l'âge de la reproduction – mais les habitudes anciennes de constitution des familles sont plus lentes à se transformer. Il en résulte une hausse massive de la population, sur une ou deux générations. À mesure que la modernité rend ces sociétés plus prospères et mieux éduquées, et que ces sociétés de consommation créent des sources de satisfaction alternatives à celle de l'éducation des enfants, la fécondité chute.

Cela se produit parfois au sein des communautés immigrées. Les « Indiens africains » qui arrivèrent du Kenya et d'Ouganda en Grande-Bretagne, à la fin des années 1960 et au début des années 1970, ont à présent plus ou moins la même fécondité que les autochtones. Mais tel n'est pas toujours le cas. Les Pakistanais et les Bangladeshis, qui sont en Grande-Bretagne depuis bien plus longtemps encore que les Indiens africains, conservent une fécondité très au-dessus de la moyenne nationale[38].

Il n'est pas sûr que les immigrés du Tiers Monde en Europe, et en particulier les musulmans, connaissent la même transition démographique que leurs hôtes occidentaux. La culture musulmane est semée de messages vantant les avantages pratiques de la procréation. Ainsi que le veut ce verset du hadith : « Marie-toi, car par toi je surpasserai les peuples » (Ibn Majah, 1:599). Feu Yasser Arafat, considérant la multiplication par sept de la population palestinienne en une génération (de 450 000 individus en 1967 à 3,3 millions en 2002), disait de l'utérus des femmes palestiniennes qu'il était l'« arme secrète » de sa cause[39]. Certes, l'hostilité des musulmans européens envers l'Europe n'arrive pas à la hauteur de celle d'Arafat vis-à-vis d'Israël, mais les immigrés n'ont nul besoin d'être hostiles à l'Occident ou à ses valeurs pour remettre en cause la répugnance de ce dernier à mettre au monde et à élever des enfants. La voie de la modernisation européenne (alphabétisation, délégation de responsabilité, individualisme, etc.), passe par la galerie marchande, le piercing de nombril, le jeu en ligne, un taux de divorce de 50 % et une forte tendance à l'anomie et au dégoût de soi. Qu'est-ce qui nous rend si sûrs que cette européanisation est une voie que ces immigrants ne manqueront pas d'emprunter ?

Civilisation et décadence

Si raisonnable ou si déraisonnable soit-il, le débat européen sur l'immigration trahit le sentiment de peur panique refoulée qu'inspire l'état de la civilisation européenne. Que l'Europe réussisse, pour la première fois de son histoire, l'adaptation des minorités non-européennes dépendra de la perception qu'auront de l'Europe les autochtones et les nouveaux arrivants – civilisation florissante ou civilisation décadente ?

Pour les optimistes, le libre accès aux tortillas, au Coran et au sari dans les grandes métropoles du continent constitue la preuve que cette Europe est florissante. C'est un fanal pour les pauvres du monde. Les nouveaux arrivants apportent avec eux des produits et des coutumes traditionnels très attractifs. L'Europe est forte et elle a suffisamment confiance en elle pour accueillir de tels éléments. Il existe sept journaux de langue polonaise à Dublin[40] et six quotidiens en chinois en Hongrie[41]. L'aubergine, la mangue et le baklava sont plus faciles à trouver que par le passé. Même les embouteillages monstres ont leur bon côté – ils s'étirent sur des dizaines de kilomètres, sur les autoroutes du sud de l'Espagne, tous les étés, quand des travailleurs nord-africains, descendus de tous les pays du continent, embarquent leur famille dans des véhicules hors d'âge et convergent en direction des ferrys qui effectuent la traversée jusqu'au Maroc. Ils prouvent que l'Europe immigrée est en marche, active, animée, diverse, amoureuse de la vie.

Mais les cultures « avancées » ont toujours sous-estimé leurs vulnérabilités vis-à-vis des cultures « primitives ». Les immigrés apportent aussi avec eux désordre, pénurie et criminalité. Des immigrés turcs ont été impliqués dans des fusillades dans des écoles en France et aux Pays-Bas. L'Italie a ses « laveurs de pare-brise » originaires des Balkans qui soutirent l'argent des automobilistes à la manière des mendiants de Manhattan dans les années 1970 et 1980[42]. Et la plupart des pays d'Europe ont connu des troubles liés aux immigrés, si ce n'est de véritables émeutes.

Pour les pessimistes, la vitalité et l'énergie de ces communautés immigrées et de ces groupes ethniques s'exprime aux dépens des autochtones. Les Européens en savent davantage sur la calligraphie arabe et le tissu kente ghanéen parce qu'ils en savent moins sur Montaigne et Goethe. Si la propagation de la cuisine pakistanaise représente la plus formidable nouveauté de la vie au Royaume-Uni de ce dernier demi-siècle, n'oublions pas que les bombes utilisées pour les attentats manqués dans les transports londoniens, le 21 juillet 2005, étaient composées d'un mélange de peroxyde d'hydrogène et de farine de chapati[43]. L'immigration n'améliore pas, ne valorise pas la culture européenne ; elle la supplante. L'Europe ne fait pas bon accueil à ses tout nouveaux habitants, elle leur cède la place.

L'optimisme et le pessimisme coexistent dans presque tous les esprits européens. L'immigration est en effet une opportunité culturelle, à la fois euphorisante et revivifiante. Mais c'est aussi une épreuve de force entre deux cultures. Par le passé, les immigrations – les réfugiés juifs et huguenots, les manœuvres de Pologne, d'Irlande ou d'Italie – étaient assez importantes pour enrichir leurs territoires d'accueil, mais pas assez pour les menacer. Il existe quantité d'autres modèles d'immigration, et ils ne s'achèvent pas tous par l'« absorption » des nouveaux venus dans leur pays hôte. L'arrivée de quelques centaines d'aventuriers britanniques en Inde au XVIIIe siècle était une immigration, tout comme l'installation d'ambitieux *rancheros* dans la Nouvelle Espagne (l'actuel Texas) du début du XIXe siècle. L'immigration renforce les pays solides et les cultures fortes, mais elle peut submerger les plus faibles.

La diversité surévaluée

Les journalistes et les analystes gouvernementaux présentent souvent l'immigration en Europe comme un phénomène divers. Il est difficile de généraliser, disent-ils. En

France, tous les ouvrages expliquent inlassablement les problèmes de l'immigration comme une conséquence du colonialisme, ou même comme la continuation du colonialisme par d'autres moyens[44]. En revanche, en Allemagne, on entend fréquemment répéter que la difficulté d'intégration des nouveaux arrivants turcs tient à un manque d'expérience coloniale comparable à celle, si dommageable soit-elle, qui a du moins permis à des pays comme la France ou l'Angleterre de recevoir leurs tout nouveaux citoyens comme de vieilles connaissances, certaines références culturelles communes leur tenant lieu de point d'ancrage. Beaucoup de Français demeurent sceptiques sur la capacité d'assimiler les Arabes et plus optimistes sur les Berbères de la Kabylie algérienne, fiers et indépendants. Les Néerlandais, quant à eux, tentent de justifier le fort taux de criminalité de leur population marocaine en rappelant que ce sont après tout des Berbères du Rif, et l'on ne peut attendre de leur part qu'ils s'intègrent aussi bien que les Arabes.

Selon une autre explication récurrente des spécialistes des sciences sociales, les problèmes de l'immigration se résument à un affrontement entre « la campagne » et les « grandes villes ». Comme l'écrit l'historien néerlandais Geert Mak :

> Dans les années 1970, il s'est commis aux Pays-Bas une grande erreur politique, comme ailleurs en Europe de l'Ouest. Faute d'être assez sélectifs, faute de dirigeants compétents, faute de politiques publiques pour accueillir tous les nouveaux venus dans la société hollandaise, une grande vague d'immigration est partie des campagnes turques et marocaines vers les grandes villes des Pays-Bas[45].

Vu sous cet angle, ce que l'Europe affronte, ce n'est pas une répétition, disons, de la conquête de l'Espagne par les Omeyyades, mais celle des laitières et des bergers quittant leurs villages normands pour rejoindre les usines de Boulogne-Billancourt. Geert Mak, qui se considère comme un grand défenseur des immigrés et qui a lancé certaines des attaques les plus féroces qui soient contre Ayaan Hirsi Ali, l'intellectuelle somalie, hollandaise d'adoption, et critique de l'Islam, constate que le projet batave d'intégration des immigrés (tout au moins des musulmans) a jusqu'à présent échoué. Mais il ne peut admettre la possibilité que ce projet ait échoué en raison des maigres perspectives de réussite qui étaient d'emblée les siennes.

On retrouve une variante de sa lecture des maux de son pays chez des intellectuels de plusieurs autres pays, d'un bout à l'autre de l'Europe. Écrivains, universitaires et politiques agissent comme si c'était une bizarrerie, un accident ou un épiphénomène – et jamais l'immigration proprement dite – qui avait exposé leur pays à une difficulté aussi insurmontable. Ils invoquent une bourde politique, le couac d'une bureaucratie tatillonne, une particularité des immigrés passée inaperçue, en somme quelque chose qu'une nouvelle politique publique ne manquerait pas de rectifier.

C'est se méprendre. La situation de l'immigration en Europe n'est pas d'une telle diversité, même si les individus concernés le sont. Sans tenir compte de la crise économique qui a éclaté en 2008, regarder en face les retombées de l'immigration demeure le problème majeur de tous les pays d'Europe occidentale, et ce problème est le même pour tous ces États. Si vous comprenez le rapport entre l'immigration, l'Islam et la culture autochtone dans n'importe lequel de ces pays, vous serez à peu près capable de prédire leur rapport dans n'importe quel autre – quel que soit son caractère national, qu'il ait ou non conquis un empire, quel qu'ait été son rôle au cours de la Seconde guerre mondiale et quelle que soit la provenance de ses immigrés musulmans.

Toutes ces nations connaissent le mêm déclin démographique. Tous ces pays formulent le même diagnostic sur les défis de l'immigration auxquels ils sont confrontés, et ils mettent tous en avant des politiques identiques. En 2001, quand Rita Süßmuth, la démocrate-chrétienne, publia les conclusions d'une commission indépendante sur l'immigration, affirmant que l'Allemagne aurait besoin de 500 000 immigrants par an afin de préserver son équilibre démographique, le démographe Gunnar Heinsohn écrivit avec sarcasme, et non sans raison : « Maintenant, tous les pays de l'OCDE, et même les pays slaves d'Europe orientale, ont leur rapport Süßmuth. Et tous proclament courageusement, en ignorant le sort des autres, leur envie d'accueillir des génies high-tech, qualifiés et facilement assimilables en nombre toujours plus grand[46]. » Pour ce qui est d'assimiler l'Islam, tous les pays adoptent peu ou prou la même stratégie, en conférant aux groupes de pression musulmans un statut pseudo-gouvernemental et en décrétant que ce choix produira un Islam reflétant les valeurs de l'Europe, et non l'inverse. C'est l'idée maîtresse que l'on trouve derrière le Conseil français du culte musulman, la Consulta italienne et l'Islamkonferenz allemande (fût-ce à un degré moindre), ou bien encore derrière la tentative (qui n'a jamais reçu de nom et n'a jamais connu le moindre succès) d'amener la direction du Conseil musulman de Grande-Bretagne à des prises de position plus modérées. Un journaliste qui voyagerait de pays en pays entendrait les mêmes blagues, les mêmes bons mots autour de l'immigration. Les Français sont aussi friands de leurs propres traits d'esprit quand ils déplorent l'importation d'imams radicaux du « Londonistan » que le sont les Italiens quand ils se plaignent des désordres dans leur cité du « Crémonistan » (Crémone)[47].

Pourquoi les leaders d'opinion européens insistent-ils tant sur la diversité des immigrations, la diversité des islams ? Peut-être pour conjurer tout débat sur la possibilité que ces problèmes immigrés, à la fois variés et porteurs de similitudes, dans tous les pays d'Europe de l'Ouest, ne soient que les facettes d'un affrontement plus vaste. Le « choc des civilisations » est associé à l'ouvrage éponyme de Samuel Huntington, le chercheur en sciences politiques de Harvard, aujourd'hui décédé. Mais la crainte d'une mondialisation exacerbant les tensions entre les peuples au lieu de les apaiser n'est pas seulement une idée que Huntington se serait contenté d'imaginer dans les années 1990.

En 1961, le philosophe français Raymond Aron prononçait à Londres une conférence intitulée « L'aube de l'histoire universelle ». Il y soutenait que « dans une humanité en voie d'unification, l'inégalité entre nations revêt la signification qu'avait autrefois l'inégalité entre classes. Les conditions de vie varient aujourd'hui entre continents ou entre pays plus qu'elles ne l'ont jamais fait. En même temps, la perception de l'inégalité s'étend tandis que la résignation à la pauvreté et au destin est de plus en plus rare[48] ». À l'ère d'Internet, ces réflexions de Raymond Aron restent vraies pour l'essentiel. Les pays européens se racornissent, vieillissent et manquent de travailleurs. Leur source de rajeunissement et de main-d'œuvre réside à l'évidence dans les cultures musulmanes du Sud et du Sud-Est, qui ont été les ennemies historiques de l'Europe, ses suzeraines ou ses subalternes. L'Europe a fait le pari que des attitudes qui se sont transmises avec les siècles, de part et d'autre, ont disparu, ou que l'on peut les faire disparaître. Ce pari n'est probablement pas si sage que cela.

Peut-on avoir la même Europe avec un peuple différent ?

Ce livre traite de l'Europe, de comment et pourquoi l'immigration et les sociétés multiethniques qui en résultent marquent une rupture dans son histoire. Il est écrit avec un œil rivé sur les difficultés que l'immigration pose à la société européenne. Ce n'est pas un livre sur les difficultés auxquelles sont confrontés les musulmans et les minorités ethniques, sur les injustices de l'économie planétaire ou les impératifs des droits de l'homme, même s'il s'agit là de sujets louables qui seront abordés quand ce sera nécessaire. Cet ouvrage vise à décrire une situation épineuse propre à l'Europe et pas à chapitrer les Européens sur ce que devraient être leurs souhaits et leurs objectifs, ou sur la manière dont leurs sociétés devraient fonctionner.

En réalité, nous faisons face à deux problèmes différents qui, parce qu'ils se recouvrent, sont souvent considérés, à tort, comme ne faisant qu'un. Il y a d'une part le problème de l'aptitude de l'Europe à assimiler les immigrés, et de l'autre les difficultés de l'Europe vis-à-vis de l'Islam. Le lecteur doit avoir conscience que, sans un certain laconisme et une certaine brusquerie, rien de sérieux ne peut s'énoncer. Border chaque raisonnement de précautions oratoires, de *certes* et de *nonobstant* aurait rendu ce livre pénible à écrire et sa lecture assommante. Dans ces pages, les mots sont employés en leur sens vernaculaire, pas dans le sens qui est le leur en sciences sociales ou en politique. Ainsi, par exemple, un terme comme « autochtones » ou « natifs » pourra servir à désigner la partie non-musulmane d'un pays européen. Cela ne signifie pas que l'auteur ignore que l'Europe compte aussi des musulmans nés en Europe. L'idée selon laquelle les musulmans européens ont mal pris la décision du *Jyllands-Posten*, en septembre 2005, de publier les caricatures de Mahomet, doit être comprise dans son sens général. L'auteur ne prétend pas avoir interviewé tous les musulmans du continent jusqu'au dernier et découvert leur complète unanimité sur le sujet. Est visée, ici, l'économie de la formule, loin du stéréotype et de l'exclusion. Ce livre évitera l'alarmisme et la provocation vaine, mais il évitera aussi l'euphémisme et cette façon de se coucher (à titre préventif) qui caractérise tant d'écrits sur les questions relatives à l'ethnicité.

Il n'existe pas de précédent à l'immigration de masse que l'Europe a connue ces cinquante dernières années et qu'elle risque de connaître dans les années à venir. Certaines immigrations de dimension modeste, à la fin du XIXe siècle et au début du XXe, se sont bien terminées : le mouvement des journaliers polonais vers l'Allemagne ou des ouvriers italiens de l'industrie vers la France. L'un d'eux, en revanche, s'est terminé de façon catastrophique : la migration des juifs vers les villes d'Europe occidentale. L'immigration actuelle est maintes fois plus vaste que celles-là, elle implique des différences culturelles plus profondes. Et son issue n'est pas claire.

L'immigration de masse peut aiguillonner des économies ralenties par de vieilles habitudes et insuffler une vie nouvelle dans des sociétés démoralisées par les erreurs et les péchés qu'elles ont commis au XXe siècle. Hélas, cette hypothèse ne paraît guère vraisemblable. Les Européens, ainsi que nous le verrons au chapitre suivant, ont surestimé leurs besoins de main-d'œuvre immigrée. Les avantages économiques de cette immigration sont restés temporaires et marginaux. Ils appartiennent maintenant au passé. À l'inverse, les mutations sociales qu'elle a introduites ont été massives et durables. Accueillir davantage de groupes ethniques ne revient pas à ajouter à l'Europe ce qu'elle possède déjà, mais à le transformer. L'immigration cadre mal avec les États providence qui ont été la pierre angulaire de l'identité européenne depuis la Seconde guerre mondiale. Elle complique les efforts de construction de l'Union européenne. L'Islam que professe à peu près la moitié des nouveaux arrivants s'accorde mal avec les traditions séculières du continent. Dans la lutte entre les deux, présumer que c'est le sécularisme qui aura le dessus serait présomptueux. La médiocrité spirituelle que les immigrés islamiques perçoivent dans l'Occident moderne n'est pas imaginaire et pourrait être la plus grande entrave à la préservation de la culture européenne.

Le reste de cet ouvrage se posera la question suivante : peut-on avoir la même Europe avec un peuple différent ? La réponse est non.

CHAPITRE 2

L'économie de l'immigration

À partir de 1945, l'Europe s'est préoccupée de reconstruire ce que la guerre avait détruit – rues et voies ferrées, maisons et bureaux, rôles et rituels. En tout état de cause, le marché du travail européen n'aurait pas suffi, mais la pénurie de main-d'œuvre a été exacerbée par la perte, pendant la guerre, de millions d'individus en âge de travailler. Le souvenir de la Seconde guerre mondiale (où l'ennemi vaincu était un pouvoir raciste) et le durcissement progressif de la Guerre froide (où l'Ouest rivalisait avec le bloc communiste pour flatter les masses du monde non-européen) se liguèrent pour atténuer les doutes que l'idée d'accueillir une telle masse de gens issus d'autres ethnies et d'autres cultures aurait suscités à n'importe quelle autre période de l'histoire européenne.

La grande migration de l'après-guerre

Des pays qui décolonisaient (la France, la Grande-Bretagne, les Pays-Bas) répondirent pour partie à ces pénuries de main-d'œuvre en rapatriant des Européens qui n'étaient plus les bienvenus ou plus satisfaits de la place qui leur était réservée dans les postes avancés de leurs empires respectifs, et pour partie en recrutant d'anciens « natifs » de ces colonies. En Grande-Bretagne, les premiers Jamaïcains arrivèrent en 1948 à bord de l'*Empire Windrush*, un paquebot qui tient maintenant le rôle du Mayflower dans la mythologie fondatrice de la Grande-Bretagne multiculturelle. Les nouveaux venus travaillèrent dans les fonderies, les chemins de fer, les bureaux de poste et les hôpitaux, et comme plombiers ou comme électriciens.

Leur nombre excédait toutes les attentes. Le Nationalities Act de 1948 avait accordé la citoyenneté aux sujets de ces anciennes colonies britanniques, un moyen de fournir des assurances aux Canadiens, aux Australiens et aux autres immigrants traditionnels d'un Empire qui évoluait vers le Commonwealth. Quant aux sujets de Sa Majesté sous les tropiques, on partait du principe que s'ils ne s'étaient pas présentés aux portes du royaume plus tôt, cette envie ne leur viendrait pas davantage maintenant.

Le Nationalities Act facilita le lancement de l'immigration mais rendit son arrêt ou même son ralentissement difficile, jusqu'à la réforme des lois sur la citoyenneté, dans les années 1960[1]. En 1953, à Bradford, dans le Yorkshire, on comptait à peu près 350 Africains, Asiatiques ou Caribéens. Mais les Indiens et les Pakistanais ne tardèrent pas à arriver en masse. Ils travaillèrent comme cardeurs, dans les transports ou la restauration. En l'espace de cinq ans, à Bradford, la population originaire d'Asie du Sud a été multipliée par dix, et 15 % des conducteurs d'autobus de la ville étaient Indiens ou Pakistanais. À la fin des années 1950, la Grande-Bretagne comptait 55 000 Indiens et Pakistanais et 125 000 personnes originaires des Caraïbes et l'immigration s'accélérait[2]. Au recensement de 2001, le pays comptait 2083759 ressortissants d'origine sud-asiatique (Indiens, Pakistanais et Bengalis) et 1148738 « Britanniques noirs » (des « Black British », comme les nomment les documents de recensement), dont la moitié vient des Caraïbes[3].

Il s'est produit un phénomène similaire en France. Dans un discours, le 3 mars 1945, Charles de Gaulle se plaignait du manque de main-d'œuvre en France, « principal obstacle à notre redressement[4*] »[5]. On estimait qu'il manquait alors au moins 1,5 million de travailleurs. La France souhaitait les faire venir de Pologne et des Pays-Bas, mais ces pays souffraient de leur propre pénurie de main-d'œuvre et peu d'immigrants étaient disponibles. L'immigration d'Allemands fut envisagée, puis abandonnée pour ne pas heurter l'opinion publique. Ensuite la France essaya de recruter des manœuvres du nord de l'Italie, mais fut concurrencée par les offres émanant d'entreprises helvétiques. L'immigration italienne se produisit mais de manière bâclée, improvisée et consista en des dizaines de milliers de Siciliens. Le gouverneur d'Algérie suggéra de recruter 100000 travailleurs musulmans, une offre que Paris rejeta aussitôt, refus motivé par des « risques sanitaires, sociaux et moraux ». Au cours des trente années qui suivirent, le pays devait recevoir sept fois plus d'Algériens, par des voies moins officielles. Personne n'organisa leur venue – ils faisaient leurs valises, fuyaient la violence de la révolution algérienne. À une certaine période, en 1962, ils arrivaient au rythme de 70000 par semaine[6]. À la mi-2004, La France comptait près de 5 millions d'immigrés dont 36 % étaient français[7].

Des pays sans empire signèrent avec des nations plus pauvres des accords afin de faire venir des « travailleurs invités ». La Suède fut un pionnier de ce type d'accords. Grâce à sa neutralité durant la Seconde guerre mondiale, la Suède fut le seul pays européen économiquement avancé à sortir du carnage avec une infrastructure industrielle intacte. Elle était en bonne position pour tirer avantage de la reconstruction européenne, et tel fut bien le cas – avec une croissance de 4 % depuis la guerre jusqu'à la crise pétrolière des années 1970, et une pointe à 7 % pendant la quasi-totalité de la décennie 1960. Tout ce dont manquait la Suède, c'était de personnel pour faire tourner ses usines. Les Finnois, qui souvent parlaient le suédois, comblaient l'essentiel des besoins – mais pas la totalité.

C'est ce qui donna lieu aux politiques de « travailleurs invités », conçues comme des expédients de court terme. Un pays industriel signait un accord bilatéral avec un autre moins développé, privé d'emplois ou d'une devise forte. On envoyait des responsables de l'embauche dans les entreprises, des responsables gouvernementaux et des médecins choisir des équipes de jeunes travailleurs adaptés à ces besoins, pour de courtes périodes, généralement deux ans, après quoi l'ouvrier était censé rentrer chez lui. La Suède signa des accords temporaires de main-d'œuvre avec des pays étrangers, en commençant par l'Italie et la Hongrie en 1947. Mais les ressources de main-d'œuvre de ces pays n'étaient guère adaptées, et ces politiques d'immigration finirent par toucher des pays plus lointains, pour finalement atteindre la Yougoslavie et la Turquie, vingt ans plus tard[8]. Grâce à ces accords et à un apport de réfugiés politiques d'une importance inattendue, c'est presque le sixième de la population actuelle du pays qui est née en dehors de ses frontières ou qui a des parents qui y sont nés[9].

Les programmes de *Gastarbeiter* d'Allemagne de l'Ouest

se révélèrent colossaux. Ils démarrèrent tard, en 1955, comme un moyen méthodique d'amener, en petit nombre, des hommes qui travaillaient dans les fermes en Italie. Mais l'Allemagne était en plein « miracle économique », et l'industrie réclamait elle aussi de la main-d'œuvre. À la vitesse de l'éclair, ces programmes s'élargirent à de nouveaux secteurs de l'économie, et l'Allemagne commença de recruter dans toute l'Europe du Sud et l'Afrique du Nord – en Espagne, en Grèce, en Turquie, au Maroc, au Portugal, en Tunisie et en Yougoslavie. Ce besoin d'une main-d'œuvre de court terme grandit encore après la fermeture de la frontière décidée par les dirigeants est-allemands, en 1961. Jusqu'alors, l'Est communiste, en stagnation, et exploité, avait fourni à l'Ouest capitaliste une réserve de plusieurs millions de travailleurs. Il y eut 329 000 *Gastarbeiter* en 1960, un million en 1964 et 2,6 millions en 1973[10]. (Curieusement, l'Allemagne de l'Est menait son propre programme de *Gastarbeiter*, en important des Vietnamiens pour les faire travailler, notamment dans l'usine d'ampoules électriques Narva[11].)

Les Turcs fournirent le plus gros contingent d'immigrés vers l'Allemagne. Le programme des *Gastarbeiter* était pour la Turquie une manne de devises fortes, et l'on n'a compris que très récemment avec quelle énergie le gouvernement d'Ankara avait cherché à y prendre part[12]. Les premiers arrivants étaient surtout des hommes célibataires, vivant dans des foyers (*Wohnheime*) et travaillant dans les mines et les aciéries du Rhin et de la Ruhr. Ils étaient consciencieux, probes, peu coûteux et censés retourner dans leur pays natal au bout de deux ans.

Ce fut le cas des trois quarts des 18,5 millions de travailleurs qui sont venus en Allemagne entre 1960 et 1973[13].

Mais l'écart entre le sens que les Allemands eux-mêmes donnaient au programme des *Gastarbeiter* et celui que lui donnèrent les travailleurs eux-mêmes ne cessa de se creuser. Très peu d'entre eux pouvaient espérer, de retour chez eux, des salaires comparables à ceux qu'ils percevaient en Europe. Par ailleurs, recruter, contrôler et examiner médicalement leurs remplaçants était onéreux. Les entreprises firent donc pression sur le gouvernement pour qu'il rende les contrats de *Gastarbeiter* renouvelables, pour laisser les familles rejoindre les travailleurs en Allemagne et autoriser ceux qui en avaient fondé une à rester.

En Allemagne, à l'époque du lancement du programme, personne n'aurait considéré cela comme une solution acceptable. Mais tout déplacement massif de force de travail finit par acquérir sa dynamique propre – même quand il est planifié, comme en RFA. Le facteur le plus important de la migration, c'est la migration. Il faut du courage pour être le premier à partir et à se soumettre aux lois, aux coutumes et aux caprices d'une société qui n'a cure de vous. Mais une fois que vos compatriotes ont établi une tête de pont, cette migration devient plus simple, routinière même. Les réseaux réduisent les craintes. Ils guérissent du mal du pays, aussi efficacement que la pénicilline guérit l'angine. Au milieu des années 1960, partir s'installer en Allemagne ne supposait même pas de renoncer à la cuisine turque au profit de l'allemande, ni même (dans les grandes villes) au culte musulman pour embrasser le Christianisme ou le sécularisme.

L'Allemagne devenait moins mystérieuse et plus commode, ce qui diminuait d'autant les incitations des travailleurs étrangers à retourner chez eux. Par ailleurs, dans les années 1960, l'économie turque était ballottée de crise en crise. Les « travailleurs invités » rentrèrent chez eux en masse quand ils furent licenciés durant la récession de 1966-1967, mais pas pendant la récession mondiale de 1973-1974, qui fit augmenter le chômage dans leurs pays d'origine[14]. Cette deuxième crise sonna le glas du programme des *Gastarbeiter*. En 2006, l'Allemagne avait une « population étrangère » de 7,3 millions d'individus[15].

Alors que l'Europe se remplissait d'immigrants extra-européens, les pays d'origine de ces immigrés et, dans une certaine mesure, tout le Tiers Monde, acquirent une plus grande compréhension du marché du travail européen. Le Danemark n'avait pas de programme de *Gastarbeiter* à l'échelon gouvernemental et aucun empire digne de ce nom, mais il avait un marché du travail ouvert, du moins jusqu'en 1973[16]. Les Yougoslaves, les Turcs, les Marocains et même des peuples qui avaient déjà migré vers d'autres pays européens (comme les Pakistanais travaillant au Royaume-Uni) s'aperçurent qu'il y avait au Danemark des emplois lucratifs et se mirent à remplir les quartiers pauvres de Copenhague. Jusqu'en 1986, l'Italie n'avait pas de lois nationales d'ensemble régissant l'immigration. À mesure que les travailleurs étrangers étaient de moins en moins les bienvenus dans les « vieux » pays d'immigration, de nouveaux immigrants se présentèrent, invités ou non, aux portes des nations voisines.

Une immigration d'une échelle sans précédent

Les Européens répugnent à admettre que tout ceci reste sans précédent. On trouve dans tous les pays d'Europe de l'Ouest des intellectuels qui soutiendront que leur nation a toujours été « une terre d'immigration ». On entend même ce discours en Suède, où l'on cite pour preuve une poignée de comptoirs hanséatiques et d'entrepôts de viande de renne au Lapland. Mais l'immigration de masse diffère du commerce et de l'immigration individuelle. Aux États-Unis, on l'a compris depuis longtemps. À l'orée de l'énorme apport d'Irlandais des années 1840, qui devait modifier à jamais – et, du point de vue des autochtones de l'époque, détruire – la culture de la ville de Boston, Massachusetts, il y avait déjà dans cette métropole des immigrants parlant vingt-sept langues différentes. « Toutefois, ces étrangers, écrit l'historien Oscar Handlin, n'étaient que vagabonds ; et les raisons de leur venue découlaient de contingences personnelles, plus que de grandes causes sociales régissant l'immigration de masse[17]. » C'est une distinction essentielle. Pocahontas, les Indiens de la Terre de Feu amenés par les Britanniques à bord du HMS Beagle, l'arrière-grand-père maternel noir d'Alexandre Pouchkine ou trois familles chinoises gérant une blanchisserie dans une ruelle romaine ne font pas un « pays d'immigration »[18*]. Aujourd'hui, tous les pays d'Europe occidentale sont des « pays d'immigration ». Mais ce n'était vrai d'aucun d'entre eux voici une génération (à l'exception notable de la France).

Cette distinction échappe à beaucoup d'historiens contemporains. Un livre définit la Grande-Bretagne comme le produit d'un « long mouvement régulier d'individus vers le rivage de cette nation, bien avant l'époque moderne[19] ». Mais c'est faux. Des études génétiques de la population des Îles britanniques attestent que, pendant des millénaires, elle est restée remarquablement stable. À part l'invasion des Angles, des Saxons et des Jutes, qui débutèrent au IVe siècle de notre ère – et qui amenèrent tout au plus, 250 000 nouveaux colons en Grande-Bretagne sur une période de plusieurs siècles –, la « souche » britannique a peu évolué. La conquête normande n'aura jamais amené que 10 000 individus. Des dizaines de milliers de huguenots s'y établirent après la révocation de l'Édit de Nantes, en 1685. Mais au total, les trois quarts des ancêtres des Britanniques et des Irlandais de l'époque actuelle étaient déjà présents dans ces îles voilà sept mille cinq cents ans. L'ADN des gens qui sont arrivés depuis lors ne compose que 12 % du patrimoine génétique des Irlandais[20]. Définir les pays qui composent le Royaume-Uni comme des terres d'immigration est absurde, à moins que l'on ne fasse référence à des processus qui ont commencé non pas juste avant l'époque moderne, mais avant la civilisation. C'est ce à quoi s'est risqué le *Guardian*, grand quotidien britannique, sans doute par galéjade, en publiant un article sur de récentes découvertes paléontologiques, sous ce titre : « Les 700 000 années d'immigration de la Grande-Bretagne : l'âge de glace a empêché sept tentatives de colonisation[21]. »

Des migrations, sous une forme ou une autre, et des tensions entre groupes endogènes et exogènes ont toujours marqué l'Europe, naturellement, comme toutes les autres régions du monde. Si vous prenez la direction du nord, depuis la piazza della Republica, à Turin, vous verrez, *mutatis mutandis*, ce qu'ont vu les Romains. À l'est, deux tours romaines bien préservées subsistent, ainsi que les murailles bâties pour séparer les citoyens des barbares. Aujourd'hui, en une petite minute de marche à pied, vous passez des boutiques chic et bars à vin à la traversée d'un marché multiethnique pour aboutir dans l'un des taudis nord-africains les moins accueillants d'Europe. Turin a toujours eu des minorités ethniques et religieuses. Mais jusqu'à cette dernière décennie, leur présence n'était pas massive. C'est de la communauté juive jadis florissante de cette cité qu'était originaire le grand auteur Primo Levi, auteur d'une célèbre chronique de sa détention à Auschwitz. La ville était aussi un haut-lieu des proto-protestants et ascètes vaudois, qui y menèrent une existence prospère pendant des siècles, jusqu'en 1655, quand ils furent, ainsi que l'écrivit Milton :

> *De tes brebis forcées*
> *Par les loups piémontais, de ces mères lancées*
> *Au torrent avec leurs enfants*[22].

À Turin, dans les années 1930, l'usine Fiat attira une forte immigration au Lingotto. Mais ces « immigrants » venaient d'ailleurs en Piémont, de la Vénétie voisine et de Sardaigne, alors gouvernées, comme Turin, par la maison de Savoie. Et ils n'étaient pas cent mille.

Le cheminement de l'Europe vers l'immigration de masse doit quelque chose aux habitudes intellectuelles des hommes d'État et des magnats qui dirigeaient l'économie européenne pendant la Seconde guerre mondiale – tant dans le camp des Alliés que dans celui de l'Axe. L'échelle de l'immigration massive de main-d'œuvre « temporaire » n'a qu'un précédent, et il est récent. Au paroxysme du conflit mondial, l'Allemagne nazie imposa à 10 millions de travailleurs forcés venus de toute l'Europe de faire tourner ses industries. Durant la guerre, les étrangers y occupaient le tiers du total des emplois, et plus de la moitié de ceux des industries d'armement[23]. Il va sans dire que l'on n'introduit ici aucune comparaison morale entre la réquisition nazie et les programmes de main-d'œuvre dans l'Europe de l'après-guerre. Mais ils avaient un point économique important en commun : les emplois du temps de paix pour lesquels on conviait ces travailleurs de l'après-guerre se révélèrent tout aussi peu permanents que ceux que les Nazis imposaient aux peuples conquis.

Ces pénuries de main-d'œuvre que les immigrants étaient amenés à résoudre constituaient des crises aiguës, pas des problèmes chroniques. Beaucoup d'industries qu'ils vinrent soutenir étaient moribondes. Les filatures de lin du Nord de la France furent confiées à des Algériens seulement après qu'il fut devenu clair, au début des années 1960, que ces emplois seraient bientôt éliminés[24]. Il en fut de même pour les usines textiles du Nord de l'Angleterre.

Il fallut plusieurs décennies pour s'apercevoir que les planificateurs avaient exagéré les besoins de main-d'œuvre industrielle à long terme. Entre les années 1970 et le début du XXIe siècle, les usines européennes connurent les mêmes gains de productivité – et, en conséquence, les mêmes licenciements massifs – que le Rust Belt américain au cours de cette période. À Duisbourg, le port où le Rhin et la Ruhr se rejoignent, 64 000 personnes dont, avec les années, des dizaines de milliers de Turcs, travaillaient dans seulement trois aciéries, et des dizaines de milliers d'autres travaillaient dans « l'archipel minier » de la région. Mais aujourd'hui, les dernières mines de charbon allemandes ferment, et il ne reste en tout que 20 000 emplois industriels à Duisbourg, qui est à certains égards la ville la plus turque d'Allemagne[25]. L'Europe a résolu des problèmes économiques temporaires par un changement démographique permanent.

Ici, le parallèle entre l'immigration européenne et

américaine cesse de s'appliquer. La grande vague de l'immigration latino-américaine a débuté dans les années 1970. Le gros des 35 millions d'Américains nés à l'étranger – aussi bien des travailleurs hautement qualifiés que d'autres moins qualifiés – est intervenu au cours du dernier quart de siècle, alors que les États-Unis étaient déjà engagés dans leur transition vers une économie postindustrielle. En revanche, l'immigration de main-d'œuvre en Europe après la guerre répondait aux besoins de l'ancienne économie, et pas de la nouvelle. S'il y a des comparaisons à faire avec les États-Unis, ce n'est pas sur l'immigration en général, mais sur la composante migratoire du problème racial américain. Comme Nicholas Lemann et d'autres historiens l'ont souligné, c'est la mécanisation de l'agriculture du Sud au début et au milieu du XXe siècle qui a déclenché la grande migration des Noirs du Sud vers les villes du Nord[26]. Par un cruel accident de l'Histoire, ils sont arrivés juste au moment où l'embauche dans l'industrie lourde se stabilisait, et cet accident est, au moins en partie, responsable de l'essor d'une sous-classe de Noirs au Nord.

Il s'est produit un phénomène similaire en Europe. En Allemagne, les Turcs, dont les taux d'emploi sont restés supérieurs à ceux des autochtones tout au long des années 1960 et 1970, constituent désormais, si ce n'est une sous-classe, du moins un problème économique, avec un chômage qui atteint 40 % dans certaines villes (y compris Berlin), une dépendance aux prestations sociales trois fois plus élevée que la moyenne nationale et un âge moyen de départ en retraite de cinquante ans[27]. L'une des différences entre les situations européenne et américaine tient au fait que les *Gastarbeiter* étaient des étrangers qui ne partageaient aucune des revendications qui étaient celles des Noirs du Sud, en tant que citoyens, envers le Nord de l'Amérique.

L'immigration ouvrière est toujours un mélange d'avantages et d'inconvénients. Mais en Europe, au bout de quelques années, le contexte propice à ces avantages a cessé d'exister. Les travailleurs « temporaires » avaient été accueillis comme un atout de court terme. Dès qu'il devint clair qu'ils ne rentreraient pas chez eux, la logique des *Gastarbeiter* se transforma. À ce stade, l'immigration de masse fut présentée comme la voie vers certains bénéfices économiques à long terme, selon un calendrier imprécis. Si les citoyens européens avaient jadis accepté cette présentation quasi officielle, il est évident que tel n'est plus le cas : 47 % des Britanniques[28] estiment que l'impact économique de l'immigration sur leur pays a été négatif, contre 19 % qui le jugent positif[29]. Quand la paix sociale dépend de la capacité des gens à croire en quelque chose à quoi ils ne croient pas, c'est le double langage qui l'emporte. En 2006, un article du *Financial Times* s'ouvrait sur un titre curieux : « Le cosmopolite mal à l'aise : comment les immigrants enrichissent un pays d'accueil sans cesse plus inquiet[30]. »

L'argument capitaliste : le sauvetage d'industries moribondes

Il y a fondamentalement deux manières de défendre l'immigration pour des motifs économiques : une manière capitaliste et une manière socialiste. Il y eut longtemps un consensus parmi les dirigeants politiques pour affirmer que l'immigration renforçait l'économie sans poser de problème, sans causer de grand dommage à la productivité et aux rémunérations des autochtones. Cette vision va à l'encontre de la théorie économique classique et elle est remise en question avec de plus en plus de rigueur par les économistes[31]. Mais cela reste encore l'argument que l'on rencontre le plus couramment dans les journaux, les magazines et les ouvrages de grande diffusion. On en trouve une déclinaison typique dans l'ouvrage de Philippe Legrain, *Immigrants, un bien nécessaire* :

> Des économistes tout à fait sérieux estiment que les gains potentiels d'une migration mondiale plus libre sont immenses, et dépassent largement les avantages d'un commerce mondial plus libre. [...] La Banque mondiale estime que si les pays riches permettaient à leur marché du travail de simplement grossir de 3 % en ne laissant seulement entrer que 14 millions de travailleurs supplémentaires des pays en voie de développement entre 2001 et 2025, le monde en retirerait 356 milliards de dollars de plus, ces nouveaux immigrants y gagnant eux-mêmes 162 milliards par an, les individus qui restent dans les pays pauvres 143 milliards de dollars et les citoyens originaires des pays riches 139 milliards de dollars[32].

L'argument selon lequel laisser entrer « seulement » 14 millions d'immigrés de plus ajouterait 139 milliards de dollars aux économies avancées sent la naïveté ou la mystification. Cela me rappelle le film *Austin Powers*, où le Docteur Denfer sort de son isolement pour réclamer, menaçant, « un *million* de dollars ! » rien que pour ne pas faire sauter la planète. Le produit intérieur brut agrégé des économies avancées pour l'année 2008 est évalué par le Fonds monétaire international à près de 40 trillions de dollars[33]. En termes relatifs, 139 milliards ne représentent tout bonnement pas beaucoup d'argent : 0,0035 du total, soit à peu près trois centièmes de la production de ces mêmes pays. C'est à peu près le sixième du plan de relance 2009 du gouvernement fédéral américain.

Et cette estimation ne tient pas compte des « inconnues déjà connues » – les externalités facilement prévisibles – que génère l'immigration. Le revenu d'un « consultant en diversité » apparaît par exemple dans les statistiques nationales comme faisant partie de ce gain économique. Mais ne pourrait-on tout aussi bien le déduire, comme un coût de gestion de cette diversité ? Le démographe d'Oxford David Coleman insiste pour que, quand on mesure l'impact économique de l'immigration, l'on considère aussi :

> Les coûts totaux du processus d'intégration, ceux liés à la gestion de l'immigration et des relations interethniques, les coûts spécifiques en matière d'éducation, de santé et de logement des immigrés, les effets nets sur l'éducation des enfants des autochtones dans les quartiers immigrés, le besoin constant de « régénérer » les zones urbaines de peuplement immigré au lieu de les démolir, les problèmes de criminalité et d'ordre public [et] l'effet multiplicateur sur l'immigration future[34].

Coleman a raison : les mesures économiques de l'immigration ignorent souvent des coûts importants. On pourrait même aller plus loin en disant qu'il est étonnant que les défenseurs de l'immigration de masse accordent tant de poids à quelques fractions de pourcentage du PIB.

On a l'impression que la partie la plus sérieuse du débat a été éludée – la partie non-économique. Les effets sociaux, spirituels et politiques de l'immigration sont considérables et durables, alors que ses effets économiques sont faibles et transitoires. Si, comme certains Européens, vous êtes furieux des marchés polyglottes et des panneaux de rues en polonais, en urdu, en arabe, sacrifier le 0,0035e de votre économie serait un prix dérisoire à payer pour récupérer votre pays. Si, comme d'autres Européens, vous considérez l'immigration comme un enjeu vital, un mélange d'énergie, d'attachement au monde et de cuisine appétissante déversé dans votre pays trop terne et trop provincial, alors l'immigration serait une aubaine, même si elle devait représenter un coût économique non négligeable.

Même si l'on accepte l'argument selon lequel l'immigration dégage un gain net légèrement positif, celui-ci se produit dans un cadre politique – la démocratie – qui le rend fragile, et peut-être provisoire. L'économie réclame plus d'immigrants que la politique n'en tolérera. En effet, la question se pose de savoir quels sont les membres de la société qui perçoivent les bénéfices de la croissance économique dont sont responsables les immigrés. Les marchés actuels du travail ont beau être plus fluides et plus difficiles à mesurer qu'ils ne l'étaient à l'époque des villes manufacturières du XIXe siècle, l'économie moderne n'a pas aboli les lois économiques. Selon un analyste, ces lois disent que l'immigration génère la croissance économique parce qu'elle « accroît l'offre de main-d'œuvre, augmente la demande parce que les immigrés dépensent de l'argent [et] renforce la production tout en exerçant sans doute une pression à la baisse sur l'inflation[35] ». Traduit du langage économique universitaire, cela signifie que l'immigration rend l'économie plus efficace parce qu'elle réduit les salaires de certains autochtones.

En théorie, c'est logique, mais en pratique aussi au vu

de l'importante immigration polonaise à Londres et de l'afflux hispanique aux États-Unis[36]. Le verdict des électeurs peut parfois considérer que la pression à la baisse sur les salaires est une bonne chose pour la société dans son ensemble. En fait, dans beaucoup de pays européens, les années d'immigration massive sont aussi celles pendant lesquelles les électeurs étaient de plus en plus convaincus que des syndicats trop agressifs risquaient d'infliger de graves dommages à l'économie et la société. Un accroissement de la main-d'œuvre disponible, à travers l'immigration, a pu aider à rendre les exigences salariales des syndicats économiquement raisonnables, et les entreprises plus rentables, plus flexibles et plus compétitives. C'est le droit de la société de se servir de l'immigration de la sorte, mais le consensus sur lequel repose une telle politique est forcément tacite, fragile et temporaire.

L'essentiel du bénéfice économique de l'immigration va aux immigrants eux-mêmes. L'agence de voyage Öger Türk-tur, l'une des plus grandes entreprises de Kreuzberg, ce quartier de Berlin qui est la capitale de l'Allemagne turque, est la propriété d'un membre social-démocrate du Parlement européen. Spécialisée dans les voyages vers la Turquie, l'agence est une excellente affaire à tous égards, et les visiteurs qui apprécient ce quartier la désignent comme un exemple de l'esprit d'entreprise et du dynamisme de Kreuzberg. Mais qu'est-ce que les autochtones en retirent ? Le besoin qu'elle comble est une conséquence, non une cause, de l'immigration. De même, c'est une bonne chose que le Business Angels des Cités, un fonds d'investissement des banlieues françaises, crée des sociétés au sein de la communauté immigrée. Mais nombre d'entre elles paraissent viser exclusivement ladite communauté :

Kool Halal, une chaîne de restauration rapide halal, à Mulhouse[37] ; Mecca Pasta ; Medina Shop, qui vend des produits marocains. À partir de 2002, ceux qui voulaient exprimer leur solidarité envers la cause palestinienne en boycottant les produits américains pouvaient acheter une alternative française au Coca, le Mecca-Cola. Un produit qui œuvra beaucoup pour la solidarité anti-israélienne. Et qui ne fit pas grand-chose pour l'économie française.

En Espagne, à partir des années 1990 jusqu'à l'effondrement du secteur du bâtiment, les grues – ces grands symboles d'une santé économique robuste – apparurent partout. De nombreuses équipes de chantier étaient composées d'immigrés. Venaient-ils à la rescousse d'un pays qui avait de toute façon besoin de ces logements ? Sans doute pas car, dans les années 1990, époque à laquelle ils sont arrivés en masse, la population amorçait son déclin. La population totale du pays a grossi de 4 millions d'individus (10 %) depuis lors, croissance due entièrement à l'immigration. Les immigrants sont plus vraisemblablement une cause qu'un symptôme du boom de la construction. Les maisons que bâtissent ces nouveaux venus, ce sont les leurs.

Des emplois dont personne ne veut

Les récits des bénéfices de l'immigration décrivent souvent les emplois qu'occupent les immigrés comme ceux dont les Européens ne veulent pas. Naturellement, ce que l'on désigne par là, ce sont des emplois dont aucun Européen ne veut se charger pour une rémunération donnée. Récemment, le spécialiste de l'immigration Philip Martin, d'UC-Davis, et deux de ses collègues ont tracé un parallèle entre les migrations actuelles et le mouvement des colons européens, au XVIIIe siècle[38]. À l'époque, les immigrants payaient les coûts de leur relocalisation, par contrat d'inféodation[39*]. Ils promettaient un nombre donné d'années de travail au propriétaire terrien qui avançait les frais de leur voyage. Les immigrants d'aujourd'hui paient peut-être une variante modernisée de ce contrat d'inféodation, sous forme de droits, puisqu'ils vivent un statut juridique ambigu qui les condamne aux emplois les plus médiocres. Si ce sont réellement des métiers dont les Européens ne voudront à aucun prix, cette inféodation représente une grosse partie de ce que les autochtones croient « tirer » de l'immigration.

Que cette inféodation soit juste ou non, c'est une question de point de vue. D'un côté, cet arrangement se révèle corrosif. Il crée deux niveaux de droits dans le pays de destination. De l'autre, les immigrants ne risquent guère de se plaindre. Après tout, ils vivent mieux que dans leur pays d'origine.

Mais il y a un hic. Le nouveau pays de ces immigrants n'engrange les avantages de cette inféodation que si ces derniers sont en situation illégale et transitoire. Les immigrants ne restent pas éternellement dans cette situation. Dès qu'ils sont juridiquement et socialement assimilés comme la société déclare le souhaiter, ils acquièrent toutes sortes de droits et nourrissent toutes sortes d'attentes. Ils deviennent des Européens qui, par définition, n'accepteront pas les emplois dont aucun Européen ne veut. Ainsi, à l'instant même où ces immigrés réussissent socialement, la raison économique principale pour laquelle la société croit avoir « besoin » d'immigrants disparaît.

À ce stade, pour s'assurer que ces emplois dont personne ne veut soient pourvus, une société doit recruter une nouvelle armée de réserve de travailleurs fantassins nés à l'étranger, qui évoque les pires visions du capitalisme selon Karl Marx. La seule solution de rechange serait d'appliquer le statut juridique précaire des immigrants à la génération suivante en lui refusant l'accès à la citoyenneté en raison de sa naissance, ce qui ressemblerait à un féodalisme des temps modernes. Quoi qu'il en soit, les gains de l'immigration seront remboursés par les générations postérieures – ce sont donc des emprunts, et non des gains à proprement parler. Plus les immigrants s'adaptent à votre société en vitesse et en profondeur, plus vous aurez besoin d'immigrants. Les économies deviennent donc de plus en plus dépendantes de l'immigration. C'est une forme d'accoutumance, qui les entraîne vers plus d'immigration ou moins d'assimilation.

Pour le continent, il n'y a aucune raison de supposer qu'une immigration forte soit la seule solution à long terme. Pendant des siècles, l'économie européenne ne l'a pas exigé. Alors que j'écris ce livre, une contestation grandeur nature de la proposition selon laquelle l'immigration serait indispensable à une économie moderne est en cours. Des amendements à la loi danoise sur les Étrangers, adoptés en 2002, et à la législation néerlandaise, élaborés au tournant de la décennie, ont été considérablement renforcés après le meurtre du cinéaste Theo Van Gogh en 2004[40]. Ils ont conduit à un fort recul de l'immigration. Si cette dernière était aussi nécessaire économiquement que beaucoup de gens le prétendent, on s'attendrait à ce que le Danemark et les Pays-Bas enregistrent des performances économiques inférieures à celles d'autres pays, les investisseurs réajustant leurs prévisions de croissance à long terme, en accord avec ce flux réduit d'immigrants. On n'a pas constaté le moindre signe d'un tel ajustement.

Affirmer que les pays européens auraient « besoin » d'immigrants est faux. Il est plus exact de dire que certains pays européens, ou du moins leurs dirigeants économiques, ont depuis longtemps préféré une économie avec immigration à une économie sans immigration. Cette préférence repose sur des motifs rationnels. Alors que l'immigration est souvent décrite comme une perte de contrôle (« La Grande-Bretagne perd le contrôle de ses frontières »), elle peut tout aussi souvent constituer une stratégie pour conserver ou reprendre le contrôle d'une économie.

Nous pouvons le constater en examinant simplement un aspect élémentaire de l'immigration, sur lequel tous les économistes s'accordent : c'est un frein à la hausse de la productivité. Quand la main-d'œuvre n'est pas chère, on a moins besoin de limiter les coûts de cette main-d'œuvre (en faisant appel à la technologie moderne)[41]. L'Italie a récemment reçu sur son sol plus d'un demi-million d'immigrants par an, arrivés d'Afrique et du Moyen-Orient et venus travailler essentiellement dans ses fermes, ses magasins et ses restaurants. D'après les fermiers de la Péninsule, le prix de vente de certains produits italiens risque de chuter sous leur prix de revient. Dans une économie mondialisée, le véritable avantage concurrentiel du pays pourrait résider ailleurs que dans l'agriculture, dans un modèle économique de haute technologie rémunérateur mais pas particulièrement « italien », contre lequel les Italiens pourraient se rebeller.

Les modes traditionnels de travail de la terre ne seront

viables que s'il y a des immigrants pour la travailler. On peut avancer un argument similaire pour les restaurants italiens traditionnels qui, dans l'économie actuelle, n'ont de quoi tenir tête aux chaînes de restauration sans âme qu'avec l'aide d'une main-d'œuvre immigrée sous-payée. Il en est de même pour les parcs magnifiques, qui ont toujours nécessité des dizaines de gardiens, un niveau de main-d'œuvre que la population déclinante ne peut assurer, si ce n'est à un prix élevé. Sans la main-d'œuvre algérienne ou malienne, ces parcs vont soit disparaître, soit être « automatisés », comme les parcs américains (grâce à des arroseurs automatiques et au remplacement d'une élégante architecture paysagère par de simples pelouses). Dans bien des domaines de l'existence, l'Italie a le choix entre conserver à sa population le profil qu'elle avait voici cinquante ans ou conserver le paysage et la structure sociale qui était la sienne à la même époque. En optant pour l'immigration, elle a choisi la dernière alternative. Certains autochtones peuvent se sentir « submergés » par ce changement démographique, mais sans être l'idéal, l'immigration peut se révéler le moyen le plus pratique de garder à l'Italie son allure ancestrale. Comme l'écrivit le romancier Giuseppe di Lampedusa dans *Le Guépard*, « Il faut que tout change pour que rien ne change. »

Ceux qui sont familiers de l'histoire migratoire européenne au cours de ce dernier demi-siècle peuvent parier qu'immigration ou pas, les Italiens vont tout de même perdre beaucoup de leurs structures économiques traditionnelles. Après tout, quand une industrie est mourante (comme celle du lin dans le Nord de la France), les immigrants peuvent retarder sa mort de quelques années, mais pas l'empêcher. Quand une industrie perd des emplois (comme en Allemagne celle de l'acier), les immigrants peuvent retarder la restructuration de quelques années, mais pas l'empêcher. La désillusion vis-à-vis de l'immigration qui s'est installée dans les pays d'immigration ancienne vient de la disparition des métiers pour lesquels on avait fait venir cette immigration.

Il ne reste qu'une seule industrie européenne pour la conservation de laquelle les citoyens de tous ces pays se fient encore aux immigrants. Cela nous conduit naturellement à la seconde manière, la manière socialiste, de traiter l'économie de l'immigration, car cette industrie, c'est la protection sociale.

L'argument socialiste : le sauvetage de l'État providence

Dans l'après-guerre, les États providence de l'Europe de l'Ouest ont versé les prestations sociales les plus généreuses jamais accordées aux travailleurs de par le monde. L'« économie sociale de marché » allemande en était l'archétype. Au tournant du siècle, les prestations sociales des travailleurs de certaines grandes entreprises incluaient des semaines de travail très courtes, parfois de trente-deux heures seulement, sept semaines de vacances, une couverture santé intégrale, des repas gratuits, des revenus qui, dans le cas des ouvriers syndiqués de la métallurgie, avaient presque atteint 50 dollars de l'heure et – la décision la plus fatidique de toutes – la retraite à la cinquantaine, calculée sur la base de la rémunération la plus élevée de la carrière. Un tel système avait une tendance inhérente à augmenter les prestations au-delà du seuil de viabilité.

Des petits arrangements avec les syndicats encourageaient fréquemment les grèves et la stratégie de la corde raide. Les postes en or, pour ceux qui réussissaient à les décrocher, s'accompagnaient de mesures dissuasives – notamment des allocations chômage généreuses –, qui ne poussaient pas à aller rechercher d'autres emplois ailleurs.

L'économie sociale de marché demeura un modèle pour le monde jusque vers la fin des années 1970. Mais Thatcher et Reagan en ont révélé les contradictions internes et l'essor de l'économie de l'information porta un coup à son prestige. Les Européens avaient consacré l'essentiel de leurs investissements en capitaux et de leurs passions politiques à l'érection, puis à la préservation, de leurs systèmes de protection sociale. Des entreprises grandes et moyennes, associées aux gouvernements, devinrent le vecteur le plus efficace de distribution de ces prestations et de cette sécurité. En conséquence, l'Europe possédait peu d'entreprises flexibles et de petite taille, ces jeunes pousses qui furent le principal moteur de l'innovation de ces dernières décennies. Mis à part l'industrie scandinave du téléphone portable, elle n'a pas participé pleinement au boom des technologies de l'information de la fin du XXe siècle. Ce déficit entrepreneurial de l'Europe a commencé d'attirer l'attention dans les années 1990.

L'économie sociale de marché souffrait d'un autre problème. Elle a figé le marché européen du travail. Au cours des deux premières décennies de l'après-guerre, la pauvreté relative du Mezzogiorno italien fut progressivement soulagée par la migration vers le Nord de la Péninsule et vers d'autres pays européens. Mais à mesure que l'État se montrait de plus en plus généreux, beaucoup préféraient une vie de prestations sociales payées en Sicile, en dépit de conditions difficiles, à la solitude et à l'anonymat du travail dans l'industrie d'un Nord aux hivers rudes[42]. Même si ce n'était pas l'intention initiale de ses concepteurs, l'État providence européen finit par juger toute profession n'ayant pas accès aux largesses du gouvernement et des entreprises liées à ce dernier indigne du prolétariat le plus misérable. Ces emplois mal considérés se trouvaient dans les secteurs de l'agriculture, de l'aide à domicile, du nettoyage et du conditionnement alimentaire. Du fait de la générosité des prestations sociales, pas un prolétaire n'en voulait. Pour qu'ils soient pourvus, il n'y avait plus qu'à les confier à des gens extérieurs au système. Autrement dit, à des immigrés.

Avec des millions de non-citoyens déjà présents sur le sol européen, avec leurs enfants, les États providence du continent se mirent à manipuler leur démographie de façon gênante. Les systèmes de retraite des gouvernements européens fonctionnent selon un système par répartition : ils versent les allocations à leurs bénéficiaires sur la base des recettes fiscales actuelles, au lieu de laisser aux travailleurs individuels le soin d'« épargner » pour leur retraite. Les polémistes et les économistes du système de protection sociale ont toujours souligné la tendance de tels dispositifs à dégénérer en « chaînes de Ponzi » sous la pression démocratique[43*]. Autrement dit, les politiciens promettent toujours davantage – et couvrent ces promesses en engageant de nouveaux investissements (généralement en empruntant sur la base des recettes fiscales futures) afin de transférer vers les bénéficiaires présents des sommes supérieures à celles que le système peut réellement dégager.

Dans des sociétés aux populations croissantes, c'est facile à mettre en œuvre, car le « rapport de soutien » de la protection sociale – le nombre de personnes qui travaillent par retraité – grandit aussi. Les politiques sont tentés de piller, à usage immédiat, tout l'excédent provenant d'une augmentation temporaire du nombre d'emplois, au lieu de l'investir en prévision du moment où ce surcroît de travailleurs deviendra un surcroît de retraités dépendants. Les politiques européens n'ont pas résisté à cette tentation. La population actuelle de l'Europe vieillit, son rapport de soutien rétrécit et, en raison d'un taux de natalité en baisse, il n'y a plus assez d'actifs occupés à la « génération suivante » pour rétablir cet équilibre. À très court terme, un baby-krach comme celui qu'a subi l'Europe peut améliorer le niveau de vie, car il réduit le nombre de personnes dépendantes par actif. Mais à plus long terme, l'heure des comptes finit par sonner, et nous y sommes.

Avec le recul de la population (comme la marée descendante), une solution a émergé (comme un iceberg). La composante immigrée de la population européenne était encore relativement jeune, et relativement protégée contre la chute de la fécondité en Europe. C'était eux qui allaient rétablir le rapport de soutien ! Si seulement les opinions du Vieux Continent réussissaient à mettre de côté leurs préjugés suffisamment longtemps pour permettre une hausse massive de l'immigration, les États providence pourraient repartir sur des bases solides. Les immigrés, qui étaient l'un des symptômes des problèmes que l'Europe refusait de voir, se retrouvèrent tout à coup dans un rôle nouveau, celui de *deus ex machina* du luxe européen. Ils sortiraient des hameaux arides et affamés du Tiers Monde et se rueraient à la rescousse de cet univers de pensions de retraite et de résidences secondaires, de dégustations de vin et de stages de plongée sous-marine, celui de la population active la plus bichonnée de la planète.

Cette idée-là est loin (c'est un euphémisme) des idéaux sur lesquels les États providence du continent ont été fondés. Elle est aussi dénuée de fondement économique. S'il existe encore des gens pour penser que l'immigration peut sauver le système de protection sociale, on ne trouvera pas un interlocuteur bien informé pour soutenir pareil argument. La Division population des Nations unies a calculé, dans un rapport publié en 2000 que, pour garder la pyramide démographique et le rapport de soutien, l'Europe requerrait, d'ici le milieu du siècle, une immigration nette de 701 millions d'individus, soit considérablement plus que la population actuelle du continent entier[44].

Il est irréaliste de se tourner vers l'immigration pour y puiser les moyens même modestes de tirer les États providence de leur ornière. Martin Feldstein, économiste à Harvard, s'est penché sur le cas de l'Espagne. Au cours des cinquante prochaines années, la population espagnole demeurera inchangée – autour de 44 millions d'individus –, mais le rapport actifs-retraités baissera de 4,5 contre 1 à moins de 2 contre 1. Feldstein s'est demandé quel serait l'effet d'une immigration de deux millions de travailleurs étrangers sur la période. Le nombre d'immigrés augmenterait de 54 %. Nous pouvons supposer que les effets sociaux seraient énormes, éventuellement très perturbants, et coûteux. Mais, comme le montre l'économiste, les effets fiscaux de cet apport seraient dérisoires. Ces nouveaux venus permettraient une hausse de seulement 10 % de la main-d'œuvre. Et comme les immigrants tendent à occuper les strates inférieures de l'économie, la hausse de la masse salariale – où l'on puise les impôts qui paient le dispositif de l'État providence – serait bien au-dessous de ce seuil. L'estimation qu'il fournit de cette hausse de la masse salariale – « autour de 8 % ou moins » – paraît généreuse. De ces 8 % (ou moins), il faut soustraire le coût (élevé) de la couverture santé et de l'éducation de ces immigrés[45]. Une fois cette soustraction opérée, l'apport des immigrés à l'État providence ne risque guère d'égaler les prestations qu'ils lui demanderont.

En effet, les immigrants ne sont pas immortels. Eux aussi vieillissent et prennent leur retraite, et le système doit prendre soin d'eux et de leurs familles plus nombreuses que la moyenne[46]. Les dirigeants européens ont affronté ce problème avec des vœux pieux, et pas grand-chose d'autre. « À long terme, les immigrés vont eux-mêmes vieillir et contribuer à l'élévation du taux de dépendance », prévenait un rapport du Home Office, le ministère de l'Intérieur britannique, fin 2007, « mais seulement si l'on suppose qu'ils resteront au Royaume-Uni après leur retraite. » Fichtre ! Et quelle autre hypothèse devrait-on envisager ? Faut-il supposer que les immigrés vont donner des dizaines d'années de leur existence et des dizaines de milliers de livres de leurs revenus pour financer un État providence onéreux et très protecteur pour les Européens, avant de très obligeamment repartir sans bruit dans le Tiers Monde pour vivre leur retraite dans la pauvreté, au moment où ils auraient le droit de récupérer leur contribution ?

Pour que les immigrants viennent en aide à l'État providence, ils doivent, ainsi que leur descendance, verser davantage au système de protection sociale qu'ils n'en retirent. Ils ne travaillent pas assez ou ne gagnent pas assez pour y parvenir. À l'évidence, les immigrés perçoivent du système davantage que ce qu'ils lui versent. Aux Pays-Bas, par exemple, 40 % des immigrés reçoivent une forme d'assistance de l'État[47]. Selon le Forschungsinstitut Zukunft der Arbeit de Bonn (l'Institut sur le futur du travail), alors que les autochtones paient, entre 20 et 65 ans, plus d'impôts qu'ils ne reçoivent de services, les Turcs n'en font autant qu'entre 28 et 57 ans[48].

L'une des statistiques les plus stupéfiantes de l'histoire de l'immigration européenne concerne la hausse régulière du nombre de résidents étrangers en Allemagne entre 1971 et 2000 – de 3 millions à environ 7,5 millions –, alors que le nombre d'étrangers employés sur le marché du travail n'a pas bougé. Il est resté stable, autour de 2 millions de personnes. En 1973, 65 % des immigrés d'Allemagne avaient un emploi ; en 1983, soit dix ans plus tard, ils n'étaient plus que 38 %[49].

Cette évolution s'est reproduite dans toute l'Europe. En 1994, en France, 29 % seulement des immigrés venaient pour raisons professionnelles[50]. (Cela ne veut pas dire que les 71 % restants demeuraient sans emploi, mais qu'ils étaient admis pour des motifs de regroupement familial, d'asile ou pour d'autres raisons non économiques.) Parmi ceux qui étaient accueillis pour travailler, 70 % venaient d'autres pays européens, et 7 % d'Afrique du Nord. En 1997, seuls 12 % des immigrés arrivant en Grande-Bretagne en provenance de ce que l'on appelait le « Nouveau Commonwealth » (les régions où résident les populations non-blanches de l'ancien Empire britannique) venaient pour y travailler. Et ce sont à peine 45 % des immigrés non-européens au Danemark qui ont un emploi, un chiffre que les économistes trouvent très élevé. Ils y voient le signe d'une remarquable éthique du travail, car presque la moitié gagne un salaire mensuel supérieur de moins de 100 euros à ce qu'ils pourraient toucher en prestations sociales[51]. L'économiste Torben Andersen, qui présida un groupe d'étude sur le financement de l'État providence danois en 2005, écrivit ainsi que « la hausse de l'immigration en provenance de pays à bas revenus aggraverait la situation, car ces groupes connaissent un taux d'emploi très inférieur à la norme sur le marché du travail danois[52] ». Si l'immigration était rendue économiquement nécessaire par une pénurie de main-d'œuvre dans les années 1960, pourquoi était-elle aussi nécessaire dans une période prolongée de chômage à deux chiffres, comme celle que l'Europe a connue après les années 1980 ?

L'Europe souffre à présent de ce que Hans Magnus Enzensberger appelle la « boulimie démographique[53] ». Elle est convaincue qu'elle compte simultanément trop de monde et pas assez. La protection sociale y est pour beaucoup. Le système social européen a certainement permis une immigration plus ordonnée qu'elle ne l'est aux États-Unis. En termes relatifs, les immigrants illégaux sont moins nombreux – plusieurs centaines de milliers en Grande-Bretagne, mais seulement quelques dizaines de milliers dans les pays scandinaves, contre 12 millions aux États-Unis. En Europe, le danger d'expulsion est faible et l'immigrant a tout intérêt, en raison de fortes incitations financières, à informer l'État de l'endroit où il se trouve. Reste la question de savoir pour quoi il est là.

CHAPITRE 3

À qui profite l'immigration ?

Plusieurs mois après l'élection présidentielle française de 2007, le candidat conservateur, Nicolas Sarkozy, fut égratigné par une chanson satirique accrocheuse, du groupe reggae antillais Zêdess. Sarkozy avait exprimé la crainte, de plus en plus répandue en France après les émeutes de l'automne 2005, que la qualité de l'immigration suive une pente descendante. Dans l'esprit de l'opinion, l'archétype de l'immigré n'était plus un tourneur-fraiseur zélé travaillant dix heures par jour. Il était représenté par cet homme qu'Oriana Fallaci baptisa « Monsieur Je connais mes droits », et par les émeutiers, même si nombre d'entre eux étaient nés en France[1].

Fier de ses origines immigrées (son père avait fui la Hongrie après la Seconde guerre mondiale), Sarkozy n'était pas hostile à l'immigration. Mais il estimait que la France devait se montrer plus sélective. Il appela immigration choisie une immigration sélective qui permettrait à la nation de fixer des règles à ceux qui souhaitent bénéficier de son filet de protection. Il la distinguait de l'immigration subie, celle que l'on supporte ou que l'on tolère passivement. « La France, déclara-t-il lors d'un voyage à Bamako, au Mali, en mai 2006, ne peut pas être le seul pays au monde qui ne puisse décider librement de qui est le bienvenu sur son territoire[2]. » La chanson de Zêdess, que les opposants de Sarkozy firent allègrement circuler sur Internet, se voulait une réponse à ce discours.

Il s'appelle Nicolas Sarkozy
Il a inventé l'immigration choisie
C'est l'histoire d'un fils d'Hongrois
Qui veut se faire couronner chez les Gaulois.

Fini l'époque du Négro musclé-belles dents
Aujourd'hui il veut du Noir diplômé-intelligent
C'est ça le critère du nouveau négrier
Qui a le culot d'aller en Afrique pour l'expliquer.

Dis-moi Nicolas Sarkozy
Pourquoi ton père a fui la Hongrie ?

Les bons immigrés et les mauvais

Mais en réalité, la plaisanterie s'est retournée contre Zêdess. Non seulement Sarkozy n'a pas inventé l'immigration choisie (qui est devenue la loi en 2006 et en 2007), mais à l'époque où ce clip est sorti, la France était, comme il l'avait lui-même affirmé, un des derniers endroits du monde développé où la décision d'accueillir des immigrés de meilleur pedigree n'était pas encore devenue une priorité nationale. Dans tous les autres pays d'Europe, on appelait à une politique d'immigration « à la canadienne ». Ces dernières années, le Canada a reçu plus d'immigrants par habitant que n'importe quel autre pays au monde, si l'on exclut de minuscules paradis fiscaux comme le Liechtenstein et les cantons de Suisse les plus accueillants pour les sièges sociaux d'entreprises. C'est en effet presque le cinquième (18,9 %) de la population canadienne qui est né à l'étranger[3]. Mais le Canada ne laisse entrer ses immigrants que sur la base de critères très sélectifs. Les candidats à une résidence permanente sont notés sur une échelle de 100 points qui mesure l'éducation (25 points), la maîtrise de la langue (24 points), l'expérience professionnelle (21 points), l'âge (10 points), les contacts professionnels (10 points) et « la capacité d'adaptation sociale » (10 points)[4]. On procède aussi à quelques vérifications financières, médicales, en matière de criminalité et de sécurité. C'était la sélectivité canadienne, et pas la taille de son flux d'immigration, que l'on cherchait à imiter.

Quand certains pays européens commencèrent à examiner attentivement les qualifications de leurs immigrés, d'autres pays avaient pris de l'avance. En 2000, un tiers des médecins du Royaume-Uni (33,7 %) étaient nés à l'étranger[5]. L'Irlande (35,3 %) et la Suisse (28,1 %) accueillent elles aussi beaucoup de médecins étrangers. Ces pourcentages augmentent avec l'âge de la population[6]. En 2002, la Grande-Bretagne adopta un Highly Skilled Migrant Program (Programme d'accueil des immigrés hautement qualifiés) et, trois ans plus tard, elle ajouta d'autres gratifications destinées aux immigrés diplômés. Ce débat était aussi très avancé en Allemagne. Le ministre de l'Intérieur, Wolfgang Schäuble, notait qu'à l'inverse de l'Espagne, par exemple, son pays n'avait pas besoin de travailleurs peu qualifiés, car il possédait peu de ressources naturelles et abandonnait ses industries d'extraction, comme celle du charbon[7]. Face au calcul selon lequel l'Allemagne aurait besoin de 700 000 immigrés au cours des années à venir, le sociologue Gunnar Heinsohn répondit : « Nous avons besoin de 700 000 immigrés hautement qualifiés. Nous faisons venir des gens dont nous n'avons pas besoin, alors que ceux dont nous avons besoin partent aux USA ou au Canada[8]. »

Il avait raison. En 2000, sept des nouveaux venus dans la liste du magazine *Forbes* des quatre cents Américains les plus riches venaient d'Inde, et ils avaient tous fait fortune dans le secteur des hautes technologies[9]. Le Consortium pour la recherche appliquée sur les migrations internationales (CARIM), un *think tank* financé par l'UE qui a son siège à Florence, a constaté que les États-Unis et le Canada ont accueilli 54 % des immigrants diplômés de la planète[10].

À quelques exceptions près, comme celle des docteurs britanniques, l'Europe n'a pas été capable d'attirer les immigrés hautement qualifiés susceptibles de fortifier une économie. L'Allemagne a essayé sa propre version de l'immigration choisie, au début du mandat du chancelier Gerhard Schröder. Elle a lancé un système de « carte verte » pour les techniciens des technologies de l'information originaires d'Inde et d'ailleurs, en leur accordant un permis de résidence de cinq ans[11]. Ce fut un fiasco[12]. Sur les 20 000 cartes vertes proposées, plus de la moitié ne trouva pas preneur. Certaines personnes, y compris des immigrés, ont mis en cause l'étroitesse du dispositif. L'Allemagne n'autorisait pas les nouveaux venus à faire venir leur famille et ne leur promettait pas de voie d'accès à la citoyenneté. D'autres imputèrent cet échec aux messages d'hostilité qui allaient de pair avec cette ouverture. À l'époque, le président chrétien-démocrate du Land de Rhénanie-Westphalie, Jürgen Rüttgers, eut ce mot d'une ironie mémorable : l'Allemagne avait besoin de « *Kinder statt Inder* » – d'enfants, pas d'Indiens.

L'immigration choisie contredisait la logique économique de l'immigration qui avait été serinée aux Européens des décennies durant selon laquelle les immigrés venaient occuper les emplois dont les ressortissants des pays riches ne voulaient pas. Le personnage central de l'immigration européenne n'était plus la gardienne bengalie illettrée passant le balai et la serpillière dans les couloirs d'une entreprise de haute technologie le soir après la fermeture des bureaux. Le nouvel acteur principal en était sa compatriote, docteure en physique, qui travaillait dans l'un de ces bureaux, au bout du couloir. Le marché de l'immigration avait parlé, et il s'était apparemment prononcé : « Des gardiennes et des garçons de salle. » Mais à présent, les gouvernements intervenaient pour lui faire plutôt dire : « Des docteurs et des ingénieurs en informatique. » Pourquoi tout le monde était-il convaincu qu'une immigration planifiée par le gouvernement serait plus efficace que celle obéissant plus ou moins aux lois du marché comme c'était le cas auparavant ? L'immigration choisie reflétait une méfiance envers l'efficacité du marché mondial du travail alors même que l'efficacité de ce marché mondial avait constitué, au départ, la principale justification économique de l'immigration.

L'immigration sert-elle les autochtones ou les immigrants ?

Le malaise suscité par l'immigration choisie provenait, en grande partie, de ce qu'elle rouvrait la question de savoir à qui elle était censée profiter : les autochtones ou les immigrés ? Plus les politiciens répétaient qu'elle servait les premiers, plus on les suspectait de penser aux seconds. « Ils [les immigrés] sont ici parce qu'avant nous étions chez eux » – c'est la formule qui revient couramment dans la bouche des Britanniques quand ils parlent des Pakistanais ou dans celle des Hollandais quand ils évoquent les Surinamais. Naturellement, la présence, par exemple, de Soudanais en Norvège ou de Bosniaques en Irlande prive manifestement ce bon mot bien intentionné de tout fondement. Mais beaucoup d'Européens et d'étrangers ont eu tendance à traiter l'immigration vers l'Europe tout simplement comme une chose à laquelle les immigrés auraient droit, qui s'inscrirait dans le cadre de la dette que l'Europe aurait contractée envers le reste du monde après des siècles d'exploitation économique.

Ainsi, en 2006, quand le gouvernement français ouvrit le débat de la coopération européenne pour limiter l'immigration, le Premier ministre Dominique de Villepin promit d'augmenter l'aide au développement de 50 % au cours des trois années suivantes[13]. Quand les dirigeants de l'UE s'accordèrent sur les contours d'une politique commune de l'immigration, à mettre en œuvre à partir de 2010, sept chefs d'État du Mercosur, l'organisation du traité commercial d'Amérique du Sud, attaquèrent cette initiative comme une forme d'expropriation de ce qui leur revenait de droit. Le Premier ministre bolivien, Evo Morales, avertit les Européens : « Manger est un droit de l'homme[14]. » C'était là une déclaration curieuse, venant d'un chef d'État élu. Si ses citoyens ne mangent pas à leur faim, à qui la faute ? Morales s'exprime comme si représenter son électorat dans l'économie mondiale comptait davantage que son rôle de chef d'État.

Tel est peut-être le cas. Quoi qu'il en soit, les politiques des pays d'émigration n'ont pas cessé d'exploiter cette confusion, et de mieux en mieux. En 2006, quand les autorités espagnoles essayèrent de ralentir l'afflux de migrants africains qui débarquaient sur ses côtes par bateaux, le président gambien, Yahya Jammeh, déclara que rien ne saurait empêcher ses citoyens d'entrer. « Notre pays n'a obtenu son indépendance de la Grande-Bretagne que depuis quarante et un ans, ajouta-t-il. Pour compenser l'exploitation à laquelle nos populations ont été soumises, nos jeunes ont le droit de séjourner en Grande-Bretagne pendant trois cent cinquante-neuf ans[15]. »

Si nous laissons de côté la démagogie et si nous nous concentrons sur les aspirations économiques, M. Jammeh n'a pas tort. Économiquement parlant, on n'a encore jamais pu imaginer aucun modèle d'aide au développement qui fonctionne mieux que la simple autorisation faite aux immigrants d'établir une tête de pont dans une économie avancée et d'envoyer de l'argent chez eux sous forme de ce que l'on appelle des « envois de fonds ». Selon une étude interne de la Banque mondiale, 250 milliards de dollars étaient ainsi envoyés par virement dans le monde en 2006 ; si l'on y ajoute les flux monétaires non répertoriés, cela représente plus de capitaux que la totalité des investissements directs à l'étranger pour l'ensemble de la planète, et plus du double de l'aide internationale[16]. Les transferts de fonds vers El Salvador[17], surtout en provenance des États-Unis, mais aussi d'Espagne, représentent maintenant presque le sixième de l'économie de ce pays et, en 2003, les Marocains, surtout ceux d'Europe, expédiaient chez eux 3,6 milliards d'euros[18]. Au printemps 2007, Western Union, une ancienne compagnie de télégraphe qui sert maintenant de guichet aux immigrés désireux d'envoyer de l'argent dans leur pays d'origine, a ouvert, en Inde, sa 300 000e agence, dans un pays qui en compte déjà 36 000[19]. Même si ces envois de fonds risquent de diminuer avec le ralentissement de l'économie mondiale, ils restent importants.

L'effet économique de ces transferts de fonds est controversé. Signifient-ils que les revenus des immigrés sont « perdus » pour les économiques occidentales ? Ou permettent-ils en réalité aux pays du Tiers Monde de contrôler le développement de leurs capitaux de telle sorte qu'ils profitent à tous les pays dans le cadre d'une économie mondiale ? L'immigration choisie complique encore un peu plus ces questions. Elle facilite ce que beaucoup de défenseurs des immigrés considèrent comme un problème – la fuite des cerveaux des pays pauvres – et la subventionne. Les économistes divergent sur la question de savoir si la migration d'individus hautement qualifiés des pays pauvres finit par aider ces pays (par transfert de compétences) ou si elle leur cause un préjudice (en pompant leur matière grise). Mais à court terme, elle leur est dommageable. La migration des médecins vers la Grande-Bretagne, mentionnée plus haut, a entraîné des carences terribles de personnels médicaux dans les Caraïbes, en Sierra Leone, en Tanzanie, au Libéria, au Malawi et ailleurs[20]. En prélevant ainsi tant de médecins à l'étranger, l'Europe fait-elle preuve de générosité ou d'égoïsme ?

Quand Zêdess laissait entendre que l'immigration choisie de Nicolas Sarkozy avait une dimension effectivement raciste, au sens le plus étroit du terme, ce groupe se trompait. Certes, le gouvernement Sarkozy plaçait la barre assez haut, mais il ne fermait la porte à aucun Africain qui répondrait à ces exigences. Et pourtant, cette chanson traduisait une certaine réalité : Sarkozy et d'autres se prononçaient pour un retour à la vieille notion selon laquelle il y avait immigration et immigration. Sarkozy remplaçait l'accueil inconditionnel de tous les vagabonds du monde par un contrat spécifique entre la France et certains individus qualifiés. La France resterait « ouverte aux immigrés », mais seulement à la manière dont elle pouvait l'être au temps où le père d'Émile Zola arrivait de Venise : elle resterait ouverte à ceux qui seraient équipés pour répondre aux besoins économiques et aux préférences culturelles du pays. Ces besoins économiques et ces préférences culturelles sont souvent difficiles à distinguer des préférences ethniques. Zêdess avait raison de dire que parler d'immigration en termes de « formation » et d'« adaptabilité sociale » ne faisait pas disparaître les problèmes ethniques. Nous allons maintenant en aborder quelques-uns.

Protection sociale et fuite résidentielle

L'un de ces problèmes porte sur la protection sociale. Les économies complexes des États providence comme celles qui se sont développées en Europe ces soixante dernières années ne naissent généralement pas dans des sociétés multiethniques. La vague actuelle d'immigration tiendra lieu de test : nous verrons si ces sociétés multiethniques peuvent espérer seulement maintenir ce système. Tout indique qu'elles en seront incapables. Deux économistes de Harvard, Alberto Alesina et Edward Glaeser, ont montré que l'aversion des Américains envers le socialisme de type européen provient pour moitié de la diversité ethnique propre aux États-Unis[21] (pour le reste, c'est une question d'institutions politiques.) Cette conception trouve une très nette confirmation dans le travail récent d'un sociologue de Harvard, Robert Putnam, qui a découvert que les individus vivant en situation de diversité ethnique « se recroquevillent sur eux-mêmes[22] ». Ils se fient moins à leurs voisins et sont moins enclins à consacrer de l'argent à des causes collectives ou sociales. La liste des études récentes en sciences sociales qui aboutissent à la même conclusion est déjà longue[23].

Le fait que les États providence ne naissent que dans des contextes d'homogénéité sociale constitue la nouvelle version d'un problème très ancien. « Un État ne peut se constituer d'une masse d'individus pris au hasard, pas plus qu'il ne se forme en un moment dû au hasard, écrit Aristote. La plupart des États qui ont accepté des individus d'autres origines, soit au moment de leur fondation, soit plus tard, ont connu les troubles et la sédition[24]. » Ce qu'Aristote appelle sédition, à l'époque plus relativiste qui est la nôtre, nous l'appellerions dissensions. Les immigrants n'ont pas les mêmes préjugés que les autochtones. Ils voient en quelque sorte la réalité d'un autre œil. Dans une société concurrentielle moderne, cela peut en faire un atout précieux. Mais la protection sociale est censée apporter un refuge contre la société concurrentielle moderne. C'est un domaine où les dissensions, l'excentricité et l'individualisme à tous crins ne sont guère prisés – comme l'admettra n'importe quel Américain qui garde le souvenir du tollé provoqué dans les années 1980 par les « *welfare queens* », ces profiteurs de la protection sociale qui s'achetaient de la vodka avec leurs coupons alimentaires.

Une fois que les immigrants apprennent à naviguer dans la bureaucratie sociale européenne, ils peuvent se faire une autre idée des buts de la sécurité sociale. Au lieu d'utiliser les prestations pour s'acheter à manger, ils risquent de s'en servir pour rémunérer, disons, l'Islam. Les deux tiers des imams français perçoivent des allocations[25]. Il en est de même de leurs homologues britanniques : Ghayasuddin Siddiqui, le chef du « parlement musulman » britannique, ne déclarait-il pas lors d'un colloque à Birmingham en 2005 : « Nos mosquées sont essentiellement à usage communautaire et contrôlées par des messieurs âgés qui vivent d'allocations et ne comprennent rien au monde qui change autour d'eux[26]. » La plupart des citoyens français et britanniques ne conçoivent pas les prestations sociales comme un mode de subvention de la religion, et si tel était le cas ils n'accepteraient pas que ce soit par l'impôt. Si les bénéficiaires de la protection sociale ne partagent pas les valeurs dominantes d'une société, alors la société dominante se retournera contre la protection sociale.

Un autre problème concerne la mobilité. On part du principe que l'immigration oppose des nouveaux venus mobiles par nature à des autochtones retranchés dans leurs positions. Or, ces derniers sont plus mobiles qu'il n'y paraît. Les migrations déclenchent des migrations secondaires[27]. Dans une étude de 1998, le sociologue Rogers Brubaker les appelait « migrations sans mélange ethnique ». Malgré tout l'intérêt formel manifesté pour la diversité, les gens ont tendance à la fuir. Dans le contexte de la déségrégation aux États-Unis, durant la décennie 1960, de telles migrations, sous l'appellation « *white flight*[28*] », furent condamnées et les partants taxés de racisme. Mais les Blancs ne sont pas les seuls à entreprendre de telles migrations, et l'ethnie n'en est que l'une des causes possibles. Comme mentionné plus haut, l'arrivée des Irlandais à Boston détruisit la culture protestante d'une des villes les plus importantes de l'histoire du protestantisme. Cette destruction eut lieu non seulement avec l'arrivée des Irlandais, mais aussi parce que les Yankees de Nouvelle-Angleterre choisirent de ne pas vivre dans une ville dirigée par les Irlandais, de plus en plus violente et corrompue. Comme le nota Oscar Handlin, trente ans plus tard, seule la moitié des descendants des Bostoniens de 1820 vivait encore dans la cité[29]. En Europe, l'immigration en général, et l'immigration musulmane en particulier, a tout ce qu'il faut pour provoquer de telles fuites.

Pour juger de l'impact et de la viabilité de l'immigration, il ne faut pas seulement considérer le « numérateur » composé des nouveaux immigrés, mais il faut surveiller le « dénominateur » qui comprend les autochtones. Un dénominateur en baisse intensifie l'effet de l'immigration. Les populations autochtones d'Europe diminuent, on l'a dit, de manière naturelle, et cette réduction est accélérée par l'immigration. En 2001, 109 500 Allemands ont quitté leur pays. Ils étaient 144 800 en 2005 à partir pour le Canada, l'Australie, les États-Unis, l'Espagne et d'autres destinations, fournissant ainsi le prétexte à une nouvelle série télévisée, *Goodbye, Deutschland !*[30].

Ces départs sont peut-être liés à l'immigration. Le départ des juifs de France l'était sans nul doute. En 2002, une année qui vit des centaines d'agressions antisémites, commises pour la plupart par des immigrés et des enfants d'immigrés nord-africains, plus de 3 000 juifs français – environ 0,5 % de la population juive du pays – sont partis pour Israël. Ce chiffre émane de l'Agence juive pour Israël, qui mesure ces relocalisations. Les départs pour le Canada et les États-Unis furent aussi nombreux. La violence vint aussi perturber les Néerlandais. En 2004, le cinéaste d'extrême-gauche Theo Van Gogh fut brutalement assassiné en plein jour par un islamiste hollandais, pour avoir réalisé un film condamnant certains passages du Coran relatifs aux femmes. Cette année-là, les Pays-Bas enregistrèrent plus d'émigrants que d'immigrants[31]. Une société spécialisée dans les documents d'émigration comptabilisa sur son site plus de 13 000 clics au cours de la semaine du meurtre de Van Gogh, et les ambassades canadienne, australienne et néo-zélandaise se déclarèrent assaillies de requêtes sur les conditions d'émigration dans ces pays[32]. En 2006, l'ancien ministre tory George Walden écrivit *Time to Emigrate ?*, une lettre à moitié fictionnelle à un fils prévoyant de quitter l'Angleterre pour de bon ; la presque totalité des raisons citées touchait aux conséquences de l'immigration.

D'après les statistiques démographiques, la fuite résidentielle ne fait aucun doute[33]. À Birmingham, 77 % de la population était blanche dans les années 1990. Elle n'était plus que de 65,3 % en 2006 et, d'après les projections, les Blancs deviendraient minoritaires en 2026. La ville de Leicester était blanche à 70,1 % en 1991, mais ne l'était plus qu'à 59,5 % en 2006. Dans un peu moins d'une décennie, les Blancs y seront minoritaires. La question ne tient pas tant à l'origine ethnique des habitants de telle ou telle ville, mais à la signification culturelle de cette mutation ethnique. Aux États-Unis, dans les années 1960 et 1970, le « *white flight* » était l'expression d'un danger, de la dégradation urbaine et d'un déclin. Certaines villes industrielles historiques, comme Camden ou Detroit, ne s'en sont jamais remises. Les États-Unis, vaste pays qui compte des dizaines de cités industrielles, pouvaient aisément absorber de telles pertes. En Europe, où une grande ville comme Amsterdam est à elle seule le réceptacle d'une grande partie du patrimoine national, de sa culture et de sa littérature, les enjeux sont un peu plus importants. « Les Pays-Bas sont un pays de patrimoine artistique, explique Ayaan Hirsi Ali. Si les citoyens d'Amsterdam, qui seront bientôt à 60 % d'origine non-occidentale, ne sont plus partie prenante de cet héritage, celui-ci connaîtra le déclin et la destruction. Quand la municipalité devra voter pour décider si des fonds iront à la préservation de ce patrimoine esthétique ou à la construction d'une mosquée, ses élus pourront se demander : “Pourquoi payer pour ce tableau ridicule ?”[34] »

Les enjeux de la compatibilité culturelle sont donc de taille. Le Canada, nous l'avons vu, récompense explicitement les immigrés pour leur « adaptabilité ». Les pays européens sont moins catégoriques, mais tout aussi soucieux. Considérons l'Espagne. Malgré sa proximité avec l'Afrique du Nord, seuls 20 % de ses immigrés en sont originaires, contre 38 % qui viennent d'Amérique latine[35]. Selon Bernabé Lopez Garcia, professeur d'études méditerranéennes à l'Universidad Autonoma de Madrid et expert reconnu de la culture marocaine, cela n'a rien de fortuit. Pour recruter des immigrants de pays d'Amérique latine (et des Philippines), les consulats espagnols appliquent des politiques actives de recrutement qui n'ont pas d'équivalent dans d'autres pays pauvres. Selon lui, il s'agit d'un « filtrage ethnique », d'un effort pour fermer la porte du pays aux musulmans[36].

Ce filtrage ethnique est moins sinistre qu'il n'y paraît. Il s'agit d'une sélectivité à la canadienne, mais par d'autres moyens. Déployer un effort particulier pour recruter des Latino-américains, voilà qui est, par définition, discriminatoire, mais cela n'a rien de raciste. Ce qui préoccupe l'Espagne, ce n'est pas tant que ses immigrés soient blancs, mais qu'ils partagent une vision du monde similaire à celle des citoyens déjà établis dans ce pays, à commencer par le fait de savoir à quoi ressemble l'intérieur d'une église.

Les plombiers polonais

Mais cela ne règle pas tout. Le dimanche, à Paris, des foules d'immigrants polonais se pressent à Notre-Dame de l'Assomption, une église jésuite du XVIIe siècle, avec sa récente statue de Jean-Paul II qui se dresse devant les marches – une église qui n'avait plus été remplie de fidèles depuis des décennies. Et pourtant, l'immigration polonaise a elle aussi été controversée. Des facteurs culturels et économiques interviennent ici de manière troublante, alors même que ces immigrés-là viennent d'une culture étroitement liée à celle de la France.

Quand l'Union européenne s'est élargie de quinze à vingt-cinq pays, en 2004, huit des dix nouveaux États membres venaient de l'ancien bloc soviétique. Après cet élargissement, certains pays craignaient d'être envahis par des populations slaves. Seules les trois nations d'Europe les plus orientées vers l'économie de marché – la Grande-Bretagne, l'Irlande et la Suède – ont laissé leurs frontières ouvertes. La Grande-Bretagne s'est alors préparée à accueillir de 5000 à 13000 nouveaux arrivants[37]. Elle en a compté 627000. La république d'Irlande en a reçu tellement, après l'entrée de la Pologne dans l'UE en 2004, qu'à la fin 2005, les 164 000 nouveaux venus du bloc de l'Est constituaient plus de 4 % de la population du pays.

L'économiste Hans-Werner Sinn avait depuis longtemps prédit cet afflux car, par rapport au reste de l'UE, ces nouveaux membres étaient bien plus pauvres que certains de leurs prédécesseurs, comme l'Espagne ou le Portugal[38]. À l'époque de leur accession à l'Union, le coût du travail des ouvriers de pays richement dotés en main-d'œuvre qualifiée, comme la Slovaquie et la Hongrie, représentait le septième du coût d'une main-d'œuvre allemande vieillissante et prompte à se plaindre. L'expansion de l'UE constituait donc pour l'Europe de l'Ouest une nouveauté contradictoire. Elle supposait une pression à la baisse sur les salaires : en 2005, le « plombier polonais » deviendrait le grand symbole des griefs de la campagne référendaire française hostile à la proposition de traité constitutionnel européen, avec le résultat que l'on sait. Mais elle suscitait aussi l'espoir que les besoins de main-d'œuvre de l'Europe puissent être comblés par des individus qui pensaient plus ou moins comme des Européens (par exemple, des femmes de chambre venues de Hongrie et des machinistes de Bulgarie) au lieu de gens qui ne pensaient pas du tout comme des Européens (par exemple, des femmes de chambre et des machinistes du Pakistan et d'Algérie). Il semblait ne pas y avoir de limite au vivier de ces congénères européens prêts à accepter des emplois de service.

Et pourtant, cette limite était bien là. Excepté la Pologne et la Slovaquie, chacun de ces nouveaux pays rejoignaient l'Union européenne avec une fécondité inférieure à la moyenne ouest-européenne. Les États baltes, en particulier, devraient perdre 37,5 % de leur population d'ici le milieu du XXIe siècle[39]. L'expansion de l'UE vers l'est n'a pas compensé la pénurie de main-d'œuvre – elle l'a exacerbée. La Lettonie, un pays qui compte à peine un million d'habitants, en a perdu 100000, parmi les plus jeunes et les plus ambitieux, dont le quart d'entre eux a émigré vers l'Irlande. Ce manque de main-d'œuvre est d'une telle gravité que des hommes d'affaires lettons ont envisagé de le combler en recourant à des travailleurs du Ghana. La frontière de l'Europe orientale se déplaçait-elle vers l'est, ainsi que le prétendaient les dirigeants du continent ? Ou glissait-elle vers l'ouest, suivant ainsi la migration de la population de l'Europe ? « Durant la Guerre froide, expliquait un Letton, nous avons tous rêvé de partir, mais le risque, si tout le monde s'en va, c'est que le pays disparaisse[40]. » C'est un risque, en effet. Tous les pays, toutes les cultures, toutes les langues ne survivront pas à cette grande *Völkerwanderung* moderne.

Dans son poème « Going, Going » (1972), Philip Larkin évoquait le surdéveloppement, la destruction environnementale en Angleterre et le fatalisme des Anglais face à ces évolutions. Au lieu de remettre en question ce qui les mettait mal en l'aise, ils cherchèrent à « lui trouver des excuses pour le justifier ». La nécessité économique d'une immigration de masse constitue l'une de ces excuses. Mais le répertoire de ces justifications ne cesse de changer : ce sera tour à tour la croissance, la protection sociale, les bénéfices qu'en retire la société hôte, quand ce ne sont pas les avantages qu'en retirent les immigrants eux-mêmes. L'immigration est un fait accompli auquel tout le monde cherche à trouver une raison.

Barcelone ou la mort

Officiellement, la Grande-Bretagne, la France et l'Allemagne ont fermé leurs portes à l'immigration massive de main-d'œuvre dès les années 1970. Elles avaient alors atteint un stade de saturation économique. Les avantages que cette immigration a pu apporter (en théorie) au système capitaliste étaient moins apparents (en pratique) pour les électeurs réels, qui comprenaient que plus d'ouvriers serait synonyme de plus de chômage. Mais la fin de ces politiques de main-d'œuvre et l'instauration de programmes généreux d'aide au retour financés sur les deniers publics n'ont rien fait pour endiguer l'immigration. Que ce soit à dessein ou par négligence, le flux d'immigrants s'est maintenu, hors de toute contrainte.

De nouveaux prétextes se sont fait jour pour expliquer en quoi l'immigration était une nécessité. Le premier de ces prétextes, et le principal, c'était le devoir d'offrir un asile à ceux qui étaient menacés par la violence, la pauvreté ou la persécution politique. L'immigration de main-d'œuvre a laissé place à une immigration de réfugiés, puis à une immigration visant à regrouper (ou à former) des familles. Alors que les autochtones commençaient à douter que l'immigration de masse soit économiquement à leur avantage, on les informait que parfois, l'avantage économique n'entrait pas en ligne de compte. De programme économique, l'accueil de ces immigrants se transformait en devoir moral. Un devoir qui, en tant que tel, relevait de moins en moins du processus de décision démocratique. En fait, ce changement dans l'ordre des priorités accrut le flot des immigrants au moment même où les politiciens prétendaient l'interrompre. Et les différences politiques se creusèrent avec, d'un côté, une colère sourde qui couvait chez les électeurs des classes laborieuses et, de l'autre, l'idée reçue, propre à l'élite, selon laquelle l'immigration de masse avait quelque chose d'« inévitable ».

En Espagne, un pays qui dispute à l'Italie le titre tout neuf de première destination des immigrés en Europe, on voit bien à quel point l'immigration devient ingérable quand des considérations humanitaires se mêlent aux considérations économiques. Aux avant-postes se trouvent Ceuta et Melilla, deux enclaves nord-africaines. Européennes depuis le XVe siècle, elles ne sont devenues attractives qu'à la fin du XXe siècle[41]. On ne planta des clôtures en fils de fer barbelés autour de Ceuta qu'en 1971, et encore n'était-ce que pour contenir une épidémie de choléra[42]. Depuis 1999, de hautes clôtures et des centres d'accueil ont fait leur apparition dans les deux villes. Depuis lors, ces centres sont pleins et les clôtures se sont révélées insuffisantes. Des années durant, des immigrés d'Afrique centrale et de l'Ouest, ou d'ailleurs, se sont rassemblés à proximité de ce périmètre et se sont introduits sur le territoire de l'Union européenne en se faufilant par les mailles du filet.

En septembre 2005, cette migration a connu une escalade exponentielle. La police marocaine a dispersé un groupe de quatre cents immigrants, essentiellement des Maliens et des Gambiens, qui vivaient dans le maquis à l'extérieur de Melilla. La plupart étaient sans le sou et nombre d'entre eux avaient traversé le Sahara pour arriver là. Dès le lendemain, craignant peut-être qu'on ne les renvoie loin de cette frontière européenne, ces immigrants, qui se comptaient par milliers, se sont réunis pour prendre d'assaut la clôture barbelée. Cinq cents d'entre eux montèrent à la charge, dans la matinée, certains munis d'échelles, d'autres lançant des pierres et maniant le gourdin. Ils furent cent trente à pénétrer dans Melilla, souvent la peau des mains arrachée par le fil de fer barbelé. Cette nuit-là, des centaines d'autres montèrent à l'assaut, et ils furent deux cents à la franchir. À la grande surprise des autorités, ces immigrants stationnés à Melilla semblaient être en contact avec ceux de Ceuta, à plus de trois cents kilomètres de là, car des tentatives similaires eurent lieu là-bas aussi. Au total, il y eut dix assauts en onze jours[43]. L'Espagne dépêcha sur place trois compagnies de son armée, qui prirent position dans les deux villes. Les gardes-frontières marocains intervinrent eux aussi. Le 29 septembre, ils abattirent quatre personnes qui tentaient de passer à Ceuta. Une semaine plus tard, à Melilla, quatre cents hommes participaient à un autre assaut, et les forces marocaines tuèrent six d'entre eux[44].

Beaucoup de récits décrivent ces assauts d'immigrés comme des tentatives « désespérées », et c'était bien de cela qu'il s'agissait[45]. Pourtant, ce n'était pas que du désespoir. L'immigration est autant une affaire d'ambitions que de griefs. Le désespoir de ces immigrants n'était pas moins impressionnant que leur ingéniosité et leur aplomb, le degré de préparation tactique avec lesquels ils avaient cherché à dérouter, à semer et à déborder ces unités espagnoles et marocaines. Malgré leur peu de sophistication, il s'agissait de véritables opérations militaires coordonnées.

Les intrus qui réussirent à passer, les survivants, déposèrent une demande d'asile (l'état de guerre qui prévaut dans presque toute l'Afrique leur fournissait un motif *a priori* recevable) et furent logés dans des établissements d'accueil mis en place par la Croix-Rouge et d'autres organismes caritatifs. Nombre d'entre eux furent envoyés dans la péninsule ibérique et relâchés, et personne – en Espagne ou parmi ces immigrés – ne comptait voir appliqués les « ordres d'expulsion » qui les visaient. De là, grâce à l'assouplissement des contrôles frontaliers, ils purent rejoindre la plupart des pays d'Europe occidentale, sans être inquiétés. Aujourd'hui, Ceuta et Melilla sont protégées par des fossés et deux rangs de clôture sécurisée d'une hauteur de six mètres[46].

Quelques mois plus tard, des flottilles motorisées de ces longs bateaux de pêche d'Afrique de l'Ouest en forme de banane – les *lothios*, en langue wolof – firent leur apparition sur les plages des stations balnéaires des Îles Canaries. Ils avaient à leur bord des milliers d'hommes et de jeunes garçons sénégalais ou originaires d'autres pays d'Afrique de l'Ouest. Ces immigrés étaient eux aussi d'un courage frisant l'imprudence. Le proverbe wolof qu'ils citaient aux journalistes, chez eux, à Dakar, et qu'ils avaient peint sur la coque de leur embarcation, proclamait : *Barça mba barsakh* – Barcelone ou la mort[47]. Naturellement, *Barça* désigne ici le club de football de la capitale catalane, et pas la ville, une indication du réalisme des aspirations de ces immigrants en puissance. Réalistes ou pas, ils y croyaient dur comme fer. C'est le long de la côte d'Afrique de l'Ouest que le Gulf Stream dévie vers le sud avant de filer vers l'ouest pour traverser l'Atlantique. Une banale panne de moteur pouvait donc se révéler fatale. Des bateaux qui avaient dérivé loin de leur cap furent repérés des mois plus tard, avec leur chargement de cadavres, aussi loin que La Barbade. À la fin de l'été 2006, près de 30 000 de ces nouveaux boat people avaient débarqué aux Canaries.

Le commissaire européen italien Franco Frattini estima que 3 000 personnes avaient péri dans la traversée[48].

Depuis plusieurs décennies, les Canaries étaient devenues l'une des destinations favorites des immigrants – en particulier pour ceux qui franchissaient les cent kilomètres séparant les villages côtiers marocains de Tarfaya et Laayoune de l'île de Fuerteventura. Mais ce circuit-là n'apportait qu'une demi-douzaine de Nord-africains qui arrivaient à bords de yoles, en quête d'un emploi éphémère. Les *lothios*, dont certains pouvaient embarquer jusqu'à cent cinquante hommes, marquaient un changement d'échelle, une industrialisation du phénomène. Ces embarcations et d'autres navires de grande taille ouvraient les portes de l'Europe à des populations qui n'en étaient qu'à dix jours de mer – et même à des ethnies plus lointaines, car l'attrait de cette route d'Afrique de l'Ouest vers l'Europe, une fois qu'elle eut démontré sa viabilité, ne se limitait plus aux seuls Africains de l'Ouest. On intercepta ainsi un cargo mangé par la rouille, surchargé de Pakistanais, et des centaines d'Asiatiques furent appréhendés, errant dans le désert entre Maroc et Mauritanie, à des milliers de kilomètres de chez eux[49].

La crise n'était pas non plus confinée aux Canaries. Des bateaux qui avaient pris la mer depuis la Libye, remplis d'immigrants d'Asie et du Moyen-Orient, accostèrent sur les îles italiennes de Lampedusa et Pantelleria. L'échelle était ici considérablement plus limitée (10 000 boat people à l'été 2006), les langues étaient certes différentes, mais à part cela, la scène était similaire. Certains de ces nouveaux immigrants utilisaient des vedettes rapides ou des jet-skis pour franchir la chaîne de garde-côtes qui ceinturent les îles italiennes et grecques ; d'autres pénétraient dans l'UE en crapahutant à travers les montagnes entourant la toute petite ville slovaque d'Ubla, là où l'Union européenne touche l'Ukraine. Naturellement, ces entrées spectaculaires sur le territoire européen restaient l'exception plus que la règle. La plupart des immigrants clandestins d'Europe y arrivent en toute légalité, en avion, en ferry et en voiture, soit en tant que membres de la famille accompagnant des citoyens européens, soit comme simples touristes. Ils deviennent des clandestins après expiration de leur visa touristique ou en se fondant au milieu de la population après un refus de leur demande de permis de séjour ou d'asile.

Si l'invasion des *lothios* était une source d'inquiétude, elle inspirait aussi la pitié. Il y avait quelque chose de honteux à refouler des gens aussi démunis, qui avaient couru de tels risques et fait preuve d'une telle bravoure. Les immigrants les plus intelligents ont toujours su exploiter cette mauvaise conscience, et assez vite ces boat people les ont imités. C'est pourquoi les débarquements aux Canaries se sont toujours déroulés de façon pacifique et rares étaient ceux de ces voyageurs qui avaient sur eux un semblant de pièce d'identité. En vertu de la loi espagnole, les individus de nationalité inconnue ne pouvaient être ni expulsés ni détenus au-delà d'une période de quarante jours. Ceux qui gardaient le silence lors de leur interrogatoire étaient presque automatiquement admis sur le territoire ibérique et, dans la plupart des cas, expédiés par avion dans la péninsule, là encore munis d'« arrêtés d'expulsion » sans aucun poids véritable. Avec l'arrivée de ces *lothios* par flottilles entières, les autorités espagnoles furent vite débordées au plan logistique et administratif – et tel était bien le but visé. Étonnamment, en cas de violence, le protocole différait assez peu. En avril 2007, le patrouilleur espagnol *Río Duero* approcha d'un *lothio* emportant à son bord cinquante-sept immigrants en provenance des côtes de Mauritanie et fut accueilli par une pluie de cocktails Molotov[50]. Quand le patrouilleur envoya des hommes d'équipage aborder le *lothio* dans un canot pneumatique, les immigrants tentèrent d'en percer les boudins avec des piques et des outils tranchants. Le *Río Duero* escorta l'embarcation jusqu'au port d'Arguineguin, dans la Grande Canarie. Les malfaiteurs identifiables furent renvoyés en Mauritanie pour y être traduits en justice. Tous les autres passagers furent remis en liberté sur le territoire espagnol, et accédèrent à l'Europe.

Au paroxysme de la crise des *lothios*, l'Espagne mena une politique schizoïde, une action à deux faces. D'un côté, elle traita les immigrants en toute fraternité. Elle convertit à la hâte des bâtiments publics en maisons provisoires d'accueil pour immigrants : hôtels et villages de vacances, discothèques et écoles primaires, en veillant à ajouter quelques tentes de cirque afin d'absorber ce trop-plein. Dotées de cuisines et d'équipements de loisir, des casernes comme celles de Las Raices, dans les Canaries, offraient un refuge particulièrement commode. À l'exemple d'autres pays européens, l'Espagne réduisait ses effectifs militaires et disposait donc de quantité de bâtiments de cette sorte qui restaient inemployés. On prit des dispositions pour s'assurer que les nouveaux arrivants puissent pratiquer leur religion – généralement l'Islam – dans ces camps de fortune.

D'un autre côté, l'Espagne résistait aux immigrants comme à autant d'envahisseurs. Frontex, une unité transnationale de gardes-frontières constituée à partir de forces armées d'États membres de l'Union en 2005, connut là son premier déploiement d'importance. Le problème, c'était que Frontex était une sorte d'agence croupion, avec un maigre budget de 15,8 millions d'euros. L'essentiel de ses missions était assuré par des hélicoptères de la Guardia Civil. Les navires italiens et portugais y apportèrent leurs contributions sporadiques, mais le Sénégal et la Mauritanie refusèrent d'autoriser la présence de ce qui ressemblait à un navire de guerre sous l'égide de Frontex dans leurs eaux territoriales. Dès lors, le gouvernement du Premier ministre Jose Luis Rodriguez Zapatero – sans doute le moins militariste qui soit en Europe – envisagea des mesures plus fermes. Au plus fort de la crise, son gouvernement dressa des plans pour envoyer une expédition navale au large de la côte africaine dans le but d'interrompre le flux migratoire à sa source. L'idée fut rejetée parce que le ministre José Antonio Alonso craignait que ces gros navires ne submergent et ne coulent ces *lothios* si peu stables, une atteinte aux droits de l'homme susceptible de créer un incident au plan international[51].

On peut éprouver de la sympathie pour cette ambivalence espagnole. Que signifie « Barcelone ou la mort » ? Que signifient ces injonctions – « Aidez-moi *in extremis* » ou « Si vous me barrez la route c'est à vos risques et périls » ? À l'évidence, le gouvernement espagnol n'en avait pas la moindre idée. De manière générale, les Européens étaient incapables de savoir si ces immigrants étaient de pauvres hères, des travailleurs dévoués ou d'impitoyables envahisseurs, et ils n'avaient pas assez d'imagination pour admettre qu'ils pouvaient fort bien être un peu tout cela à la fois – ou rien du tout. En de telles circonstances, ce qu'il fallait à l'Europe, c'était le code moral qui l'éclairerait sur ses devoirs envers ces populations. Mais elle n'en possède aucun. Ce vague credo selon lequel le continent aurait besoin de main-d'œuvre va de pair avec un manque de curiosité sur une question fondamentale : ces immigrants viennent-ils bien pour travailler ? L'idée floue selon laquelle on devait prendre soin d'accueillir les immigrants comme des réfugiés, assumer la responsabilité des pauvres du monde tout en cherchant à évaluer ce que cela coûte passerait pour une impolitesse. Se mettre en quatre pour tous ces gens ne serait que pure folie, mais les éconduire ne serait que pur racisme. Incapables de puiser en eux la volonté nécessaire à une politique d'accueil sincère et chaleureuse ou à une réaction d'autodéfense digne de ce nom, les Européens espèrent que le monde prendra leur paralysie pour de l'hospitalité.

Le devoir d'hospitalité

L'hospitalité existe dans toutes les cultures. C'est à la fois une tradition et un impératif moral. Les lecteurs modernes de l'*Odyssée* sont parfois surpris de voir Ulysse accueilli comme un étranger et un invité sous son propre toit, sans que personne ne lui demande son nom. Et en effet, c'eût été faire preuve de grossièreté envers cet invité. C'est une forme d'hospitalité similaire qui a force de loi dans l'Ancien Testament. (Lévitique 19:33-34 : « Et si un étranger vient séjourner chez toi, dans ton pays, tu ne l'exploiteras pas ; au contraire, tu le traiteras comme s'il était né parmi les tiens et l'aimeras comme toi-même. Car vous étiez tous des étrangers sur la terre d'Égypte. ») Le Nouveau Testament

(Matthieu, 25:31-46) réitère cet impératif (« Car j'avais faim, et vous m'avez donné à manger ; j'avais soif, et vous m'avez donné à boire ; j'étais un étranger, et vous m'avez accueilli ») avant d'avertir ceux qui ne s'y conformeraient pas des risques encourus. La gravité de la sanction – la damnation, rien de moins – prouve que l'hospitalité est aussi essentielle dans les traditions européenne ou chrétienne que dans d'autres. Le cliché qui voudrait nous présenter toute volonté de freiner l'immigration comme une attitude rétrograde et traditionaliste, et tout désir de l'accueillir comme le signe d'un esprit moderne et ouvert, est un leurre. Dans les pays de tradition chrétienne, les hommes et femmes politiques « pro-immigrants » misent toujours sur des réflexes culturels profonds, sans parler du soutien des groupes religieux les plus officiels, alors que les politiques « anti-immigrants » doivent toujours commencer par faire voler en éclat quelques tabous avant de pouvoir avancer d'un pas.

L'hospitalité soulève un paradoxe. Hans Magnus Enzensberger le décrit en ces termes :

> Pour les endiguer, pour éviter de perpétuels bains de sang, pour permettre un minimum d'échanges et de relations entre clans, entre tribus, entre ethnies, les sociétés archaïques ont inventé l'hospitalité, ses tabous et ses rites. Or ce sont des dispositifs qui ne suppriment pas le statut de l'étranger, mais qui tout au contraire l'entérinent. L'hôte est sacré, mais il n'a pas le droit de rester[52].

L'hospitalité est destinée à protéger les voyageurs en territoire hostile ; elle n'est pas conçue pour céder le pouvoir des lieux à des groupes importants de visiteurs – parmi lesquels on peut trouver le cas échéant des prosélytes, des pique-assiettes, des opportunistes. Et pourtant, comme l'hospitalité est une inclination innée, profondément ancrée chez l'être humain, certains individus habiles n'ont aucune difficulté à l'exploiter, à l'instar des publicitaires qui exploitent d'autres pulsions profondément humaines, comme le sexe. C'est pourquoi certaines cultures instaurent toutes sortes de règles autour de l'hospitalité. Et l'invité qui reste devient alors un intrus.

L'hospitalité va de pair avec la xénophobie. En fait, elle en est l'une des facettes. Quand les tribus gothes conclurent un accord de paix avec l'Empire romain en proie aux troubles, en 382, elles se virent accorder l'*hospitalitas* (le cantonnement sur des terres rentables), mais pas le *connubium* (le droit d'épouser un Romain ou une Romaine), car l'octroi du premier de ces deux privilèges était lié au refus du dernier[53]. L'illustration la plus spectaculaire que nous offre l'Histoire de cette parenté entre l'hospitalité et la méfiance est celle du capitaine Cook, qui fut fêté, honoré, vénéré pendant un mois par les insulaires hawaiiens de Kealakekua Bay en 1779. Mais, quand son équipage et lui-même y retournèrent pour une escale dictée par l'urgence, la réparation d'un mât brisé, ils se firent massacrer.

La différence entre l'hospitalité et un accueil entier et permanent n'a certes pas échappé aux musulmans, à leur arrivée au Danemark dans les années 1970. Qu'ils soient bien ou mal disposés envers la culture danoise, ils n'hésitent pas à décrire l'accueil presque rêvé, d'une telle générosité, qui leur fut réservé à l'époque, tant au niveau gouvernemental que dans les relations personnelles[54]. Mais les années 1990 virent ce climat se transformer avec une incroyable soudaineté en suspicion et même en hostilité. On serait tenté de rechercher un événement déclencheur, un geste déplacé chez les uns ou les autres. Les Danois progressistes évoquent la montée du Parti populaire danois après 1995, comme s'il était possible, dans une démocratie, de fabriquer un mécontentement anti-immigré à l'échelle d'une société entière, *ex nihilo*. Le défunt imam Ahmed Abu Laban, un boutefeu palestinien qui vécut les dernières années de son existence au Danemark, tenta d'expliquer ce changement en l'attribuant à l'intolérance religieuse. Au début, les Danois, prétendait-il, « n'ont pas réagi aux musulmans qu'étaient aussi les immigrés. Après une courte période, ils ont compris que les musulmans étaient engagés et qu'ils n'allaient pas renoncer à l'Islam ».

Ce qui s'est produit au Danemark avait un caractère encore plus inéluctable. L'accueil que les immigrés reçurent au cours de leurs premiers mois ou de leurs premières années ne relevait pas de l'ordre naturel et permanent des choses. C'était un pur réflexe de courtoisie, réservé à des invités. Les immigrés étaient restés assez longtemps pour perdre leur rôle ritualisé d'« invités » et, avec lui, leur droit à l'hospitalité des Danois. (Cela ne signifie pas qu'ils aient perdu leur droit à un traitement convenable ; ils avaient seulement perdu leur droit à cette forme spécifique de traitement convenable qu'est l'hospitalité.) Une fois ce rôle perdu, que devenaient-ils ? Des Danois comme les autres, aux responsabilités constitutionnelles bien définies, sans omettre certaines obligations plus implicites, d'ordre culturel ? Des Danois dotés de privilèges particuliers les *exonérant* de ces responsabilités ? Des travailleurs, réclamant une nouvelle relation contractuelle ? Ou des intrus, suscitant la résistance ?

Le problème, au Danemark comme en Espagne et dans le reste de l'Europe, c'est qu'aucun consensus n'apporte de réponse aux questions soulevées. On observe souvent, non sans stupeur, le temps qu'il fallut aux autochtones européens pour comprendre que les immigrés s'étaient installés en Europe pour y rester. Les Européens ont d'abord pensé que ces immigrés repartiraient benoîtement chez eux. Ils y ont cru, en effet, au moins jusque dans les années 1970, quand la France fut la première à instaurer des politiques finançant leur rapatriement, et même parfois jusque dans les années 1980. Aujourd'hui, en revanche, les Européens commettent souvent l'erreur inverse. Dans les pays de forte immigration comme l'Espagne et l'Italie, la majorité écrasante des immigrés appartient à la première génération et, même dans les nations d'immigration bien plus ancienne, cette population est bien moins enracinée qu'il n'y paraît. En 2000, 60 % de l'importante population étrangère de l'Allemagne était arrivée après 1985[55]. Nombre d'immigrants sont devenus des membres à part entière de la société de leur nouvelle patrie, et la revendiquent de plein droit. Mais ils sont tout aussi nombreux à ne pas être dans ce cas.

Asile et droits de l'homme

L'asile politique est la version moderne, bureaucratisée de l'ancien devoir d'hospitalité. Comme le note Enzensberger, la « version “noble” de l'asile politique » était un schéma de la littérature du XIXe siècle[56]. Mais le XXe siècle provoqua une érosion de la distinction entre les individus venus se réfugier et ceux qui venaient pour rester. Le bon vouloir d'un État de se porter garant des immigrants qui vivent sur son sol représentait souvent la différence entre la vie et la mort – comme ce fut le cas pour les juifs dans la France occupée par les nazis et pour les Polonais qui, après la Seconde guerre mondiale, furent « rapatriés » d'Europe occidentale vers l'Est sous occupation communiste, pour ne citer que ces deux exemples. Soucieux de ne pas répéter ses erreurs, l'Ouest contracta une forme de répugnance absolue (et bien compréhensible) à l'idée d'abandonner des réfugiés. Ceux qui avaient fui le communisme et d'autres régimes tyranniques apparus après la guerre jouissaient d'un droit automatique à l'hospitalité du monde libre. L'accueil réservé par l'Amérique aux réfugiés de Cuba inspira l'attitude de l'Europe envers ceux des anciennes colonies. Au premier reniement, des voix influentes, émanant de tout le spectre politique, s'élevaient avec colère. Quand la Grande-Bretagne adopta, en 1968, l'Immigration Act qui visait à fermer les portes du pays à la minorité indienne chassée du Kenya par l'« africanisation », le journaliste conservateur Auberon Waugh fustigea ce texte. C'était, disait-il, « l'une des législations les plus immorales qui aient jamais vu le jour dans un parlement britannique ». Le *Times* écrivit : « Le Labour a une nouvelle idéologie. Il ne professe plus sa croyance en l'égalité des hommes. Il ne croit même plus à l'égalité entre citoyens britanniques. Il croit en l'égalité entre citoyens britanniques blancs[57]. »

Malgré des textes législatifs occasionnels (comme cette loi de 1968) visant à limiter le droit des étrangers au statut de réfugié, une conception se répandit, et elle se voulait sans ambiguïté : l'accueil dû aux étrangers devait être pratiquement inconditionnel. La population réfugiée d'Europe se mit à croître, à former, pour reprendre la formule de l'économiste suédois Torsten Persson, « un modèle de crises politiques en cercles concentriques[58] ». Si l'on ne se penche que sur le flux des entrées en Scandinavie, on constate que les juifs polonais fuyant l'antisémitisme d'État et les Grecs chassés par la dictature des colonels commencèrent d'arriver à la fin des années 1960. Ensuite, dans les années 1970, ce furent les Chiliens partisans d'Allende, puis les boat people vietnamiens et, un peu plus tard, dans les années 1980, les nationalistes kurdes de Turquie et les réfugiés des deux camps de la guerre Iran-Irak. Il suffisait de venir d'une région du monde déchirée par la guerre – par exemple de l'est de la Turquie ou d'Algérie – pour se retrouver installé quelque part en Europe aux frais du gouvernement, le temps que les autorités compétentes instruisent le dossier. Certains pays, et au premier chef les Pays-Bas, codifièrent des principes imputant la charge de la preuve à ceux qui refuseraient l'asile aux réfugiés. Même quand le gouvernement se prononçait contre les requérants et leurs familles, si ces derniers choisissaient de ne pas regagner leur pays d'origine, il n'était pas rare que l'État maintienne son aide financière. Ordonner à ces individus de repartir apparaissait comme une violation des lois supérieures de l'hospitalité.

Au début des années 1990, quand la famine en Somalie provoquée par les seigneurs de la guerre et le conflit ethnique dans les Balkans éclatèrent presque simultanément, un système fut mis en place, si facile à manipuler qu'il rendait quasi automatique l'accès des immigrants capables d'en comprendre les rouages. En Europe, diverses ONG de défense des immigrés s'y employèrent. Nombre d'entre elles se développèrent à partir d'organismes religieux caritatifs, comme la très influente Vluchtelingen Werk aux Pays-Bas. En France, ce rôle revint souvent à des groupements antiracistes et, à partir de 2006, la Croix-Rouge servit d'avocat officieux de l'immigration aux boat people africains qui débarquaient sur le continent[59]. Le droit d'installer les membres de sa famille dans le pays d'asile était une conséquence inévitable de l'immigration humanitaire. Selon l'Organisation pour la coopération économique et le développement, en un quart de siècle, depuis 1980, la moitié de tous les permis de séjour accordés en Suède – presque 400 000 – allèrent à des familles originaires de régions frappées de désastres géopolitiques, regroupées après avoir été longtemps dispersées[60].

Certains pays européens finirent par être tellement assaillis de requêtes de droit d'asile que cela frôlait le canular. En 2006, le secrétaire à l'Intérieur, le Britannique John Reid, annonça son objectif – difficilement accessible : apurer « l'arriéré » des demandes d'asile en moins de cinq ans[61]. Pour la seule année 1992, l'Allemagne enregistra presque un demi-million de ces demandes, émanant essentiellement de l'ex-Yougoslavie[62]. Si énormes que fussent ces chiffres, l'Allemagne n'était peut-être pas le pays le plus fortement sollicité. Cette même année, en Suède, une nation de seulement 9 millions d'habitants, ces demandes atteignirent un pic de 84 000 dossiers. Cette vague arriva au plus mauvais moment. Entre 1990 et 1994, coincée entre un secteur étatique en expansion et la concurrence mondiale accrue à laquelle étaient exposées ses industries, la Suède subissait la pire crise jamais observée dans l'économie ouest-européenne, entre la fin de la Seconde guerre mondiale et la crise financière de 2008. Son PIB se contracta de 6 %, et le taux d'emploi baissa de 12 %.

Comme on y acceptait la vaste majorité des demandes d'asile, la Suède accroissait sa population de presque 1 % par an, sans compter le « regroupement familial ». Un parti ouvertement xénophobe, la Nouvelle Démocratie, fondé à la veille des élections, s'engouffra au Parlement avec 6 % des voix.

Les réfugiés ne sont pas issus d'un mélange d'êtres humains pris au hasard. Par définition, ils sont les produits de sociétés marquées par la violence, la corruption, ou les deux – et aucun principe humanitaire ne permet de choisir ceux de ces fuyards que l'on jugera les plus fréquentables. Pour l'Europe, les catastrophes humanitaires et les guerres les plus sanglantes qui la touchaient de plus près se situaient dans le monde musulman (Iran, Irak, Somalie, Turquie orientale) ou à ses frontières (l'ex-Yougoslavie)[63]. Au tournant du siècle, la Suède en vécut l'une des conséquences : elle finit par ouvrir ses portes à une population de 200 000 à 400 000 musulmans, auxquels vinrent s'ajouter, après 2003, des dizaines de milliers d'Irakiens qui, par crainte des retombées de l'invasion américaine, quittèrent leur pays à la hâte.

Ces dernières années, face à l'opposition populaire, les pouvoirs publics ont durci le régime d'accueil des réfugiés et des demandeurs d'asile. En 2006, un rapport du Haut-commissariat aux réfugiés de l'ONU dénombrait seulement 9,2 millions de réfugiés et de demandeurs d'asile dans le monde – le chiffre le plus faible jamais observé depuis un quart de siècle, sans nul doute le signe direct d'un resserrement des règles de contrôle en Europe[64]. Le Danemark qui, en 2001, accordait l'asile à une majorité de candidats, n'en retenait plus que le dixième trois ans plus tard[65]. En 2001, les Pays-Bas, eux-mêmes si libéraux naguère en la matière, modifièrent leur législation en limitant les possibilités de recours en appel, toujours susceptibles de se prolonger durant des années et de fournir ainsi le prétexte à une installation de fait. En 2006, seul un sixième des demandeurs obtenait un statut « A », autrement dit le droit à un transfert immédiat vers un logement communal subventionné, ainsi qu'à des activités d'intégration et des leçons de néerlandais. (Les demandeurs écartés ont toutefois le droit d'envoyer leurs enfants dans des écoles néerlandaises, et personne ne vérifie s'ils finissent par repartir du pays ou non.)

« Il y a intérêt à ce que votre histoire tienne la route », prévenait un fonctionnaire néerlandais de l'immigration, en 2005[66]. Mais les histoires qui tenaient la route étaient aussi faciles à inventer de toutes pièces. Et elles finissaient par être connues de tous ou presque, grâce aux réseaux d'information incroyablement efficaces des immigrants. Le système du droit d'asile sera toujours plus ou moins sujet à manipulation. Dès 2006, les femmes originaires de pays pratiquant l'excision pouvaient rester aux Pays-Bas avec un permis de séjour de cinq ans. Les ressortissants iraniens qui avaient fui le régime de Téhéran devaient généralement prouver qu'ils avaient été torturés ou pris pour cible de telle ou telle manière par le régime – sauf les homosexuels de sexe masculin, qui étaient admis automatiquement. Les femmes enceintes qui avaient enfreint la politique chinoise de natalité, celle de « l'enfant unique », étaient également très bien perçues. Or, ô surprise, ces dernières années, les femmes de Chine et d'Afrique de l'Est et les gays iraniens représentaient une part non négligeable des demandeurs d'asile.

Concernant les migrants enfants, certaines responsabilités

spécifiques s'appliquent en vertu du droit international. Très peu d'adolescents immigrés déclarent avoir 18 ans ou plus, et ils sont nombreux à nier avoir des parents encore en vie. Les pays européens n'ont pas adopté de position homogène sur la légalité du recours aux procédures médico-légales (radios des os du poignet, examens dentaires), afin de déterminer l'âge de ces jeunes arrivants. Ces immigrants savent de quels pays il est bon de se dire originaire – depuis 2006, la Côte-d'Ivoire étant en guerre, beaucoup de boat people arrivant en Espagne s'en prétendaient originaires, alors qu'ils parlaient des dialectes sénégalais et aucun dialecte ivoirien[67]. Et les meilleures destinations n'avaient pas de secret pour eux – en visitant un foyer néerlandais pour immigrés, en 2005, on pouvait les entendre classer les pays où il était le plus facile d'entrer. À l'époque, il s'agissait, dans l'ordre, de : 1) l'Irlande, 2) la Belgique, 3) l'Angleterre 4) la Suède (récemment redevenue facile d'accès après un passage plus répressif), 5) la France. Cette liste, qui a certainement changé depuis, ne prouve pas nécessairement qu'un pays soit « bonne poire » *ad vitam aeternam* (même si c'est vrai pour certains). Elle atteste simplement de l'incroyable sensibilité des futurs immigrants aux changements dans les lois sur l'immigration, et à « l'état d'esprit » de ces pays envers les populations immigrées.

Asile et démocratie

Pour les Européens convaincus que leur continent connaît un problème d'immigration, la politique du droit d'asile en est le noyau. Un noyau brûlant. On observe là un certain contraste avec les États-Unis, où l'on applique surtout la distinction entre immigrants en situation régulière et immigrants en situation irrégulière. En Amérique, les demandeurs d'asile ne scandalisent personne. En Europe, tous les candidats au droit d'asile se soumettent à une procédure juridique en règle, après une vérification administrative approfondie. En Europe, la principale distinction s'applique entre « vrais » demandeurs d'asile, qui ont le droit de rester, et demandeurs « bidon » (ou *bogus*, en anglais, pour reprendre un terme employé par les tabloïds britanniques), qui n'ont pas ce droit. Une majorité de demandeurs d'asile tombera dans la catégorie « bidon » dans la mesure où ils ne sont exposés à aucune menace particulière dans leur pays d'origine, hormis celle de la pauvreté. Quelques semaines après l'assaut de Ceuta et Melilla mentionné plus haut, 3000 Soudanais vinrent camper devant les bureaux du Haut-commissariat aux réfugiés de l'ONU, au Caire, pour réclamer un statut de réfugié[68]. Pourtant nombre d'entre eux jouissaient déjà de ce statut, mais en Égypte. Il s'agissait donc de demandeurs « bidon » au sens où, en réalité, ce qu'ils recherchaient, c'était un moyen de se rendre dans un pays plus prospère que l'Égypte. La triste fin de cette histoire montre cependant que la ligne de partage entre de « vrais » appels à l'aide et des appels « bidons » n'est pas toujours facile à tracer : au cours des derniers jours de l'année 2005, la police anti-émeutes égyptienne attaqua le campement, et tua vingt-trois personnes.

Les mesures actives pour renvoyer chez eux les demandeurs éconduits sont assez rares[69]. Le nombre de candidats écartés qui restent et ne s'en vont pas peut atteindre jusqu'à 80 %. À la question que lui posait la BBC en 2003 sur le nombre d'étrangers vivant en situation irrégulière en Grande-Bretagne, le secrétaire à l'Intérieur, David Blunkett, répondit : « Je n'en ai aucune idée. La voilà, ma réponse. Je suppose que cela fera un bien joli titre qui va horrifier mes conseillers, mais c'est la vérité. Je n'en ai aucune idée, et personne n'en sait rien, ni au sein du gouvernement, ni dans l'administration[70]. » La thèse populiste la plus répandue voudrait que les élites favorisent des politiques du droit d'asile plutôt libérales non pas comme une fin en soi, mais comme un moyen – qui permettra d'attirer davantage de main-d'œuvre immigrée. Ce n'est peut-être pas faux. On entend souvent dire que limiter le nombre des demandes d'asile en renvoyant systématiquement ceux qui ne feraient pas l'affaire serait un procédé à la fois trop cruel et trop coûteux. On invoque souvent ici la « thèse de l'inanité » (la formule est d'Albert O. Hirschman)[71]. Les 4,7 milliards de livres que, selon l'Institute of Policy Research, coûterait l'expulsion de ceux qui n'ont pas respecté la date de validité de leur visa suffiraient à reléguer cette idée au « pays des chimères politiques », comme l'écrivit une éditorialiste du *Guardian*, Madeleine Bunting[72]. C'est peut-être vrai, mais cela ne signifie pas nécessairement qu'aux yeux des électeurs, dépenser 4,7 milliards de livres pour rendre une politique de l'immigration plus efficace et moins laxiste équivaudrait à gâcher l'argent du trésor public.

Cette discussion sur le droit d'asile en Europe ne fait rien pour apaiser le débat politique. Au contraire, elle le radicalise. Le droit d'asile se fonde sur des valeurs universelles et des règles de civilisation complètement distinctes des procédures démocratiques qui, ces dernières années, ont pu restreindre d'autres formes d'immigration.

Ce débat amène ceux qui protestent *encore* contre le niveau d'immigration en Europe et qui souhaitent davantage restreindre le nombre des demandeurs d'asile à prendre ces règles de civilisation pour cible. Des politiciens populistes hostiles à l'immigration – comme Pia Kjaersgaard du Parti populaire danois, ou l'animateur d'un talk-show anglais, Robert Kilroy-Silk, qui conduisit le très excentrique Parti de l'indépendance du Royaume-Uni à une surprenante troisième place lors des élections européennes de 2004 – ont appelé leurs pays respectifs à se retirer de la Convention de Genève de 1951 sur le statut des réfugiés, qui définit les devoirs des signataires envers les réfugiés et les demandeurs d'asile. À l'été 2006, le Premier ministre britannique Tony Blair et le secrétaire à l'Intérieur John Reid laissèrent entendre à leur tour qu'ils pourraient revoir l'adhésion de la Grande-Bretagne à cette Convention. Si Gordon Brown est resté plus discret sur le sujet, il n'a pas non plus rallié l'opinion publique de son pays à la cause de la promotion des droits de l'homme par l'Europe au travers de nouvelles applications. Les principaux parlementaires du parti de Mme Kjaersgaard ont ouvertement proclamé leur méfiance envers les « intellectuels de gauche » et les valeurs de ces « experts » qui président à toutes les décisions dans le domaine du droit d'asile[73]. Pour eux, le mot « expert » possède en soi une résonance antidémocratique, et ils n'ont pas tort. L'idée selon laquelle l'électorat des démocraties est un gardien peu digne de confiance des règles civilisées est implicite dans la plupart des discussions politiques autour de l'immigration, en Europe et ailleurs.

L'administration des politiques du droit d'asile et la question de savoir si ces demandeurs d'asile sont « bidon » ou réellement désespérés relève moins de l'indignation qu'on ne le croit à première vue. Le droit d'asile a le don de contrarier les électeurs parce qu'il leur propose un autre marché que celui qu'on leur avait promis au début de l'immigration de masse. Les problèmes surviennent, comme l'expliquait le sociologue Abdelmalek Sayad, aujourd'hui disparu, « quand l'immigration cesse d'être exclusivement une immigration de travail – c'est-à-dire une immigration des seuls travailleurs – et se transforme en intégration familiale (ou en immigration de colonisation)[74] ». Ces nouveaux immigrants qui arrivent à titre de parents et de réfugiés ne viennent pas pour *faire*, ils viennent pour *être*.

À la suite de la politique des *Gastarbeiter*, on a souvent répété que l'Europe avait cherché à se procurer des facteurs de production pour s'apercevoir seulement plus tard qu'elle importait des êtres humains. Les candidats réfugiés interviennent à n'en pas douter comme des êtres humains – ils se présentent au nom d'une humanité souffrante. Ils sont rarement considérés comme des « facteurs de production ». Or, tout en offrant moins d'avantages quantifiables à leur pays d'arrivée, ils en revendiquent une part bien plus importante que celle revendiquée en leur temps par les travailleurs migrants, leurs prédécesseurs. Dès lors que l'on s'est engagé sur la voie de l'immigration de masse, cette transformation était inévitable. Pour les autochtones européens, elle semblait s'inscrire dans le cadre d'un changement plus vaste – le passage d'une population d'immigrés *passifs* à une population d'immigrés *doués d'une volonté propre*. C'est une mutation à laquelle les valeurs européennes, telles qu'elles ont évolué au cours des décennies postérieures à la Seconde guerre mondiale, n'étaient absolument pas préparées.

CHAPITRE 4

La peur déguisée en tolérance

L'accueil d'individus venus de pays pauvres soulève un problème : les Européens ont perdu leur foi en certaines composantes de leur civilisation, justement celles qui avaient attiré ces immigrants. « Les Européens voudraient sortir de l'histoire, la Grande Histoire qui s'écrit en lettres de sang », écrivait Raymond Aron dans les années 1970. « D'autres, par centaines de millions, souhaitent y entrer[1]. » Dès lors, il est difficile de respecter les règles et d'embrasser les valeurs de l'Europe, comme on l'exige parfois des nouveaux venus, alors que les Européens eux-mêmes réécrivent ces règles et réexaminent ces valeurs.

Dans tous les pays d'immigration de masse, on sent couver une forme de conflit ethnique. En comprendre la raison impose de revenir sur le climat intellectuel et moral de l'Europe de ces soixante dernières années. L'Europe où les premiers immigrants arrivèrent dans les années 1950 se remettait à peine des horreurs de la Seconde guerre mondiale et se souciait surtout d'édifier les institutions qui en préviendraient toute récurrence. L'OTAN était la plus importante de ces institutions. L'Union européenne, alors embryonnaire, était la plus ambitieuse. La guerre fournit ainsi aux penseurs européens tout le bagage de leurs catégories et de leurs références morales, que la question posée soit celle du progrès de la civilisation, des exigences éthiques propres à l'homme d'État ou des raisons motivant toute intervention militaire. Éviter une nouvelle conflagration européenne supposait surtout de purger chacun des pays du continent de son nationalisme, étant bien entendu que ce terme de « nationalisme » désignait ici l'ensemble des vestiges du racisme, du militarisme et du chauvinisme culturel – mais aussi le patriotisme, la fierté et les rivalités irrationnelles. Dans certains pays, entonner l'hymne national ou agiter le drapeau devint l'apanage des skinheads ou des hooligans des stades de football.

Sous l'incitation des Américains qui, à cette période, abordaient leur propre problème racial et, l'esprit absorbé par la menace du communisme, les Européens commencèrent par élaborer un code des « valeurs européennes », comme l'individualisme, la démocratie, la liberté et les droits de l'homme. Ces valeurs ne furent jamais définies avec beaucoup de précision. Pourtant, elles semblaient favoriser la cohésion sociale, et leur extension coïncida avec soixante années de paix. Savoir s'il convient d'attribuer le mérite de cette paix aux valeurs européennes ou à la puissance militaire américaine, c'est encore une autre affaire[2].

L'Union européenne qui, au terme de la première décennie du XXIe siècle, s'est élargie jusqu'à inclure vingt-sept pays, devait représenter le couronnement de ces efforts. C'était le projet des élites, conçu par des hommes d'État et des diplomates – et un projet moral, qui plus est. Ceux qui s'y opposaient n'étaient pas accusés de jugement à courte vue, mais d'être moralement corrompus et de vouloir replonger le continent dans les horreurs du XXe siècle. Lors d'un discours prononcé au camp de concentration de

Theresienstadt, en mai 2005, à la veille d'une série de référendums constitutionnels sur l'Union organisés à l'échelle du continent, la commissaire européenne suédoise, Margot Wallström, formula une mise en garde : la moindre hésitation face à ce renoncement à la souveraineté nationale au profit d'entités d'envergure européenne comme l'Union exposerait le monde au risque d'un nouvel holocauste[3].

Les architectes et les partisans du « projet européen » ne mirent pas leurs vertus dans leur poche. « Le Rêve européen est une source de lumière dans un monde troublé », écrivait Jeremy Rifkin, auteur d'origine américaine qui fut le conseiller de Romano Prodi quand ce dernier exerçait la présidence de la Commission européenne. « Il nous invite à une ère nouvelle d'inclusion, de diversité, de qualité de vie, de [jeu profond], de durabilité, d'universalité des droits de l'homme, de droits de la nature et de paix sur Terre[4]. » Le stratège du New Labour, Mark Leonard, décrit une Europe supérieure à ses rivales, de par son « aptitude à attirer les autres et, par là, à fixer les règles de l'économie mondiale[5] ».

Mais attraction et admiration ne sont pas synonymes. Les immigrants peuvent avoir quantité de raisons de venir en Europe, en dehors du désir d'y vivre dans le respect de ses règles. Une jolie femme dans un bar, à 2 heures du matin, possède une « faculté d'attirer l'autre » qui est tout à fait indépendante des valeurs qu'elle défend. Pour les Européens, au XIXe siècle, l'Empire ottoman et la Chine possédaient l'un et l'autre un pouvoir d'attraction. Mais ce ne fut pas par admiration pour leur système de gouvernement respectif ou leurs idéaux des droits de l'homme que les Européens signèrent des traités avec ces pays, s'y installèrent et bouleversèrent leur existence en tant que nations. C'était parce qu'il s'agissait de territoires riches, trop faibles et trop désorganisés pour conserver la maîtrise de leur destin.

Neutralité et politiquement correct

Le « projet européen » n'a pas été imaginé dans la perspective de l'immigration, mais il a fini par en fixer les règles d'accueil. L'Europe de l'après-guerre s'est bâtie sur l'intolérance de l'intolérance – un état d'esprit vanté pour son antiracisme et son antifascisme, ou brocardé pour son aspect politiquement correct. Il ne s'agit pas ici de trancher mais de comprendre ce que l'Europe avait en tête quand elle s'est mise à accueillir des immigrants en si grand nombre – car c'est un choix qu'elle n'aurait fait à aucune autre période de son histoire – et, ensuite, de saisir les raisons qu'elle avait de traiter ces nouveaux arrivants avec la naïveté et l'indulgence excessives qui ont été les siennes.

Les Européens de l'après-guerre se comportèrent comme si toutes les cultures se valaient. En 1996, le gouvernement néerlandais considéra que « le débat sur la multiculturalité devait être mené en partant du principe que les cultures – et vraisemblablement la totalité d'entre elles – sont d'égale valeur[6] ». Les cultures autochtones ne bénéficieraient donc d'aucun traitement de faveur par rapport à celles des nouveaux arrivants. L'État ferait face aux affaires de l'immigration et de l'ethnicité avec une scrupuleuse neutralité, en ne s'appuyant que sur un ensemble de « valeurs universelles » réputées communes à toutes les cultures. Il semblait inopportun de contraindre – ou même simplement de chercher à convaincre – les immigrés de s'assimiler aux vieux loyalismes nationalistes auxquels les Européens eux-mêmes renonçaient. « Nous n'allons pas embêter les enfants turcs avec l'Occupation, non ? », s'écria un cadre administratif hollandais lors d'une discussion sur l'éducation multiculturelle[7]. En Catalogne, en 2006, à l'occasion d'un débat sur l'immigration, un dirigeant socialiste demanda, sur un ton moqueur, si l'on interrogerait les immigrants sur leur connaissance du « Virolai », le cantique de Jacint Verdaguer à Notre-Dame de Montserrat[8].

Ce n'est pas parce qu'ils migraient vers l'Europe que les immigrants acceptaient, comprenaient ou même remarquaient l'existence d'un projet européen censé dépasser « la Grande Histoire qui s'écrit en lettres de sang ». Au contraire, nombre d'immigrants, et beaucoup d'enfants et de petits-enfants d'immigrants, considéraient de leur devoir de crier sur les toits leur souhait d'un État palestinien, d'une patrie kurde ou d'une Algérie islamiste. Ils entretenaient des rêves de gloire culturelle, nationale ou même raciale désormais hors de portée de l'universalisme des Européens car ces rêves dépassaient l'entendement de ces derniers. Le malentendu était réciproque.

Au nom de l'universalisme, beaucoup de lois et de coutumes assurant la cohésion des sociétés européennes ont été jetées par la fenêtre. La tolérance devint la priorité supérieure à toutes les préoccupations traditionnelles de l'État et du corps social – l'ordre, la liberté, l'équité et l'intelligibilité –, et fut poursuivie à leurs dépens. Vers le tournant du siècle, l'idéologie européenne de la neutralité plia sous le poids de l'immigration de masse et devint une source non pas de force, mais de ce qu'Alsana, la ménagère bengali vacharde de *Sourires de Loup*, le roman de Zadie

Smith, appelait « une mixture absurde ». Observant autour d'elle son quartier de Londres si divers et si bien pensant, Alsana se dit : « La seule chose, c'est qu'à Willesden, il n'y avait pas de race ou de nationalité suffisamment étoffée en nombre pour pouvoir se déchaîner contre un autre groupe et l'envoyer chercher refuge dans les caves, pendant que les vitres volaient en éclats[9]. »

« Politiquement correct » est un terme emprunté aux débats américains qui sert à définir les raisonnements contorsionnés dont l'universalisme européen avait besoin. Personne n'a jamais trouvé cette formule très heureuse. C'est peut-être une manière trop sévère de décrire les pieux mensonges pleins de bonnes intentions, les vœux pieux et les menues approximations, tout ce que l'on appelait jadis « débiter des sornettes ». Ainsi, dans le cadre d'un forum sur l'identité britannique, le musicien Billy Bragg eut ces mots : « Quand Churchill parlait de "notre plus belle heure", il songeait à 500 millions d'hommes et de femmes de langues et de cultures différentes, tous rassemblés sur notre petite île pour combattre le fascisme[10]. » (Et là, quelqu'un aurait dû répondre à ce musicien : *Non, ce n'était pas du tout ce à quoi songeait Churchill.*) En France, après des émeutes d'ampleur nationale, à l'automne 2005, le ministre délégué à la Promotion de l'égalité des chances, Azouz Begag, appela à une collecte des données par groupe ethnique, en affirmant : « La diversité n'est pas une question de charité, c'est une question de richesse[11]. » (Et là, quelqu'un aurait dû répondre à ce ministre : *Non, ce n'est pas du tout cela*).

Le politiquement correct a souvent l'air ridicule. La fondation néerlandaise Honneur et Réparation mena une campagne contre « Zwarte Piet », le comparse à la peau noire de Saint Nicolas qui, dans le folklore populaire de l'Avent vieux de plusieurs siècles, enlève les vilains enfants, les achemine jusqu'en Espagne, enfermés dans un sac – une variante de la légende germano-américaine du Père Noël qui met du charbon dans les chaussettes des enfants quand ils se sont mal conduits. « Si vous voulez créer une société multiculturelle, se plaignait le dirigeant d'Honneur et Réparation, vous ne pouvez pas célébrer tous les ans des fêtes qui rappellent aux Noirs l'époque de l'esclavage[12]. » Dans les Midlands britanniques, la ville de Dudley a interdit dans ses locaux municipaux certains jouets et certaines images après la plainte d'une employée musulmane contre une collègue qui gardait sur son bureau une image de Piglet (le personnage de Winnie l'ourson). Mues par une crainte similaire d'offenser les musulmans, les autorités de la ville de Derby décidèrent de ne pas restaurer la statue d'un sanglier florentin, endommagée par la Seconde guerre mondiale, et qui se dressait dans l'arboretum de la ville depuis 1840[13]. (Après une pétition, ils annulèrent cette décision.) Fin 2007, un enseignant britannique, Gillian Gibbons, fut arrêté et menacé du fouet, au Soudan, car la classe de jeunes élèves de sept ans dont il avait la charge avait voté pour baptiser sa mascotte, un ours en peluche, « Mohammed »[14]. Même quand le politiquement correct montrait une tendance excessive à l'autoritarisme, ses auteurs imbus d'eux-mêmes évoquaient plus Gilbert et Sullivan[15*] que les hommes de main du stalinisme.

Et pourtant, c'étaient là des affaires graves. Sous couvert de ridicule, c'était une nouvelle idéologie pétrie d'intransigeance qui s'avançait là – non pas comme le Grand Mensonge de la propagande, certes, mais comme une menace non moins inquiétante, que l'on pourrait appeler la Grande Plaisanterie[16*]. Comme chacun pouvait le voir, sa progression allait de pair avec l'intimidation et la peur. L'Union européenne et l'Assemblée néerlandaise ont tenu des débats angoissés sur le sens de mots comme *jihad* et *terrorisme* – et même pour se demander s'il fallait en user[17]. En 2008, la secrétaire au Home Office, Jacqui Smith, cessa d'employer la formule « terrorisme islamique », préférant parler d'« activité anti-islamique »[18]. Deux ans auparavant, la Grande-Bretagne avait adopté une loi contre l'incitation à la haine raciale (Law Against Incitement to Religious Hatred) qui, dans sa rédaction initiale, visait à criminaliser toute critique de l'Islam (mais elle manqua son objectif, après amendement). La chroniqueuse Melanie Phillips eut ainsi raison de dire : « La formule "politiquement correct" ne rend pas justice à ce projet sinistre et totalitaire[19]. »

Au tournant du siècle, l'immigration était un domaine où même une opposition modérée au *statu quo* pouvait s'attirer de vives condamnations. Dans un passage rarement cité de son discours de 1968 aux « Rivières de sang », Enoch Powell mettait en sourdine sa diatribe contre l'immigration pour aborder la question de la liberté d'expression :

> La dernière fois que j'ai abordé ce sujet, voici deux ou trois mois, j'ai reçu des centaines et des centaines de lettres comportant un aspect frappant, essentiellement nouveau, où je vois un assez mauvais présage. Tous les élus du Parlement ont de temps en temps un correspondant anonyme, cela n'a rien d'inhabituel ; mais ce qui m'a surpris et alerté, c'était la grande quantité de gens ordinaires, honnêtes, raisonnables, qui m'écrivaient en termes rationnels, des gens souvent cultivés, qui croyaient devoir omettre de mentionner leur adresse car il était dangereux de se confier sur le papier à leur parlementaire

> député en lui signalant leur accord avec les opinions qu'il avait exprimées, et qu'ils risqueraient des sanctions ou des représailles si cela se savait[20].

À l'évidence, le champ des opinions sur l'immigration et l'ethnicité se resserrait de façon spectaculaire. Était-ce un resserrement auquel les opinions publiques européennes avaient consenti, ou y avaient-elles été soumises ? Les en avait-on convaincues ou les y avait-on contraintes ? Acquéraient-elles de nouveaux comportements ou y perdaient-elles des libertés ? C'est une limite toujours difficile à définir. Comme le remarquait Tocqueville à propos de l'effondrement du Christianisme à la fin de l'Ancien Régime : « Les hommes qui conservaient l'ancienne foi craignirent d'être les seuls à lui rester fidèles, et, redoutant plus l'isolement que l'erreur, ils se joignirent à la foule sans penser comme elle. Ce qui n'était encore que le sentiment d'une partie de la nation parut ainsi l'opinion de tous, et sembla dès lors irrésistible aux yeux mêmes de ceux qui lui donnaient cette fausse apparence[21]. »

La criminalisation de l'opinion

Avec le temps, l'idéologie de la tolérance se transforma, de deux manières. D'abord, elle s'élargit. Les catégories d'individus ayant droit à la protection contre l'intolérance s'étoffèrent, et ce qui constituait un délit contre la tolérance devint le fruit de l'arbitraire et des circonstances. Dans le cadre de l'« enquête MacPherson », commanditée par le Home Office après le meurtre macabre et jamais résolu de Stephen Lawrence, un Londonien noir, en 1993, on définit l'incident raciste comme « tout incident perçu comme raciste par la victime ou par une tierce personne, quelle qu'elle soit[22] ». Cette définition du racisme – qui correspondrait désormais à celle que chacun voudrait en donner – devint la norme en vigueur dans beaucoup de pays européens. Il y avait là une nouvelle « liste étendue de droits de l'homme », pour reprendre la formule de Pierre-André Taguieff[23].

Ensuite, cette idéologie s'est durcie. Elle a développé de réels pouvoirs de mise en application, en partie du fait qu'elle a été codifiée sous forme de loi, et en partie du fait que des organisations non-gouvernementales se sont chargées de l'appliquer, à titre officieux. Désormais, les délits contre l'idéologie de la tolérance n'attiraient plus seulement la critique et l'ostracisme sur leurs auteurs, mais aussi le risque de perdre leurs moyens de subsistance et de connaître des démêlés avec les pouvoirs publics.

Là où ces deux tendances – celle de l'élargissement et celle du durcissement – entraient en relation, il en résultait des sanctions sévères, pour une conduite qui, jusqu'à une date toute récente, était considérée comme normale. Les droits des homosexuels offrent de ce processus l'exemple le plus extrême. En 2006, un tandem d'évangélistes chrétiens britanniques, mari et femme, qui distribuait une littérature suspectée de faire l'apologie d'« attitudes potentiellement homophobes », avait été interrogé pendant une heure vingt par la police[24] ; en Suède, un prêtre luthérien de soixante-trois ans avait été condamné à un mois de prison pour avoir mentionné des passages de la Bible désapprouvant l'homosexualité[25] ; et Christian Vanneste, député à l'Assemblée nationale, était devenu le premier Français condamné pour homophobie après avoir déclaré qu'il trouvait « l'hétérosexualité supérieure à l'homosexualité sur le plan moral[26] ». Subitement, au début du XXIe siècle, ce qui avait constitué une opinion consensuelle de l'humanité depuis l'aube de la civilisation jusqu'à la fin du XXe siècle, devenait un crime passible de la prison.

Sur les questions de race et d'immigration, les règles furent l'objet d'une renégociation presque aussi rapide. En 1984, Ray Honeyford, un directeur d'établissement scolaire très apprécié, dans une école ethniquement mélangée de Bradford, en Angleterre, publiait dans le *Salisbury Review* un article où il attaquait certains remèdes de ce qu'il appelait le « lobby des relations raciales ». Il soutenait – à peu près comme l'avait fait Daniel Patrick Moynihan dans son rapport de 1965, *The Negro Family* – que les politiques militantes du gouvernement ne pouvaient que porter préjudice aux minorités qu'elles entendaient aider. La négligence, l'indifférence et l'hostilité n'expliquaient pas tous les échecs des élèves pakistanais et originaires des Caraïbes, écrivait Honeyford. Il leur fallait s'acclimater au style d'apprentissage à l'anglaise, mais des politiques publiques les pressant de tirer fierté de leurs cultures originelles et de la culture britannique du ghetto – ce que nous appellerions aujourd'hui le « multiculturalisme » – risquaient de les freiner dans leur scolarité et de leur imposer une ségrégation accrue par rapport au reste du corps social. Il s'avéra que Honeyford avait vu juste. L'institution scolaire mélangée qu'il décrivait il y a un quart de siècle ne l'est plus – ou du moins elle compte très peu d'enfants d'origine anglaise – et elle a été rebaptisée Iqra School, selon les souhaits de la communauté en très grande majorité musulmane qu'elle dessert[27]. Mais

Honeyford eut beau avoir raison, et en dépit de la sympathie qu'il suscitait chez des élèves de tous milieux, cela ne l'empêcha pas d'être renvoyé.

En 1990, en France, l'Assemblée nationale franchissait un nouveau pas. En vue de réprimer « tous les actes racistes, antisémites ou xénophobes », elle adopta une loi, défendue par le député communiste Jean-Claude Gayssot, qui abrogeait certaines garanties de la loi sur la Liberté de la presse, vieille de cent neuf ans[28]. La loi Gayssot ne criminalisait pas seulement un acte, mais aussi une attitude et une conviction, en l'occurrence la négation de l'Holocauste nazi. L'Allemagne et la Suisse l'imitèrent aussitôt, puis d'autres pays, de sorte que la dénégation (ou le simple fait de minimiser la gravité) de l'Holocauste devint un délit en Autriche, en Belgique, en République tchèque, en Lituanie, en Pologne, en Slovaquie et en Suisse. C'est en vertu de telles lois que l'historien David Irving fut condamné à trois années d'emprisonnement, en Autriche, en 2006. (Il ne purgea que la première année de sa peine.)

La France avait été mise dans l'embarras par un certain nombre d'intellectuels extrémistes et d'anciens politiciens de Vichy marginalisés qui niaient l'existence de l'Holocauste. Cette loi pouvait paraître un instrument raisonnable, susceptible d'imposer un peu de décence à l'opinion. Il n'en fut rien. L'historienne Madeleine Rebérioux, aujourd'hui disparue, biographe de Jean Jaurès, grand dirigeant socialiste et dreyfusard, mit en garde contre la loi Gayssot dès son adoption. Il va sans dire que ni Madeleine Rebérioux (qui était issue d'une famille notoire de résistants et de déportés des camps de concentration[29]), ni aucun des nombreux historiens qui s'opposèrent à ce texte ne soutint jamais qu'il y eût la moindre légitimité *intellectuelle* à laisser des gens affirmer que l'Holocauste n'aurait pas eu lieu[30]. Le problème était plutôt d'ordre politique. « L'URSS a payé assez cher son comportement en ce domaine pour que la République française ne marche pas sur ses traces, écrivit-elle plus tard. [Ce texte] entraîne quasi inéluctablement son extension un jour à d'autres domaines qu'au génocide des juifs : autres génocides et autres atteintes à ce qui sera baptisé "vérité historique"[31]. »

Elle avait raison. En 1995, un tribunal français condamnait l'historien anglo-américain Bernard Lewis – le plus éminent auteur occidental sur tout ce qui touche à la Turquie du XXe siècle – pour avoir refusé d'appliquer le terme de génocide aux massacres des Arméniens perpétrés par les Turcs à la veille de la révolution kémaliste. Une loi décrétant que ces massacres étaient bien un « génocide » fut votée en 2001 ; cinq ans plus tard, l'Assemblée nationale se prononçait sur un texte de loi rendant quiconque niait cette définition passible d'une peine d'un an d'emprisonnement et d'une amende de 45 000 euros (mais ce projet de loi ne fut pas voté). En 2001, une autre loi définissait le commerce des esclaves comme un « crime contre l'humanité » ; en 2005, comme un gage consenti aux nostalgiques du colonialisme, la législation obligeait les enseignants à souligner le « rôle positif » de la présence française en Afrique du Nord.

Une fois la loi Gayssot promulguée, il devint difficile d'argumenter contre une criminalisation sans fin de l'opinion, ainsi que Madeleine Rebérioux l'avait annoncé. Les épisodes historiques auxquels des instances arbitrales cherchèrent à imposer une vérité officielle – les massacres des Arméniens, les horreurs du colonialisme, la traite des esclaves – étaient tout aussi réels que l'Holocauste. Si la

France voulait réellement éradiquer toute forme de racisme, de xénophobie, d'antisémitisme, pourquoi se focaliser sur l'Holocauste ? On pourrait rétorquer que, la négation de l'Holocauste découlant généralement de l'antisémitisme, et l'antisémitisme ayant clairement eu, dans le passé, une influence corruptrice sur certains systèmes politiques occidentaux, il y avait là pour la France un enjeu tout particulier à vouloir empêcher l'hydre de relever la tête. On pourrait aussi noter que personne n'a jamais réellement nié l'existence de l'esclavage ou du colonialisme.

Mais divers groupes de pression ethniques ont lu la loi Gayssot comme un défi qui leur était lancé de « classer » leurs propres souffrances au même rang que celles des juifs. Un collectif de « fils et filles d'Africains déportés », a ainsi créé un mot de consonance hébreue pour désigner les convois d'esclaves, un terme susceptible de rivaliser avec un nom puissamment évocateur, celui de la *Shoah*. Ils baptisèrent donc la traite des esclaves la « *Yovodah* »[32]. En 2005, dans une interview, le plus éminent historien français de l'esclavage, Olivier Pétré-Grenouilleau, critiquait la loi de 2001 sur le commerce des êtres humains. Un groupe de pression de « descendants d'esclaves » le traîna en justice pour avoir « contesté un crime contre l'humanité ». Beaucoup ont soutenu, à la suite du prédicateur musulman noir américain Louis Farrakhan, que des juifs étaient responsables de tout le commerce occidental des esclaves. Le comédien extrémiste Dieudonné Mbala-Mbala déclara : « On interdit aux Africains de consulter leurs archives, comme on interdit aux Palestiniens de retourner sur leurs terres[33]. »

La loi Gayssot visait à pourfendre un épouvantail. Elle s'attaquait à des tendances des années 1930 (populisme, nationalisme, fascisme) qui, au tournant du siècle, étaient depuis longtemps discréditées et confinées à quelques fanatiques isolés. Les problèmes du XXIe siècle (immigration, islamisme, faillite des États providence, panique financière et cette espèce de sauve-qui-peut individualiste que génère la société de consommation) étaient autres. On avait affaire à une nouvelle caste d'extrémistes. Nombre d'entre eux – comme ces « descendants d'esclaves » antisémites – s'y entendaient pour instrumentaliser un système juridique centré sur des maux vieux de soixante-dix ans. Chaque nouvelle officialisation du souvenir convoque d'autres « groupes de pression morale », qui soutiennent leurs revendications avec sans cesse plus d'insistance et d'influence, dans des secteurs de plus en plus centraux de la vie politique. Pendant que l'Europe maintient sous surveillance un aréopage de pitres « fascistes » vieillissants, de graves menaces contre la liberté pourraient voir le jour.

Comités de doléances

Au cours des trente ans qui ont précédé la crise financière de 2008, pour des raisons liées à la mondialisation et aux mutations technologiques, l'autorité a migré du gouvernement vers des groupes d'intérêts privés. Qu'elle persiste ou non, cette dérive fait partie de l'esprit de l'époque. Elle a vu le jour sous des gouvernements de tous bords idéologiques, dans des domaines qui s'étendent de la diplomatie (influence sur l'aide à l'Afrique exercée par le chanteur Bono par exemple) au zonage résidentiel (propagation, dans tous les pays occidentaux, de ces « enclaves résidentielles protégées » avec leur code juridique privé très élaboré). Dans le commerce de la tolérance et des relations « raciales » aussi, les groupes non-gouvernementaux ont endossé d'importantes fonctions étatiques, et ils ont proliféré.

Au cours des décennies qui suivirent, le Mouvement contre le racisme et l'antisémitisme et pour l'amitié entre les peuples (MRAP), fondé en France en 1949 pour combattre le racisme et l'antisémitisme finit par jouer un rôle différent. En 2002, la journaliste Oriana Fallaci publiait une réponse incendiaire aux attaques du World Trade Center dans les pages du quotidien milanais *Il Corriere della Sera*. Reprise sous la forme d'un livre intitulé *La Rage et l'Orgueil*, c'est devenu l'un des essais les plus vendus de l'après-guerre en Europe. En vertu des lois contre l'incitation à la haine raciale, le MRAP lui intenta un procès et chercha à interdire la parution du livre.

Il y avait du racisme, en effet, dans le livre de Fallaci. « Dieu merci, écrivait-elle dans une note restée fameuse, je n'ai jamais rien eu à voir avec un Arabe. Il y a quelque chose, dans les hommes arabes, qui dégoûte les femmes de bon goût »[34]. Et il y avait dans ce livre d'autres expressions qui, sans être racistes, donnaient l'impression de chercher à atteindre le summum de l'offense en recourant à un summum de grossièreté.

Par exemple lorsqu'elle décrivait les pieux musulmans comme « des messieurs qui, au lieu de contribuer au progrès de l'humanité, passent leur temps avec le derrière en l'air, à prier cinq fois par jour[35] ». D'autres passages du livre avaient une « tonalité » raciste sans l'être au sens strict, par exemple quand elle écrivait que les disciples du fondamentalisme islamique se « multiplient comme les protozoaires[36] ».

Mais *La Rage et l'Orgueil* n'était pas seulement un pamphlet raciste, et Fallaci a été attaquée pour bien plus que du racisme (ou plutôt, pour bien moins que cela). L'une des opinions qui choquèrent le MRAP était par exemple celle-ci : « N'importe quel théologien vous dira que le Coran autorise le mensonge, la calomnie et l'hypocrisie pour la défense de la foi[37]. » Une autre évoquait les musulmans radicaux qui sont « partout, et les plus endurcis vivent parmi nous[38] ». Tout en restant sujettes à débat, c'étaient là des remarques parfaitement défendables. Beaucoup de spécialistes de l'Islam, sans parler des théologiens islamiques, disent en effet que ce que l'on appelle la *taqqiyah* joue un rôle de dissimulation dans la défense de la foi. Peu d'islamologues ont un amour plus profond de la culture musulmane que Marshall G.S. Hodgson, aujourd'hui disparu, et qui fut professeur à l'université de Chicago. Voici ce qu'il écrit de la *taqqiyah* dans son grand œuvre, *L'Islam dans l'histoire mondiale* :

> Beaucoup de chiites, qui devaient aussi s'accommoder d'une autorité qu'ils ne pouvaient en conscience accepter, avaient développé la notion de la *taqiyyah*, pieuse dissimulation des opinions véritables de chacun. Ce n'était pas seulement afin de se protéger, mais aussi dans le but de protéger la communauté dont on était membre, qu'un chiite était instamment invité à pratiquer la dissimulation par la *taqiyyah*, contre des majorités ou des gouvernements sunnites : il s'agissait au moins de ne pas attirer leur attention sur la conviction chiite que l'Islam et le gouvernement établis étaient illégitimes et devraient en principe être renversés, au nom même de l'Islam[39].

Quant à la réflexion de Fallaci sur le danger de la présence de ces radicaux en Occident, elle intervint à peu près au moment où le radical d'origine syrienne Omar Bakri[40], qui se verrait interdire l'entrée en Angleterre peu après les attaques terroristes du 7 juillet 2005, déclara au quotidien arabe *Al-Hayat* : « Avec la volonté d'Allah, en envahissant l'Occident de l'extérieur, nous le transformerons en Dar Al-Islam. Si un état islamique se lève et lance l'invasion, nous serons son armée et ses soldats de l'intérieur[41]. »

L'action en justice du MRAP contre *La Rage et l'Orgueil* s'inscrivait dans le cadre d'une campagne « contre l'islamophobie » – un néologisme souvent entendu au cours des mois qui suivirent les attaques du 11 Septembre. Ce néologisme menaçait d'effacer toute distinction entre la critique des minorités motivée par l'intolérance et la critique de toute minorité pour quelque motif que ce soit. Il menaçait d'étendre aussi la censure *de facto* qui s'appliquait déjà aux questions raciales à celles de la religion et au-delà – aux actes politiques commis au nom de la religion. L'islamisme gagnait sur les deux tableaux. Alors que les responsables gouvernementaux refusaient de lier ces deux mots, *terrorisme* et *islamisme*, le fait que les terroristes eux-mêmes revendiquent une motivation religieuse leur conférait une certaine immunité à la critique. Fallaci se retrouvait placée dans une position où il lui fallait démontrer son caractère « raisonnable » avant de pouvoir avertir les Européens de la présence parmi eux d'un mouvement politique violent et dangereux. Même si l'action en justice du MRAP n'aboutit pas, elle posait la question de savoir s'il existait un langage dans lequel il était loisible de critiquer la violence islamique sans se retrouver traîné en justice. On pouvait aussi bien accuser d'islamophobie ceux qui exprimaient leur inquiétude devant les attentats suicides au Moyen-Orient ou face aux attaques antisémites de jeunes Arabes à Paris. Les lois tolérantes de l'Europe tournaient à l'avantage des intolérants.

L'« affaire Finkielkraut » éclata en France dans les journées qui suivirent les émeutes de 2005[42]. Ce fut un autre jalon, qui fit date. Cette affaire montra qu'il n'était pas nécessaire pour encourir la colère de l'establishment « antiraciste » de faire preuve de la moindre trace de racisme. Le philosophe Alain Finkielkraut donna au journal israélien *Haaretz* une interview dans laquelle il se démarquait de l'opinion dominante selon laquelle ces émeutes auraient constitué une « rébellion » contre les conditions sociales faites à ces gens. Il notait que ce n'était pas en ces termes que les émeutiers eux-mêmes les décrivaient. Dans les paroles de leurs chansons rap et de leurs slogans contre la France et la francité, ils étaient nombreux à cataloguer leurs actes en termes ethnico-religieux. « Imaginez un instant qu'ils aient été blancs, comme à Rostock, en Allemagne, ajoutait-il. Immédiatement, tout le monde aurait dit : "Le fascisme ne sera pas toléré." » Il interrogeait aussi la logique qui existait derrière l'argument mis en avant par d'autres intellectuels français, selon laquelle l'exclusion moderne des immigrants s'inscrivait purement dans la continuité de la situation coloniale. « Ok, disait-il, ok, mais on ne doit pas oublier que durant l'ère de la loi coloniale l'intégration des travailleurs arabes en France était plus facile[43]. »

Finkielkraut est un modéré d'un naturel conciliant, bien moins porté à multiplier les « interventions » médiatiques narcissiques que la plupart de ses confrères et de ses pairs philosophes, et il a consacré l'essentiel de sa carrière à démêler les problèmes éthiques et métaphysiques qui naissent de la violence totalitaire. Quand *Le Monde* fit état de cet entretien et en publia des extraits, le philosophe fut toutefois la cible d'une campagne diffamatoire. Le *Nouvel Observateur* qualifia le quotidien du soir de « néo-réactionnaire »[44]. Une lettre au rédacteur en chef de *Libération* attaqua le philosophe qui « fait partie d'une tradition bien française d'écrivains qui, plongés dans un profond désespoir, abandonnent les idéaux humanistes[45] ». Un autre le comparait à un apparatchik du Front national[46]. Tout cela s'inscrivait dans la normalité, fût-elle calomnieuse, du débat franco-français. Ce qui rendit l'affaire à ce point sinistre, ce fut son volet judiciaire. Le MRAP annonça son intention d'attaquer Finkielkraut en justice pour incitation à la haine raciale, ainsi qu'Hélène Carrère d'Encausse qui avait proféré quelques commentaires assez rugueux sur le lien de ces émeutes avec la pratique de la polygamie chez les immigrés musulmans.

Quelques jours après avoir rendu publiques ses menaces de poursuites, le MRAP, admettant que le dossier était mince, revint dessus[47]. Mais c'était là une bien maigre consolation. Personne ne croyait que cela mettrait un terme au harcèlement judiciaire auquel il était d'usage de soumettre tout intellectuel (ou tout citoyen ordinaire) ayant la témérité de formuler une explication dissidente au pire des problèmes sociaux dont souffre la France. Les « droits de la minorité » au nom desquels les gens pourraient être poursuivis devant les tribunaux consistaient, d'abord et avant tout, dans le droit des casseurs des banlieues à ne pas être incommodés par le droit à la liberté d'expression. C'était là une autre circonstance où des institutions créées pour promouvoir la tolérance s'étaient mises à œuvrer contre la tolérance qu'elles proclamaient[48].

Cette surveillance de la tolérance ne connaissait pas de limites intrinsèques et aucune logique évidente. Pourquoi la « fierté ethnique » était-elle une vertu et le « nationalisme » une maladie ? Pourquoi une identité comme celle des Roms (ou des Sinti) était-elle légitime, et pourquoi celle des « Blancs » serait-elle interdite ? Pourquoi était-il subitement devenu criminel de poser aujourd'hui des questions considérées comme un devoir citoyen voici dix ans ? Des philosophes de la tolérance comme Jürgen Habermas auraient éventuellement été capables de démêler de telles questions et d'en retirer les distinctions qui convenaient. Des élites politiques auraient pu les résoudre par décret. Mais les uns et les autres ont laissé des individus à l'intellect et au statut social moyens en proie à la confusion et à la déresponsabilisation. Une démocratie ne peut pas tolérer longtemps un système qui fait d'un diplôme supérieur en sociologie ou d'un poste étatique éminent une condition préalable à qui veut exprimer la moindre inquiétude sur la marche du pays.

Les vertus de l'ère multiculturelle étaient celles de l'élite. L'Anglais Geoff Dench, chercheur en sciences politiques, soupçonnait non sans raison les faveurs consenties aux élites comme l'objet même du multiculturalisme. Dans une méritocratie concurrentielle, remarquait-il,

> [les conflits] sont sans doute beaucoup plus faciles à surmonter là où existent des groupes dont l'appartenance à la nation est ambiguë, qui dépendent fortement de la caution de l'élite et dont la présence évacue vers les masses les réactions ethnocentriques qui peuvent ensuite être retenues contre elles. Une société liée à la notion de méritocratie peut dès lors avoir un besoin particulier des minorités[49].

Dans cette perspective, l'immigration est devenue un pivot de toutes les politiques européennes, et pas seulement celui des politiques de l'immigration. Cela introduit une grande différence entre l'Europe et les États-Unis. Aux États-Unis, il y avait un « problème racial » et un « problème de l'immigration », et les deux n'avaient pas toujours grand-chose en commun. Même s'il arrivait qu'on les confonde, les gens de bonne foi parvenaient en général à les démêler l'un de l'autre. En Europe, le problème de l'immigration coïncidait avec le problème racial. Aussi, déclarer que l'immigration était une réussite et un « enrichissement » devint la seule opinion défendable. Considérer l'immigration comme un échec, c'était se révéler raciste ; exprimer ses doutes sur l'immigration, c'était confesser des inclinations racistes. Le philosophe Pierre-André Taguieff a forgé le concept d'immigrationnisme pour décrire l'idéologie régnante selon laquelle l'immigration serait toujours « à la fois inéluctable et positive[50] ». Les gens ont continué de parler de l'immigration et de ses conséquences, mais seulement suivant des argumentations approuvées d'avance. Les discussions véritables – sur la « diversité » croissante de la société européenne et sur la question de savoir si c'était une bonne ou une mauvaise chose – étaient plus ou moins étouffées.

Diversité et mépris de soi

La diversité décrit à la fois une réalité sociologique (il y a plus d'individus d'allure étrangère) et une idéologie (il devrait y en avoir plus). Cette idéologie était en parfait accord avec la neutralité entre cultures adoptée par les bâtisseurs de l'idéal européen. Et pourtant, la diversité n'a jamais réellement pu devenir un idéal stable ou neutre, car les Européens n'en savaient pas assez sur les autres cultures pour la faire advenir. La diversité supposait le déracinement de traditions qui excluaient et entravaient les libertés des nouveaux venus. Toutes les cultures possèdent quantité de traditions de cet ordre. Mais alors que les Européens n'avaient aucun mal à se défaire de leurs propres préjugés, les préjugés des autres groupes ethniques leur étaient naturellement invisibles. Au cœur de l'universalisme européen, se trouvait le provincialisme européen.

Les Européens, qui considéraient les églises comme les demeures de la stupidité, du sexisme et de la superstition, n'en savaient pas assez sur les mosquées ou les ashrams pour se former un jugement, et les laissèrent prospérer en paix. Ils abolirent les vieilles leçons scolaires nationalistes tant tournées en dérision sur les vertus de nos ancêtres les Gaulois, mais absorbèrent les nouvelles leçons sur les vertus des autres cultures, et la justice et la noblesse de causes politiques exotiques, avec une crédulité puérile. Les immigrants pouvaient se laisser aller au réconfort de certains mythes et préjugés, de certaines traditions pour lesquelles les autochtones auraient été punis, châtiés, ostracisés ou emprisonnés s'ils s'y étaient adonnés. Dans les faits, la diversité signifiait que l'on s'emparait des anciennes hiérarchies pour les renverser.

L'obsession européenne vis-à-vis des « causes » du Tiers Monde devint partie intégrante du nouvel ordre moral de l'Europe, fondé sur la culpabilité. Les immigrants et leurs enfants étaient libres d'exprimer politiquement leurs souhaits en tant que peuples, d'une manière qui était refusée aux Européens autochtones. Une censure d'allure sévère était toujours prête à s'abattre sur les Européens qui se permettaient la moindre pitrerie nostalgique, comme celle du Parti de l'indépendance britannique, favorable à rien moins qu'une solution aussi radicale que la sortie de la Grande-Bretagne de l'Union européenne. Les seules revendications nationales qui ne risquaient pas de s'attirer des accusations de nationalisme, de racisme ou de xénophobie étaient celles émanant des étrangers. Leur propre nationalisme leur étant désormais interdit, beaucoup d'Européens étaient tentés d'adopter les nationalismes des autres, par procuration – en particulier le nationalisme palestinien qui, dans ses variantes les plus radicales, permettait à ces mêmes Européens de renouer avec une veine discréditée du nationalisme européen, l'antisémitisme.

Mais au cœur de la diversité, lorsqu'elle faisait allusion à l'immigration, se nichait un illogisme. Si la diversité « enrichissait » et « renforçait » les nations autant que tout le monde le prétendait, pourquoi une nation voudrait-elle que ses immigrés s'intègrent à la société au sens large ? Ce serait tarir le précieux trésor de diversité de cette même nation. À cet égard, les Éthiopiens sont bons à servir de la nourriture éthiopienne et permettent de confirmer les dires des directeurs d'école des zones suburbaines, quand ils soutiennent que « nos élèves parlent cent soixante-dix langues dans leurs foyers » – mais pas pour accepter des emplois de directeur marketing et d'hygiéniste dentaire. À moins que le réservoir de la diversité ne doive rester en permanence ouvert – à travers l'immigration ? Aucune opinion publique européenne ne voulait de cela. Aussi les dirigeants européens ont-ils défendu, dans un premier souffle, une immigration à grande échelle, en déclarant que cela rendrait leurs pays différents (grâce à la diversité), avant, dans un second souffle, d'affirmer qu'elle les laisserait intacts (par le moyen de l'intégration).

C'est au niveau du consumérisme que la diversité a suscité son adhésion la plus sincère – surtout dans les domaines de la cuisine et de la mode. Dans les années 1950 et 1960, avant que les immigrants ne changent la culture européenne de manière significative, les Européens leur étaient immensément reconnaissants des nouveautés qu'ils leur apportaient – de la samba au haschich ou au baba ghanoush. Mais à partir des années 1960, l'immigration a moins été une affaire de curiosités que les consommateurs pouvaient choisir ou non d'ignorer, qu'un questionnement des structures essentielles de la société – le système de protection sociale, la prospérité des industries importantes, les ressources que les diverses économies du Vieux Continent apportaient au commerce mondial, les principes juridiques qui régissaient les transactions entre individus. Bizarrement, alors que l'immigration commençait à altérer le noyau économique et culturel de l'Europe, le vocabulaire politique restait identique à celui du temps où l'immigration était encore un phénomène marginal. Les gens continuaient de parler restaurants.

En somme, la diversité n'était qu'un pur exotisme, un exotisme qui se déclarait mesuré, raisonnable et bon, plutôt que superficiel, exploiteur et colonialiste. L'influence des jeunes des minorités ethniques sur la mode était extrême. Dans les quartiers de France les plus pauvres, les jeunes gens dépensaient en moyenne 200 euros par mois en vêtements, et des dépenses de 600 euros n'étaient pas rares[51]. Chaque pays avait un nom pour désigner une mode née dans les ghettos avant de devenir celle des jeunes autochtones. En France, c'était le *look banlieue*[52] ; en Grande-Bretagne, on traitait de « chav »[53*] les gamins qui s'affichaient en tenue de créateur ; aux Pays-Bas et ailleurs, une société britannique, Lonsdale, a fait un malheur en habillant les ados un peu voyous de tenues évoquant le style pseudo-athlète des rappeurs.

Les immigrés non-européens n'étaient peut-être pas enviables sur un plan socio-économique, mais ils l'étaient sur un plan existentiel. Ils étaient plus *cools*. C'étaient des aristocrates de l'identité. Tel était le message d'un journal étonnant, *Gringo*, fondé dans les banlieues à forte population immigrée de Stockholm. Le *svartkalle* – la « tête noire » en argot suédois – ghettoïsé y était représenté comme un opprimé et un exclu[54]. Mais les pages de *Gringo* étaient pleines de fanfaronnades maquillées en autodérision. Les Suédois autochtones y étaient traités d'un terme condescendant, Svennart, les « Svens », un peu similaire au « Chuck » de l'argot des ghettos américains, un terme qui désignait les Blancs[55**]. Ils y étaient décrits comme des balourds qui ne savaient sûrement pas danser. Chaque numéro de cette publication portait la devise *Sveriges svenskaste tidning* (« Le journal le plus suédois de Suède »). Le rédacteur en chef du journal, Zanyar Adami, expliquait parfois que tout le projet de *Gringo* visait à créer une identité nationale suédoise. Autrement dit, à se débarrasser du poids mort de l'ancienne.

Des citoyens de seconde classe

La révolution de masse, et la révolution démographique qu'elle a engendrée, ont longtemps été défendues comme des moyens d'apporter au continent un afflux de sang jeune. Mais jusqu'à quel point l'Europe avait-t-elle besoin de cet apport ? Et pourquoi faire ? Pour un rendement accru, mesurable ? Ou s'agissait-il simplement d'injecter du dynamisme et de l'énergie dans une société trop vieille et trop fatiguée pour générer ces atouts-là par elle-même ? L'autobiographie érotique de Corinne Hofmann, *La Massaï blanche*, ne reflétait pas seulement les goûts personnels de l'auteur – lors d'un voyage au Kenya, son regard est attiré par le corps paré de bijoux d'un jeune homme de la tribu et, enchantée, elle décide d'abandonner sa vie en Suisse –, mais ceux du monde germanophone tout entier[56]. Le livre s'est vendu à 4 millions d'exemplaires et il est resté plusieurs années dans les listes des best-sellers de langue allemande. Comme l'écrivit Kingsley Amis, dans un contexte similaire, on peut comprendre l'engouement des Européens pour ce style d'histoire ; la question est de savoir pourquoi cet engouement prend de telles proportions[57].

Les Européens ont commencé à se sentir méprisables, petits, vilains et asexués. Ils se sont considérés à peu près comme leurs ancêtres percevaient les peuplades « sauvages » de leurs empires. Les romans de Michel Houellebecq, dissection minutieuse de ces inquiétudes-là, se sont vendus à des millions d'exemplaires, pas seulement en France, mais dans toute l'Europe. Le héros des *Particules élémentaires* (1998), par exemple, décrit les vagues d'angoisse culturelle et d'insécurité sexuelle qu'il ressent en enseignant Proust et les classiques français à une classe de lycée de la périphérie de Paris, essentiellement composée d'enfants d'immigrés. Personne ne s'intéresse à Proust, et la fille pour laquelle il a un faible tourne servilement autour d'un étudiant africain, un macho (« ce babouin », dans la description du narrateur) qui le tient dans le plus grand mépris. L'enseignant de Houellebecq finit par soupçonner l'inutilité de la haute culture européenne qu'il est censé colporter :

> Qu'était un banquier, un ministre, un chef d'entreprise par rapport à un acteur de cinéma ou à une rock star ? Financièrement, sexuellement et à tous points de vue un zéro. Les stratégies de distinction si subtilement décrites par Proust n'avaient plus aucun sens aujourd'hui [...] Proust était resté radicalement européen, un des derniers Européens avec Thomas Mann ; ce qu'il écrivait n'avait plus aucun rapport avec une réalité quelconque[58].

En 2005, le romancier Matthias Politycki publiait une réflexion intitulée « White Man, What Now ? » Il y distillait un message similaire à celui de Houellebecq, sur l'infériorité réelle des Européens quand ils sont confrontés à des non-Européens[59]. En effectuant des recherches pour un roman qui se déroule à Cuba, écrit Politycki, il avait fini par observer la vitalité des pauvres, des gens à la peau sombre, non seulement avec crainte, mais aussi avec une sorte de jalousie. Il soulignait qu'il utilisait la couleur de la peau « seulement dans un sens métaphorique » – mais évidemment, les discussions culturelles sur la couleur de la peau sont toujours métaphoriques. Il écrit :

> La brutalité de la vie à l'état brut, qui ne tient aucun compte des critères moraux ou esthétiques d'un Vieil Européen, la sauvagerie débridée de la volonté qui s'exprime fréquemment sous forme d'une violence pure [...] Étais-je censé ricaner devant ce manque de culture ? Ou dois-je m'en émerveiller comme d'un surplus de vitalité, face auquel je ne suis qu'un loser du ghetto [...] Je me sentais parfois si complètement humilié par ces éruptions de force physique que j'essayais de me convaincre que je portais sous ma peau blanche tout l'épuisement si marqué de l'Ancien Monde. Mais travestir ma faiblesse face à la réalité en supériorité d'une raison raffinée ne m'aidait en rien[60].

Des variantes de cette expérience vont hanter Politycki partout où il se rend dans le Tiers Monde. Au Burundi, il a le vague sentiment d'une menace physique qui le guette. Mais ses compagnons occidentaux terrorisés et lui-même n'auraient pas voulu d'une arme pour se défendre, avoue-t-il, car ils n'auraient pas eu la volonté de s'en servir. En Extrême-Orient, il est sidéré par les gens du cru, si travailleurs, « à l'énergie sans frein, ce qui ne provoque aucune réflexion éthique particulière, si ce n'est un sentiment d'impuissance foncière[61] ». Dans le monde arabe, il est perturbé – en particulier – par l'énergie sexuelle des Marocains. « Ce qui est troublant, avec ces expériences de voyage, écrit-il, c'est moins la honte face à une virilité débridée que le sentiment amer de toucher à la faiblesse de notre culture – ou mieux, de notre vision du monde[62]. »

Le mot que Politycki utilise le plus souvent pour décrire les pauvres gens, c'est cette épithète : « débridé » ; il a un terme de prédilection pour les Occidentaux : « camouflage ». La raison, les Lumières et l'« individualisme », finit-il par considérer, sapent l'énergie vitale des Européens sans éteindre leur admiration pour cette énergie vitale. Aussi, maintenir des prétentions extravagantes pour le mode de vie européen requiert un système de mensonges et de rationalisations de plus en plus complexe. « Savoir si une société éclairée (lire : sans dieu), écrit-il, a quoi que ce soit de valeur à opposer à une autre, à demi-éclairée, c'est là un problème fondamental qui a accompagné de nombreuses civilisations vers leur ruine[63]. »

Entre les mains de Politycki et d'autres Européens, le multiculturalisme est presque devenu une xénophobie envers soi-même (si l'on veut bien me passer l'expression). Cette tendance est perceptible dans toute la société, comme le poète Hans Magnus Enzensberger fut l'un des premiers à le remarquer. « La défense des immigrés prend des poses moralisantes d'une suffisance inégalable, écrit-il. Des slogans du genre « Étrangers, ne nous laissez pas seuls avec les Allemands ! » ou encore « Plus jamais l'Allemagne » témoignent d'une inversion des pôles qui ressortit au pharisaïsme. C'est le négatif du cliché raciste[64]. »

Les gens ordinaires ont du mal à prendre certains principes en considération avant d'agir. Ils ont recours à une heuristique « ami ou ennemi » et à des méthodes empiriques. C'est désormais une seconde nature, chez les Occidentaux, de supposer qu'il faille s'opposer à tout ce qui est familier, traditionnel et occidental ; et que tout ce qui est étranger, tout ce qui est source d'inconfort, doive être protégé. Ainsi, en 2006, Nadia Eweida, une hôtesse de l'air de British Airways, Égyptienne et catholique, fut suspendue sans rémunération pour avoir porté la croix, alors que la compagnie autorise ses employées musulmanes à porter le hidjab ou le foulard. Après plusieurs jours de scandale dans la presse populaire, la compagnie a fait machine arrière et l'a réintégrée. La BBC a forcé une catholique à retirer sa croix de son bureau, alors qu'on y autorise aussi le foulard[65]. Les Européens en sont venus à mépriser leurs propres cultures, un peu à l'exemple des bigots, chez leurs ancêtres, qui méprisaient les cultures des autres.

En 2005, le juriste allemand Udo di Fabio prévenait que la langue du multiculturalisme et de la diversité « ouvre grand la porte sur un nouveau Moyen Âge, où le modèle n'est pas l'individu humain, mais l'ordre harmonieux des groupes[66] ». La manière dont ces groupes ont été ordonnés donne souvent aux autochtones le sentiment d'être des citoyens de deuxième classe dans leur propre pays. Selon un rapport de l'Office of Communities and Local Government britannique, en 2008, « les individus blancs sont moins susceptibles de sentir qu'ils peuvent influencer les décisions au niveau local que les membres de groupes d'ethnies minoritaires (37 % contre 45 %). Leur sentiment de pouvoir influencer les décisions affectant la Grande-Bretagne est lui aussi moins grand (19 % contre 31 %) »[67]. Le pessimisme relatif des Blancs sur l'exercice de leurs droits est censé nous dérouter ou nous surprendre, mais il n'en est évidemment rien. Il reflète la conviction que leurs aspirations ne sont pas le véritable objet de la politique britannique.

Le message selon lequel les majorités ont aussi des besoins est souvent malvenu. Bassam Tibi, un sociologue d'origine syrienne vivant en Allemagne, suggérait que l'on conçoive la culture germanique comme la culture principale, ou prépondérante (*Leitkultur*), de la société pluriculturelle allemande. Cette suggestion selon laquelle

Beethoven et Thomas Mann méritaient de se voir attribuer un plus grand rôle dans la formation de la conscience nationale que des voix étrangères lui valut d'être cloué au pilori, comme le fut Friedrich Merz, l'élu chrétien-démocrate qui tenta de populariser cette idée. L'Europe est devenu un lieu d'aspirations pour les immigrés, et de déférence et de contraintes pour les autochtones.

Les valeurs qui étaient censées affranchir les Européens les ont paralysés, au point de remettre en question leur exigence d'adaptation des immigrés à leur mode de vie. « L'action humaine n'a plus pour nous de légitimité, et même, finalement, d'intelligibilité, écrit Pierre Manent, que si elle peut être subsumée sous une règle universelle de droit, ou sous un principe "éthique" universel[68]. » Cette éthique universelle présente une similarité gênante avec le fondamentalisme religieux et les autres cultures de l'exclusion auxquels elle est censée offrir un antidote. Pour l'universalisme comme pour le fondamentalisme religieux, note Manent, « la seule démarche humaine vraiment condamnable à nos yeux, c'est ce qu'on appelait jadis la *conversion*. [...] Il n'y a plus de changement légitime, parce qu'il n'y a plus de préférence légitime[69] ».

Pour que les immigrants puissent vivre selon les règles européennes, les Européens eux-mêmes doivent avoir une idée précise de ce que sont ces règles. Au cours des années qui précédèrent son arrivée au 10, Downing Street, Gordon Brown suggéra que ses compatriotes soient plus explicites sur « les valeurs et les coutumes que chacun se devait de respecter au sein de la société britannique, quel que soit son milieu d'origine[70] ». Mais c'était un peu mince, et il était un peu tard pour émettre pareille suggestion. Les vieilles cultures fondées sur la religion, qui remplissaient justement la fonction évoquée par Brown, jusqu'à leur remise en question, dans les années 1960 et 1970, au nom de la libération de la personne et de l'autonomie de l'individu, furent répudiées dans les années 1980 et 1990, au nom d'une Europe plus accueillante avec les minorités. Comment Brown pourrait-il maintenant attendre des immigrés et de leurs enfants qu'ils contribuent à revitaliser une culture tournée en dérision par les autochtones eux-mêmes ? D'autant plus qu'il existait une source de valeurs de rechange qui, pour de nombreux immigrés en Europe, paraissait plus légitime, plus cohérente et plus vivante que les cultures nationales discréditées des pays d'accueil : l'Islam, évidemment.

Deuxième Partie

L'Islam

CHAPITRE 5

Les colonies ethniques

Si les Européens avaient compris, quand l'immigration en provenance de Turquie, du Maroc, d'Algérie et d'ailleurs débuta dans les années 1950 et 1960, que des milliers de mosquées seraient disséminées d'un bout à l'autre de l'Europe un demi-siècle plus tard, jamais ils ne l'auraient autorisée. La tolérance européenne aux autres cultures était sincère, en particulier chez les élites, qui n'ont pourtant pas su davantage prévoir qu'une telle tolérance entraînerait l'instauration, le retranchement et la propagation régulière d'une religion étrangère sur le sol du continent. En échange de bénéfices économiques mineurs et de très courte durée, l'Europe a replanté les graines d'une menace qu'elle avait mis des siècles de patience et de violence à surmonter – la discorde entre les religions, tant au plan intérieur qu'entre les nations.

La conception historique de l'Islam en Europe

On peut le rappeler ici en toute franchise, jusqu'à son rapide déclin militaire aux XIXe et au XXe siècles, l'Islam était l'ennemi juré de la civilisation européenne. Tout au long de l'histoire européenne ou presque, depuis l'âge des ténèbres, il fut une menace mortelle. Entre les VIIe et VIIIe siècles, l'Islam militarisé conquit la moitié d'un Empire romain fragmenté. « Il a failli nous détruire », écrivait Hilaire Belloc en 1938. À l'époque, Belloc jugeait dangereux que les Occidentaux

> aient tout oublié de l'Islam. Ils n'ont jamais été en contact avec lui. Ils considèrent sa décadence pour acquise, et il va de soi qu'il s'agit simplement d'une religion étrangère qui ne les concerne pas. C'est en fait l'ennemi le plus redoutable et le plus tenace que notre civilisation ait jamais eu, et il peut à tout moment devenir une menace aussi écrasante dans le futur qu'il l'a été dans le passé. [...] Il m'a toujours semblé possible, et même probable, qu'il y aurait un jour une résurrection de l'Islam et que nos fils ou nos petits-fils verraient le regain de cette lutte terrible entre la culture chrétienne et celui qui fut, pendant plus d'un millier d'années, son plus farouche adversaire[1].

Le langage de Belloc était brutal, même pour l'époque. Il évoquait la culture occidentale comme une « civilisation blanche ». Il fut un défenseur particulièrement ardent des croisades, qu'il appelait la « tentative suprême de soulager l'Occident chrétien de la pression [islamique][2] ». Mais ses réflexions générales sur l'Islam ne faisaient jamais que recouper celle de la quasi-totalité des Européens, de tout temps ou presque.

Selon l'historien français Henri Pirenne, les conquêtes islamiques ont créé l'Europe – du moins l'Europe telle qu'elle a existé depuis la fin de l'Empire romain. À l'inverse des invasions de Rome par les barbares germaniques au cours des premiers siècles de l'ère chrétienne, qui furent aisément absorbées par les structures existantes, les invasions islamiques changèrent tout. L'avancée de l'Islam brisa l'ancien monde parce qu'elle brisa l'unité de la Méditerranée. Coupés de la capitale de la chrétienté (et de la flotte de l'empereur) à Constantinople, les Européens abandonnèrent la Méditerranée aux marines musulmanes et aux pirates saracéens. « L'Occident est embouteillé et forcé de vivre sur lui-même, en vase clos », écrivait Pirenne[3]. « Pour la première fois dans l'histoire, l'axe de la civilisation occidentale a été repoussé vers le nord[4]. » « Aux bords du *Mare nostrum* s'étendent désormais deux civilisations différentes et hostiles[5]. »

Il y a toujours eu des exceptions européennes à la méfiance dominante envers l'Islam. Goethe et Carlyle, tous deux admirateurs de la civilisation musulmane, avaient tendance à insister sur ses réalisations. Cette ligne de pensée, minoritaire parmi les générations passées, est devenue majoritaire dans la nôtre, au point que l'on rencontre souvent l'idée selon laquelle l'Europe devrait être reconnaissante envers l'Islam de son hostilité historique. Bassam Tibi, le lecteur le plus tendancieux de Pirenne à la génération actuelle, écrit : « Sans le défi de l'Islam, l'Occident chrétien de Charlemagne n'aurait jamais existé. » Ce que Pirenne veut dire, c'est ceci : « Les deux puissances – l'Europe en tant qu'Occident et l'Islam en tant que civilisation – sont apparues dans l'histoire ensemble et ont représenté un défi l'une pour l'autre[6]. » Ce ne sera pas la dernière fois que nous verrons le mot *défi* employé pour signifier un problème, même si les euphémismes varient. L'anthropologue de Cambridge Jack Goody, par exemple, voit ces siècles d'hostilité moins comme une série de batailles que comme une succession de « rencontres »[7].

Il s'intéresse autant à l'influence musulmane en Europe sur la pharmacologie et la poésie des troubadours, à la conservation par les musulmans de nombreuses œuvres de la philosophie grecque tout au long de l'âge des ténèbres, qu'à la conquête et aux effusions de sang.

Ces réalisations musulmanes étaient réelles, et sont de mieux en mieux documentées. Mais jusqu'à la génération actuelle, les Européens n'ont jamais été très impressionnés par la civilisation islamique. Ce commentaire d'Ernest Renan, en 1883, est emblématique :

> Les libéraux qui défendent l'Islam ne le connaissent pas. L'Islam, c'est l'union indiscernable du spirituel et du temporel, c'est le règne d'un dogme, c'est la chaîne la plus lourde que l'humanité ait jamais portée. Dans la première moitié du Moyen Âge, l'Islam a supporté la philosophie parce qu'il n'a pas pu l'empêcher, car il était sans cohésion, peu outillé pour la terreur [...] Mais quand l'Islam a disposé de masses ardemment croyantes, il a tout détruit. La terreur religieuse et l'hypocrisie ont été à l'ordre du jour. L'Islam a été libéral quand il était faible, et violent quand il a été fort[8].

Renan et Belloc se plaignaient de la complaisance de leurs contemporains. Il n'y a là rien de neuf. Mais ni l'un ni l'autre n'ont vécu à une époque d'immigration musulmane de masse. Les générations futures essaieront de comprendre pourquoi les Européens ne se sont pas davantage souciés de la religion de ces travailleurs invités qui se mirent à arriver d'Asie du Sud, d'Afrique du Nord et de Turquie dans les années 1950 et 1960. Pourquoi, entre la Seconde guerre mondiale et le 11 septembre 2001, les Européens ont semblé adopter, à l'unanimité, la vision tolérante (ou panglossienne) de l'Islam que partagent Tibi et Goody, au lieu de l'autre, intolérante (ou sectaire) de Belloc et Renan ?

La réponse réside en partie dans le fait que les masses européennes finirent par accepter les conceptions des leaders d'opinion européens. Les blessures du racisme et du fascisme étaient encore ouvertes, et la doctrine officielle et les modes intellectuelles n'eurent aucun mal à rejeter les questionnements des peuples face à l'Islam. Pendant quelques dizaines d'années, les Européens estimèrent avoir plus à craindre d'un fanatisme endogène et séculier que d'un fanatisme exogène et religieux. Et ils interprétèrent, à tort, la Guerre froide, où les conflits politiques tendaient à tourner autour d'idéologies économiques et matérialistes de l'ère industrielle, comme un ordre permanent des choses.

Cette erreur ne devrait pas surprendre les Américains. Aux États-Unis non plus, dans les années 1970, il n'a traversé l'esprit de personne, qu'importer des ouvriers agricoles du Mexique risquait de renforcer l'influence du catholicisme traditionnel. Et pourtant il l'aurait dû, au regard des luttes politiques autour du féminisme, du droit à l'avortement et contre des coutumes traditionnelles, durant ces mêmes années. À l'époque, la religion ne faisait tout simplement peur à personne. Et c'est à peine si elle figurait parmi les affirmations identitaires. Que les immigrés venus aux États-Unis se soient révélés plus compatibles avec la culture majoritaire que ceux d'Europe est souvent perçu par les Américains comme la preuve de la supériorité de leur économie ou d'une tolérance supérieure. C'est bien possible, mais cela reflète aussi le fait que l'Amérique est allée puiser ses travailleurs manuels dans le catholicisme latino-américain, alors que l'Europe est allée puiser la plus grande part de sa main-d'œuvre à faible qualification dans l'Islam méditerranéen. L'échec de l'Europe et la réussite de l'Amérique sont en partie des accidents de la géographie.

Ce sont aussi des accidents de l'histoire. Dans les années 1950, le nationalisme arabe, comme celui que professaient Gamal Abdel Nasser en Égypte et les dirigeants baasistes en Syrie et en Irak, représentait la principale force politique issue du monde musulman. Elle était surtout conduite par des gens qui voulaient briser l'étau théologique des sociétés musulmanes. Même si le nationalisme arabe constituait une menace, un jeune homme prêt à quitter sa nation pour aller travailler dans une filature en Belgique ne risquait guère de l'incarner. On pouvait supposer que l'Arabe et les autres nouveaux arrivants musulmans en Europe comptaient parmi les plus sécularisés et les plus modernes de leurs compatriotes et avaient vocation à agir en Européens. Et en effet, les photos de groupes de Marocains et de Turcs à peine débarqués sur les quais de Rotterdam ou dans les gares de Rhénanie montrent des hommes rasés de frais en tenue des plus conventionnelles, en veston et cravate[9].

Mais c'est au moment où ces immigrants commencèrent d'arriver en masse en Europe qu'une résurgence mondiale de l'Islam politique se fit jour, phénomène qui a pris maintenant toute son ampleur. De nouveau, l'Islam se range parmi les problèmes qui inquiètent le plus les Européens. En 2004, la Commission nationale consultative des droits de l'homme (CNCDH) a interrogé les gens sur leurs sentiments envers les grandes religions. Plus de la moitié des personnes interrogées (52 %) avaient une vision

« positive » du Christianisme, contre 13 % dont la vision était « négative »[10]. Pour ce qui concerne le Judaïsme, 30 % des gens en avaient une perception positive contre 20 % en ayant une perception négative. Ces chiffres étaient respectivement de 23 % et de 60 % vis-à-vis de l'Islam. En Allemagne, en 2007, un sondage posait cette question : « Quand vous entendez le mot "Islam", à quoi pensez-vous ? », 93 % d'entre eux répondirent « oppression des femmes », 83 % « terrorisme » et 82 % « radicalisme »[11]. Les premières générations européennes qui, en mille trois cents ans, ne voyaient pas l'Islam comme une menace se révélèrent être aussi les dernières.

Populations musulmanes, présentes et futures

Pendant que l'Islam croissait à l'étranger, un autre problème prenait de l'ampleur à l'intérieur même de l'Europe. La nouvelle immigration, essentiellement musulmane, était moins gérable et moins soluble que toutes celles qui l'avaient précédée. C'était en partie une question de taille. Les vagues d'immigration de l'après-guerre étaient de plus vaste ampleur que les anciennes (sauf en France où la vague migratoire des années 1920 est, en termes numériques sinon culturels, encore plus importante). Au tournant du XXIe siècle, un bon sixième (16,9 %) des habitants de la France âgés de moins de 18 ans avait au moins un parent immigré, et c'était vrai de 40 % des enfants à Paris[12]. On comptait des dizaines de villes petites ou moyennes où la *majorité* des enfants avait des parents nés hors de France. Mais les immigrants n'étaient pas seulement plus nombreux, ils étaient aussi « plus étrangers ». Par exemple, le pays avait abrité des enclaves italiennes, espagnoles et polonaises pendant presque tout le XXe siècle, mais la différence est grande entre des immigrants qui parlent des langues apparentées et pratiquent le même culte dans les églises locales, et ceux qui viennent d'un tout autre horizon culturel.

Voici une génération, les endroits de France à plus forte présence immigrée étaient des communes minières de Moselle, surtout habitées par des Italiens. À Behren-lès-Forbach, en 1968, par exemple, 72 % des jeunes avaient des parents immigrés ; 43 % étaient italiens. Behren-lès-Forbach reste une commune fortement immigrée (quoique trente-cinq autres communes l'aient dépassée en concentration), mais aujourd'hui seuls 7 % des enfants y ont des parents italiens ; pour 41 % d'entre eux, ils sont Nord-africains. Ce processus est à l'œuvre dans tout le pays. La population d'immigrants d'Afrique subsaharienne a cru de 45 % entre 1999 et 2004. Dans le département de Seine-Saint-Denis, à forte dominante nord- et ouest-africaine, où ont éclaté les émeutes de 2005, le nombre d'enfants de parents nés en France a chuté de 41 %, alors que le nombre d'enfants d'immigrés se multipliait par deux et demi. Beaucoup de régions du pays sont marquées par ce que la démographe Michèle Tribalat appelle « un processus de substitution[13] ».

Le continent compte environ 20 millions de musulmans, y compris ceux venus des Balkans[14]. Comme indiqué plus haut, ils sont environ 5 millions en France, 4 millions en Allemagne et 2 millions en Grande-Bretagne. Les Pakistanais et les Bengalis sont prédominants en Angleterre, les Arabes en France, en Belgique et en Espagne, et les Turcs en Allemagne ; mais dans tous les pays d'Europe occidentale, l'Islam comprend, dans une certaine mesure, des gens venus de tout le monde islamique. La forte concentration de ces populations détient le potentiel de démultiplier leur influence. Un million de musulmans vivent à Londres, où ils constituent le huitième de la population[15]. À Amsterdam, ils représentent plus du tiers des individus croyants, dépassant les catholiques et les protestants cumulés[16].

Les musulmans dominent désormais ou sont en position de dominer certaines villes européennes parmi les plus importantes. On mentionnera sur cette liste non exhaustive Amsterdam et Rotterdam aux Pays-Bas ; Strasbourg et Marseille (et plusieurs banlieues de la région parisienne) en France ; Duisbourg, Cologne et les quartiers berlinois de Kreuzberg et Neukölln en Allemagne ; et Blackburn, Bradford, Dewsbury, Leicester, l'est de Londres, ainsi que la périphérie de Manchester en Angleterre. Alors que l'immigration se poursuit et que les musulmans déjà présents sur les lieux gagnent en force électorale et en flair politique, ces espaces-là vont revêtir un caractère musulman sans cesse plus marqué.

Dans les premières années de ce siècle, la plupart des dirigeants européens ont adopté la conception exposée (et critiquée) au deuxième chapitre du présent ouvrage, selon laquelle l'Europe a « besoin » de l'immigration pour des raisons économiques. Si c'est vrai, alors la pression démographique de l'Islam sur l'Europe n'en est qu'à ses tout premiers stades – parce que les pays économiquement peu avancés et surpeuplés de l'Islam sont ses plus proches voisins, sur l'autre rive de la Méditerranée. Le Conseil national du renseignement des États-Unis s'attend à voir la population musulmane d'Europe doubler, sur l'ensemble du continent, d'ici 2025[17].

L'immigration n'est pas le seul facteur de croissance du poids de l'Islam en Europe. C'est chez les immigrants musulmans que l'écart de fécondité entre immigrants et autochtones est le plus marqué. La religion, ou la pratique religieuse, est fortement corrélée à la fécondité. Le sociologue Eric Kaufmann a constaté, pour la Grande-Bretagne, que les immigrants des Caraïbes et d'Europe de l'Est se rangeaient rapidement au sécularisme ambiant (avec sa faible fécondité) de la société britannique, mais qu'il n'y avait pratiquement aucun changement dans la pratique religieuse (et la fécondité) des musulmans bangladais ou pakistanais entre la première et la deuxième génération[18]. À Birmingham, les Pakistanais constituaient 7,1 % de la population en 1991, un chiffre qui va presque tripler d'ici 2026. Barrow Cadbury Trust, la fondation britannique qui a collecté ces données, relevait que « cet accroissement sera sans doute alimenté par la démographie de la population très juvénile des Pakistanais de Birmingham, davantage que par l'immigration[19] ».

L'Autriche est un pays propice à l'étude du différentiel de croissance de la population entre autochtones et nouveaux arrivants. C'est l'un des rares pays à forte immigration non-européenne qui recueille la religion lors des recensements. L'indicateur conjoncturel de fécondité des catholiques y est de 1,32 enfant par femme. Il est de 1,21 enfant chez les protestantes et de 0,86 chez les femmes sans religion. Cet indicateur est de 2,34 chez les musulmanes. Les écarts peuvent paraître modestes – après tout, à l'époque pas si lointaine du baby-boom, les Américaines affichaient une fécondité plus élevée –, mais leurs effets vont s'accentuer au fil du temps. Selon quatre démographes de l'Institut viennois de la démographie, d'ici le milieu du siècle, l'Islam pourrait être la religion majoritaire chez les Autrichiens de moins de 15 ans ; il est probable que l'Autriche dans son ensemble, qui était à 90 % catholique au XXe siècle, le soit pour moins de 50 % d'ici le milieu du XXIe[20].

En Belgique, la communauté belgo-marocaine, relativement bien intégrée, affiche un indicateur conjoncturel de fécondité deux fois et demie plus élevé que celui des Belges autochtones[21]. À Bruxelles, où le quart des habitants sont des citoyens étrangers et où plus de la moitié des enfants nés en 2006 étaient nés de musulmans (56 %), les sept prénoms de garçons les plus courants parmi ces nouveaux-nés étaient Mohamed, Adam, Rayan, Ayoub, Mehdi, Amine et Hamza[22].

Le rajeunissement de quartiers en déshérence

L'un des effets supposés de la présence des immigrants serait de « régénérer » ou d'apporter « une vie nouvelle » à des quartiers qui ont perdu leur attrait aux yeux des autochtones. C'est exactement ce qui s'est produit dans bien des cas un peu partout en Europe, même si les autochtones ont parfois été lents à l'admettre. Les Turcs qui ont investi le quartier berlinois de Kreuzberg ont souvent été accusés de le transformer en ghetto, mais il serait plus exact de dire qu'ils lui ont évité d'en devenir un. L'érection du mur de Berlin, en 1961, avait transformé Kreuzberg en cloaque urbain à l'ombre des tireurs d'élite est-allemands. La classe ouvrière avait fui les lieux. Une tour de logements sociaux, un bâtiment grotesque, y était sortie de terre en 1974. « Les banlieusards ne venaient plus », comme l'indiquait le constat sans appel inscrit dans une vitrine du Kreuzberg Museum[23]. À la fin des années 1960 et au début des années 1970, les hippies et les Turcs occupèrent les appartements en décrépitude du quartier, et ce pour le même motif : les loyers étaient bas. Les hippies y introduisirent le rock, la manche, un alcoolisme clochardisé, la prostitution, la drogue et des distributeurs automatiques de seringues subventionnés par la municipalité. Les Turcs, eux, y amenèrent leurs familles (avec leurs mosquées installées dans des entrepôts) et y créèrent des ateliers de couture, des confiseries, des clubs de sport et des rues qui, tout en conservant un aspect assez brut, devenaient chaque année de plus en plus sûres. Et les parents s'organisaient en groupes pour ramasser tout l'attirail que pouvaient y semer les toxicomanes.

À Turin, Younis Tawfik, écrivain et chercheur en littérature, transforma des bains publics construits en 1958 pour les immigrants du sud de l'Italie et abandonnés depuis plus d'une décennie, en un magnifique « Centro culturale italo-arabo », avec hammam, restaurant et bibliothèque interconfessionnelle. Dans le port rhénan de Duisbourg, après la disparition des emplois industriels et l'atrophie du centre de la ville, les immigrants ont préservé la vie de quartiers ouvriers comme Marxloh et Wanheimerort. Quand ils réunirent les fonds pour construire la plus grande mosquée d'Allemagne, inaugurée fin 2008, ils en affectèrent une partie non négligeable à un foyer collectif ouvert à toutes les confessions. À Londres, les quartiers accueillants, truffés de restaurants, situés autour de Whitechapel et de Bethnal Green (à prédominance bengalie) étaient, par endroits, si étroitement enchevêtrés avec les abords de Liverpool Street (où dominent les sièges sociaux de la haute finance) qu'il était difficile de savoir où finissaient les uns et où commençaient les autres.

C'était là le tableau de l'immigration telle que le voyaient les élites du continent, qui habitent elles-mêmes leur propre pays à la manière de touristes internationaux *de l'intérieur*[24*]. C'était une vision trompeuse. La plupart des musulmans menaient une vie à part, dans des lieux devenus *terra incognita* pour la vaste majorité des Européens. Dans leur isolement, beaucoup de quartiers musulmans se transformèrent en ghettos, dotés de leurs coutumes, de leurs règles et de leurs institutions. Il n'était pas toujours facile de cerner si c'était le souhait des autochtones ou celui des immigrants. Mais le sentiment que cette partie musulmane de la population immigrée de l'Europe se détachait pour former une société parallèle était déjà au cœur des inquiétudes européennes vis-à-vis de l'Islam bien avant le 11 septembre 2001. Pour comprendre le malaise européen au sujet de ces sociétés parallèles, il convient d'effectuer un détour et de se pencher sur les questions de l'urbanisme et de la ségrégation.

Architecture et ségrégation

Dans les années 1950 et 1960, on construisit dans la plupart des pays européens, tout comme aux États-Unis, des cités de logements tentaculaires remplissant partout le même objectif : sortir les pauvres de la crasse et de l'atmosphère viciée des bidonvilles et des taudis. Il y eut un prix à payer pour ce « progrès », et il était trop élevé. Ces nouveaux *grands ensembles*[25*], comme les appelait la France, pâtissaient de leur uniformité. Ils étaient souvent isolés des bassins d'emplois. Et si, dans des quartiers à la croissance organique, des liens collectifs féconds finissent par se tisser, le cadre vaste et sans âme de ces poches résidentielles ne le permet généralement pas.

Ces ensembles urbains étaient une idée européenne. Le Corbusier, architecte et urbaniste d'origine helvétique, fut l'inspirateur de ces lotissements de HLM (*habitations à loyer modéré*[26*]) qui ceinturent Paris et d'autres villes européennes. Il théorisa l'idée que les êtres humains sont à peu près semblables aux plantes – hormis la nourriture, ce dont ils ont le plus besoin, c'est d'air et de soleil. Aux États-Unis, il est désormais admis que les ensembles de grande hauteur construits suivant la philosophie de Le Corbusier – le Robert Tayor Homes à Chicago et l'ensemble Pruitt-Igoe à Saint-Louis, pour ne citer que les plus connus – sont devenus des nids de violence et de pauvreté, essentiellement pour les Noirs qui échouaient là-bas. Tant que l'Europe conservait un important prolétariat industriel – régulé par un héritage de réflexes politiques et discipliné par l'emploi –, les conséquences d'une telle architecture ne furent pas aussi catastrophiques qu'elles l'étaient aux États-Unis. Mais les gens détestaient ces endroits et, avec le boom économique de l'après-guerre, ils manifestèrent cette haine des lieux en déménageant. À ce stade, l'architecture exerça sur l'immigration un impact imprévu.

Les transformations les plus marquantes eurent lieu en Suède, sans doute parce que ce fut le pays où le stock de logements subventionnés augmenta de la façon la plus spectaculaire. Confronté à une pénurie de logements dès le début des années 1960, Stockholm se lança dans un plan ambitieux de construction d'un million d'habitations – dans un pays de seulement 7 millions d'habitants. Cela devint le « Million Program ». Les appartements construits à cette période soutenaient la comparaison avec d'autres programmes de logements aidés, mais la culture suédoise ne s'est pas constituée autour d'un habitat d'appartements et, dès qu'ils avaient les moyens de s'installer dans une maison individuelle, les Suédois autochtones n'avaient plus aucune envie d'y rester. Les décennies passant, les appartements parfaitement fonctionnels du Million Program se vidèrent. Avec l'arrivée en masse des immigrants – en particulier celle, simultanée, des Kurdes, des Bosniaques et des Somalis qui, en fuyant la guerre dans leurs pays respectifs au début des années 1990, submergèrent le réseau d'accueil des réfugiés –, on disposait d'un endroit évident où les parquer[27].

Examinons le cas de Bergsjön, un quartier urbanisé de la périphérie de Göteborg qui, avec son usine Volvo et certains des plus grands chantiers navals du monde, fut longtemps un pôle industriel. Bergsjön fut construit entre 1967 et 1972, à titre de récompense pour les ouvriers de la ville. Relié par le tramway aux usines de Göteborg, l'endroit ressemble à ces sites où les Suédois de toutes les classes sociales se retirent au milieu de l'été – tranquille, impeccable, ponctué de lacs et gorgé du parfum des conifères. Le « parvis » central de la cité ne reçoit pas de véhicules. Ses 14 500 habitants vivent dans des appartements étagés sur des collines gazonnées, à l'intérieur d'un anneau routier dont le tracé dessine une boucle de lasso.

Mais dans les années 1980 et 1990, les chantiers navals ont fait faillite. Les ouvriers de l'industrie pour lesquels Bergsjön avait été créé partirent. En 2006, l'endroit était occupé par des immigrants d'une centaine de nationalités, parmi lesquels de nombreux réfugiés. Sur le total des habitants de la cité, 70 % étaient nés à l'étranger ou de parents nés à l'étranger[28]. Il en allait de même pour 93 % des écoliers. On y rencontre des femmes somalies vêtues de hidjab et de longs drapés, et on y lit des graffitis proclamant « Bosna i Hercegovina 4-Ever ».

Manquant d'espaces intérieurs et d'endroits où l'on peut faire du bruit, cette cité, où il est compliqué pour des adultes responsables d'exercer une véritable surveillance, a toujours constitué un environnement nocif à l'éducation des jeunes enfants[29]. Déjà mal vécue par les gens de la classe ouvrière pour qui elle était conçue, elle était encore moins adaptée aux immigrés, avec leurs familles nombreuses et leur taux de chômage astronomique. Des quartiers construits dans les années 1960 pour maintenir des familles suédoises à proximité de la nature servirent, quarante ans plus tard, à maintenir des chômeurs nés à l'étranger éloignés des bassins d'emploi. Assar Lindbeck, le doyen des économistes suédois de l'État providence, releva qu'envoyer de nouveaux arrivants dans des quartiers où il y avait des appartements vides revenait à les envoyer dans des endroits situés « par définition dans une zone de chômage élevé ».

En 2006, 40 % des familles de Bergsjön dépendaient complètement de l'aide sociale, et presque toutes les autres recevaient divers équivalents de l'aide sociale, qui n'en diffèrent que par leur appellation. C'est bien moins de la moitié de cette population qui possède un emploi. Quelques années plus tôt, le maire de Göteborg avait déclaré : « Les perspectives de transformer Bergsjön en un quartier suédois normal sont presque nulles. » Et il existe des quartiers similaires dans tout le pays – Rinkeby, dans la banlieue de Stockholm, ou Tensta, à des centaines de kilomètres plus au nord, présentent peu de différences. Dans l'un et l'autre, les immigrants et leurs enfants représentent jusqu'à 85 % des habitants, avec des niveaux de dépendance comparables à ceux de Bergsjön. À Tensta, par exemple, un cinquième des femmes proches de la cinquantaine perçoivent des allocations d'invalidité[30]. Les immigrants ont fini par être si totalement associés au Million Program que *Gringo*, le journal des immigrés de Stockholm mentionné au chapitre précédent, a forgé le terme *miljonsvenskar*, ou « Suédois du Million », pour les désigner.

Ce remplacement des populations ouvrières par les populations immigrées s'est reproduit dans presque tous les pays du continent. On pourrait dire des logements sociaux et des immigrants ce que le film américain *Jusqu'au bout du rêve* disait des stades de base-ball et des joueurs : « Construisez des stades et ils viendront. » La France, elle aussi, se mit à entasser des immigrants dans des endroits pour lesquels ses propres citoyens avaient voté avec leurs pieds. Plus de la moitié des Nord-africains du pays vivent dans des HLM, contre un sixième seulement (17,6 %) de Français autochtones. Avec les années, le mouvement de départ des anciens occupants des HLM s'est accéléré. Les Blancs qui n'avaient pas les moyens de partir ont apporté leur appui aux partis de droite, parmi lesquels le Front national de Jean-Marie Le Pen. Dans la Turin industrielle aussi, des appartements financés par l'État et construits dans les années 1960 pour accueillir des immigrants de

Sicile occupant des postes saisonniers dans les usines du Nord étaient, au tournant du siècle, surtout peuplés de Nord-africains[31]. Les fameuses tours de De Bijlmer, dans le sud-est d'Amsterdam, ne furent achevées qu'en 1975, mais la population immigrée y devint vite prédominante. De vastes portions de l'ensemble de De Bijlmer ont déjà été démolies, et presque tout le reste est en reconstruction.

Des zones de non-droit

Pour couronner le tout, les grands ensembles d'Europe, comme ceux des États-Unis, étaient parfaitement adaptés aux besoins des criminels et de la pègre. Quiconque réussissait à contrôler la batterie des ascenseurs (et, quand tout le monde avait trop peur de s'en servir, les cages d'escalier couvertes de graffitis) pouvait rançonner une dizaine de familles (ou même plusieurs dizaines, si l'immeuble comptait assez d'étages). Quiconque réussissait à contrôler les longues voies d'accès pouvait bloquer la circulation entrant ou sortant des cités et harceler (ou même repousser) les forces de police[32]. En plusieurs occasions, au cours de l'été 2004, les réseaux de transports en commun suspendirent la desserte des bus vers Tensta en raison des agressions subies par des passagers. Les pompiers et les auxiliaires médicaux des services d'urgence se faisaient agresser dans les banlieues de Malmö. En France, à la charnière du siècle, les zones où la police n'accédait plus – davantage pour éviter d'y provoquer des troubles que par peur ou par indifférence – ne manquaient pas. On finit par les appeler des *zones de non-droit*[33*34]. La jeunesse locale y montait des groupes de surveillance de quartier à rebours, non pas pour avertir la police des activités éventuelles des criminels, mais pour prévenir ces derniers de l'arrivée de la police.

Le très populaire Pierre Cardo, maire de longue date de Chanteloup-les-Vignes, à une trentaine de kilomètres au nord de Paris, évoquait l'essentiel de l'infrastructure de sa ville comme une *infrastructure criminogène*. Chanteloup est devenu l'un des échecs les plus retentissants de l'histoire de l'urbanisme étatique à la française. En 1966, on élabora du jour au lendemain des plans d'extension d'un joli village rural de 2000 âmes, entouré de carrières souterraines de gypse et situé à proximité de plusieurs usines de production automobile, pour en faire une cité-dortoir de 20000 habitants. Dès son achèvement, *Le Canard Enchaîné* révéla que l'expansion de Chanteloup reposait sur l'une des plus grosses affaires de pots-de-vin de l'histoire de l'après-guerre – l'affaire Gabriel Aranda[35**], du nom du haut fonctionnaire impliqué. Une ordonnance d'un tribunal suspendit les travaux. Les promoteurs, contrariés dans leurs projets, firent recouvrir les réseaux d'eau et d'électricité déjà construits et détruisirent les plans et les dossiers qui auraient permis d'en repérer l'implantation. Au milieu des années 1970, le président Valéry Giscard d'Estaing ouvrit aux immigrés ces logements dont personne ne voulait. Les HLM de trois, quatre et cinq étages, qui composaient les deux tiers du parc d'habitations de Chanteloup furent baptisés du nom de poètes et de pédagogues[36*], mais tout le monde les connaissait plutôt par les sobriquets dignes des arènes et des gladiateurs que les gamins du coin leur avaient inventés : « le Bestiaire » ou « l'Hippodrome »[37].

En 1995, les deux tiers des habitants de Chanteloup étaient d'origine étrangère[38]. Cette année-là, Matthieu Kassovitz réalisait *La Haine*, un drame traitant de la violence des banlieues et de la brutalité policière, filmé à Chanteloup. Le film fut perçu comme la révélation d'un réalisme si cru de la vie des adolescents français pris au piège que le Premier ministre Alain Juppé ordonna à tout son gouvernement d'aller le voir[39]. Aujourd'hui, le caractère pittoresque de certains aspects du film confine à la sentimentalité désuète. Son portrait de deux ados, un juif et un Nord-africain, qui deviennent potes au sein du même gang, est particulièrement peu plausible dans la France des banlieues d'aujourd'hui. Avant *La Haine*, les jeunes « zonaient » vers les écluses qui séparent Chanteloup de la commune voisine d'Andrésy pour aller attaquer des bandes rivales à la barre de fer et à la batte de base-ball[40]. (C'est l'un des motifs de perplexité des quartiers chauds d'Europe, que cette vogue de la batte de base-ball dans des pays où l'on ne pratique pas ou peu ce sport[41*].)

Dix ans plus tard, la violence à Chanteloup, ayant encore gagné en audace et en ambition, s'évadait des limites de la cité. Des gangs en maraude, partis de là-bas, allaient souvent causer des ravages à La Défense et à Cergy-Pontoise, quelques gares plus loin. En 2006, un jeune de vingt-quatre ans originaire de la ville fut abattu d'une balle après avoir pris un client en otage, lors d'un vol à main armé dans un magasin Gap, à Paris. Soixante jeunes cagoulés et armés lancèrent un assaut coordonné sur le commissariat de police de Chanteloup[42]. Par comparaison, *La Haine* paraissait bien naïf. La violence représentée dans le film avait le même rapport avec la réalité française du

XXIe siècle que celle de *West Side Story* avec les émeutes raciales américaines des années 1960.

Ségrégation ou autoségrégation ?

En 2005, Trevor Phillips, président de la Commission for Racial Equity (Commission pour l'égalité raciale), mettait en garde contre une Grande-Bretagne s'avançant « d'un pas de somnambule vers la ségrégation ». L'isolement était particulièrement sévère chez les Pakistanais et les Bangladais. Phillips soulignait que le nombre de Britanniques d'origine pakistanaise vivant dans de véritables « ghettos » – des endroits où les deux tiers au moins des habitants appartenaient à un groupe ethnique spécifique – avait triplé au cours de la décennie 1990. Dans certaines villes du Royaume-Uni, comme Bradford et Leicester, presque 15 % des Pakistanais interrogés vivaient dans ces ghettos, un chiffre à peu près comparable à celui des Noirs de Miami ou de Chicago, deux villes qui ne sont ni l'une ni l'autre considérées comme des modèles de relations interethniques. « Certaines minorités déménagent dans des quartiers peuplés de classes moyennes et de moindre concentration ethnique, ajoutait Phillips, mais chez ceux qui restent, on assiste à un durcissement de leur sentiment d'être à part[43]. »

Certains se sont moqués du pessimisme de Trevor Phillips. Le maire de Londres, Ken Livingstone, affirma que la société britannique devenait moins ségréguée car, au cours des années 1990, le nombre des « quartiers mélangés » avait connu une augmentation, de 864 à 1070. Il prétendait aussi que « les couples interethniques et les enfants nés de couples ethniquement mixtes avaient augmenté de 20 % en dix ans[44] ». Mais la recherche citée par Livingstone, financée par un groupe de pression multiculturaliste, s'employait moins à réfuter la ségrégation qu'elle n'en livrait une définition expéditive. Son argument était le suivant : comme « on ne dit pas de milliers de quartiers qui sont à 95 % blancs qu'ils sont ségrégués, dire d'un quartier qu'il est victime de ségrégation uniquement parce que très peu de Blancs y vivent est un jugement de valeur à coloration raciste, et qui sert de fondement à quantité d'autres affirmations discriminatoires[45] ». C'est faux. Un quartier sans Anglais autochtones peut être divers, mais il ne peut être intégré – à supposer que, dans les faits, ce soit à l'Angleterre que les auteurs de l'étude veuillent intégrer ces immigrés.

Rien n'eut davantage pour effet de radicaliser l'opinion des autochtones sur l'immigration que cette manière de l'aborder – en utilisant des statistiques biaisées par l'idéologie plutôt que soutenues par les sciences sociales pour intimider les gens et les forcer à ne pas croire ce qu'ils voyaient de leurs propres yeux. Si vous définissez les termes du débat de sorte que n'importe quel quartier comportant de nombreuses minorités puisse être qualifié de « mélangé », alors tout accroissement de la population de ces minorités (ou de l'immigration) entraînera un accroissement des quartiers mélangés, que l'on peut présenter comme une manne pour l'harmonie sociale, que les nouveaux arrivants s'intègrent ou non. Il en était ainsi en Grande-Bretagne. Ces mariages mixtes tant vantés, les auteurs de l'étude l'admettaient, avaient surtout lieu parmi les immigrés et non entre les descendants d'immigrés et les autochtones. Les « chrétiens blancs », ainsi qu'étaient définis les Anglais d'origine anglaise, tendaient à éviter les mariages mixtes[46].

Les immigrés vivant au Royaume-Uni se plaignent souvent de ne jamais rencontrer d'autochtones. En 2001, un rapport du gouvernement de Londres, publié quelques jours après de violents affrontements entre Blancs et Asiatiques dans plusieurs villes du Nord, citait un Britannique d'origine pakistanaise, déclarant : « En sortant de cette réunion avec vous, je vais rentrer chez moi et je ne verrai plus un visage de Blanc avant de revenir ici la semaine prochaine[47]. » Mais les plaintes de plus en plus éloquentes de beaucoup d'immigrants, qui se sentaient de plus en plus systématiquement exclus de la vie européenne, ne furent pas toujours entendues, et elles furent même ignorées, car jugées excessives. Les Européens avaient tendance à ne croiser que les immigrés travaillant dans des magasins, des restaurants ou dans d'autres fonctions de service – autant d'emplois où la courtoisie peut toujours s'acheter, même quand elle n'est pas sincère. *Comment osez-vous affirmer que vous êtes exclus*, s'étonnaient les Européens, *alors que je ne cesse de vous répéter que votre baklava est délicieux ?*

Les Européens les plus inquiets de cet isolement des immigrés étaient ceux qui, comme Trevor Phillips, avaient le plus œuvré à l'harmonie ethnique. À qui incombait la faute de cet isolement ? Était-il *imposé* ou *choisi* ? Était-ce de la ségrégation ou de l'autoségrégation ? Les autochtones étaient-ils racistes, ou simplement froids ? Ou les nouveaux arrivants étaient-ils oisifs et violents ?

Une discrimination mesurable sévissait certainement sur les marchés du travail et du logement, même si elle restait modérée, à côté de ce que l'on aurait pu découvrir aux États-Unis voici une quarantaine d'années. Des études menées en Suède ont montré que les enfants adoptés dans d'autres pays, élevés à la suédoise, s'en sortaient moins bien quand ils cherchaient du travail que des Suédois d'origine, de situation comparable, parce qu'ils avaient un air différent, et que les postes « ouverts » à un Suédois étaient comme par hasard « déjà pris » quand un non-européen s'y présentait[48]. Des lois imposant au *curriculum vitæ* des candidats à un emploi d'être ethniquement neutre ont été proposées dans plusieurs pays européens, y compris la France, dans les semaines qui suivirent l'élection de Nicolas Sarkozy, en 2007. Des études similaires aux travaux suédois ont été menées en France – et elles semblaient attester une réticence particulière à engager des musulmans, ou à leur louer un logement. Et si les maigres perspectives des immigrés pouvaient être la preuve d'un préjugé, le succès ne prouve pas nécessairement son absence. Les enfants d'immigrés musulmans répètent souvent l'expérience des juifs américains de l'ère industrielle, qui contournèrent le préjugé en se focalisant sur l'obtention de diplômes valorisants. Des chauffeurs de taxi arabes aux vendeurs kurdes de kebabs, on entend beaucoup de *Mon fils, le docteur* ou *Ma fille, l'avocate*, et certains des médecins les plus éminents du pays sont des enfants d'immigrés.

Savoir à quel camp imputer cette ségrégation pouvait revêtir une importance morale, mais n'en avait guère sur un plan pratique. Un cercle vicieux était à l'œuvre. Remarquant la manière qu'ont les minorités de la troisième génération, en Allemagne, de se retirer dans leurs « mondes parallèles », le journaliste Giovanni di Lorenzo écrivait : « L'absence de qualifications professionnelles est volontiers imputée à une prétendue discrimination de la part des

Allemands – et il en résulte une agressivité croissante, par exemple de la part de jeunes Turcs, qui conduit ensuite à un rejet de fait[49]. » Une fois les communautés minoritaires durcies en îlots ethniques, le processus est difficile à inverser, même si la population majoritaire a la volonté et les ressources financières pour y parvenir (ce qui est rarement le cas). Il existe une excellente distinction que l'on fait dans les débats de politiques publiques en France entre *mixité* (des individus de couleurs et de religions différentes vivant les uns aux côtés des autres) et véritable *sociabilité* (contacts approfondis, et même intimité, entre des gens de cultures différentes). La première est assez facile à produire, mais les moyens de parvenir à la seconde demeurent un mystère. Quand un quartier de l'est d'Helsinki, l'une des capitales européennes les moins touchées par l'immigration, se remplit de tant de Somalis qu'il y gagna le sobriquet de « Mogadiscio Avenue », le conseil municipal proposa de construire dans le quartier des logements destinés à des ménages à hauts revenus[50]. Pourtant, même la présence de gens fortunés eut peu d'effet pour rompre l'isolement et le chômage des Somalis. Elle permit simplement de remplacer la ségrégation *entre* quartiers par une ségrégation *à l'intérieur* des quartiers. Les Américains ont appris l'inanité de cet exercice lorsque la ségrégation est très avancée, exercice qui se caractérise par des programmes engendrant des clivages stériles, comme le *busing*, le transport scolaire imposé aux lycéens[51*].

Les Américains qui cherchent à comprendre l'impasse de l'intégration par l'Europe de ses minorités ethniques, en particulier musulmanes, devraient observer l'histoire de leurs propres relations interethniques, et celle de leur immigration. L'immigration américaine allait – et va encore – de pair avec un processus assez prévisible de promotion économique et d'assimilation sociale, où les coutumes du pays d'origine disparaissent progressivement. Les différences entre autochtones et enfants d'immigrés sont souvent superficielles et situationnelles, même quand elles paraissent profondes et culturelles. Une source de friction supplémentaire tient à la multiplicité des contacts. D'un autre côté, la question raciale américaine est née du manque de contacts entre Noirs et Blancs. La position des immigrants latinos aux États-Unis est bien différente. La position des musulmans en Europe a plus de rapport avec la question raciale américaine, comme nous le verrons plus loin.

La ségrégation des quartiers européens n'est pas purement la conséquence de schémas migratoires, du croisement de la pauvreté et de l'abondance, du Tiers Monde rencontrant le Premier. Les difficultés que la première génération de l'immigration de masse posait à l'Europe étaient en réalité négligeables, comparées à celles que l'arrivée au XIXe siècle d'Irlandais, une population violente et marquée par la criminalité, posa à l'Amérique. Les difficultés liées aux préjugés étaient elles aussi limitées, comparées à celles que les nouveaux arrivants connurent en Amérique au XIXe siècle. Les problèmes de l'Europe survinrent plus tard. Les enfants nés en Europe de travailleurs immigrés et de réfugiés finirent par être considérés avec bien plus de suspicion que leurs parents, villageois illettrés débarqués de l'est de l'Anatolie ou des montagnes de l'Atlas. Pourquoi en était-il ainsi ?

À l'été 2006, quelques mois après les émeutes qui avaient secoué la France, un ministre européen émit un diagnostic à la fois officieux et désespérant devant un colloque d'experts des migrations qui se tenait en Italie.

Il s'était entretenu des perspectives d'intégration avec l'un de ses homologues d'un pays possédant une histoire d'immigration de masse sensiblement plus longue. « Il était très pessimiste, dit le ministre, de son collègue. D'après son expérience des quartiers difficiles, la deuxième génération est pire que la première, et la troisième pire que la deuxième[52]. » Si l'Italie n'a pas eu encore à faire face à ces problèmes de deuxième génération, c'est parce que cette dernière n'est encore qu'à l'école primaire. Si l'Italie devait suivre les autres pays européens, elle évoluerait dans la direction opposée à celle du modèle américain. Les générations passant, les enfants d'immigrés fonderaient non pas moins, mais davantage d'institutions étrangères, ils développeraient davantage de sentiments séparatistes, et ils exigeraient davantage de concessions du pays dans son ensemble. Et c'est là que l'Islam entre en jeu.

Espaces de la charia

Le problème des sociétés parallèles était plus profondément ancré dans les communautés musulmanes que dans les autres communautés issues de l'immigration. En 2004, les Renseignements généraux français menèrent une enquête sur plusieurs centaines de quartiers à forte population musulmane et découvrirent que la moitié d'entre eux se ghettoïsaient sur une ligne religieuse[53]. Que l'Islam soit la cause de cette séparation ou juste un facteur aggravant extrêmement prégnant, les Européens – y compris les musulmans parmi eux – finirent par le considérer comme la religion des ghettos du continent.

Avant même le 11 septembre 2001, les prétentions de l'Islam à la domination mondiale faisaient souvent la une des journaux télévisés européens du soir. Nombre d'Européens considéraient la ségrégation non pas comme un destin subi par les immigrés, mais comme un projet ourdi par eux. Dès qu'il devint évident que certains immigrés proposaient d'instaurer des cultures étrangères dans des pays européens, l'immigration – et l'immigration musulmane *a fortiori* – apparut sous un jour différent. Elle se révélait comme un projet de revendication territoriale. Malgré toute l'innocence des buts poursuivis et le caractère pacifique de leur philosophie, l'instauration d'institutions musulmanes n'en demeurait pas moins préoccupante. En 2005, le journaliste anglais Rod Liddle voyait se dessiner les premiers contours d'un État musulman en Europe. Il écrivait qu'il existait déjà « un chapelet de villes, de Rennes à l'ouest, en passant par Lille, Bruxelles, Anvers, Zeebrugge, Rotterdam, Brême jusqu'à Aarhus au Danemark, très au nord, où la population musulmane approche ou dépasse les 20 % (et dans certains cas constitue une majorité)[54] ».

Ce n'était pas seulement que de jeunes musulmans s'assimilaient trop lentement à la culture européenne, de génération en génération. C'était qu'ils se *dés*assimilaient. En 2002, un imam de Roubaix refusait de rencontrer Martine Aubry, le maire de Lille et ancienne ministre du Travail, dans son quartier, déclarant qu'il s'agissait d'un territoire musulman et qu'il serait *haram* (impur) de l'y accueillir. À Aubervilliers, dans cette banlieue aux portes du périphérique, désormais si fortement peuplée de Nord-africains et si profondément musulmane que beaucoup d'enfants s'absentent de l'école le vendredi pour la prière, le conseil municipal s'est prononcé par un vote en faveur d'horaires variables d'accès à la piscine communale en fonction des sexes, de peur d'offenser la pudeur des femmes musulmanes[55]. Dans la ville normande de Dreux, et aussi au Danemark, il y a eu des protestations parce qu'on servait au réfectoire des écoles de la viande qui n'était pas halal[56]. Il est alarmant de constater à quelle vitesse la culture d'une collectivité comme Rosengård, une cité de logements sociaux située juste à la sortie de Malmö, a pu s'écarter de la culture dominante. À Rosengård, 90 % des femmes circulent voilées (y compris celles, nombreuses, qui ne portaient pas le voile à leur arrivée dans le pays), les immigrées comme leurs filles nées en Suède[57]. Rosengård ne présentait aucun risque d'insécurité, liée à une forte présence de la drogue ou une criminalité élevée – du moins pas au début. Mais l'immigration y a toujours été perturbante politiquement, au sens où elle a transformé cette ville en un lieu totalement non-suédois. Par la suite, des heurts avec les autorités ont éclaté. En décembre 2008, il y eut plusieurs nuits de graves affrontements avec la police, avec jets de cocktails Molotov et de bombes artisanales.

D'un bout à l'autre de l'Europe, on assistait à la croissance non seulement de sociétés parallèles, mais aussi de « colonies ethniques », selon les termes de l'ethnographe germano-turc Rauf Ceylan. Pour les enfants d'immigrés, la supériorité de la culture européenne – avec son atomisation, son consumérisme, sa libéralité sexuelle – sur celle de leurs parents ne va pas de soi. Et grâce à la télévision et aux avions, les cultures ancestrales sont désormais, pour la première fois de l'histoire des migrations transcontinentales, généralement accessibles à tous les immigrants et à leurs descendants qui veulent se retourner vers elles. Après un demi-siècle d'immigration turque en Allemagne, constatait Ceylan, le turc restait la langue des cafés, des mosquées et des salons de coiffure de Neufeld, près de Duisbourg – même pour les jeunes gens nés en Allemagne. Les établissements masculins étaient nettement divisés selon leurs préférences politiques – celles de la Turquie, pas celle de l'Allemagne[58].

C'est pourquoi les autochtones européens se sentirent dérangés par des évolutions qui, dans un contexte américain, paraîtraient relever d'un comportement normal d'immigré – et seraient apparues comme telles jadis en Europe. Un salon de thé pakistanais dans un quartier hostile aux gens de l'extérieur (par exemple, une rue ségréguée à Oldham) aura une autre signification qu'un salon de thé pakistanais dans un contexte multiculturel (par exemple à Liverpool Street Station). Une fois qu'une communauté s'est fermée aux autres, seuls ses habitants en « retirent » quelque chose. Leur quartier ressemble maintenant plus à une prise territoriale qu'à une source d'enrichissement multiculturel. Et si cette communauté est de plus en plus religieuse (comme le sont la plupart des communautés immigrées), elle revêt alors non seulement l'aspect d'un espace de séparatisme, mais aussi celui de la charia (un sujet que nous aborderons au chapitre 8). Quand un Franprix halal qui ne vendait pas d'alcool ouvrit à Evry, il fut obligé de fermer suite aux pressions des habitants.

La construction de mosquées est devenue un sujet d'inquiétude particulière pour les Européens. Il n'y avait guère d'ambiguïté quand à ce que cela signifiait, à long terme. Ce n'était pas un moyen d'enracinement pour la génération suivante, forcément européanisée. Non, c'était une déclaration d'intention – au moins dans un domaine de la vie, et peut-être le plus important – de vivre dorénavant comme ils vivaient dans leur ancien pays, depuis des temps immémoriaux.

L'établissement d'institutions religieuses est une étape habituelle, prévisible de la vie immigrée, mais les autochtones qui habitent l'ouest d'Amsterdam, de Munich et Cologne – qui ont tous assisté à de vraies batailles rangées autour de la construction de mosquées – ne voyaient pas les choses du même œil. Le complexe de la mosquée de Duisbourg/Marxloh, le plus grand d'Allemagne, rencontra lui aussi de la résistance, alors même qu'il s'agissait d'un établissement religieux moderne, un modèle, avec ses fidèles appartenant à la moyenne bourgeoisie et ses millions d'euros de financements de l'Union européenne et des pouvoirs locaux. La demande d'autorisation de la mosquée pour l'édification d'un minaret de trente-quatre mètres de haut fut approuvée, mais celle d'un muezzin (l'appel à la prière) une fois par semaine fut d'emblée rejetée[59]. La chaîne de télévision ZDF diffusa des déclarations à sensation selon lesquelles les Allemands devaient maintenant parler turc quand ils vaquaient à leurs occupations quotidiennes dans Marxloh[60]. Cette grande mosquée destinée à faire entrer la communauté turque de Duisbourg dans l'ère moderne provoqua plus de craintes qu'aucune des quarante-quatre autres mosquées de la ville auparavant, même celles qui se trouvaient abritées dans des garages, des sous-sols ou des ruelles – et certaines d'entre elles étaient pourtant dirigées par des musulmans purs et durs. La raison en est évidente : la grande mosquée signifiait que l'Islam était arrivé en Allemagne pour y rester.

Violence, délinquance et émeutes

La violence relative des quartiers musulmans est un obstacle de taille à la mixité sociale et à l'intégration. Dans tous les pays européens, ce sont les immigrés et leurs enfants qui commettent beaucoup de délits, et même la plupart de ces délits dans certains d'entre eux. Les citoyens originaires de pays étrangers représentent 26 % des détenus des prisons suédoises. Parmi ceux qui purgent des peines supérieures à cinq ans – qui, en Suède, ne s'appliquent qu'aux délits graves comme le gros trafic de drogue, le meurtre et le viol –, la moitié à peu près sont des ressortissants étrangers, et ces chiffres excluent les personnes nées à l'étranger qui ont obtenu la nationalité suédoise[61]. Parmi les immigrés, les musulmans sont spécialement enclins à se créer des ennuis. Selon le sociologue Farhad Khosrokhavar, l'Islam est « sans doute désormais la première religion des prisons de France[62] ». Les chiffres précis restent difficiles à rassembler, mais, dans les prisons voisines de certaines banlieues, la proportion de musulmans est de 80 %. Un responsable de l'administration carcérale estime que 45 % des détenus des prisons turinoises sont des étrangers (Marocains, Tunisiens, Algériens et Albanais occupant les quatre premières places), et encore, ce taux de prisonniers étrangers est-il inférieur au taux pour l'ensemble de l'Italie (47 %)[63]. Au cours des dix dernières années, un énorme afflux de Roumains a été au centre d'une controverse politique, mais dans les conversations ordinaires, ce sont surtout les Nord-africains qui sont mentionnés. En Italie, quand survient un délit, affirmait un journaliste en 2006, « vous entendez souvent “*Sarà stato un marocchino*” » (« C’était sans doute un Marocain ») [64].

La violence a cantonné les Européens autochtones hors de certains quartiers immigrés avec autant d’efficacité qu’une clôture électrique. Ces endroits sont devenus des colonies ethniques, en un sens plus littéral que dans le propos de Ceylan. Encore territoire européen *de jure*, ce sont des lieux où les Européens sentent qu’ils ont perdu leur droit de passage. « Silencieusement découragés, les autochtones se désinvestissent, écrivait l’ancien ministre conservateur britannique George Walden en 2006, et tout autour de nous se dessinent les contours de mini-États ethniques[65]. »

Les émeutes qui éclatèrent dans les banlieues d’Ile-de-France en octobre 2005 furent les actes de violence civile les pires et les plus étendus que l’Europe de l’Ouest ait connus depuis des décennies. Le 27 octobre, deux adolescents de Clichy-sous-Bois, Zyed Benna et Bouna Traoré, se sentant poursuivis par la police, s’introduisirent par effraction sur le site d’un transformateur enceint d’une clôture grillagée et moururent électrocutés. Des dizaines de voitures furent incendiées cette nuit-là. Au cours des journées suivantes, des manifestations de sympathie éclatèrent dans les quartiers à forte concentration ethnique d’un bout à l’autre de la France, et même dans plusieurs pays d’Europe. Ce furent deux semaines de saccages, de véhicules brûlés, d’édifices endommagés et (pour le plus grand profit des caméras de télévision) de gestes menaçants directement inspirés de clips vidéos de hip-hop. Ces troubles touchèrent toutes les villes grandes et moyennes du pays. huit mille voitures furent incendiées, et deux mille neuf cents personnes arrêtées. C’était une explosion que beaucoup d'observateurs des banlieues – la quasi-totalité d'entre eux – avaient prévue.

Historiquement, la France a été moins touchée par les émeutes ethniques que, par exemple, la Grande-Bretagne, qui affiche un passif de plusieurs décennies de violence collective à connotation ethnique, à commencer par les agressions de Blancs contre les groupes de Caribéens installés à Notting Hill à la fin des années 1960. Depuis lors, le royaume a vu au moins une dizaine d'émeutes raciales lancées par des minorités ethniques. Dans les années 1980, il y eut de graves épisodes de troubles à Bradford, Bristol, Brixton et Broadwater Farm.

La France a connu des explosions certes plus rares, mais ses banlieues ont toujours été des foyers où couvait le mécontentement. Des émeutes provoquées par des beurs ont éclaté dans la périphérie de Lyon en 1981 et en 1990. À Strasbourg, des vandales mettent le feu à des voitures toutes les nuits de Nouvel An, ce qui est devenu une sorte de tradition. Par coïncidence, la veille de la mort de Benna et Traoré, qui déclencha la vague d'émeutes, le ministre de l'Intérieur, Nicolas Sarkozy, annonçait que neuf mille véhicules de police – de vingt à trente par jour en moyenne – avaient été brûlés ou détruits cette année-là[66]. En France, en 2005, on a compté deux cents nuits d'émeutes plus isolées.

Qui étaient ces émeutiers ? Étaient-ce des admirateurs de la culture majoritaire française, frustrés de ne pas pouvoir y accéder sur un pied d'égalité ? Ou aspiraient-ils simplement à raser par le feu une société qu'ils méprisaient, que ce soit pour son caractère exclusif, son hypocrisie ou sa faiblesse ? À l'inverse des émeutes américaines des années 1960 et du soulèvement étudiant de 1968, en l'occurrence, cette violence constante, aux poussés occasionnelles, n'a pas généré de « meneurs », de mouvement social, ni aucun corpus de réflexion que des observateurs extérieurs auraient pu accepter ou déplorer, ni aucune demande susceptible de recevoir des réponses constructives[67]. Plusieurs années après ces événements, aucun consensus ne s'est même dégagé en France sur l'« objet » de ces révoltes.

Dans la discussion politique et médiatique, chacun s'est emparé de la première explication à portée de main : le racisme officiel, ou une certaine forme d'exclusion, auxquels ces soulèvements des quartiers pauvres constituaient simplement une réaction. Mais comment opérait ce racisme putatif, voilà qui n'avait rien d'évident. Il y avait à cela deux explications élémentaires[68]. La première, selon laquelle les autorités françaises négligeaient les banlieues, était peu vraisemblable dans un pays qui injecte 1,9 % de son PIB dans ses logements pour familles à revenus modestes (un chiffre exceptionnel). La seconde explication, c'était la brutalité policière. Et cette hypothèse était encore moins recevable. Tout au long de ces émeutes de 2005, des centaines de caméras vidéo présentes dans les banlieues ont révélé peu de cas d'excès de zèle, et encore moins de brutalités. Pas un seul émeutier ne fut tué, malgré des dizaines de milliers d'heures d'opérations de maintien de l'ordre destinées à canaliser ou réprimer une violence et des destructions généralisées.

Cette accusation de brutalité policière avait quelque chose de stéréotypé. Après une autre série d'émeutes en décembre 2007, Jean de Maillard, magistrat progressiste très actif en matière de criminalité financière et de corruption, lança une mise en garde : certaines banlieues étaient devenues des zones de non-droit, pas au motif que la police y était évincée, mais parce que les habitants résistaient à toute forme de maintien de l'ordre, si mesurée soit-elle. Ceux qui caressaient l'espoir de voir des interventions policières plus souples, par une police dite de proximité, calmer les ghettos se faisaient des illusions, écrivait-il :

> On ne greffe pas une police communautaire sur une société à ce point malade et éclatée, dont ses membres sont en rébellion ouverte avec la société. La police est un moyen, pas une solution. [...] La police n'a plus droit de cité dans ces banlieues, et pas seulement en Seine-Saint-Denis, et ne peut plus effectuer le moindre contrôle sans déclencher une mini-émeute et se faire évidemment traiter de raciste[69].

S'il était donc peu probable que l'on ait assisté à un durcissement des méthodes policières, il était toutefois indubitable que les rues du pays étaient devenues moins sûres. En 2002, les statistiques de l'Union européenne montraient que la France enregistrait chaque année 4 244 délits pour 100 000 habitants, un taux plus élevé qu'aux États-Unis, depuis si longtemps décriés à cet égard[70]. Là encore, une bonne part de ces délits, sinon la plupart, était commise par des minorités immigrées et leurs enfants. Ce n'était probablement pas une coïncidence si le Front national de Jean-Marie Le Pen et son idéologie néofasciste accéda au second tour de l'élection présidentielle, en privant le parti socialiste, deuxième parti de France, du suffrage populaire.

Ce triomphe des réactionnaires et de leur psychose alarmiste était moins souvent attribué à la délinquance qu'à *l'insécurité*[71*], un nouvel euphémisme officiel. En

France et ailleurs, les politiques parlaient d'« insécurité » plus que de la délinquance. « Insécurité », le terme renvoie à la *perception* de la délinquance. Il sous-entend que les gens perçoivent davantage de délits qu'il n'en existe réellement. La délinquance dont attestaient clairement les statistiques était considérée comme le fruit de l'imagination d'une moyenne bourgeoisie trop protégée. Si c'était dans l'« insécurité », et non dans la délinquance proprement dite, que résidait le problème, la responsabilité n'en incombait pas aux individus qui commettaient ces délits, mais à ceux qui les signalaient – l'opinion au sens large du terme. Au cours des années qui précédèrent et suivirent ces émeutes, les librairies françaises furent remplies de titres comme *Violences et insécurité: fantasmes et réalités dans le débat français* ou *Punir les pauvres: le nouveau gouvernement de l'insécurité sociale*, évoquant ces inquiétudes autour de la criminalité pour mieux les traiter par le mépris[72].

Un réflexe similaire était à l'œuvre dans le tollé que suscita la rhétorique du ministre de l'Intérieur, Nicolas Sarkozy. Au plus fort des troubles, le 31 octobre 2005, lors d'une visite à Aulnay-sous-Bois, une mère de famille à sa fenêtre l'implora d'agir contre cette « racaille » qui mettait le feu au quartier, et il lui promit qu'il s'en chargerait, en usant à son tour de ce terme. Beaucoup de jeunes des banlieues, interviewés par des équipes de la télévision, invoquèrent ce langage de Sarkozy comme une de leurs principales sources de griefs, au point que l'on aurait presque oublié qu'au moment où il prononçait ce mot, les ghettos français étaient la proie des flammes depuis quatre jours. Les journaux anglophones du monde entier embrouillèrent encore le débat en traduisant « racaille » par « *scum* » (ordure), alors que ni le Larousse[73], ni le Robert[74] bilingues ne proposent cette traduction pour ce mot cousin de l'anglais « *rascal* » (vaurien). Cette traduction par « *scum* » conférait à la déclaration de Sarkozy une tonalité déshumanisante, presque d'inspiration néonazie.

Le désir d'expliquer ces émeutes par l'inconduite de la société majoritaire confinait au désespoir. En effet, si l'on ne réussissait pas à les expliquer par l'inconduite de cette société-là, alors il fallait se résoudre à les considérer comme faisant partie du programme des émeutiers. Et soulever cette question du programme d'action des émeutiers, c'était soulever, une nouvelle fois, le sujet de l'Islam.

Les banlieues de l'émeute et l'Islam

Étant donné l'origine nord-africaine de l'essentiel de la population immigrée française, l'engagement militaire de l'Occident en Irak et en Afghanistan et les craintes du terrorisme jihadiste dans tous les pays occidentaux, il était naturel de se demander si les émeutiers ne se radicalisaient pas sur des positions islamiques. En 1995, la France avait essuyé une vague d'attentats terroristes islamistes dont la source se trouvait dans les banlieues[75] ; Khaled Kelkal, un jeune sympathisant du Groupe armé islamique algérien (le GIA), originaire de Vaulx-en-Velin, avait posé une bombe dans un métro parisien et dans une école juive lyonnaise. À l'époque des émeutes de 2005, d'autres Lyonnais suspectés de liens avec le terrorisme d'Al-Qaïda étaient détenus à Guantanamo. L'Islam semblait important aux yeux des émeutiers. Le 31 octobre, alors que l'éruption de violence paraissait se calmer, elle puisa un second souffle dans des tirs de grenades lacrymogènes à proximité d'une mosquée, à Clichy, qui furent qualifiés de profanation[76]. La police s'adressa aux chefs de la communauté religieuse musulmane pour qu'ils l'aident à maintenir l'ordre, en se retirant même de ces quartiers, sur la requête des imams. À Clichy, on s'exclama « Allah akbar ! ».

La plupart des observateurs cherchèrent à ces émeutes une explication qui ne mette pas l'Islam en cause. Qu'elles aient été le fait de musulmans, avançaient-ils, ne les transformaient pas en émeutes musulmanes. Les émeutiers n'étaient peut-être pas des musulmans en colère, mais de pauvres gens révoltés qui se trouvaient être musulmans. Le Groupe international de crise (GCI), tout en admettant que ces troubles avaient une forte composante islamique, soutenait toutefois que plus ces émeutes présentaient une connotation islamique, moins elles l'étaient en réalité : « Paradoxalement, affirmait le GCI, c'est l'essoufflement de l'islamisme politique plus que sa radicalisation qui explique les violences à prédominance musulmane et c'est la dépolitisation des jeunes musulmans bien plus que leur prétendue re-communautarisation sur des bases radicales qui devrait inquiéter[77]. »

Cette thèse n'était guère convaincante. Les conclusions du GCI reposaient sur des définitions tendancieuses. Ce qu'il entendait par « Islam politique », c'était l'Islam politique officiel, telle qu'il est défini par l'administration française : des imams locaux de l'ancienne école, l'Union des organismes organisations islamique de France (UOIF), liée aux Frères musulmans, des groupes antiracistes subventionnés par l'État et diverses organisations parties prenantes du Conseil français du culte musulman (CFCM) instauré par Nicolas Sarkozy au ministère de l'Intérieur.

En vérité, ces entités n'ont jamais réussi à se gagner l'allégeance des jeunes des ghettos ou à les maîtriser au cours des émeutes, car ces jeunes s'étaient orientés vers d'autres appartenances identitaires.

Or, ces appartenances identitaires vers lesquelles les jeunes ghettoïsés avaient dérivé – anomiques, modernes, individualistes, toutes celles dont la télévision les avait imprégnés – étaient exactement celles auxquelles pensaient les Français en entendant parler d'« Islam politique ». Les jeunes sympathisaient avec le jihad, admettait ce rapport. Ils étaient de farouches soutiens de la cause arabe en Irak, en Afghanistan et en Palestine. Ils adhéraient à une version autodidacte du fondamentalisme que les auteurs du rapport appelaient un « salafisme shaykhiste ». Les trois recommandations pressantes du GCI aux autorités françaises – cesser la répression policière, renforcer la participation politique des musulmans et aborder le mécontentement des émeutiers au sujet de la Palestine et de l'Irak – ne laissaient pas l'impression d'un Islam politique ne jouant aucun rôle dans le soulèvement[78].

Le GCI recherchait peut-être une rationalité *religieuse* à ces émeutes, à l'opposé d'une rationalité sociologique. Mais la théologie n'est pas la totalité de la religion, et la discussion théologique n'est pas un sujet qui intéressait particulièrement les gangsta raps des banlieues, plutôt obsédés par la marque de leurs baskets. Une religion peut générer une allégeance de groupe qui n'a rien à voir avec la doctrine religieuse. Les émeutiers n'attaquaient peut-être pas les ennemis de la religion musulmane, mais ils attaquaient les ennemis du peuple musulman (ceux qu'ils percevaient comme tels). Même s'ils ne croyaient pas à l'Islam, ils croyaient en l'équipe Islam.

C'est là une conséquence qui ne doit pas surprendre les Occidentaux. Ce n'est pas propre à l'Islam. Comme l'expliquait Alain Finkielkraut quelques semaines après ces émeutes, « bien sûr, la religion joue un rôle – non pas en tant que religion, mais si vous voulez, comme point d'ancrage d'une identité. La religion, comme il apparaît sur Internet, sur les télévisions arabes, sert de point d'ancrage de l'identité de certains de ces jeunes[79] ». Finkielkraut recherchait les mêmes éléments de preuve que le Groupe international de crise, à ceci près qu'il choisissait de voir les émeutiers comme des acteurs historiques et non comme les victimes d'une société sans cœur. Il soulignait que les émeutiers brûlaient des écoles et des institutions étatiques non parce qu'ils étaient mis sur la touche par une société insensible, mais parce qu'ils voulaient s'attaquer aux écoles et aux institutions de l'État. « Au lieu d'entendre ce qu'ils disent – "Nique ta mère !", "Nique la police !", "Nique l'État !" –, on les écoute, c'est-à-dire que l'on convertit leurs appels à la haine en appels à l'aide et la vandalisation des établissements scolaires en demande d'éducation[80]. »

La distinction entre sédition et protestation est souvent floue. Début 2007, Angelo Hoekelet, un immigré natif du Congo, âgé de trente-deux ans, avec de lourds antécédents criminels et sans domicile fixe, agressait deux agents de la RATP qui l'arrêtaient gare du Nord sans ticket de métro[81]. Il se mit à brailler des appels au secours, et des dizaines de jeunes – et assez vite des centaines – se rassemblèrent, scandant des slogans, hurlant, survoltés par les rumeurs colportées via les téléphones portables. Il s'ensuivit des heurts qui durèrent jusqu'aux petites heures du matin – incendies, pillage, vitrines et panneaux publicitaires fracassés à coups de barre de fer. Les émeutiers concevaient leur attaque comme visant la France et ses symboles : « À partir du moment où des policiers ou des agents arrêtent quelqu'un, déclara un dirigeant de syndicat policier après les émeutes de la gare du Nord, la foule n'essaie pas de comprendre ce qui se passe – elle s'en prend à l'uniforme[82]. » Lors de l'arrestation de Hoekelet, certains dans cette foule se mirent à vociférer, comme de juste en pareille circonstance.

À supposer que ces gens ne soient pas citoyens français, fallait-il les mettre dans le premier avion ? Cela dépend du sens que l'on accorde à ce « Nique la France ! ». Il peut s'agir d'un motif de récrimination protégé par la Constitution, même s'il est exprimé ici avec un sens des convenances pour le moins sommaire. Il peut aussi s'agir d'un cri de ralliement contre la France elle-même. Et cela peut signifier la déception ou l'hostilité.

Tribalisme, idéologie et escalade

L'analyse des causes de ces émeutes proposée par Finkielkraut était juste. Elle était aussi courageuse, comme on l'a vu, car ses opinions se révélèrent intolérables aux yeux de certains gardiens de l'opinion publique française. Il abordait ces émeutes comme un produit de l'aspiration des gamins des ghettos plus que de leurs doléances – le fruit d'une idéologie générée par le ghetto proprement dit, plus que d'une réaction à l'oppression. Aller dans ce sens, c'était remettre en cause le principe d'une violence ethnique qui serait toujours le résultat de l'injustice ou d'un racisme des autochtones.

Pourtant, de tels soulèvements ont eu lieu dans des endroits où les Blancs étaient totalement absents, et où le racisme européen offrait donc un coupable peu plausible. Quelques jours avant les émeutes de la banlieue française, le quartier de Lozells, à Birmingham, avait connu deux nuits de violence meurtrière. Des tensions couvaient de longue date entre musulmans asiatiques et noirs des Caraïbes[83]. Des propriétaires de magasins pakistanais avaient enfreint une règle de voisinage non écrite en vendant des produits susceptibles de plaire à une clientèle des Caraïbes, portant préjudice aux commerçants de cette même communauté des Caraïbes.

Une rumeur avait commencé de se répandre sur des stations de radio et des sites internet de la communauté noire – sans la moindre miette de preuve pour l'étayer – selon laquelle une adolescente caribéenne de quatorze ans aurait été prise en train de voler à l'étalage dans une boutique de cosmétiques pakistanaise. En guise de punition, on racontait qu'elle aurait été violée lors d'une « tournante » par dix-neuf Pakistanais. C'était tout aussi faux, mais cela n'empêcha pas le *Voice*, le principal quotidien de la communauté noire de Grande-Bretagne, de paraître avec ce titre en Une : « 19 membres d'un gang violent une ado[84]. » Des groupes d'hommes armés descendirent dans la rue et un jeune caribéen fut poignardé à mort par des Pakistanais. Il est hautement improbable qu'ils aient obéi à des motivations raciales, à moins d'édulcorer le terme au point de le vider de son sens. Si l'on avait pu sonder les Noirs et les Asiatiques de Birmingham afin de savoir s'ils voulaient une Angleterre où la couleur de la peau déterminerait ce que les gens auraient le droit d'être ou de faire, les uns et les autres auraient certainement voté non à une écrasante majorité. En l'occurrence, l'enjeu n'était ici qu'un conflit d'intérêts entre ethnies gouvernées par la méfiance.

En règle générale, les émeutes tendent à l'escalade. Des millions de Français des classes moyennes qui avaient adopté une attitude de laisser-faire sur les politiques urbaines jusqu'en 2005, finirent, après cette date, par être favorables à l'application de pouvoirs d'urgence par le gouvernement. Des centaines de gamins qui, à la veille des émeutes, ne savaient pas fabriquer un cocktail Molotov, en ressortirent en véritables chefs de groupes paramilitaires entraînés[85]. À la toute fin 2007, à Villiers-le-Bel, l'un des quartiers restés relativement calmes deux ans plus tôt, un Marocain de quinze ans, Moushin Souhelli, et son ami sénégalais de seize ans, Larami Samoura, avaient parcouru soixante-dix kilomètres sur une mini-motocross avant de heurter un véhicule de police et d'être tués sur le coup. Cette fois, en quarante-huit heures, la violence atteignit un niveau de gravité extrême. En une seule nuit, cent trente-huit véhicules furent incendiés et quatre-vingt-deux policiers blessés, souvent à coup de fusil. Le lendemain, il fallut un déploiement de mille CRS lourdement armés pour ramener le quartier au calme. « On a des populations entières qui ne se sentent plus appartenir à ce pays, qui vivent dans des zones où pour eux, c'est autre chose que la France », prévenait Malek Boutih, secrétaire national du parti socialiste en charge des questions de sociétés et ancien président de SOS Racisme. Il ajoutait que la violence « monte et va continuer à monter[86] ».

Ce qui était nouveau et troublant à propos des émeutes de Villiers-le-Bel, c'était que les riverains étaient prêts à la confrontation avec les autorités avant l'accident des deux jeunes avec leur mini-moto-cross. Les émeutiers avaient stocké de l'essence, utilisaient des talkies-walkies pour se communiquer des informations sur les mouvements des forces de police, et une femme déclara au *Monde* qu'avec la police, « c'est la guerre »[87]. Sans que l'on ait eu la preuve que les deux jeunes cherchaient la confrontation, il est clair qu'ils se considéraient en état de guerre froide avec les autorités. Il s'avéra que Larami, le Sénégalais, tenait un blog, sur lequel il avait posté ce message peu avant sa mort : « Je serais heureux de mourir, mais pas de me faire tuer par un flic »[88]. Les dépouilles mortelles des deux adolescents, tous deux citoyens français, furent transférées respectivement au Maroc et au Sénégal, pour y être inhumées.

Une formule fut inventée pour décrire les allégeances des émeutiers : *nationalisme de quartier*[89*]. L'expression fut aussi invoquée pour expliquer les traditions d'*omertà* qui se propageaient dans les quartiers musulmans d'Europe. Cette formule supposait que la solidarité qui conduisait de jeunes garçons à semer la destruction dans les rues n'était qu'une variante particulièrement passionnée de ce que l'on appelait jadis des rapports de bon voisinage, et qui se résumait en l'occurrence à un attachement sentimental entre jeunes qui avaient grandi ensemble. Mais cette explication ne revêt absolument aucun sens. Elle n'explique pas pourquoi un épisode à Clichy provoque des soulèvements en Bretagne et même à Bruxelles. Si un tel nationalisme de quartier existait, il se composerait alors pour 99 % de nationalisme et pour 1 % de quartier. Des appartenances identitaires plus vastes étaient à l'œuvre – des identités politiques ou, pour le formuler de façon plus tranchée, des identités tribales. Mais quelles identités ? Ces musulmans d'Europe, qui croyaient-ils être au juste ?

CHAPITRE 6

Une culture concurrente

Les gens ne changent pas nécessairement de loyauté en même temps qu'ils changent de citoyenneté – ou même de comportement extérieur. « Dans ce pays, la population immigrée n'avait pas de racines, insistait Enoch Powell en 1968. Elle continuait d'appartenir aux communautés de ses origines, tant à l'ouest qu'à l'est. [...] Pour la vaste majorité [des immigrants], il s'agissait littéralement de se transporter au sein d'une communauté qui s'installait à l'autre bout de la planète – en l'occurrence, qui se trouvait être la Grande-Bretagne. Cela aurait pu être ailleurs, n'importe où[1]. » Pour Enoch Powell, le mouvement de ces masses d'étrangers vers l'Europe s'apparentait plus à une colonisation qu'à de l'immigration. Au milieu des années 1990, dans la bonne société, sa vision des choses n'était guère défendable. L'ancien président du parti conservateur, Norman Tebbit, suggérait alors une méthode plus modérée et plus accommodante pour juger des allégeances de ces nouveaux venus : il suffisait d'observer leur comportement, ou leurs sentiments profonds, quand l'équipe du pays de leurs ancêtres jouait au cricket contre l'Angleterre. « Quelle équipe encouragent-ils ? se demandait Tebbit. C'est là un test intéressant. Vous tournez-vous toujours vers le lieu de vos origines, ou vers celui où vous vivez ? Or, à cet égard, à mon sens, nous avons là de réels problèmes. »

Cette remarque caustique lui valut des accusations d'exagération qui en confirmèrent la validité. Le problème avec le « test Tebbit », c'était le nombre des immigrants – et même d'enfants d'immigrants – recalés. Dans la ville néerlandaise d'Osdorp, à forte population marocaine, une foule de locaux agonirent un barman « d'injures » quand il voulut régler la télévision sur le match Pays-Bas-Tchécoslovaquie de qualification pour la coupe du monde de football, au lieu du match Maroc-Tunisie[2]. Le 6 octobre 2001, un mois après les attaques contre le World Trade Center, les équipes française et algérienne de football s'affrontaient en match amical au stade de France. Des milliers de jeunes français arabes sifflèrent l'équipe et la Marseillaise. Ils envahirent le terrain par centaines, imposant l'arrêt de la rencontre. « Siffler la Marseillaise n'est pas un crime, pas même un délit, écrivit un journaliste de *Libération* de façon péremptoire. En vouloir pour cela aux jeunes immigrés français et franco-algérien serait remettre en cause leur statut de citoyens[3]. » Suivant les conceptions politiques dominantes, le test Tebbit demandait trop aux immigrants.

Jus soli et *jus sanguinis*, assimilation et intégration

Pendant presque toute la période de l'après-guerre, il était relativement facile de devenir citoyen européen. À la grande fureur d'Enoch Powell et d'autres opposants à l'immigration, le Royaume-Uni entreprit de dissoudre un empire de plus de 500 millions d'habitants sans énoncer de critères clairs de citoyenneté. Le Nationality Act de 1948 s'y essaya, en créant une catégorie de sujets non-citoyens du royaume, mais une faille permettait l'entrée sur le territoire à tous ceux « qui détenaient un passeport du Royaume-Uni ou un passeport émis par le Gouvernement du Royaume-Uni[4] ». Les passeports coloniaux ayant été émis par le Royaume-Uni, la loi ouvrait les portes du pays à ceux qui savaient la manipuler.

En Europe, il existait deux régimes de citoyenneté de base. En vertu du *jus soli* (le « droit du sol »), qui avait la préférence de la France, et *a fortiori* celle des États-Unis, tous ceux qui étaient nés sur le territoire national en devenaient automatiquement citoyens, quelle que soit l'origine de leurs parents. En vertu du *jus sanguinis* (le « droit du sang »), de tradition en Allemagne, ils ne l'étaient pas. Vous obteniez la citoyenneté si – et dans la plupart des cas seulement si – vos parents étaient allemands. Ainsi, les enfants nés en France de parents algériens pouvaient se dire français dès la naissance en vertu du double droit du sol parce que leurs parents, lorsqu'ils étaient nés avant l'indépendance, étaient nés en France (dont faisaient partie les départements d'Algérie), mais les enfants de Turcs nés en Allemagne n'étaient pas allemands.

Le *jus sanguinis* n'était pas aussi restrictif qu'il y paraissait ; il puisait ses origines dans l'éparpillement géographique et l'organisation politique semi-féodale qui était le lot des territoires allemands jusqu'au XIXe siècle, et non dans une quelconque doctrine raciale moderne[5]. Dans l'Allemagne d'hier, le *jus sanguinis* était plus libéral – autrement dit, vous étiez d'abord et avant tout l'enfant de vos parents, pas la propriété du prince sur le domaine duquel vous étiez né. Mais dans l'Europe de l'après-guerre, le *jus sanguinis* fut la cible d'un progressisme qui le jugeait outrageant. Lors d'un épisode notoire, en 1998, l'Allemagne tenta d'expulser Muhlis Ari, un non-citoyen violent et récidiviste âgé de quatorze ans (les médias l'appelaient « Mehmet », afin de protéger son anonymat), et de le renvoyer en Turquie. Quand ses avocats et sa famille purent démontrer qu'il savait peu de chose de la Turquie ou de la langue turque, il était inévitable qu'on l'autorise à rester[6]. Dès lors, le *jus sanguinis* était sur la voie de l'obsolescence.

Les arguments en faveur d'un remplacement du *jus sanguinis* par le *jus soli* n'étaient pas seulement de principe. Ils étaient aussi d'ordre pratique, et même empreints de cynisme. Pour certains défenseurs du *jus soli*, alléger les obstacles à cette précieuse citoyenneté européenne était un bien en soi. Pour beaucoup d'immigrants, l'égalité de droit acquise selon le *jus soli* ouvrait la voie aux privilèges singuliers du *jus sanguinis*. Ils étaient en mesure de choisir entre les deux régimes. Au motif officiel, juridique, impersonnel et « moderne » que l'on était depuis longtemps résident, ou né, sur le sol d'un pays donné, un immigré ou un enfant d'immigré se voyait accorder la citoyenneté. Ensuite, en vertu des motifs solennels, mystiques, claniques, prémodernes du « sang », il pouvait prétendre à un droit de résidence (ensuite complété par la citoyenneté) pour les membres étrangers de sa famille.

L'une des premières mesures adoptées par le gouvernement de Gerhard Schröder après son accession au pouvoir en 1998 fut une réforme de la citoyenneté qui convertissait pratiquement la loi allemande au *jus soli*. Elle disposait qu'à partir de 2009, les enfants d'étrangers nés en Allemagne pourraient (et devaient) décider à 18 ans s'ils souhaitaient être citoyens d'Allemagne ou de leur pays d'origine. Compter des millions d'« étrangers » sur le territoire national représentait à la fois un casse-tête bureaucratique et un handicap politique. Reclasser des étrangers en nationaux ressemblait à un moyen simple de « résoudre » un certain nombre de problèmes – à supposer que cela se fasse à l'insu des électeurs. Mais évidemment, la manœuvre n'échappa pas aux électeurs. Quelques semaines après l'adoption de la nouvelle loi sur la citoyenneté, lors d'élections au Bundestag, toutes centrées sur la question de la citoyenneté, le parti social-démocrate de Schröder essuyait une série de revers cuisants dont il ne s'est à ce jour pas complètement relevé (et j'écris ces lignes dix ans après les faits).

La plus vaste dévolution de citoyenneté en masse de l'histoire récente – la gigantesque amnistie de 700000 immigrants illégaux, décrétée en 2005 par le premier ministre espagnol Zapatero – laissa des séquelles similaires. Dans le cas ibérique, la réaction d'hostilité ne visa pas le gouvernement, mais les bénéficiaires du texte. Un an après cette amnistie, les sondages montraient que les musulmans espagnols avaient une opinion relativement bonne de leurs relations avec les Occidentaux non-musulmans. La moitié ou presque des musulmans (49 %) étaient satisfaits de leur relation avec les Espagnols autochtones, contre 23 % d'insatisfaits. C'était une attitude plus prometteuse que celle des musulmans envers leurs concitoyens non-musulmans en Grande-Bretagne (23 % d'avis positifs contre 62 % d'avis négatifs), en Allemagne (29 % contre 60 %) ou en France (41 % contre 58 %). En revanche, les Espagnols non-musulmans se révélaient subitement plus hostiles que d'autres autochtones européens envers les musulmans de leur pays[7]. Seuls 23 % des Espagnols considéraient que l'entente était bonne entre leurs voisins musulmans et eux, et ils étaient 83 % à associer l'Islam au fanatisme.

La tension entre *jus soli* et *jus sanguinis* n'augmentait qu'en périodes de forte immigration. À part cela, le régime permettant aux étrangers de devenir citoyens n'était pas si compliqué. Une personne née par exemple sur le sol français qui obtenait la citoyenneté française à la majorité (ou un peu avant), mènerait une vie aussi « francisée » que les Français d'origine. Elle s'assimilerait à la France et à la culture française et deviendrait française. Que pourrait-elle faire d'autre ? Avant l'époque de l'immigration de masse, l'assimilation était un impératif, car ne pas s'assimiler était synonyme d'ostracisme, de solitude et d'exclusion de la vie économique. Si le besoin de s'assimiler ne reçut jamais de clarification juridique, c'était seulement parce qu'il allait de soi.

Tout comme il existait deux modèles pour devenir citoyen européen en application de la lettre de la loi, il existait deux modèles pour devenir européen en application de l'esprit de cette même loi (en d'autres termes, de l'assimilation). Le modèle français d'assimilation considérait que les immigrés devaient devenir culturellement français. Mais le modèle britannique plus multiculturel considérait que l'on pouvait conserver sa culture, pourvu que l'on obéisse à la loi du pays. À l'ère de la migration massive de musulmans, aucun des deux modèles n'a fait ses preuves en matière de préservation de la paix sociale ou de création d'emplois pour les minorités ethniques. Chez les décideurs politiques, le modèle le plus en vogue, le français ou le britannique, dépendait du pays qui avait récemment connu le moins d'émeutes. Par la suite, des éléments de preuves décisifs – sous la forme du terrorisme, de violence des gangs et de mobilisation de masse contre la liberté d'expression – vinrent démontrer que la Grande-Bretagne, de tous les pays d'Europe, avait les pires difficultés à assimiler les immigrés. Mais à ce stade, le modèle britannique, qui présentait l'avantage de réclamer le moins d'efforts et d'investissement de la part de ses dirigeants, avait peu ou prou triomphé. De plus en plus d'immigrés naturalisés affirmaient leur droit à « s'intégrer » – fondamentalement, à vivre en Europe en étrangers – au lieu de s'assimiler.

Les politiques adhérèrent à cette conception, même ceux qui étaient réputés les plus à droite et les plus intolérants, comme si l'intégration offrait une nouvelle version améliorée de l'assimilation. Que le mot *intégration* ait été emprunté au combat pour les droits civiques aux États-Unis constitue une autre indication du caractère insoluble du problème auquel était confrontée l'Europe (à l'instar de celui de la race aux États-Unis), très loin de la gestion d'un processus de transition (comme l'immigration aux États-Unis). Göran Johansson, dirigeant syndical suédois de la vieille école, devenu maire de Göteborg, était connu pour ne pas mâcher ses mots concernant l'immigration qui transformait sa ville. Pourtant, même lui déclara : « Je n'aime pas l'assimilation ; j'aime bien l'intégration. La Suède et ses immigrés doivent changer, l'une comme les autres. » Prié de clarifier ce qu'il entendait par intégration, il ajoutait : « Je me moque de savoir si vous respectez notre culture. Il suffit que vous obéissiez à la loi[8]. »

Et en effet, il faut obéir à la loi, cela va de soi ! C'est ce qui en fait la loi. Exiger des immigrants qu'ils obéissent à la loi, c'est très précisément ne rien exiger d'eux.

Le résultat : une Europe remplie d'individus excellents, vertueux, respectueux des lois dont la conception de l'excellence et de la vertu n'avait absolument rien à voir avec l'Europe. Sarfraz Manzoor, un éditorialiste anglais d'origine pakistanaise, écrit ceci :

> Ma génération et la génération qui me succède se débattent encore avec la question de savoir où réside notre allégeance, et ce, après une vie entière d'immersion dans la culture britannique. Les hommes qui rêvent d'aller s'installer à Leicester en partant de Lahore, les femmes qui prient pour qu'un mariage arrangé les transporte du Bangladesh à Brick Lane, ne viennent pas en raison de leurs affinités avec ce que l'on pourrait vaguement définir comme les valeurs britanniques. Ils tentent de venir pour la simple raison que l'on vit mieux ici que là d'où ils viennent. C'est là une raison tout à fait honorable et compréhensible. Mais il est ridicule de suggérer que le seul impact sur notre pays soit d'ordre économique.

L'idée selon laquelle il n'y avait rien à exiger des immigrés, pas même leur loyauté, pourvu qu'ils ne subvertissent pas les lois du pays, n'a cessé de ressurgir sous une forme ou une autre – et, là encore, y compris parmi les soi-disant partisans d'une ligne dure. Jürgen Rüttgers, ministre-président de Rhénanie du Nord-Westphalie, avait acquis la réputation d'être l'un des principaux xénophobes d'Europe pour des propos qu'il avait tenus, comme celui concernant les Indiens (mentionné au chapitre 3), faisait remarquer que rien ne prouvait qu'aucune société multiculturelle au monde ait jamais bien fonctionné[9]. Pourtant, pour lui aussi, « l'intégration n'est pas l'assimilation. Vous n'avez pas à renoncer à votre religion, mais vous devez respecter nos valeurs fondamentales[10] ».

Rita Verdonk, l'ancienne ministre néerlandaise de l'Immigration qui, au cours des années consécutives à l'assassinat de Theo Van Gogh en 2004, avait été perçue comme la responsable politique de niveau gouvernemental la plus implacable qui soit dans sa position anti-immigrée, vantait la voie néerlandaise, celle de l'intégration, et non celle de l'assimilation. « L'assimilation, cela signifie que vous perdez l'identité de votre pays d'origine, disait-elle. Notre politique, c'est : vous être tenu d'apprendre la langue néerlandaise, de respecter nos règles et nos valeurs et d'obéir à la loi[11]. » Au cours de la décennie écoulée, seul un responsable politique de premier plan s'est publiquement démarqué de cette conception : l'ancien ministre de l'Intérieur allemand, Otto Schily, ancien gauchiste devenu conservateur, qui déclara : « La meilleure forme d'intégration, c'est l'assimilation[12]. »

L'illusion de la diversité.

Chaque fois que les Européens se sont souciés de l'assimilabilité à long terme des immigrants, c'est surtout à propos des musulmans. En quelques occasions, c'étaient même exclusivement des musulmans qu'ils se souciaient, et de personne d'autre. Au Danemark, où le parti d'extrême-droite, le Dansk Folkeparti (DF) avait effrayé la coalition gouvernementale en adoptant les lois les plus strictes d'Europe contre l'immigration, la direction du DF avait du mal à ne pas laisser entendre qu'elle jugeait toute immigration problématique. « Ils ne posent pas de problème – ils sont totalement intégrés, affirmait le prêtre et parlementaire du DF, Jesper Langballe, évoquant les nombreux Tamils qui s'étaient installés dans sa paroisse du Jutland. Le problème, continuait-il, c'est que vous ne pouvez intégrer un grand nombre de musulmans dans un pays dont les fondements culturels sont chrétiens[13]. » Rikke Hvilshøj, à l'époque ministre de l'Intégration, déclarait que cette opinion n'avait rien d'inhabituel. Le Danemark avait reçu d'importants afflux d'immigrés de Hongrie en 1956 et de Pologne en 1968, sans compter un contingent d'une importance inhabituelle de boat people vietnamiens entre la fin des années 1970 et le début des années 1980. « Aujourd'hui, quand les Danois parlent d'immigrés, soulignait-elle, ce ne sont pas des Hongrois ou des Vietnamiens qu'ils parlent[14]. »

En Europe, d'après l'homme de la rue (de 88 % des Allemands, par exemple), les musulmans « veulent rester plutôt à part » –, mais cette opinion ne se reflétait nullement dans la politique gouvernementale[15]. La position officielle voulait que les musulmans soient à peu près identiques à n'importe quel autre groupe d'immigrés et, alors qu'ils avaient, il faut en convenir, manifesté jusque-là leur réticence à adopter la culture européenne, des processus historiques inexorables étaient à l'œuvre. Sur le long terme, d'après les responsables politiques, les musulmans ne pouvaient pas plus constituer une culture à part que ne l'avaient fait les immigrants des siècles précédents, et la raison en était la diversité musulmane. Alors que l'Islam possédait déjà un spectre varié de fois et de cultures – arabe et non-arabe, sunnite et chiite, traditionnel et moderne –, celui-ci s'enrichit encore d'une palette supplémentaire avec l'entrée soudaine de l'Islam en Europe. En quel sens des Pakistanais anglophones partagent-ils une culture avec des Marocains italianophones ou des Turcs germanophones ? Parler des « musulmans » en général fut considéré comme un stéréotype dû à l'ignorance, une illusion d'optique. C'est ce que les Français appellent un *amalgame*[16*].

Certes, chez les musulmans, la diversité est plus importante qu'il n'y paraît. Des quartiers que les gens de l'extérieur perçoivent comme « pakistanais » seront pakistanais et bengali, et les Pakistanais qui y vivent se divisent peut-être entre des gens qui se considéreront comme Punjabis et d'autres qui seront Mirpuris[17]. À lui seul, un quartier parisien composé d'Algériens qui ont émigré dans les années 1960 (Ménilmontant, par exemple) se divisera entre Arabes et Berbères. Un quartier de Rhénanie habité par des Turcs arrivés dans les années 1960 (Marxloh, par exemple) sera presque certainement scindé entre religieux sunnites et alévites, ainsi qu'entre membre d'ethnies turques et kurdes. Instruits de cette diversité, beaucoup de musulmans s'irritent de se voir englobés dans une masse indifférenciée. « Qu'entendez-vous par "Islam" ? », demandait un travailleur social allemand à un journaliste du *Stern*. « Un Islam unique, unifié, cela n'existe pas[18]. » La sociologue française Dounia Bouzar a écrit un livre intitulé *Monsieur Islam n'existe pas*[19]. Mais malgré sa liberté de ton sans doute plaisante, ce refrain sur la diversité de l'Islam est trompeur. Cela reviendrait à dire que, Volvo étant différent de Volkswagen, l'objet voiture n'existe pas. S'il existe une diversité entre groupes musulmans, on évitera de s'exagérer son importance.

La raison pour laquelle la diversité est devenue un mythe auquel les Européens bien-pensants accordent une telle valeur, c'est qu'il peut servir à fonder une nouvelle utopie. Si l'Islam existe sous quantité de formes, se demandent-ils, pourquoi pas une forme européenne, qui grefferait sur la religion non seulement une loyauté au nouveau pays de citoyenneté de ces musulmans, mais aussi un respect des droits constitutionnels dont on sait qu'ils sont anathèmes dans presque tout le monde musulman ? À la fin des années 1980, Jacques Berque fut le premier à soulever l'idée de remplacer l'Islam *en* France par un Islam *de* France, et depuis lors l'idée, ainsi que le slogan, sont devenus en vogue chez les responsables publics et les intellectuels un peu partout en Europe[20]. Stefano Allievi, sans doute le plus éminent sociologue italien sur l'Islam, écrivait au sujet de jeunes générations que « l'Islam en Italie devient un Islam italien[21] ». Créer un « Islam allemand » à partir d'une poignée de musulmans allemands, tel est le but explicite de l'Islamkonferenz instaurée par le ministre de l'Intérieur Wolfgang Schäuble, en 2006.

En réalité, dans beaucoup de nations d'Europe, c'est le contraire qui s'est produit – une adoption partielle de l'identité nationale du nouveau pays a précédé un repli sur l'identité religieuse de l'ancien. Au sein des plus jeunes générations, ce déplacement est plus prononcé. Dans la France de Jacques Berque, celle qui a consacré le plus de ressources à l'apprivoisement de l'Islam, de jeunes gens de parents musulmans se considèrent eux-mêmes comme musulmans avant de se penser comme Français. Quand on leur demandait quel aspect les caractérisait le mieux, un tiers environ des élèves musulmans répondaient que c'était leur religion, contre moins de 5 % d'enfants français autochtones en réponse à la même question[22]. Le journaliste Alain Gresh, très à gauche, notait que l'expression

« deuxième génération » n'était jamais utilisée pour les générations antérieures de jeunes Français dont les parents étaient Italiens et Polonais[23]. Cela pouvait signaler un manquement aux traditions françaises de la citoyenneté – cela constitue plus probablement un signe que, si fortes que soient les traditions, l'attachement de cette génération actuelle aux héritages ancestraux est plus fort.

En Grande-Bretagne, la situation est similaire. En 2007, le *think tank* Policy Exchange publiait une étude troublante. Il avait découvert que presque le tiers (31 %) des musulmans britanniques considérait avoir plus de points communs avec des musulmans d'autres pays qu'avec leurs concitoyens[24]. La moitié seulement se référait à la Grande-Bretagne comme à « mon pays ». Le sentiment d'appartenance à la Grande-Bretagne était plus prononcé chez les plus de 45 ans (55 %) que parmi ceux de 18 à 24 ans (45 %). L'engagement dans l'armée apporte un autre indice sur le degré du sentiment britannique des jeunes musulmans anglais. En février 2007, les autorités de Londres découvrirent un complot fomenté par des musulmans de Birmingham en vue de kidnapper un soldat musulman de Sa Majesté et de le torturer à mort, avant de diffuser la vidéo de son exécution sur Internet. Il s'est avéré que le soldat visé était l'un des 330 musulmans des forces armées du Royaume-Uni, un chiffre que même des efforts acharnés de recrutement n'ont pas suffi à faire croître. Ces musulmans britanniques intégraient l'armée suivant une proportion vingt fois inférieure à ce qu'elle était chez les autres sujets du royaume[25].

En théorie, l'Allemagne a de meilleures chances de former la sorte d'Islam national auquel les gouvernements européens affirment vouloir aboutir, non en raison de la sagesse particulière de ses politiques mais de l'orientation de la culture turque, d'où sont issus la plupart de ses immigrants. « Les gens considèrent avec fierté l'histoire de la modernisation depuis Atatürk, a ainsi pu écrire le journaliste Jörg Lau, et se voient, pour la plupart, comme faisant déjà partie de l'Europe et de l'Occident[26]. » Cela n'indique pas que les Turcs soient plus enclins à s'adapter à l'Allemagne que ne le sont d'autres groupes d'immigrants à leurs nouveaux pays respectifs, si ce n'est qu'ils ont moins besoin de s'adapter.

L'un des moyens de saisir les allégeances plus profondes des Turcs allemands consiste à examiner leurs choix en matière de sépulture. Toutes les organisations musulmanes d'Allemagne ont créé des fonds d'inhumation (*Bestattungsfonds*) auxquels souscrivent les membres de la communauté. La sépulture musulmane suppose généralement un enterrement dans le pays d'origine du souscripteur. Selon une étude du Center for Turkey Studies, en 2000, seuls 5 % des Turcs pouvaient s'imaginer inhumés en Allemagne. Le fait que 68 % d'entre eux préfèrent la création de cimetières musulmans en Europe – qui permettaient l'inhumation dans un linceul au lieu d'un cercueil, entre autres adaptations – pourrait être une indication rassurante[27]. Mais cela nous indique que le prix à payer pour un Islam « européen » sera finalement une Europe plus islamique. Quand on demande aux Turcs allemands s'il existe « une forme particulière, allemande, de l'Islam », ils sont 68 % à répondre par la négative. Sur la question de savoir si les lois de l'Islam sont même compatibles avec les règles de la société allemande, ils se partagent à égalité – 52 % disent qu'elles le sont, alors que 46 % estiment qu'elles ne le sont pas[28].

Certes, l'européanité devrait pénétrer les vies culturelles des musulmans qui y vivent. Comment ne le pourrait-elle pas ? Quiconque a vécu une cinquantaine d'années dans un pays présentera quelques signes culturels de son séjour sur les lieux. Ces signes peuvent refléter quelque chose de profond, ou rester purement superficiels. N'importe quel colon de l'Empire britannique savait expliquer ce que signifiaient *pukka* et *sahib*, et cela ne le rendait pas Indien pour autant. Ici, comme dans leur insistance sur l'« obéissance aux lois » des immigrés, les Européens considèrent un fait qu'ils jugent inévitable comme la réalisation d'une exigence. Les institutions officielles à partir desquelles l'Islam national était censé se construire – depuis le CFCM français jusqu'à la Muslim Association of Britain, une entité jouissant d'une quasi-autonomie – demeuraient mal comprises. Rien ne les empêchait d'accepter des fonds nationaux, mais ils ne pouvaient créer d'islams nationaux. *Islam de France, deutscher Islam, Islam italiano*… c'étaient des slogans, des réponses à une question que l'Islam ne pose pas.

L'Islam en tant qu'hyper-identité

De tout temps l'Islam a toujours été compris comme une identité puissante, modelant tous les aspects de la vie du croyant et réduisant d'autres allégeances de moindre importance à la portion congrue. Ernest Renan expliquait en 1883 qu'avec certaines habitudes, « ce pli inculqué par la foi musulmane est si fort que toutes les différences de race et de nationalité disparaissent par le fait de la conversion à l'Islam. Le Berbère, le Soudanien, le Circassien, le Malais, l'Égyptien, le Nubien, devenus musulmans, ne sont, plus des Berbères, des Soudaniens, des Égyptiens, etc. ; ce sont des musulmans »[29]. En fait, ce n'est pas seulement la position des détracteurs de l'Islam, mais aussi celle de ses adeptes, surtout quand ils essaient de présenter l'Islam comme une source de fraternité susceptible de servir d'antidote au racisme ou au nationalisme occidental. Malcolm X écrivait ainsi à propos de son pèlerinage à La Mecque, en 1964 :

> Durant toute la semaine que je viens de passer, j'ai été à la fois interdit et charmé par la bonté et la gentillesse déployées autour de moi par des personnes de toutes couleurs. [...] L'Amérique a besoin de comprendre l'Islam, car c'est la seule religion qui ignore le racisme. À travers mes voyages dans le monde musulman, j'ai rencontré, discuté et même mangé avec des gens que nous aurions considérés comme des Blancs, aux États-Unis – mais la mentalité du Blanc était absente de leur esprit, et elle avait cédé la place à l'Islam. Jamais auparavant je n'avais vu une telle fraternité réunissant des gens de toutes les races, quelle que soit la couleur de leur peau. [...] J'ai pensé, en les voyant, que si les Blancs américains admettaient l'Unicité de Dieu, ils pourraient aussi admettre l'unicité de l'homme et cesser de s'affronter, de nuire à autrui pour des raisons liées à des « différences » de couleur de peau[30].

Inayat Bunglawala, un activiste éminent du Muslim Council of Britain, livrait un récit en forme de repentir – mais d'une crudité décourageante – de sa participation à une manifestation musulmane à Hyde Park en 1989, en soutien de la fatwa de l'ayatollah Khomeini appelant à la mise à mort du romancier britannique Salman Rushdie.

> C'était un jour incroyable. Nous prenions de plus en plus conscience qu'en accordant davantage d'importance à notre identité islamique, nous réussirions à transcender et à surmonter le fossé entre nous. Nous pouvions avoir des origines pakistanaises, bengalies, gujaratis, arabes, turques, mais c'était moins important que ce qui nous réunissait : nous étions des musulmans britanniques. Et donc le roman de Rushdie est devenu, sans doute à son insu, le catalyseur forgeant une identité islamique plus confiante[31].

Quant à la fatwa elle-même, Bunglawala se rappelle qu'elle l'avait « transporté de joie ».

Que Renan, Malcolm X et le jeune Inayat Bunglawala aient raison ou non de penser que l'Islam l'emporte sur toutes les différences sociales, culturelles et nationales, les conditions sont mûres pour la fusion des diverses communautés musulmanes d'Europe en une identité unifiée. À l'ère de l'immigration de masse, les États-Unis offrent le meilleur exemple de cette fusion des sous-identités en d'autres plus vastes. L'identité « hispanique » était pour une bonne part une catégorie fictive, lors de son invention par les agents recenseurs fédéraux américains dans les années 1970. « Hispanique » était un terme linguistique, et non sociologique. C'était un terme générique servant à désigner les flux d'immigration vers le nord, mais l'individu « hispanique », lui, n'existait pas. Les locuteurs hispanophones se plaignaient eux-mêmes de ce que la catégorie « hispanique » ne respectait pas la différence entre, disons, un pianiste cubain blanc et un cow-boy indien du Mexique. Mais la discrimination positive, le marketing et la télévision hispanophones se sont associés pour transformer cette identité abstraite en une autre, réelle. Aujourd'hui, il existe donc réellement une identité hispanique (ou latino), composée de Chiliens-américains et de Mexicains-américains rivalisant pour les mêmes emplois de marketing bilingue dans des sociétés de New York, de Portoricains et de Boliviens regardant les mêmes émissions sur Univision, et de nouveaux migrants travaillant dans des secteurs – comme l'aménagement paysager et la restauration – où l'espagnol est la langue véhiculaire.

En Europe, des communautés d'intérêts anciennement distinctes ont entamé leur convergence au sein d'une culture musulmane élargie. Dans la plupart des cités immigrées, les paraboles constellent les étages des immeubles comme autant de boutons, recevant les informations de leur terre d'origine. Voilà qui semblerait inverser le rôle historique de la télévision, celui de moteur de l'assimilation des immigrés, en préservant les lignes de communication avec leur ancien pays. Mais à d'autres égards, la télévision assimile bel et bien les immigrants, mais à autre chose que la culture européenne traditionnelle. Elle les assimile à un Islam mondialisé. L'émission hebdomadaire de Youssouf Qaradawi, spécialiste de l'Islam, sur la chaîne al-Jazeera, par exemple, est suivie dans toute l'Europe[32].

Que l'Europe soit le principal public de cette nouvelle culture islamique sur les ondes ne signifie pas que cette culture soit pro-européenne. Cela peut même signifier le contraire. Les sites internet musulmans ne pâtissent pas moins du travail de vérification bâclé et de l'idiome politique incendiaire qui caractérisent leurs homologues du monde non-musulman. L'un des paradoxes d'Internet, c'est que ce média si contemporain a conféré une nouvelle force aux habitudes de discours prémodernes : la rumeur, le ragot, les mythes urbains, les contes de bonnes femmes. Au Danemark, beaucoup de jeunes Palestiniens, pour la plupart des réfugiés de la guerre civile libanaise, ne croient pas que le versement des allocations qu'ils acceptent les rende redevables envers l'État danois ; ils considèrent en effet que cet argent a été volé à des familles comme la leur. « Ils disent "l'argent vient des Nations unies", se rappelle un spécialiste de l'intégration à Copenhague, "ils l'envoient au Danemark et le Danemark en prend la moitié"[33]. » Plus de la moitié (56 %) des musulmans britanniques ne croit pas que des Arabes aient commis les atrocités du 11 septembre 2001, contre 17 % qui sont de l'avis contraire[34].

Les musulmans européens finissent souvent par s'enferrer dans les griefs passés et présents de leur pays d'origine – et ceux d'autres pays. Des extrémistes qui recrutent les combattants volontaires du jihad à l'étranger ont souvent procédé en recourant à la vidéo, avec accompagnement musical entraînant montrant des musulmans maltraités, humiliés, blessés, mis à mort en divers points chauds du globe : ainsi, un ami des quatre kamikazes des attentats du 7 juillet 2005 à Londres déclara au *Wall Street Journal* : « Ils ont conscience que nous sommes, nous, les musulmans, ceux qui souffrent le plus au monde, que ce soit en Irak, en Afghanistan ou en Palestine[35]. »

La souffrance des musulmans est le point de convergence identitaire d'un nombre croissant d'entre eux. Au lendemain de la violence indicible de ces attentats de Londres, l'imam Waheed, du groupe radical Hizb ut-Tahrir, insistait : « Nous avons une bien plus grande expérience de victimes de la terreur que d'auteurs de cette terreur ». Qui est ce « nous » auquel il se réfère ici[36] ? Ce ne sont pas les Britanniques – même au prix d'un gros effort d'imagination. Il ajouta que la réaction de la communauté musulmane britannique à la participation du Royaume-Uni aux guerres d'Afghanistan et du Moyen-Orient avait été jusque-là d'une « modération remarquable ».

Double loyauté

Chez les musulmans, l'empathie est porteuse d'un problème lourd que ne connaissent pas d'autres immigrations. Imaginez que l'Occident, au plus fort de la Guerre froide, ait reçu un afflux massif d'immigrants des pays communistes, ambivalents quant au choix du camp qu'ils soutenaient[37]. Il se produit maintenant un phénomène similaire. Certains pays européens ont dernièrement été en guerre avec des forces musulmanes en Irak, en Afghanistan, dans les Balkans et en Afrique ; et ce sans même tenir compte de pays de culture européenne, comme les États-Unis et Israël, qui mènent des combats similaires. Samuel Huntington, professeur de sciences politiques à Harvard, aujourd'hui disparu, consacra l'essentiel de son ouvrage paru en 1996, *Le Choc des civilisations*, aux « frontières sanglantes » de l'Islam[38]. Peut-être est-ce une observation controversée, mais elle n'en reste pas moins bien réelle – ce n'est pas le fruit des seules songeries de Huntington. Des pays ou des groupes musulmans sont aujourd'hui en guerre ou dans une trêve hostile avec toutes les civilisations contiguës de l'Islam, du Nigeria au Xinjiang.

Le problème, c'est que la solidarité des musulmans européens crée, au moins potentiellement, une double loyauté. Au bout de deux années de guerre en Irak, les autorités françaises ont déjà identifié sept musulmans français tués là-bas alors qu'ils combattaient du côté des insurgés, une « brigade britannique » de 150 Anglais anti-Royaume-Uni se trouvait aussi sur le terrain, et des réseaux de recrutements avaient été montés en Belgique pour y envoyer encore d'autres soldats[39].

Dans le cas de Omar Khan Sharif et Asif Mohammed Hanif, cette double loyauté n'était pas seulement un problème potentiel, mais un danger clair et immédiat[40]. Sharif était né à Derby, il avait grandi dans une maison mitoyenne en brique rouge, passé deux années dans une école préparatoire à 10 000 livres annuelles et poursuivi ses études à Kingston University. Hanif, d'origine pakistanaise, n'était pas moins ancré dans la vie anglaise. Pourtant, les deux jeunes hommes s'imprégnèrent fortement de fondamentalisme islamique à partir de leurs écrans de télévision et d'ordinateur. En 2003, en chemise empesée très british et chino, ils effectuèrent le voyage jusqu'à une discothèque de Tel Aviv et massacrèrent plusieurs personnes dans un attentat suicide[41]. Leur britannicité, ou du moins leurs passeports britanniques, avait joué un rôle essentiel dans la perpétration de leur crime. Le duo était entré en Israël depuis la Jordanie, par un poste frontière où les Européens s'exposent à un contrôle plus relâché que les visiteurs venus du monde arabe.

Un étudiant qui avait croisé Hanif et Sharif à Damas avait émis l'hypothèse qu'ils espéraient échapper aux « terres désertes et sans âme de la modernité[42] ». Il n'y a là rien d'anti-britannique ou d'anti-européen. Depuis les croisades jusqu'à la guerre d'Espagne, l'histoire européenne est parcourue de bout en bout par une tendance au tourisme aventureux qui recherche et sème la vengeance au service d'idéologies à la fois nobles et cruelles. Ces voyageurs ont assouvi une pulsion que Lord Byron décrivait dans les « Stanzas » qu'il écrivit en novembre 1820, peu avant son propre départ pour aller combattre l'Empire ottoman en Grèce :

> *Quand un homme n'a point dans sa patrie de liberté pour laquelle il puisse combattre,*
> *Qu'il aille combattre pour celle de ses voisins.*
> *Qu'il pense à la gloire de la Grèce et de Rome,*
> *Et qu'il se fasse casser la tête pour sa peine.*
>
> *Faire du bien au genre humain est un plan chevaleresque,*
> *Qui est toujours noblement récompensé ;*
> *Battez-vous donc pour la liberté partout où vous pourrez,*
> *Et si vous n'êtes ni fusillé ni pendu, vous avez la chance d'être fait baron*[43].

Omar Abdullah, porte-parole du groupe musulman radical al-Muhajiroun, tenait à peu près le même propos, dans un langage plus dur. Il excusait les kamikazes de Derby en déclarant : « Des hommes britanniques partent rejoindre l'armée israélienne et quand ils meurent, personne n'en fait grand cas. »

Abdullah n'a pas tort, en théorie. La loyauté envers deux pays est toujours potentiellement problématique. Les Britanniques qui rejoignirent une milice israélienne durant la guerre d'Israël pour l'indépendance en Palestine sous protectorat anglais auraient pu voir leur loyauté remise en cause, et à juste titre. Mais dans le monde actuel, l'argument d'Abdullah s'avère tendancieux. Ces Britanniques ne se joignent pas à l'armée israélienne dans le but de tuer des civils étrangers ou de faire la guerre à l'Angleterre, et ce sont précisément les raisons pour lesquelles certains musulmans radicaux se battent loin de chez eux. « Je connais des gens qui sont partis en Irak combattre l'agression, déclara un exilé entraîné en Syrie et originaire de Birmingham. Je les soutiens parce que l'Irak est un pays musulman violé par l'Amérique et les Britanniques[44]. » C'est ce qui sépare les islamistes européens en quête d'aventures de leurs prédécesseurs byroniens.

Mais là où le terrorisme est impliqué, invoquer la double loyauté peut se révéler à la fois flou, dangereux et corrosif au plan constitutionnel. Les opinions politiques radicales suffisent-elles à justifier une accusation de déloyauté ? Certainement pas. Et l'allégeance à un groupe radical ? Cela dépend du groupe et de ses objectifs.

De telles questions sont compliquées en raison des subsides versés par les États et les monarchies du Golfe persique, presque tous conservateurs, pour l'érection d'institutions de l'Islam européen, souvent avec la complicité de pays du Vieux Continent. L'Arabie Saoudite, où prédomine le wahhabisme conservateur, verse des sommes importantes pour la construction de mosquées et d'autres édifices institutionnels. Les Saoudiens ont contribué à hauteur de 100 millions de livres à un projet controversé de construction de la plus grande mosquée d'Europe dans l'est de Londres, à temps pour les Jeux Olympiques de 2012[45]. En France, l'UOIF, qui fédère plusieurs organisations doctrinaires de jeunes musulmans, reçoit un quart de son budget annuel de l'Arabie Saoudite, des Émirats Arabes Unis, du Koweït et d'autres donateurs étrangers[46].

La Grande mosquée de Stockholm a longtemps été financée par un cheikh des Émirats[47].

Les Européens sont face à un compromis. D'un côté, la version de l'Islam pratiquée par les États du Golfe peut être perçue comme antioccidentale, contribuant à la radicalisation des populations musulmanes européennes. Certains islamologues français considèrent que l'ampleur du soutien saoudien en Europe est grandement sous-estimée, car beaucoup d'autres gouvernements censés soutenir les mosquées françaises – comme l'Algérie, qui finance la Grande mosquée de Paris – se servent de sommes d'argent transférées par les Saoudiens. Mais le financement étranger n'est pas une mauvaise chose à tous égards. En Espagne et aux Pays-Bas, certains ennemis jurés du fondamentalisme soutiennent ces subventions étrangères au motif qu'il est plus facile de faire pression, par exemple, sur le roi du Maroc, que sur un imam clandestin et charismatique qui puise ses soutiens à des sources inconnues, qu'il s'agisse de gangs criminels ou de fanatiques religieux.

Les cas les plus compliqués sont liés aux organisations non-étatiques qui endoctrinent explicitement leurs membres contre toute autre forme de loyauté que celle envers l'organisation elle-même. Hizb ut-Tahrir, ramification radicale des Frères musulmans fondée en Jordanie en 1953, vise la restauration du califat musulman, aboli en même temps que l'Empire ottoman en 1924. Ses membres prêtent le serment solennel d'« exécuter même les décisions des chefs du parti que je juge répréhensibles ». Pourtant, comme Hizb ut-Tahrir n'autorise pas explicitement les attaques contre des États européens, les pays d'Europe ont eu diverses manières de traiter la question, tout comme ils divergeaient voici un demi-siècle sur la manière d'aborder l'adhésion au parti communiste. La Russie et l'Allemagne interdisent Hizb ut-Tahrir (l'une et l'autre pour antisémitisme présumé) ; les Pays-Bas, le Danemark et la Grande-Bretagne ont débattu de son interdiction, mais la plupart des nations européennes acceptent son activité, en toute légalité[48].

Hizb ut-Tahrir n'est pas le seul groupe qui reste dans le cadre de la lettre de la loi occidentale tout en s'éloignant fortement de son esprit. Sous l'influence de l'imam d'origine syrienne Fawaz Jneid, la mosquée salafiste (fondamentaliste) as-Soennah de La Haye ne se fait pas l'apôtre de la violence, mais elle prône une distance entre ses membres et les institutions occidentales. Plusieurs femmes du réseau Hofstad, le groupe d'où était issu l'assassin de Theo Van Gogh, ont demandé à l'imam si elles avaient sa permission de témoigner devant un tribunal néerlandais dans l'affaire Hofstad[49]. (Il la leur a accordée.)

Humiliation et islamophobie

Les Européens ont affirmé qu'ils consentaient à l'Islam les plus grands efforts d'accommodement, et c'était vrai. Pour la première fois de l'histoire moderne, les sociétés européennes se donnaient le plus grand mal pour permettre à des résidents – et donc, de plus en plus souvent, à des citoyens – de vivre toute leur existence dans une culture étrangère. Cette forme de séparatisme s'effectua surtout à travers des initiatives individuelles. Un immigrant arabe vers l'Allemagne pouvait par exemple « s'assimiler » dans la « partie arabe » de son nouveau pays multiculturel, ces

« colonies ethniques » évoquées par Rauf Ceylan. À la König-Fahd Akademie de Bonn, l'emploi du temps hebdomadaire des étudiants consistait en douze heures d'enseignement religieux, six heures d'arabe et une heure d'allemand[50].

Mais les autorités ont approuvé – et même financé – des institutions tout aussi séparatistes. Mohammed Bouyeri, l'assassin de Theo Van Gogh, exigeait un service de navette de bus vers son club de jeunesse subventionné par des fonds publics. Il insista auprès des services communaux pour que l'appartement de ses parents soit rénové dans l'esprit de la coutume islamique. Quelques mois avant de tuer Van Gogh, il agressait un policier au couteau, lui laissant une estafilade à la gorge – et ce geste lui avait valu une peine de prison de trois mois[51]. Les largesses, l'absence de jugement et l'indulgence des gouvernements européens n'ont engendré que le mépris et la tentation, comme l'écrit le journaliste Ian Buruma, d'« exploiter l'État[52] ».

Pourtant, en dépit de ces largesses privées et publiques, les accusations contre une Europe qui serait partiale et pétrie de préjugés contre les musulmans, et même « islamophobe » n'ont cessé de se multiplier. Les immigrés ont souvent clamé leur déception vis-à-vis de cette Europe-là, et même leur sentiment d'avoir été « floués ». Jugeant que l'intégration en Suède était « un complet échec », Masoud Kamali, un influent professeur d'études ethniques de l'université d'Uppsala, d'origine iranienne, évoquait en 2005 les vifs espoirs que les immigrants apportaient avec eux : « Beaucoup d'entre nous voyaient la Suède comme la patrie de la tolérance, de la solidarité et de la démocratie, en se basant sur l'image de ce pays à l'étranger[53]. » Toutefois, poursuivait-il, les individus nés à l'étranger s'aperçurent que plus longtemps ils vivaient en Suède, plus ils s'y sentaient étrangers.

Comme l'a souligné Hans Magnus Enzensberger, cette montée de la rancœur fait partie du paradoxe du progressisme. Plus une société devient équitable, égalitaire, moins elle devient raciste, plus on y ressent l'échec comme une humiliation. Les gens deviennent « désappointables », plus en quête de boucs émissaires et d'alibis excusant tout[54]. Cela se produit à petite échelle (quand l'ego est entamé) et à vaste échelle (quand une culture perd de son prestige). Et, alors qu'un nombre croissant d'Européens remet le multiculturalisme en question, une autre forme de déception est née chez les immigrants. L'accueil que leur réservait l'Europe leur faisait l'effet d'un leurre, d'un accord bancal. Une part de l'attrait d'une installation en Europe résidait d'abord et avant tout dans l'idée que les Européens accepteraient les étrangers tels qu'ils étaient. Et c'était justement ce qu'avait fait l'Europe. Mais si les étrangers restaient tels qu'ils étaient, s'ils conservaient leur identité non-européenne, ils n'auraient qu'un accès sporadique à l'économie, à la civilisation, aux institutions qui les avaient attirés de prime abord vers l'Europe.

La transition d'une économie industrielle vers une économie de service, qui a « humanisé » le lieu de travail de bien des gens, a aussi créé de nouvelles occasions d'humiliation, de jalousie et de ressentiment ethnique. On s'est souvent plaint par le passé que le travail en usine était ingrat ou, pour utiliser la terminologie marxiste, aliénant. Mais c'était justement la raison pour laquelle une économie industrielle – et peut-être seule une économie industrielle – pouvait absorber des gens de cultures différentes sans automatiquement provoquer de dangereux conflits culturels. L'essentiel de ce qui constituait l'humanité d'un ouvrier d'usine ne présentait tout simplement aucun enjeu sur le lieu de travail. Si vous étiez musulman et si votre collègue de travail était chrétien, peu importait – vous maniiez tous deux le tour de la même manière. En revanche, l'économie de service occidentale suppose une forte expression de soi, une forme de servilité stipendiée et même une certaine relation d'intimité ; elle s'organise autour des plaisirs des sens, ou d'autres encore. Une famille immigrée vivant en Allemagne en 1975 aurait été fière d'avoir sa fille employée dans une grande entreprise internationale comme Siemens. Quelques dizaines d'années plus tard, la même famille serait-elle fière d'avoir une petite-fille travaillant au sein d'une grande entreprise internationale comme Hooters, la chaîne américaine de restaurants ?

Si nous en revenons à l'observation de Huntington sur les frictions entre l'Islam et toutes les cultures avec lesquelles il entre en contact, ou si nous considérons la pénurie, la servitude, la violence et la médiocrité des sociétés musulmanes dans le monde… comment l'expliquer ? Soit l'Islam connaît un problème majeur qui doit être abordé par les musulmans eux-mêmes, soit, sous l'effet d'une incroyable coïncidence, une vaste palette de cultures non-musulmanes a développé une forme de malveillance commune envers l'Islam. Naturellement, cette dernière thèse est plus séduisante aux yeux des immigrants militants et de leurs partisans. C'est à elle qu'ils se réfèrent quand ils évoquent l'islamophobie.

Il est tentant de se pencher sur l'islamophobie comme une traduction dans l'idiome européen du politiquement correct à l'américaine. Selon ce point de vue, l'Islam serait tout simplement la dernière catégorie, après le sexe, les préférences sexuelles, l'âge et ainsi de suite, venue s'ajouter au langage très convenu qu'ont inventé les Américains pour évoquer leur problème racial au temps du mouvement des droits civiques. Mais l'islamophobie est un terme plus labile que cela. Il englobe l'inconduite envers les musulmans, le racisme, la peur du radicalisme musulman et l'opposition politique à certaines tendances politiques islamistes. Ceux qui accusent les autres d'islamophobie veulent souvent avoir le beurre et l'argent du beurre. Toute réticence européenne à accueillir l'immigration islamique est stigmatisée comme de l'islamophobie. C'est aussi vrai de toute suggestion faite aux immigrés ou à leurs enfants de s'adapter au mode de vie européen.

Non sans condescendance, certains Européens partent du principe que ceux qui adhèrent à leur identité islamique cherchent seulement à se consoler d'une éducation médiocre ou d'un statut professionnel situé au bas de l'échelle, mais c'est faux. « Au contraire, a pu établir une étude allemande en 2007, les musulmans qui vivent dans des quartiers où le taux de chômage est plus bas affichent un sentiment identitaire plus fort[55]. » Et le problème n'est pas non plus que les immigrés musulmans répugneraient à « renoncer » à leurs traditions. Les traditions musulmanes ont exercé une forte attirance y compris sur les enfants nés en Europe alors même que leur famille les avaient déjà abandonnées. Quelque chose attirait les musulmans ethniques vers un retour à leurs origines culturelles – même ceux dont les familles étaient en Europe depuis si longtemps que leurs « origines » finissaient par devenir à peine plus qu'une parodie, un passe-temps, une pose, un rêve romantique.

Les vieilles identités n'avaient pas l'air de vouloir s'effacer. Elles étaient déjà prêtes à alimenter la deuxième ou la troisième génération de musulmans mécontents de la culture européenne, sous tel ou tel prétexte. L'Europe était pleine de « chefs de la communauté » musulmane qui, tout en étant d'origine musulmane, avaient appris leur arabe non pas autour de la table de la cuisine, mais à l'université. D'un côté, il pouvait sembler honteux de considérer leur acquisition d'une langue étrangère avec plus de suspicion que n'en auraient suscitée des Européens agissant de même. D'un autre côté, il était difficile de ne pas s'étonner qu'ils apprennent cette langue étrangère dans l'espoir de devenir autre chose que des Européens. Mohammed Sidique Khan, le cerveau des attentats du 7 juillet 2005 à Londres, s'exprimait avec un accent chargé, typique de sa région du Yorkshire, et jouait au football avec toute une série d'autochtones, ses « potes » anglais, qui l'appelaient « Sid ». Son problème n'était pas qu'il ait « échoué à s'assimiler » – c'était qu'il ait choisi de se désassimiler.

Sidique Khan avait fait le choix individuel de rechercher ses « racines ». Mais le sentiment d'aliénation envers une culture européenne plus vaste ne naît pas toujours ainsi. Dans certaines familles, on inculque de bonne heure le sentiment d'appartenir non pas à un pays, mais à une religion. Une enquête auprès des écoles menée par le ministère français de l'Éducation nationale a ainsi découvert ceci :

> Un grand nombre d'élèves d'origine maghrébine, Français voire de parents français, la majorité sans doute dans certains établissements, se vivent comme étrangers à la communauté nationale, opposant à tout propos deux catégories : « les Français » et « nous ». Se revendiquant hier, lorsqu'on les interrogeait, d'une identité « arabe »,

> d'ailleurs problématique pour des Maghrébins, ils se revendiquent de plus en plus souvent aujourd'hui d'une identité « musulmane ». Un endoctrinement qui peut commencer dès l'école primaire, comme en témoignent certains instituteurs. Beaucoup de collégiens, interrogés sur leur nationalité, répondent de nos jours « musulmane ». Si on les informe qu'ils sont Français, comme dans ce collège de la banlieue parisienne, ils répliquent que c'est impossible puisqu'ils sont musulmans[56] !

En conséquence, l'immigration musulmane diverge des immigrations précédentes. Les allégeances nationales nouvellement acquises sont devenues négociables, révocables, provisoires. Que ce soit dû à la nature intemporelle de l'Islam ou au monde du XXIe siècle en transformation, l'Europe n'a pas du tout affaire à un problème d'immigration ordinaire, mais à une culture concurrente[57].

Musulmans et Noirs américains

Nous avons déjà observé que l'expérience européenne de l'immigration musulmane a moins à voir avec l'expérience américaine de l'immigration (pour l'essentiel, un succès) qu'avec l'expérience américaine de la « race » (un problème durable, où tous les succès ne furent acquis qu'en payant le prix fort). Ce n'est pas tant que les conditions de vie des musulmans ressemblent à celles des Noirs des centres-villes américains de la fin du XXe siècle – même si c'est parfois le cas, avec la drogue, la délinquance, les émeutes et des systèmes scolaires sans perspectives, le tout générant des problèmes qui paraissent insolubles. C'est aussi que leur perception culturelle a plus à voir avec les Noirs américains qu'avec les immigrants. La culture noire pourrait être qualifiée de « culture concurrente » – une culture bâtie sur la méfiance envers le dominant, et qui tend à défendre des points de vue en opposition sur presque tous les sujets politiques.

Une culture hostile n'est pas nécessairement une culture « malade » ou « en faillite », comme le veulent certaines critiques. En fait, la culture noire américaine est une culture réputée pour sa *robustesse* à deux titres importants. Premièrement, elle est demeurée intacte tout au long du cyclone de la mondialisation, en survivant même à son propre enrichissement (à l'inverse d'une culture comme celle de l'Irlande contemporaine, dont les autochtones ont abandonné leurs traditions dès qu'ils ont pu s'acheter le billet qui leur permettrait d'y échapper). Deuxièmement, ses produits culturels ont envahi le monde.

La culture noire n'a nulle part davantage évoqué l'émulation et l'empathie que chez les musulmans européens. Un rappeur turc, fan de Dr Dre, Eminem et 50 Cent, disait éprouver « une certaine communauté de vue » avec les Noirs américains. « En Amérique on appelle ça l'esclavage, disait-il. Ici, on appelle ça *Gastarbeiter*[58]. » Lors des émeutes françaises de 2005, des incendiaires chaussés de baskets à 200 euros et coiffés de casquettes de base-ball des New York Yankees à l'envers sur la tête s'adressaient aux caméras de télévision avec des gestes repris des vidéos de rap, des gestes et un accoutrement devenus partie intégrante de ce que l'historien de la culture Mark Lila appelait « une culture universelle des damnés de la terre[59] ».

Mais en dépit de toute sa remarquable cohérence interne et de sa vaste influence culturelle, l'Amérique noire reste la plus pauvre des sous-cultures américaines, et elle a vécu des siècles de subordination. Les Noirs ont constitué un problème culturel pour les États-Unis, mais jamais une menace pour leur culture. Or, avant l'ère Internet, il était naturel de considérer les musulmans européens, pris dans chaque pays séparément, comme une sous-culture encore moins influente que celle des Noirs d'Amérique. Exilés, déracinés, divisés entre eux, ils formaient un groupe d'une taille infinitésimale. Aujourd'hui, ils ne sont plus rien de tout cela. Une population en diminution rapide, composée de plusieurs centaines de millions d'Européens, vit au nord de la Méditerranée, alors qu'une population en croissance rapide de plusieurs centaines de millions d'individus vit au sud, avec un désir d'élire domicile en Europe qui semble impossible à assouvir. En outre, une partie de cette population se consacre à la destruction du continent européen par la violence armée. Cette partie-là est certes limitée, mais les attentats de Londres et Madrid montrent qu'il est très difficile d'en déterminer les limites de manière convaincante. Dans une époque de communications mondiales, l'Islam ne ressemble plus aucunement à une « sous-culture ». Il y a 1,2 milliard de musulmans, tous liés par Internet à la Oumma, nation mondiale de croyants. Dans la plupart des cas, c'est une appartenance de pure forme, mais dans certains autres, elle suppose une loyauté fervente.

Les musulmans, constituant *grosso modo* la moitié de la « nouvelle population européenne », pourraient finir par constituer une culture dominante au sein de l'ensemble des immigrés, même ceux qui ne professent pas la foi musulmane. Ils pourraient former une *Leitkultur*, pour employer l'idée allemande de « culture dominante » dans un contexte différent. Les Latino-américains fournirent une *Leitkultur* similaire aux marcheurs contestataires américains des années 1980. Qu'ils protestent contre le Ku Klux Klan ou contre le nucléaire, ils entonnaient « ¡ *El Pueblo Unido Jamás Será Vencido* ! » – dans un langage emprunté à une autre cause, que ni ces marcheurs ni les gens qu'ils défendaient ou ceux à qui ils s'adressaient ne comprenaient.

À partir d'une fascination similaire pour les communautés musulmanes ghettoïsées, s'est développé un idiome utile pour rallier les mécontents. En témoignent les succès, en prison, des prosélytes islamistes auprès des condamnés non-musulmans[60]. On peut aussi le constater au niveau des gangs. La quasi-totalité des vagues d'agressions contre des juifs en France en 2002 le furent à l'instigation des *beurs*[61*] – mais dans bien des cas, des voisins africains ou antillais de ces activistes locaux devenaient leurs complices. En 2006, le gang d'une vingtaine de « barbares » conduit par des musulmans qui se servirent d'acide, de couteaux et d'essence à briquet pour torturer à mort pendant trois semaines Ilan Halimi, un jeune juif, vendeur de téléphones portables, était un mélange multiculturel d'immigrés de fraîche date d'Afrique et d'Asie et de plusieurs membres de minorités nés en France[62]. Ce qui se développe là s'apparente à un *cujus regio ejus religio* (« tel prince, telle religion ») à l'échelon du quartier de prison, du gang des rues ou de la batterie d'ascenseurs.

CHAPITRE 7

La crise de la foi en Europe

L'Islam n'est pas devenu le vestige que la plupart des Européens s'attendaient à le voir devenir avec l'arrivée des immigrés dans les années 1950, 1960 et 1970. C'est une force avec laquelle il faut compter. Les commentateurs et les politiques aiment recourir à un cliché, comme s'ils faisaient là une généreuse concession, en l'appelant « la deuxième religion d'Europe ». Certains estiment que c'est exagérer son impact. « Quant à savoir si les immigrés de religion musulmane constituent 30 % de la population, c'est l'objet d'un débat public, explique l'écrivain danois Anders Jerichow. La part religieuse n'excède sans doute pas 1 %[1]. »

Mais décrire l'Islam comme la deuxième religion d'Europe, c'est être encore loin du compte. Si vous mesurez l'Islam à l'intensité des convictions de ses adeptes, à son importance dans les débats politiques, aux privilèges dont il jouit au regard des lois de nombreux pays européens ou à sa capacité d'intimider ses détracteurs, ce n'est pas la deuxième place qu'il occupe, mais la première. Dans certains pays européens, en valeur absolue, le nombre des fidèles à l'église et à la mosquée est similaire. Dans tous les pays, le taux de fréquentation des mosquées est supérieur. Les Européens n'ont pas tort de s'inquiéter de ce qui reste, après tout, une religion minoritaire. L'Europe ne se transformera peut-être pas en avant-poste du monde arabe, comme le prévoyait Bernard Lewis. Mais elle comprend en son sein une « nation de l'Islam », limitée, mais en croissance inexorable.

Résurgence religieuse

Dans la plupart des communautés musulmanes d'Europe – riches ou pauvres, arrivées de fraîche date par avion ou débarquées par bateau depuis deux générations –, l'importance et le prestige de l'Islam sont à la hausse. Au sein des classes moyennes musulmanes, on ne se gêne pas pour admettre que l'on a des parents croyants, comme ce serait le cas chez les Européens de milieu chrétien. En France, 85 % des étudiants musulmans définissent leur foi religieuse comme « très importante », contre 35 % chez les non-musulmans[2]. En Allemagne aussi, le sentiment religieux est plus répandu parmi les immigrés musulmans que chez les autochtones : 81 % des Turcs appartiennent à un milieu religieux, contre 23 % des Allemands. Non moins important, les convictions religieuses sont plus passionnées et plus affirmées parmi les musulmans : 68 % des Turcs considèrent que leur religion est la seule véritable, contre tout juste 6 % des Allemands[3]. 70 % des Européens musulmans observent le jeûne pendant le ramadan[4].

L'Islam est devenu un fournisseur alternatif de services sociaux pour les gens démunis, parfois plus efficace que l'État. Des groupes liés à la mosquée organisent fréquemment des distributions alimentaires (comme le veut l'un des piliers du culte musulman, la *zakat*), et les programmes fondés sur la foi qui sortent les gamins des cités du cycle de la drogue enregistrent des résultats excellents. Quand les revendeurs commencèrent à pénétrer le quartier de Beeston, à Leeds, Mohammed Sidique Khan – qui devint par la suite le meneur du groupe terroriste des attentats de Londres de juillet 2005 – créa un groupe, les « Mullah Boys », avec quinze ou vingt autres Pakistanais de la deuxième génération[5]. C'était une sorte de gang de rue organisé pour le travail social. Après avoir identifié un voisin narco-dépendant, Khan et les Mullah Boys obtenaient de ses parents la permission de le kidnapper et de le détenir dans un appartement voisin de la mosquée wahhabite, le temps d'assurer sa désintoxication.

Cela ne signifie pas nécessairement que les jeunes vivant dans des quartiers plus aisés, moins infestés par la drogue, ne se tournaient guère vers l'Islam. Comme nous l'avons souligné au chapitre précédent, il y a chez les Européens une tendance à supposer que l'adhésion fervente de la jeunesse des minorités ethniques à l'Islam doit être le résultat d'un facteur non-religieux, comme la pauvreté ou l'exclusion sociale. Ce n'est pas le cas. La religion n'est pas un lot de consolation. Cette soudaine forte visibilité de l'Islam fait partie d'une mutation d'ensemble. Pendant des décennies, comme pratiquement toutes les populations du monde, excepté les chrétiens européens, les musulmans européens ont gravité (de nouveau) vers la religion. Le mouvement évangélique américain s'inscrit dans la même tendance.

Le poids démographique et culturel de l'Islam dans le monde continue de croître, et l'Europe est l'endroit où il croît le plus vite. Il y a là une bizarrerie. L'Islam peut compter

1,3 milliard de fidèles, la religion de l'Europe, le Christianisme, en compte 2 milliards. Le Christianisme grandit plus vite que l'Islam et, en réalité, plus vite que toutes les autres grandes religions du monde. Il y avait 9 millions de chrétiens de toutes confessions en Afrique, en 1900 ; en 2005, ils étaient 393 millions[6]. L'un des facteurs clefs du coup d'arrêt à la propagation de l'Islam militant en Afrique fut un Christianisme en pleine croissance qui est parfois tout aussi militant (un phénomène qui ne va pas sans poser à son tour certains problèmes). Il existe peu de preuves d'une telle croissance ou d'un tel contrepoids à la propagation de l'Islam en Europe.

L'idéologie derrière laquelle progressent les aspirations des musulmans peut s'avérer arbitraire. Mais le retour de l'Islam n'est pas seulement la résurgence d'une doctrine, c'est aussi celle d'un peuple. Les armées musulmanes (y compris les armées terroristes) s'affirment de plus en plus. Sur un certain nombre de questions, en particulier celles qui concernent la condamnation de l'Occident, la rhétorique des « fanatiques religieux arabes » d'aujourd'hui est inséparable de celles des « nationalistes impies » arabes d'hier. L'idée que davantage de jeunes gens se disent musulmans parce que l'Islam aurait en un sens subi une humiliation est une idée fausse. Quelles que soient les raisons qu'ils auraient de se dire musulmans, l'Islam semble avoir le vent en poupe.

Islam et croyants européens

La plus grande part du travail d'assimilation de l'Islam s'est effectuée à travers le dialogue interreligieux. En 1970, à l'église de Breeplein, dans le quartier ouvrier de Feyenoord, à Rotterdam, un pasteur pionnier de la Réforme néerlandaise, Pleun Reedjik, remarqua que les musulmans qui s'étaient installés dans son quartier s'agenouillaient en prière dans la rue au milieu de l'hiver. Naturellement, ils n'avaient pas de mosquée attitrée. Reedjik décida de leur ouvrir son église, pourtant surpeuplée, et de les autoriser à y pratiquer leur foi.

Que ce soit là un geste généreux ou inutile, courageux ou naïf, la question alimenta la presse à sensation pendant des semaines et scinda la congrégation du pasteur en deux camps. En revenant sur cet épisode, dans son appartement de Rotterdam, en 2005, il n'était pas certain d'avoir eu raison. « Était-ce une bonne chose d'ouvrir mon église aux musulmans ? se demandait-il. Je dirais que c'est 50-50[7]. » D'un côté, le genre de paroissiens qui étaient contre les immigrés sont maintenant mieux disposés à leur égard, estimait-il. Là où ils ont eu lieu, des gestes comme celui-là ont valu aux chrétiens de se faire très bien voir des musulmans. Alors que les sondages, comme nous l'avons souligné, montrent que les musulmans européens nourrissent une certaine méfiance à l'égard de la société européenne en général, ils font preuve d'une approbation écrasante envers les chrétiens. En France, 91 % des musulmans ont une attitude positive envers les chrétiens, et les chiffres de l'Espagne (82 %), de la Grande-Bretagne (71 %) et de l'Allemagne (69 %) sont aussi élevés[8].

D'un autre côté, quand Reedjik fit son offre de bon cœur, alors qu'il était en position de force, sa vieille église ne comptait que deux cent cinquante fidèles, comme il y a deux mille ans. Depuis lors, l'église de Breeplein ne négocie plus avec personne en position de force, surtout maintenant que son quartier est à dominante marocaine et turque. Au cours des journées tendues qui ont suivi le meurtre de Theo Van Gogh, quelqu'un a même été jusqu'à lancer une bombe incendiaire dans le bureau de l'église.

Le dialogue interreligieux se fondait largement sur un malentendu chrétien – ou peut-être sur une illusion, terme plus approprié. Les autochtones connaissent mieux les institutions de leur pays, et comme ils détiennent encore des positions dominantes dans l'économie, sur le marché du travail et en matière de culture, tant « haute » que « basse », les groupes chrétiens ont souvent engagé le dialogue avec les musulmans comme s'ils étaient leur interlocuteur en position de force, en lançant une invitation magnanime aux étrangers à rejoindre leur culture. Mais en matière de dialogue religieux, à l'opposé du dialogue entre les communautés religieuses et l'État, la monnaie d'échange n'est pas faite d'argent ou d'emplois, mais d'influence culturelle. C'est la croyance religieuse. Les gains du dialogue interreligieux vont aux croyants. Ceux qui n'ont plus la foi n'en tirent rien.

Ce que les Européens percevaient comme du volontarisme et de la magnanimité n'était en réalité qu'un déplacement du pouvoir religieux, un transfert des chrétiens vers les musulmans. Le ministre allemand de l'Intérieur, Wolfgang Schäuble, aime citer une formule de Frédéric le Grand, ce prince prussien du XVIIIe siècle : « Si les Turcs venaient et peuplaient le pays, nous leur construirions des mosquées[9]. » De tels propos faisaient l'effet d'un provincialisme nord-allemand au journaliste Georg-Paul Hefty. « Ceux qui vivaient plus au sud, dans les terres germanophones, écrit-il, surtout à l'est de Vienne, savaient alors que lorsque les Turcs voulaient peupler un pays, ils ne demandaient pas au prince chrétien la permission de construire des mosquées[10]. »

Aujourd'hui, l'un des sujets majeurs du dialogue interreligieux concerne les procédures d'achats d'églises par des groupements musulmans, qui les consacrent ensuite en mosquées. Un document publié en 2006 par l'EKD, l'institution principale des protestants allemands, provoqua la controverse au sein du Conseil central des musulmans, car il manifestait une certaine réticence (ou peut-être une simple nostalgie) de la part des chrétiens[11] :

> La perte d'une église est toujours difficile à expliquer à une congrégation, car beaucoup de gens ont un lien affectif avec leur église. La consécration d'une église en mosquée est ressentie par beaucoup de chrétiens non seulement comme une perte à titre personnel, mais aussi, et plus sérieusement, comme un sujet d'irritation au sein de l'opinion. La valeur symbolique extérieure de l'église reste intacte, alors qu'à l'intérieur, on y pratique une autre religion. L'opinion a l'impression que les chrétiens battent en retraite face à l'Islam, ou que l'Islam et la chrétienté sont, en dernière analyse, des religions interchangeables[12].

Le ton pitoyable de chien battu de tels communiqués, sur le mode « notre vie est derrière nous », se reflète dans le dialogue interreligieux, qui se construit généralement autour de l'idée que les chrétiens peuvent faciliter l'existence des musulmans. Au Hamara Centre de Leeds, subventionné par des fonds publics, les musulmans et les chrétiens du quartier mettent en avant des relations d'entente, ainsi que l'explique le *Wall Street Journal*, « en soulignant leur opposition à la mondialisation, à la guerre en

Irak et, dans certains cas, à la politique d'Israël vis-à-vis des territoires palestiniens[13] ». Ce n'est pas de la communication entre cultures. C'est le ralliement des chrétiens à un programme d'action musulman.

En Espagne, les tentatives des musulmans pour obtenir la consécration de la cathédrale de Cordoue pour la prière musulmane ont connu une issue similaire. Il y a huit cents ans, Cordoue était sous l'autorité islamique et la cathédrale était une mosquée. D'un autre côté, la mosquée elle-même était construite sur le site d'une église wisigothe. La cathédrale n'avait pas servi de mosquée depuis la reconquête chrétienne, qui prit la ville aux Maures en 1236 – même si le *caudillo* Francisco Franco, alors vieillissant, autorisa bel et bien Saddam Hussein à prier dans le vieux *mihrab* (sanctuaire) byzantin, après leur déjeuner à Cordoue en 1974[14]. « Il ne nous serait jamais venu à l'idée d'aller à La Mecque dire le Notre Père », protesta un dirigeant de l'église catholique locale qui s'opposait au partage de la cathédrale[15].

Il touche là une question explosive. Affaire religieuse, le dialogue avec les musulmans ne se déroule pas sur un pied d'égalité. Les conservateurs italiens ont été particulièrement sensibles sur le sujet. Ils avancent que le principe directeur du dialogue interreligieux doit être la *reciprocità*. Il n'est pas convenable, soulignent-ils, d'autoriser la construction de la plus grande mosquée d'Europe à Rome avec de l'argent saoudien, alors que l'Arabie Saoudite persécute les chrétiens et que d'autres pays musulmans interdisent la construction d'églises et de missions. « Le dialogue sans la *reciprocità* n'est que verbiage », déclara le cardinal Mario Pompedda, quelques mois avant sa mort en 2006. Pour l'harmonie interreligieuse, continuait-il, il est essentiel pour les Occidentaux d'« exiger que les droits que nous assurons à ces fidèles musulmans en Italie le soient aussi dans les pays arabes. En d'autres termes, si nous ouvrons une école islamique ou si nous apportons à des élèves musulmans une instruction religieuse relative à leur foi, nous devons bénéficier de la même garantie pour nos écoles en terres islamiques[16] ». À l'exemple de beaucoup de musulmans, Pompedda croyait que l'arène appropriée à de tels débats entre chrétiens et musulmans n'était pas tel ou tel État-nation européen, mais la planète. Son exigence était juste, mais risquait d'avoir peu d'effet pratique. Le problème n'est pas seulement que les Saoudiens n'autorisent pas le Christianisme dans leur pays ; il est aussi que les Européens s'intéressent moins à évangéliser là-bas que les Saoudiens ne le sont à faire acte de prosélytisme en Europe. Tant que les croyants musulmans feront preuve de plus de ferveur que les chrétiens, la *reciprocità* restera un vœu nostalgique plus qu'une exigence.

Islam et incroyants européens

« Pendant un siècle et demi, les laïcs ont annoncé la fin de la religion alors que les juifs religieux annonçaient la venue du Messie », explique l'islamologue Hans Jansen[17]. Après la Seconde guerre mondiale, pourtant, ce messie laïc est arrivé en Europe. Parmi les autochtones, du moins, à certains signes, la religion semble être devenue un objet du passé. Un sondage du *Figaro* a constaté que 45 % des Français qui se disaient catholiques sont incapables d'expliquer ce que célèbre la fête de Pâques. En 2003, un pasteur luthérien, au nord de Copenhague, fut suspendu pour avoir déclaré dans un entretien : « Je ne crois pas que Dieu est le Créateur[18]. » Lors de la controverse qui s'ensuivit, une étude menée par un quotidien chrétien permit de découvrir que moins des deux tiers des 2 100 pasteurs du Danemark jugeaient que ce style de remarque sortait du « cadre de l'église »[19]. Ce n'est pas seulement la religion qui a disparu d'Europe – c'est aussi le souvenir de ce à quoi ressemble une société ordonnée religieusement, pourvue d'inclinations religieuses. La majorité des Européens a tendance à considérer que la bonne définition de la religion serait celle d'une « opinion irrationnelle et très arrêtée ».

Quand une sous-culture profondément religieuse fait irruption dans une autre qui l'est moins, les réactions des autochtones sont généralement de deux sortes. La première est franche, directe et réactionnaire : les autochtones se tournent vers leur ethnicité et leurs traditions. Ils tendent à percevoir l'abandon de leurs traditions religieuses et autres – ce qui les a peut-être rendus vulnérables à l'envahissement d'étrangers – comme une erreur. La seconde est faite de morgue. La société autochtone considère la distance prise avec la religion non comme une perte culturelle, mais comme une conquête culturelle. Elle proclame son universalisme post-religieux avec plus de force, plus d'arrogance, plus de snobisme aussi.

En règle générale, les sociétés réagissent des deux manières simultanément. La conscience de groupe des masses catholiques irlandaises qui arrivèrent à Boston au XIXe siècle incitait vivement les Bostoniens autochtones à insister sur leur identité anglo-saxonne (et, dans bien des cas, à se la fabriquer). Ils migrèrent du congrégationalisme à l'épiscopalisme (l'anglicanisme américain) « non pas tant à cause de divergences doctrinales que par un désir d'affiliation qui mette davantage l'accent sur l'autorité, l'ordre, le rituel et les liens avec l'Angleterre », écrivait l'historien Oscar Handlin[20]. Mais il arrivait plus souvent encore aux autochtones de maudire ces nouveaux venus au motif que le catholicisme irlandais était, dans son essence, « étranger à l'esprit de progrès » qui animait les habitants de la Nouvelle Angleterre du XIXe siècle[21]. Pour les Bostoniens, que les Irlandais refusent d'avoir affaire à la « sororité lumineuse et magnifique » des mouvements de réforme philanthropiques qui obsédaient la ville, de la tempérance à l'abolitionnisme et aux droits des femmes, c'était la preuve de leur arriération[22].

Les Européens du XXIe siècle agissent d'une manière similaire avec l'Islam. Nombre d'entre eux finissent par voir le scepticisme religieux comme essentiellement inscrit dans l'européanité. Quand les nouveaux venus, au nom de la religion révélée, rejettent la civilisation européenne bâtie autour du rationalisme bureaucratisé, les Européens se sentent forcément insultés ou pointés du doigt. La foi religieuse, quelle que soit sa source, est vue comme une forme de trahison.

Marcello Pera qui, en sa qualité de président du Sénat italien, s'est fortement inquiété de l'érosion de la culture italienne, recourt à une formule à la logique alambiquée pour montrer que les cultures de l'Europe sont supérieures aux cultures de ceux qui y migrent : « Si les membres de la culture B démontrent librement leur préférence pour la culture A et pas l'inverse – si par exemple, les flux migratoires vont des pays islamiques aux pays occidentaux et pas l'inverse – alors il y a toute raison de croire que A vaut mieux que B[23]. » Cela confère au locuteur un profond sentiment de satisfaction, dès lors qu'il suppose que A désigne les « pays occidentaux » et B les « pays musulmans ». Mais le classement de Pera n'a rien d'évident pour quiconque ne considère pas déjà l'Occident comme supérieur à ce qui n'est pas l'Occident. Si par A vous entendez « les symphonies de Beethoven » et par B « la pornographie sur Internet », ce jugement n'en sera pas moins vrai. Juger du bien-fondé d'une proposition à son degré de panurgisme, cela fonctionne pour les économistes, mais pas pour les historiens de la culture.

Pera n'est pas lui-même un chrétien croyant, et la plupart des intellectuels qui proclament la supériorité de l'Occident ne considèrent pas que le Christianisme vaut mieux que l'Islam. Ils estiment que transcender la religion – au nom de la rationalité, de la neutralité et d'autres idéaux des Lumières – vaut mieux que la pratiquer. Or, il s'avère que l'Europe est de moins en moins certaine de sa propre impiété. On n'a jamais vendu autant de bibles en néerlandais ou en danois qu'en 2004 et 2005, lorsque de nouvelles traductions sont parues dans ces deux langues. Aux Pays-Bas, on a beaucoup parlé d'*ietsisme*. Un nombre croissant d'individus non-religieux admet que, sans croire en Dieu, ils croient en « quelque chose » (*iets* en néerlandais)[24].

Les ouvrages appelant vaguement à un renouveau spirituel sont de plus en plus prisés. Le livre d'un animateur vedette de la télévision allemande, Peter Hahne, appelant instamment ses compatriotes à se pencher sérieusement sur leur crise des « valeurs » après le 11 Septembre, s'est installé des mois en tête des listes de meilleures ventes[25]. Cela pourrait refléter un goût pour l'enflure incantatoire, ou constituer le premier signe d'un retour à une religion traditionnelle. Dans les années 1970, quand *Jonathan le*

Goéland, fable à l'eau de rose, demeura trente-huit semaines en tête des ventes aux États-Unis, personne ne considéra cela comme le signe avant-coureur d'une renaissance religieuse à l'échelle de la nation américaine, et pourtant, rétrospectivement, c'était sans doute déjà bien de cela qu'il s'agissait.

L'historien hollandais Joshua Livestro remarque un essor des églises de jeunes aux Pays-Bas, dont le chiffre est passé de quarante-cinq (avec 10 000 membres) en 2003 à quatre-vingt-huit (avec 20 000 membres) deux ans plus tard. La fréquentation des églises chez les moins de 20 ans a elle aussi évolué de 9 à 14 % entre 2003 et 2004. Les crucifix ont été réintroduits dans les écoles catholiques néerlandaises[26]. L'immigration de chrétiens du Tiers Monde au zèle intact est un facteur majeur de cette renaissance, pense Livestro.

Mais l'Islam peut aussi jouer un rôle, fût-il indirect. Ailleurs en Europe, c'est la proximité qui aiguillonne la religiosité chez les non-musulmans. Dans les quartiers des villes britanniques à fortes populations musulmanes, a constaté le sociologue Eric Kaufmann, le pourcentage de Britanniques blancs qui se disent « chrétiens » (plutôt que « sans religion ») est considérablement plus élevé que dans des quartiers similaires et moins mélangés, même après la prise en compte du revenu et d'autres variables[27]. Savoir s'ils approfondissent leurs convictions chrétiennes ou s'ils professent simplement une allégeance tribale à l'« équipe de la chrétienté », cela reste difficile à dire.

Ces dernières années, partout où l'Islam s'est affirmé, il a suscité la réflexion chez les chrétiens. En 2005, deux ans après le début de la guerre irakienne, un officier supérieur bardé de décorations, le chef d'état-major général britannique, Sir Richard Dannatt, déclencha bien à son insu une discussion nationale sur la foi. Dannatt avertissait que, si elles n'étaient pas réduites dans leur ampleur ou repensées dans leurs objectifs, les opérations militaires britanniques en Irak allaient « briser » l'armée britannique. Avant que la controverse autour de ces propos ne s'apaise, les journaux s'intéressèrent à Dannatt pour une raison très différente. Chrétien fervent, il avait clairement fait comprendre que ses doutes sur la conduite de la guerre en Irak ne signifiaient pas qu'il soit indifférent à l'Islam radical. Au contraire. C'était simplement que les périls, tels qu'il les voyait, étaient plus spirituels que militaires, et davantage situés sur le plan intérieur qu'à l'échelle internationale: « Quand je vois la menace islamiste, dit-il, j'espère qu'elle n'accomplira pas de progrès excessifs, car il existe dans notre pays un vide moral et spirituel. Notre société a toujours été ancrée dans les valeurs chrétiennes ; une fois que vous supprimez cet ancrage, notre société court le danger de dériver au gré des vents dominants[28]. » Autrement dit, le général Dannatt croit que quelque chose va remplir le vide spirituel de l'Europe, et ce quelque chose pourrait bien être l'Islam.

Benoît XVI : nouvelles idées sur la foi et l'incroyance

Les Européens sentent bien qu'ils ont un gros problème dans le domaine de la foi religieuse, mais personne n'a été en mesure de l'identifier avec précision. Ce problème tient-il à un déclin de la religion en général ? Au déclin de cette religion spécifique, le Christianisme ? À une sentimentalité excessive ou au manque de courage dans la défense des « valeurs des Lumières » contre le Christianisme ?

La pensée occidentale sur ces questions a beaucoup changé au cours de la décennie écoulée, chez les croyants comme chez les non-croyants. Le pape Benoît XVI s'est révélé l'un des « révisionnistes » les plus audacieux sur le plan intellectuel[29]. Son prédécesseur, Jean-Paul II, considérait que le clivage essentiel dans le monde était entre la religion et l'incroyance. Les chrétiens, les musulmans et les bouddhistes pieux ont plus de choses en commun qu'ils n'en ont avec les athées. Jean-Paul II cherchait le dialogue avec les chefs des autres religions, se rendait en visite dans des mosquées et a présenté des excuses pour les croisades.

Benoît XVI est d'un autre avis. Il considère qu'au sein des sociétés, croyants et non-croyants existent en symbiose. Les Occidentaux sécularisés, laisse-t-il entendre, ont beaucoup en commun avec leurs semblables religieux. Ce n'est pas un accident si les idéologies séculières comme celles des droits de l'homme et du socialisme démocratique se sont épanouies surtout dans l'Occident chrétien – elles ont leurs racines dans l'éthique chrétienne. Rien n'interdit aux intellectuels laïcs d'entrer en sympathie avec l'Église, poursuit Benoît XVI dans sa réflexion, même s'ils ne sont pas en communion avec elle. Il note par exemple que :

> Au temps de Jésus, la diaspora juive était pleine d'individus qui existaient dans la « crainte de Dieu », liés à divers degrés à la synagogue et qui, chacun à leur manière, vivaient le trésor spirituel de la foi d'Israël. Seuls quelques-uns d'entre eux souhaitaient pleinement intégrer la communauté d'Israël, à travers la circoncision, mais c'était

> pour eux un point de repère participant d'un mode de vie[30].

Aussi, tout en essayant de convaincre des esprits sécularisés de rejoindre ses ouailles, il suit une autre piste, en tâchant de les convaincre qu'ils en font d'une certaine manière déjà partie. Il n'y a pas d'obligation rationnelle à se soucier par exemple des droits de l'homme ; quiconque s'en soucie prend le Judaïsme et le Christianisme comme « point de repères participant d'un mode de vie ». C'est pourquoi Benoît XVI a consacré tant de temps au dialogue public avec d'éminents philosophes comme l'italien Paolo Flores d'Arcais et l'allemand Jürgen Habermas qui, tout en continuant de professer l'athéisme, considèrent que « le Christianisme, et rien d'autre, demeure le fondement de la liberté, de la conscience, des droits de l'homme et de la démocratie, autant de signes distinctifs de la civilisation occidentale. À ce jour, nous ne pouvons tabler sur rien d'autre que le Christianisme. Nous continuons de nous abreuver à cette source. Tout le reste n'est que bavardage postmoderne[31] ». À cet égard, Habermas et le pape ont tous deux raison. Si nous nous concentrons sur ce que cet aveu signifie pour la relation de l'Église et des incroyants occidentaux, la position du tandem Benoît XVI-Habermas paraît moderne, tolérante, œcuménique, sensible et délicate. Mais si nous élargissons notre horizon aux rencontres du Christianisme avec d'autres confessions, elle paraît d'emblée plus intransigeante.

En novembre 2006, le pape a prononcé un discours dans son université d'origine, l'université bavaroise catholique de Regensburg. Il a cité un dialogue du XIVe siècle dans lequel l'empereur byzantin Manuel II Paléologue s'enquérait auprès d'un Persan instruit de ce qu'il y avait de nouveau dans l'Islam, en dehors du commandement de répandre la foi par l'épée. L'argument chrétien de Manuel II contre la conversion des gens par la violence est celui-ci : « Ne pas agir rationnellement, c'est agir contre la nature de Dieu ». Benoît XVI approuvait cet argument, en notant que dans l'Islam, où « Dieu est absolue transcendance », les choses sont différentes, car « sa volonté n'est liée à aucune autre catégorie, pas même à la rationalité ». Que ce soit juste ou non envers l'Islam (certains catholiques émettraient des objections similaires envers le calvinisme), ce propos provoqua un tollé chez les musulmans d'Europe et d'ailleurs. Le Maroc rappela un ambassadeur au Vatican, six églises furent incendiées en Palestine et une nonne italienne fut abattue d'un coup de feu en Somalie.

La réaction musulmane était exagérée, mais ce n'était pas une réaction d'ignorance. En substance, le pape disait que les individus de raison – les gens modernes, éclairés – trouvaient dans le Christianisme un foyer naturel. Par contiguïté, les chrétiens peuvent s'exprimer à partir d'une position d'autorité dans l'ordre séculier européen, construit rationnellement, même si cet ordre laisse moins de place à Dieu que la plupart des chrétiens ne le souhaiteraient. La question de savoir si les musulmans avaient le moindre rôle à jouer en Europe demeurait pendante. Nous savons que Benoît XVI nourrit ses propres doutes sur la question. Non seulement il a posé publiquement la question de savoir si l'Islam peut s'accommoder d'une société plurielle. Il a aussi révoqué l'un des principaux conseillers de Jean-Paul II sur le monde islamique et tempéré son soutien à un programme de dialogue interreligieux organisé par les moines franciscains d'Assise.

Toutefois, le pape ne compte pas parmi ceux qui voient la résurgence de l'Islam comme une simple conséquence de tout l'argent déversé par les princes saoudiens et diverses fondations. Pour lui, sa force émane surtout de « la conviction populaire que l'Islam peut apporter un fondement spirituel à leurs vies[32] ». On perçoit dans la fascination du pape pour cette religion, et dans le fait qu'il en ait été réduit, à Regensburg, à plaider pour la supériorité de la sienne, une sorte de compliment lâché bien à contrecœur. Fin observateur converti à l'Islam, Audalla Conget, un ancien moine cistercien de Saragosse, devenu secrétaire de la Ligue islamique en Espagne, envoya une lettre ouverte au pape, dans laquelle il écrivait :

> Vous nous critiquez afin de cacher votre profonde admiration pour notre foi, pour notre culte tout de ferveur et de persévérance. Une foi inébranlable qui vous conduit à vous interroger, sans trouver de réponse convaincante : pourquoi y a-t-il si peu de musulmans qui se convertissent au Christianisme ? Et pourquoi sommes-nous si nombreux, après avoir été des chrétiens actifs, à reconnaître en l'Islam notre place dans l'univers ? Si l'on est chrétien, il est douloureux de poser le regard, tous les vendredis, sur des mosquées remplies d'hommes et de femmes de tout âge, le front contre terre, dans le geste le plus sincère d'acceptation de la volonté de Dieu[33].

Sympathie occidentale envers (et conversion à) l'Islam

Comment un porte-parole de l'Islam ose-t-il se montrer aussi condescendant envers le pape ? Au plan économique et intellectuel, l'univers islamique est un cas désespéré, la partie du monde potentiellement civilisé la plus à l'écart du progrès, comme l'atteste clairement, d'année en année, une étude de l'ONU, le Rapport arabe sur le développement humain. Les pays arabes – qui ne composent pas la totalité de la société musulmane, mais en forment le cœur – comptent 5 % de la population mondiale, mais seulement 0,5 % de ses internautes. L'Espagne traduit en un an plus de livres étrangers que tous les pays arabophones n'en ont traduits depuis le règne du calife Mamoun, au IXe siècle. La moitié des jeunes Arabes, d'après les sondages, veulent quitter leur pays[34]. Hormis les combustibles fossiles, la totalité du monde arabe exporte moins que la Finlande[35]. Chez les non-musulmans, le prestige de l'Islam est faible. Un sondage IFOP réalisé fin 2001 en France demandait à des musulmans et des non-musulmans de décrire l'Islam, en trois mots. Les musulmans choisirent justice, liberté et démocratie. Les non-musulmans, fanatisme, soumission et rejet des valeurs occidentales[36]. Alors pourquoi des individus comme Conget tiennent-ils à être dans l'Islam, et même à chanter ses louanges sans réserves ?

L'Islam a beau connaître une arriération quantifiable, il est retardataire en un temps où le progrès a mauvaise presse. Dire que des personnalités musulmanes controversées « sortent tout droit du Moyen Âge » – qu'il s'agisse de savants religieux comme Youssef al-Quaradwi, par exemple, ou de terroristes comme Oussama ben Laden – ne fait rien pour en atténuer l'attrait. Le Moyen Âge est justement leur argument de vente. Nul besoin d'être fondamentaliste ou fanatique pour s'inquiéter de cette tendance de l'Occident à s'avancer trop loin, trop vite. Les mouvements des verts et des altermondialistes partagent de telles craintes. Et il en est de même d'un nombre croissant de penseurs et d'hommes d'État. « Dans certains domaines – l'honnêteté, le respect, la loyauté, l'affection envers une épouse –, l'Islam pourrait en fait exercer une influence positive sur notre culture », déclare Andres Kinneging, influent philosophe néerlandais[37]. Le ministre de l'Intérieur allemand, Wolfgang Schäuble, pensait avec optimisme que l'Islam pourrait revivifier certains traits admirables qu'il considère comme la quintessence de l'esprit allemand, notamment « l'importance de la famille ; le respect des aînés ; la confiance et la fierté envers notre histoire, notre culture, notre religion et nos traditions ; et le vécu de la foi au quotidien[38] ».

On pourrait élargir la portée des propos de Kinneging et Schäuble. Avec leur hostilité foncière aux réponses métaphysiques traditionnelles, les intellectuels occidentaux ont étouffé les questions métaphysiques les plus importantes. Chacun devrait manifester une certaine gratitude envers l'Islam pour avoir rendu ces questions à nouveau audibles. Cette rencontre très récente avec l'Islam, si douloureuse et violente soit-elle, a été une bouffée d'oxygène dans la vie intellectuelle de l'Occident, si terne, si vétilleuse, si matérialiste. C'est une libération que d'être en position de parler à nouveau de Dieu, fût-ce dans le langage d'un autre.

Si les Européens ont besoin de l'apport des musulmans – fondamentalement, d'un surcroît de religion –, alors les Européens ont-ils d'emblée pris le mauvais virage en se débarrassant de leurs traditions ? Si oui, quand ce mauvais tournant a-t-il été pris ? Dans les années 1960 ? Dans les années 1760 ? Et si la religion démange à nouveau les Européens, qu'est-ce qui devrait les pousser à préférer une foi hésitante, parodiée et si peu en vogue comme le Christianisme européen, à une autre dynamique, pleine d'assurance et aussi proche de l'esprit de la rue que l'Islam européen ? La réponse, nous la connaissons : rien.

Il est difficile de se procurer des statistiques fiables sur le nombre d'Européens qui se convertissent à l'Islam. Le service germanique d'archives de l'Islam estimait que les Allemands se convertissaient au rythme de 4000 par an, mais ces chiffres ont été remis en question. Francesca Paci, une journaliste italienne très en pointe sur ces questions musulmanes, affirme qu'il existe environ 50000 Italiens convertis à l'Islam[39]. Ce nombre inclut deux éminents diplomates – l'ancien ambassadeur à l'ONU Mario Scialoja et l'ancien ambassadeur en Arabie Saoudite, Torquato Cardilli – mais aussi Hamza Piccardo, un ancien dirigeant du groupuscule ouvriériste Autonomia Operaia, devenu le chef d'un regroupement de réseaux musulmans, Ucoii.

Quel que soit l'attrait de la théologie musulmane aux yeux des Occidentaux, nombre de ces convertis très en vue s'engagent en profondeur dans la politique de ce mouvement. Yvonne Ridley, une journaliste anglaise kidnappée par les talibans en Afghanistan en 2001, s'est convertie à l'Islam deux ans plus tard. En quelques années, elle est devenue une porte-parole importante du Respect Party, né de l'opposition à la guerre en Irak, qui appelait les musulmans à cesser de coopérer avec la police[40]. La politique attirant plus l'attention des médias que la prière, les articles parus sur ces convertis zélés ne sont pas nécessairement représentatifs. On entend moins parler des convertis qui pratiquent leur foi en toute tranquillité – même les plus connus, comme le musicien d'origine anglaise Youssouf

Islam (Cat Stevens) – que de ceux pour qui l'Islam est une voie vers la politique.

Il existe aussi un sous-groupe non négligeable de ces convertis pour qui la conversion n'est pas seulement une voie vers la politique, mais vers le radicalisme, et même vers le terrorisme. Lionel Dumont, un Belge catholique issu de la classe ouvrière, né dans une famille très pieuse, au milieu de huit frères et sœurs, a fini par détester ses concitoyens francophones, qu'il appelait des « enfants gâtés ». Converti à l'Islam, il est parti combattre en Bosnie, fréquentait une mosquée extrémiste à Roubaix, et s'est retrouvé sous les verrous après une série de fusillades avec la police française, en 1996[41]. L'histoire de Muriel Degauque, une autre belge, catholique fervente, issue d'une ville minière en déshérence, est encore plus connue[42]. Elle a vécu la dérive de la drogue et de l'errance à moto, et semble n'avoir échappé à ce monde-là qu'en partie grâce à l'Islam, que lui a fait découvrir un petit ami. En décembre 2005, elle s'est fait sauter au milieu d'une patrouille militaire américaine à Baquba, en Irak, blessant un soldat. Le plus destructeur de ces convertis occidentaux à l'Islam reste Germaine Lindsay, un jeune homme exceptionnellement doué ayant grandi à Huddersfield, dans une famille évangélique jamaïcaine, qui a embrassé l'Islam au début de l'adolescence et s'est fait sauter sur la ligne de métro de Piccadilly, à Londres, en juillet 2005, entraînant la mort de vingt-six autres personnes[43]. Ces trois individus violents semblaient en quête d'une chose que le Christianisme ne leur procurait pas. Que Dumont, Degauque et Lindsay soient représentatifs ou non, le zèle de ces convertis peut être le but explicite de la conversion à l'Islam, et pas juste l'un de ses effets secondaires accidentels.

L'Islam correspond peut-être mieux que le Christianisme à une société qui a consacré un demi-siècle à démanteler ses institutions afin de rendre la vie plus directe et plus « réelle », moins formelle et moins « hypocrite ». « La sincérité, à tous les sens du terme, écrivait Thomas Carlyle voici un siècle et demi, me semble être le mérite du Coran ; ce qui l'a rendu précieux à ces hommes arabes farouches[44]. » Que l'Islam n'offre pas la médiation d'un clergé hiérarchique, c'est ce qui le rend attractif aux yeux de ceux qui voient quelque chose de factice dans toute autorité et dans toutes les fonctions officielles. Que la théologie islamique repose très peu sur des miracles, voilà qui la rend attractive pour les individus – les individus modernes – qui tolèrent mal le style chrétien de la révélation. Comme Alain Besançon, un catholique et érudit français, l'a remarqué, l'Islam associe les attraits de la religion naturelle et de la religion révélée. Il est, pour reprendre sa brillante formule, « *la religion naturelle du Dieu révélé*[45] [46*] ».

À Londres, en mai 1840, Carlyle donna une conférence sur Mahomet, dont un passage conduisit John Stuart Mill, qui était présent dans l'auditoire, à se lever d'un bond et à crier son désaccord avec colère. Carlyle avançait qu'au contraire des Européens modernes et utilitaristes, Mahomet avait saisi le sérieux implacable de tout ce que nous faisons sur terre, et qu'il nous avait ainsi enseigné une leçon que les hommes oublient à leurs risques et périls. Ce sérieux, disait Carlyle,

> est la première de toutes les vérités. Cela est vénérable sous toutes les incarnations. Quelle est la fin principale de l'homme ici-bas ? Mahomet a répondu à cette question

> d'une manière qui pourrait faire honte à quelques-uns d'entre nous ! Il ne va pas comme un Bentham, un Paley, prendre le Juste et l'Injuste, et calculer les profits et pertes, le plaisir ultime de l'un et de l'autre ; et résumant le tout par addition et soustraction en résultat net, vous demander, si en somme ce n'est pas le Juste qui a la prépondérance considérablement ? [...] L'Utilité Benthamiste, la vertu par Profit et Perte, réduisant ce Monde de Dieu à une morte et brute Machine à Vapeur, l'infinie et céleste Âme de l'Homme à une sorte de Balance à Foin pour y peser foins et chardons, plaisirs et peines : – Si vous me demandez qui, de Mahomet ou d'eux, donne la plus misérable et la plus fausse vue de l'Homme et de ses destinées dans cet Univers, je répondrai : Ce n'est pas Mahomet[47] !

Le modèle européen de gestion de la religion

Le système européen occidental de séparation de l'Église et de l'État n'encourage pas les prises de position sur les conceptions de la vérité qui sont les meilleures et celles qui, selon la formule de Carlyle, sont les « plus misérables ». Au lieu d'examiner les doctrines religieuses de l'intérieur, ce système traite de la place de la religion dans la société. Cette modération a été sa grande force. Tant que les batailles autour de la religion concernaient des prises de bec entre confessions chrétiennes, ou le statut des non-croyants au sein des communautés chrétiennes, le système a remarquablement bien fonctionné. Mais il ne marche pas avec l'Islam.

On perçoit bien l'un des signes de cette inaptitude dans la tendance de plus en plus fréquente des politiques à dire ce qu'est ou n'est pas l'Islam. Ceux qui font de telles déclarations essaient en général d'exonérer ce dernier des accusations de religion violente ou intolérante qui sont portées contre lui, comme le fit George W. Bush après les attaques du 11 septembre 2001, en décrétant que « l'Islam est pacifique ». On entend des hommes d'État non arabophones disserter sur ce que le Coran dit et ne dit pas au sujet des obligations du voile. On lit des propos sur ces « imams mal formés, surtout d'origine étrangère[48] » qui incitent de jeunes hommes au terrorisme ou sur des « juges peu éduqués » siégeant aux tribunaux de la charia[49]. La faute n'incombe jamais à l'Islam proprement dit, mais toujours à une aberration, à une circonstance fortuite, exogène, atypique, à quelque chose qui serait le fait d'une poignée d'exaltés non représentatifs, interprétant mal le Coran, de Svengalis[50] ou d'agents secrets. L'opinion reste sceptique. Elle se demande quelle sorte de religion c'est là, qui requiert des compétences – et même une « formation » – pour ne pas devenir dangereuse entre les mains de ses pratiquants. Chacun sait que les pasteurs chrétiens, aux États-Unis, sont « mal formés », et que la plupart des nouveaux prêtres, en Irlande (où l'on n'ordonne qu'une poignée d'entre eux chaque année) sont des « étrangers ». Mais ils n'effraient pas leurs concitoyens. Et si tel était le cas, rares seraient ceux qui soutiendraient que la peur qu'ils distillent autour d'eux n'aurait rien à voir avec leur Christianisme « réel ».

Le système du pluralisme religieux en Europe varie de pays en pays. Certaines nations, comme le Danemark et la Grande-Bretagne, ont des Églises étatiques, mais ce sont essentiellement des vestiges réservés au cérémonial – la religion d'État ne jouit d'aucune préséance sur les autres.

L'Allemagne lève un impôt ecclésial et se sert d'organisations religieuses comme d'un moyen pour distribuer certains services sociaux, de santé ou autres. L'Irlande mentionne la Sainte Trinité dans sa constitution. Le système français, celui de la *laïcité*[51*], est le plus élaboré. Il sépare strictement la religion de la politique et part du principe que les communautés religieuses nommeront des représentants qu'elles auront choisis pour être les interlocuteurs du gouvernement. Mais les contours de base de tous ces régimes et les libertés infrangibles qu'ils garantissent sont identiques. Ils constituent un système unique, que l'on appellera le sécularisme européen.

L'*histoire* de ce sécularisme est en porte-à-faux avec la *théorie* du sécularisme, du moins la théorie que l'on met en avant à l'heure actuelle. Tous les régimes européens visant à réglementer la religion ont été conçus non pour exercer sur elle une contrainte dans l'abstrait, mais sur le Christianisme en particulier. Dans le sécularisme européen, il y a toujours un équilibre tacite entre le Christianisme et le scepticisme des Lumières, et cet équilibre est parfois explicite. Aux Pays-Bas, les écoles dites de l'« Article 23 » – qui autorisent les communautés religieuses à instaurer leurs propres établissements scolaires – sont devenues, depuis le début de l'immigration de masse, un sujet de controverse. En théorie, elles permettent aux musulmans d'enseigner des sujets qui répugnent aux Néerlandais, à commencer par l'inégalité des sexes. Mais le droit à l'existence de telles écoles ne peut pas être tout bonnement aboli. Elles sont perçues comme la contrepartie offerte voici un siècle à la puissante communauté réformée des Pays-Bas, en échange de sa renonciation à ses exigences de christianisation élargie de la culture néerlandaise. Et la traditionnelle « heure de religion » catholique dans les écoles publiques italiennes était une concession explicite à l'Église, au temps de l'unification italienne[52].

Même là où les concessions à la religion n'étaient pas spécifiquement sanctuarisées dans une constitution, le caractère religieux de la société allait de soi. Toutes les cultures européennes dépendent, pour leur stabilité, de certaines règles éthiques, survivances du Christianisme et auraient, sans elles, du mal à défendre leurs « valeurs ». Peu après le meurtre de Theo Van Gogh, le romancier néerlandais Leon de Winter se lamentait de voir les « forces de contrepoids » sur lesquelles repose la tolérance de son pays sapées par les pressions de l'immigration de masse. « Sous les dehors chaleureux du "tout est permis", la majorité des Hollandais s'en tenaient à leurs valeurs calvinistes, méthodiques et disciplinées, écrivait-il. À long terme, nous devons trouver le moyen d'inciter les jeunes musulmans à s'identifier avec les valeurs calvinistes de la majorité[53]. »

Mais comme Benoît XVI le prédisait, il n'y a aucun moyen évident de transformer des musulmans en calvinistes, même en l'absence de ce que de Winter appelle une culture du « tout est permis ». Calvin n'était pas un simple éthicien ou un pourvoyeur des « clefs de l'autorité » – c'était un chef religieux. Les valeurs calvinistes n'existent pas *ex nihilo*. Elles naissent d'une certaine interprétation de la doctrine chrétienne et de siècles de pratique vivante. On se rappellera ici l'observation du philosophe Rémi Brague : « La foi ne produit ses effets que là où elle reste foi et non calcul, écrivait-il dans les années 1990. Nous devons [la civilisation chrétienne] à des gens qui croyaient au Christ, non à des gens qui croyaient au Christianisme[54]. »

Le sécularisme européen a été instauré avec les chrétiens à l'esprit. Les conflits qui naissent des communautés musulmanes ne sont pas identiques à ceux qui sont longtemps apparus dans les communautés chrétiennes et qui naissent au sein des communautés post-chrétiennes. Ces dernières décennies, les questions centrales des relations entre le Christianisme et l'État ont eu tendance à impliquer l'éducation et la sexualité. Elles surgissent aussi dans certains conflits entre l'Islam et l'État, naturellement, mais il existe aussi des conflits d'ordre vestimentaire, ou qui touchent aux relations interpersonnelles et à la politique étrangère. Ces derniers sont plus délicats, et ne reçoivent pas de réponse consensuelle. Une femme a-t-elle le droit, pour des motifs religieux, de refuser d'être traitée par un médecin de sexe masculin quand elle a recours aux services de santé publique ? (En France, le verdict est *non*.) Un officier de police peut-il porter le turban ? (En Angleterre, on a décidé que *oui*.) Un citoyen peut-il déclarer son soutien à un ennemi en temps de guerre ? (Dans les faits, *oui*, étant donné la position privilégiée du Conseil britannique musulman de Bradford, retenu comme interlocuteur du gouvernement, même après son vote de soutien à l'Irak, à l'unanimité, dans la première guerre du Golfe, en 1991.)

Un changement profond est intervenu depuis la Seconde guerre mondiale dans l'idée que les gens se font de la « tolérance ». Sous l'influence de plusieurs facteurs – la culpabilité de la guerre, les idées modernes des droits de l'homme, des médias mondialisés et certaines organisations non-gouvernementales –, les dirigeants ont fini par voir le sécularisme non pas comme un moyen de gérer les relations entre communautés religieuses, mais de transformer le rôle public de la religion en rôle privé. Les traditions ne sont plus censées avoir raison, au seul motif qu'elles sont la tradition.

Prenez les fêtes des *Moros y Cristianos*, organisées pour célébrer l'expulsion de l'Islam d'Espagne, dans à peu près quatre cents quartiers des agglomérations de Valence, Alicante, Murcie et Albacete[55]. Le point culminant de ces festivités met souvent en scène une grande effigie en bois, un « Mohammed », que l'on pousse d'une tour ou dont on fait sauter la tête à coup de pétards[56]. Jusqu'il y a dix ans, ces rassemblements étaient de grandes attractions touristiques, mais ils ont été pris sous le feu des critiques des groupes de gauche et des groupements musulmans, sans parler de l'Église catholique post-Vatican II, en partie pour leur exclusion des femmes et en partie pour le triomphalisme excessif qu'ils manifestaient. Le fait que de telles processions aient été organisées à peu près de manière inchangée depuis des siècles (celle de Lleida date de 1150) n'est pas considéré comme un argument assez convaincant pour leur préservation. Au cours de la décennie écoulée, la quasi-totalité d'entre elles ont été radicalement réformées.

Après 2000, au cours des cinq années de négociations sur la rédaction du Traité constitutionnel européen, les débats sur la place privilégiée de la tradition religieuse occidentale se sont envenimés. Le principal sujet de division concernait l'inclusion dans ce traité de la mention de Dieu, ou de l'héritage chrétien de l'Europe. L'un des arguments en faveur d'une telle mention rappelait, comme nous l'avons évoqué, que les valeurs que l'UE entendaient sauvegarder – la démocratie, l'individualisme, la liberté de conscience et d'expression – étaient nées du Christianisme. Mais seuls trois pays ont repris cet argument : l'Irlande, l'Italie et la Pologne. Personne d'autre ne l'a adopté. Au contraire, tous les autres États membres ont avancé que l'invocation de Dieu serait porteuse de jugement et d'exclusion. Ils conservent un parfum de l'ancienne culture nationaliste antérieure à l'Union. Parler de Dieu risquait d'aliéner les cultures islamiques qui sont les voisines de l'UE et les terres natales de tant de ses citoyens.

Les forces favorables à l'inscription de Dieu dans la constitution ripostèrent que les sécularistes d'Europe confondaient *sécularisme* et *athéisme*. Et leur argument n'était pas dénué de fondement. En 2004, Rocco Buttiglione, catholique pratiquant et érudit, nommé ministre européen de la Justice, vit sa candidature écartée non pour ses positions politiques – il promettait de soutenir la constitution européenne –, mais pour les réponses qu'il avait données quand on l'avait interrogé sur ses conceptions personnelles de la doctrine religieuse catholique.

Comme l'a souligné l'islamologue Olivier Roy : « Il faut dire clairement quel est le problème pour notre laïcité : est-ce telle religion ou telle autre[57] ? » Les Européens n'ont pas apporté de réponse claire. D'un côté, le sécularisme historique serre la bride du Christianisme tout en le considérant comme un état de fait sociologique. De l'autre, le sécularisme idéologique tend à rompre tout lien entre religion et vie publique, en éloignant les gens loin de la religion. Si les Européens ne s'y sont pas retrouvés, imaginez ce qu'ont pu ressentir des immigrés musulmans et leurs enfants et petits-enfants. Quelle version du sécularisme étaient-ils censés respecter ?

Organiser les institutions religieuses

Quand l'Islam est devenu le principal problème religieux de l'Europe, personne ou presque n'a osé le dire. Au lieu de quoi, d'un bout à l'autre du continent, des politiques furent conçues pour lui barrer la route tout en faisant mine de barrer la route à toutes les religions indifféremment. L'exemple classique en était la commission Stasi instaurée par le président Jacques Chirac en 2003 pour parer à la tendance croissante des jeunes lycéennes musulmanes à se présenter en cours voilées, une pratique qui soulevait des réactions scandalisées depuis quatorze ans. La commission Stasi fit croire qu'elle abordait des menaces générales pesant sur la *laïcité*[58*], et non un symbole spécifique de l'Islam en plein essor. Par souci de feinte neutralité, elle proscrivit aussi les kippah et les « grandes croix » (sans autre précision) des écoles publiques. Suivant la même tactique, elle proposa la création d'une nouvelle fête nationale, celle de l'Aïd al-Kabir, et, pour faire bonne mesure, créait aussi une fête de Yom Kippour. (Cette dernière recommandation fut rejetée.)

Malgré sa duplicité sur le plan intellectuel, cette démarche connut un succès inespéré sur le plan politique. Le voile fut éliminé des écoles, avec un minimum de protestations[59]. Depuis lors, d'autres pays ont repris ce système de concertation et de révocation des droits religieux en vertu d'un principe « neutre » de compromis[60]. En Italie et dans certains Länder allemands, où la controverse du voile avait aussi fait rage, le « prix » à payer pour exclure ces voiles des écoles publiques fut la suppression des croix des murs des salles de classe, où elles étaient accrochées depuis des siècles.

Les gouvernements se conformèrent à cette neutralité factice même dans les questions de sécurité publique. Quelques semaines après les attentats du 7 juillet 2005 dans les transports londoniens, Tony Blair dessinait les contours d'un ensemble de textes législatifs anti-terrorisme qui visaient à équilibrer deux aspects : une ligne de conduite plus dure sur le terrorisme et le respect des libertés constitutionnelles. C'étaient là deux objectifs admirables, mais on jugea que toute mesure ayant un effet disproportionné sur les populations musulmanes enfreindrait les libertés constitutionnelles. La fermeture des mosquées radicales, par exemple, l'une des pièces maîtresses de ce programme, fut vite abandonnée, en raison de son inapplicabilité. Cela aurait pu sans nul doute s'arranger si le gouvernement avait aussi été capable de trouver quelques églises un peu trop radicales à fermer[61].

Afin de promouvoir une neutralité identique envers toutes les religions, les gouvernements européens ont commencé d'organiser les musulmans autour d'institutions officielles. L'un des succès dont Nicolas Sarkozy s'est le plus vanté lors de sa campagne présidentielle de 2007, c'était d'avoir réussi, à son poste de ministre de l'Intérieur, là où une poignée de ses prédécesseurs avaient échoué, en instaurant le Conseil français du culte musulman (CFCM), qui organise les musulmans du pays en minorité religieuse. Le CFCM fournit un lieu de dialogue à travers lequel l'État peut discuter avec les musulmans sur la meilleure manière de régler les affaires de la communauté : livrer des plats sans porc dans les cantines, organiser des carrés musulmans dans les cimetières communaux et effectuer la médiation entre les communautés (généralement de minorités ethniques) qui ont besoin de mosquées et les quartiers (géné ralement à dominante européenne) qui s'y opposent partout où on les leur propose. Les organisations catholiques et juives sont elles aussi organisées, mais le meilleur point de comparaison reste encore celui de la « confédération » française des Églises protestantes.

Mais l'organisme musulman est devenu bien plus important que ses équivalents catholique, protestant et juif. L'une de ses différences tient au fait que les affaires qui entrent dans le domaine de compétence du CFCM sont plus litigieuses et se laissent moins facilement cantonner à des questions purement religieuses. En ces temps de violences ethniques, le gouvernement français, qui a désespérément besoin d'interlocuteurs, a encouragé le CFCM et d'autres dirigeants musulmans, dont la fonction est censée être strictement spirituelle, à endosser un rôle explicitement politique. Durant les émeutes de la banlieue française, le maire socialiste de Nantes, Jean-Marc Ayrault, s'est plaint que Sarkozy ait « érigé des organisations religieuses en médiateurs de la vie des cités[62] ».

Le CFCM s'est aussi révélé plus intraitable que prévu. Sarkozy n'a réussi à faire mettre sur pied son Conseil qu'en accordant un rôle prééminent à la très radicale Union des organisations islamiques de France (UOIF), fortement influencée par les Frères musulmans. *Grosso modo*, en réponse à un sondage, la moitié des musulmans du pays considérait le dirigeant initial du CFCM, Dalil Boubakeur, recteur de la Grande mosquée de Paris, comme l'« Oncle Tom » (un terme qu'utilisent couramment les musulmans français pour signifier un « traître »), et ne jurait loyauté qu'à l'UOIF[63]. Cette UOIF a connu une destinée fluctuante, mais elle a pu, à certaines périodes, détenir la maîtrise de douze des vingt-cinq conseils régionaux qui contrôlent l'appareil interne du CFCM. La Consulta Islamica italienne naissante était organisée sur la même base. Elle a été confrontée, elle aussi, au problème commun à toutes les structures politiques : les groupes les mieux organisés ont tendance à n'être ni les plus représentatifs ni les plus modérés.

On a donc affaire à des tentatives d'organisation des musulmans au sein d'un régime de liberté religieuse sous parrainage étatique. En ces temps anticléricaux, le rôle du Christianisme dans la vie nationale moderne des nations occidentales a été défini par la société dans son ensemble. Or, en ces temps de multiculturalisme, le rôle de l'Islam, lui, a été déterminé par les musulmans – et, en réalité, par le sous-ensemble de musulmans assez pieux, ou assez politisés, pour rejoindre ces organisations musulmanes.

Liberté de religion = liberté de l'Islam

Le sécularisme universaliste est grandiose dans sa conception, mais au stade de l'exécution, il s'est avéré qu'il ne détenait pas plus d'autorité que son adversaire traditionnel, le Christianisme en croisade. Comme moyen de réguler l'Islam, il s'est montré inadapté. Des règles conçues pour des Églises détachées de ce monde fonctionnent moins bien quand elles s'appliquent à des organisations très dynamiques à l'échelle mondiale comme l'Islam avec des réseaux, des soutiens financiers étrangers en Arabie Saoudite et ailleurs, un véritable programme politique, un sens très prononcé de qui sont ses amis et ses ennemis et la volonté d'adopter une ligne dure envers les dissidents au sein de la foi et envers les sceptiques à l'extérieur. Ce dynamisme ancré dans le monde conduit à ce que le philosophe du droit Thomas Nagel, de l'université de New York, appelle l'« impact inégal de lois formellement neutres[64] ». Comme les athées, les agnostiques et les chrétiens n'usent plus désormais de la liberté de religion en Europe, cette liberté de religion finit par être synonyme de liberté de l'Islam.

L'idée que tout le monde imitera le cours de l'histoire occidentale (ou du moins s'y pliera) est un acte de foi pour beaucoup de progressistes occidentaux. C'est pathétique de les voir attendre que l'Islam se « modernise » – ou qu'il devienne moins dévorant dans la vie de ses adeptes – à la manière dont le Christianisme l'a fait depuis le XVIe siècle. Ils commettent là une erreur fondamentale. Nous avons tendance à voir dans la Réforme et les Lumières un simple épisode de l'histoire intellectuelle, et nous en concluons que le sécularisme européen s'est résumé à une affaire d'introspection. C'était en partie le cas, mais les autorités religieuses d'Europe ont aussi été forcées de changer sous le coup de l'hostilité, souvent armée, de leurs adversaires. Ayant érigé un mur de tolérance autour de l'Islam, le protégeant des pressions extérieures qu'avait subies le Christianisme entre le XVIe et le XIXe siècle, les Européens attendent de l'Islam qu'il s'effondre de lui-même.

L'arme principale des Lumières contre le Christianisme au XVIe siècle, c'était le ridicule. Pourtant, alors qu'ils espèrent que les musulmans apprendront les leçons de Voltaire, les Européens se sont donnés le plus grand mal pour isoler l'Islam des méthodes voltairiennes. On a confondu la volonté de ridiculiser l'Islam avec la xénophobie et le racisme. On attend de ceux qui se posent des questions sur cet Islam qu'ils se contentent de botter le train du cheval fourbu chrétien dans l'espoir que les musulmans en déduisent que les lois générales ainsi établies s'appliquent aussi à leur religion. Le succès de pamphlets et d'épais volumes contre la « religion » en général, parus sous la plume de Richard Dawkins, de Michel Onfray, de Christopher Hitchens et d'autres, tient en grande partie au malaise d'une opinion trop timorée qui n'ose pas exprimer ses doutes spécifiques sur l'Islam.

Au cours des siècles, on a pu attaquer le caractère raisonnable du Christianisme, et on continue de le faire, avec une impitoyable brutalité. Mais rien de tel n'a été jugé socialement acceptable dès qu'il s'est agi de l'Islam. En fait, ce dernier bénéficie de plus en plus de protections juridiques contre la critique. En janvier 2009, Geert Wilders, un homme politique néerlandais, a été inculpé par un tribunal de son pays pour incitation à la violence à cause de *Fitna*, un film dans lequel il stigmatise la violence du Coran, qu'il comparait à *Mein Kampf*[65]. Le mois suivant, le secrétaire à l'Intérieur britannique a refusé son entrée sur le territoire britannique alors qu'il avait été invité pour présenter son film *Fitna* à la Chambre des Lords[66]. La critique de Wilders était maladroite et manquait sa cible, mais c'était une protestation contre la violence, pas une incitation.

En 2006, le gouvernement Blair soumettait au vote une « loi contre l'incitation à la haine religieuse », préparée de longue date. Officiellement, le nouveau texte était censé concerner les individus de toute religion, mais seuls les musulmans avaient insisté pour son adoption, à commencer par l'Action Committee on Islamic Affairs, un groupe formé en 1989 pour protester contre le portrait que dresse Salman Rushdie du prophète Mahomet dans *Les Versets sataniques*. Quand ces protestations furent portées à la connaissance de l'ayatollah Khomeini, il émit une fatwa appelant à la mise à mort de Rushdie[67]. Cette fatwa n'a jamais été révoquée, et elle a même été renouvelée par le Parlement iranien, le Majlis, lors de son vingtième anniversaire, en 2009. Un parlementaire du Labour, Khali Mahmood, élu de la circonscription de Birmingham, a apporté son soutien à la loi contre la haine religieuse au motif que, si elle avait existé dans les années 1980, elle aurait permis aux autorités d'« amender » le texte du roman de Rushdie. Aucune autre foi des temps modernes n'a jamais rien exigé de vaguement similaire de la part du gouvernement britannique. Le but véritable de la loi était de protéger les principes de l'Islam contre la critique publique. Les défenseurs de la loi – au premier rang desquels le secrétaire au Home Office, David Blunkett – l'ont souvent admis. Les anglicans, en tant que fidèles d'une Église instituée, étaient déjà protégés de certaines insultes par la loi, alors que les juifs et les sikhs étaient protégés contre d'autres insultes par des lois antiracistes. Les musulmans, eux, ne jouissaient d'aucune protection de cet ordre.

Mais c'est là une analogie dangereuse. Protéger les gens contre la critique de signes distinctifs sur lesquels ils n'ont aucune maîtrise – la couleur de la peau, le sexe, l'ethnicité – n'équivaut pas à la protection contre la critique de leurs convictions. La loi contre l'incitation à la haine religieuse était d'une portée sans précédent. Dans son ébauche, le texte aurait rendu difficile, pour qui que ce soit, de critiquer tout ce qui aurait pu être formulé au nom de la croyance ou de la pratique religieuse, car la loi autorisait des poursuites contre quiconque aurait « l'imprudence de susciter la haine religieuse » par ses paroles ou ses écrits. Sur l'insistance de la Chambre des Lords, et malgré les objections du gouvernement, on y ajouta une formulation visant à protéger spécifiquement « la discussion, la critique ou les manifestations d'antipathie, d'aversion, de dérision, d'insultes ou d'injures envers certaines religions particulières, et envers les convictions ou les pratiques de leurs adeptes[68] ». Cette législation, entrée en vigueur en 2007, a donc fini par devenir moins qu'une loi postmoderne contre le blasphème.

De toute façon, il existait déjà, *de facto*, une loi contre le blasphème, au bénéfice des musulmans. Elle est née de la volonté avérée des fanatiques religieux – que ce soit dans les sociétés occidentales ou dans les gouvernements des pays musulmans – de commettre la violence contre quiconque, y compris de simples citoyens occidentaux, évoque l'Islam en des termes qu'ils désapprouvent. Ces menaces commencent par la fatwa contre Salman Rushdie et continuent avec le meurtre du traducteur japonais du romancier, la tentative d'assassinat de son éditeur norvégien, l'assassinat de Theo Van Gogh aux Pays-Bas en 2004, les menaces de mort encore en vigueur postées sur Internet contre Wilders, l'homme politique néerlandais, les manifestations violentes consécutives à la crise des caricatures danoises, et la liste ne s'arrête pas là. Ce climat de peur se vérifie aussi sur d'autres plans, moins spectaculaires. Même certains traducteurs de l'œuvre de la féministe somalo-néerlandaise Ayaan Hirsi Ali ont insisté sur leur anonymat. En 2006, l'enseignant français Robert Redeker a reçu des menaces de mort qui l'ont contraint à se cacher, suite à la parution dans *Le Figaro* d'une tribune où il décrivait Mahomet comme un « maître de haine ». Il existe manifestement une sorte de fatwa permanente contre les critiques les plus intraitables et les plus pointus de l'Islam. Dans la pratique, cela revient à rendre la discussion autour de l'Islam un peu moins libre, à tous les niveaux de la société.

Recherchant les causes du terrorisme, Geert Mak explique que, « l'humiliation, qu'elle soit à l'échelle nationale ou individuelle, semble être l'un des plus grands facteurs de risque[69] ». C'est tellement vrai ! Mais comme l'humiliation est dans la tête de celui qui la subit, comme deux fanatiques religieux ne sont jamais identiques, et comme certains d'entre eux sont hypersensibles à la limite de la paranoïa, aucun citoyen ne sait précisément ce qu'il peut dire de l'Islam. Si vous transcrivez l'observation de Mak en une règle de conduite, il faut en conclure que tout écrit relatif aux musulmans revient à solliciter un châtiment. Qui peut affirmer où se situe la limite ? Peut-on dire des ménages musulmans ce que Betty Friedan disait des ménages de la périphérie américaine dans *La Femme mystifiée* ? Certainement pas sans crainte de représailles. À l'automne 2008, le domicile londonien de l'éditeur Martin Rynja était la cible d'une bombe incendiaire, après son annonce de la publication d'un roman évoquant une épouse du prophète Mahomet.

Étant donné la quantité de problèmes qui existent, par ailleurs, dans une société, les écrivains, les artistes et les commentateurs politiques peuvent toujours considérer qu'ils accomplissent leur travail, sans jamais aborder le sujet de l'Islam. En Europe, cette tendance à esquiver les thèmes musulmans est particulièrement frappante chez les artistes « subversifs », « transgressifs » et acclamés pour l'assaut qu'ils livrent contre les règles bourgeoises et leur mépris du politiquement correct. La direction du Deutsche Oper n'a pas jugé devoir courir le risque de programmer une production d'*Idoménée* comprenant une scène dans laquelle apparaissaient les têtes tranchées de Jésus, Mahomet et Bouddha. Ce n'est sans doute pas la tête de Jésus qui leur a fait perdre la leur. Grayson Perry, un travesti et artisan potier anglais dont les œuvres se moquaient des croyances religieuses occidentales (l'une d'elles montrait la Vierge Marie née d'un pénis) prenait soin de ne jamais se moquer de l'Islam, en ayant la franchise de dire pourquoi. « La raison pour laquelle je ne me suis pas attaqué à fond à l'islamisme dans mon art, expliquait-il, c'est que j'ai vraiment peur que quelqu'un me coupe la gorge[70]. »

La crise des caricatures danoises

Quand des artistes antireligieux comme Grayson Perry critiquent à peu près toutes les religions, sauf l'Islam, ils ne produisent pas un art qui est presque libre ou presque subversif. Ils produisent un art qui est objectivement islamiste. Qu'ils le fassent par peur plutôt que par conviction ne change rien à la nature de l'art. C'est pour cela, et non par lâcheté ou par manque d'imagination, que la « transgression » et la « subversion » modernes n'ont jamais été un sujet de préoccupation chez la plupart des artistes sérieux. Il y a trop de risques pour que la servilité et le conformisme s'y glissent par une porte dérobée. Quand

Flemming Rose, le combatif rédacteur des pages culture du quotidien danois *Jyllands-Posten*, a décidé de recourir à un coup publicitaire pour mettre cette vérité à nu, le résultat s'est révélé explosif.

Un auteur danois de livres pour enfants avait annoncé qu'il ne réussissait pas à trouver d'artistes acceptant d'illustrer sa biographie du prophète Mahomet – pour les raisons habituelles. Cette biographie devait être bienveillante, écrite dans l'esprit du multiculturalisme. Mais l'Islam désapprouve les images de Mahomet, et les artistes craignaient la violence des réactions qu'elles pourraient susciter. Dans l'espoir de s'affranchir de tout climat d'autocensure, Rose commanda douze caricatures de Mahomet à autant de caricaturistes[71]. Elles furent publiées en septembre 2005. Certaines d'entre elles n'étaient que de simples croquis comiques. D'autres (dont celle d'un arabe ordinaire, une bombe nichée dans son turban) étaient insultantes. Elles suscitèrent ressentiment au Danemark et indignation au Pakistan, où le parti radical Jamaat-i-Islami mit à prix la tête du biographe (un choix de cible assez curieux). Ces réactions étaient certes fâcheuses, mais demeuraient sans doute gérables.

Au cours des semaines qui suivirent, deux imams vivant au Danemark envoyèrent des émissaires au Moyen-Orient pour y montrer ces dessins à tout un aréopage d'exaltés influents. Bizarrement, les imams danois y ajoutèrent des dessins pornographiques anti-musulmans qui n'avaient jamais été publiés dans le *Jyllands-Posten* ou dans aucun autre journal. Dès les derniers jours de janvier, un prédicateur saoudien de stature internationale prononça à la radio un sermon sur le sujet.

Le monde musulman fut alors saisi d'une rage antidanoise. La Syrie, le Koweït, l'Arabie Saoudite et la Lybie rappelèrent leurs ambassadeurs à Copenhague. Le *Jyllands-Posten* fut évacué à deux reprises suite à des alertes à la bombe. L'ambassade du Danemark à Djakarta fut prise d'assaut. À Gaza, des terroristes palestiniens menacèrent des visiteurs danois, français et norvégiens (originaires de pays où les caricatures avaient été reprises dans la presse), ainsi que des Suédois, sous n'importe quel prétexte. Des hommes en armes investirent un bureau de l'Union européenne à Gaza et un couple allemand fut kidnappé. Le prêtre catholique Andrea Santoro fut abattu dans la ville turque de Trabzon. Quinze personnes trouvèrent la mort à Benghazi quelques semaines plus tard, quand les troupes libyennes ouvrirent le feu sur une foule qui protestait contre la nouvelle selon laquelle un ministre italien avait porté un T-shirt arborant les caricatures.

Dans tout le monde musulman, on lança des appels au boycott de compagnies danoises comme Lego, Bang & Olufsen et Arla Foods – qui annoncèrent des pertes de 2,4 millions de dollars par jour. La réaction du gouvernement danois et du monde économique européen fut abjecte et servile. La chaîne Carrefour plaça dans ses grandes surfaces des écriteaux annonçant : « Chers clients, nous exprimons notre solidarité avec les peuples musulman et égyptien. » Et ensuite, en lettres rouges : « Carrefour ne distribue pas de produits danois. »

L'aspect le plus alarmant de l'affaire fut la décision des musulmans d'Europe de se ranger dans le camp des protestataires de l'étranger, plutôt que dans celui de leurs concitoyens. Il y eut des scènes stupéfiantes à Westminster, où de jeunes radicaux défilèrent avec des pancartes proclamant « Décapitez Ceux Qui Insultent l'Islam », « Massacrez Ceux

Qui Insultent l'Islam », et « Europe, Quand les Moudjahiddines Vont Déferler, Tu Vas Ramper ». Pendant des années, des menaces de mort visèrent tous les protagonistes de la crise des caricatures. En février 2008, deux Tunisiens et un naturalisé danois furent arrêtés à Aarhus, où le *Jyllands-Posten* a sa rédaction, pour avoir comploté le meurtre de Kurt Westergaard, soixante-treize ans, le dessinateur d'une des caricatures[72].

La sympathie des musulmans européens envers les protestations anti-caricatures ne se limitait pas à une frange d'individus violents, radicaux ou déséquilibrés. Elle était profonde. À la question de savoir si la controverse touchait à l'intolérance musulmane ou à l'irrespect occidental, les Européens de l'Ouest choisirent la première réponse, et à une large majorité (67 % contre 28 % en France, 59 % contre 19 % en Grande-Bretagne). Mais les musulmans occidentaux condamnaient, eux, le manque de respect envers le prophète, selon des chiffres peu différents de ceux du monde musulman : 79 % contre 19 % en France, 73 % contre 9 % en Grande-Bretagne, 80 % contre 5 % en Espagne[73]. « Avec ces caricatures, le *Jyllands-Posten* n'a pas créé de nouvelles réalités, observerait plus tard Flemming Rose. Les caricatures ont seulement attiré l'attention sur une réalité qui existait déjà[74]. » La réalité, c'était un gouffre d'incompréhension mutuelle entre musulmans et non-musulmans d'Europe qui n'est pas sans rappeler la fracture raciale des Américains sur le procès d'O.J. Simpson.

Cette brèche n'était pas facile à combler. Il n'y avait pas d'« exigences » déclarées de la part des musulmans. Aucun manifestant, nulle part dans le monde, n'éleva d'objection contre un quelconque « message » dégradant dont ces caricatures auraient été porteuses. C'était en soi contre le sacrilège de la représentation de Mahomet qu'ils s'élevaient. Ces protestations ne formulaient donc pas d'exigence de traitement équitable ou respectueux, ou d'une place légitime de l'Islam dans les cultures du monde. Elles constituaient une nouveauté : un avertissement aux non-musulmans, qui désormais, où qu'ils soient, s'ils venaient à rompre les tabous religieux musulmans, le feraient à leurs risques et périls. L'idée, jusqu'alors répandue en Europe, selon laquelle il était possible de respecter pleinement la liberté d'expression et la dignité de la religion se révélait une illusion d'optique. Les deux avaient paru compatibles uniquement tant que, et ce fut le cas pendant près d'un demi-siècle, personne en Europe n'avait cru bon de défendre de manière un tant soit peu pressante la cause de la dignité de la religion. Après l'arrivée des immigrés musulmans, qui soulevèrent la question, la coexistence facile des libertés d'expression et de religion ne fut plus qu'un souvenir. Un choix était désormais nécessaire.

La plupart des journalistes et des politiques tentèrent de faire croire que les termes du débat n'avaient pas été modifiés par l'essor de l'activisme islamique en Europe. On adopta une stratégie rhétorique consistant à traiter l'épisode dans le cadre du devoir historique des Européens de lutter contre l'antisémitisme, en assimilant les musulmans aux juifs européens d'avant la Seconde guerre mondiale. « La question qui est ici en jeu n'est pas celle de l'"autocensure", écrivait Edgar Bronfman, du Congrès juif mondial, dans le *Times*. Il s'agit ici de savoir si le respect des autres convictions, traditions et pratiques religieuses s'applique à tout le monde, y compris les musulmans[75]. » L'ancien président américain Bill Clinton a aussi comparé les caricatures à l'antisémitisme historique.

Une autre approche consistait à introduire l'obsession de la « neutralité » dans toutes les affaires de politique religieuse des gouvernements et de l'imposer aux citoyens comme une obligation dans leurs prises de position privées. Dès lors, il devenait admissible d'attaquer la « religion » dans l'abstrait (un droit assez dénué de sens), mais pas l'Islam en particulier. « Tout cela aurait été parfait, écrit à propos de la crise des caricatures le danois Jytte Klausen, chercheur en sciences sociales, si le journal avait une longue tradition de défense intrépide de l'expression artistique. Mais il se trouve que voici trois ans, le *Jyllands-Posten* avait refusé de publier des caricatures dressant le portrait de Jésus, au motif qu'elles offenseraient les lecteurs[76]. » L'hebdomadaire satirique *Charlie Hebdo* fut poursuivi en diffamation après avoir repris les caricatures danoises dans ses pages. Son avocat tenta de défendre le titre en soulignant que « *Charlie* avait [aussi] été très dur sur la religion catholique[77] ». (*Charlie Hebdo* a finalement été relaxé.)

Placer la critique de l'Islam sur le même plan que l'antisémitisme et exiger la « neutralité » intellectuelle comme condition préalable à toute participation au débat, telles étaient les deux manières d'affirmer que l'Europe avait besoin de respecter un peu plus la religion et de protéger un peu moins ce « droit d'offenser » où tous les coups étaient permis. Si la chose avait été formulée clairement – et en dehors de tout contexte violent d'intimidation –, c'eût été une position défendable. Mais ce n'était pas formulé clairement. C'était une tentative de déguiser une soumission en concession.

Flemming Rose, lui, n'a pas tourné autour du pot. À l'inverse de la plupart des provocateurs politico-journalistiques, c'est un homme éduqué qui avait beaucoup voyagé, un anticommuniste, ancien correspondant à Moscou, qui parlait le russe comme un autochtone et connaissait les limites historiques des débats sur la liberté d'expression. Ceux qui ont attaqué son journal lui rappelaient le département de l'idéologie du Comité central soviétique, déclara-t-il peu après le début des émeutes. Les censeurs soviétiques se disaient souvent ouverts à tout discours qui saurait prendre sa place dans un débat public légitime – avant de livrer ensuite du débat public légitime une définition d'une étroitesse extrême. « Les professeurs de droit estiment qu'il doit y avoir une intention derrière vos actes, rappelait Rose, et il observait un temps de silence avant d'ajouter : *Non, pas forcément*[78]. » D'après lui, la liberté d'expression ne désigne pas seulement la liberté d'expression que les autorités jugent raisonnable. Tous les gouvernements – y compris les pires totalitarismes du XXe siècle – octroient cette sorte de liberté de parole. Le compromis avec l'Islam aurait un prix : celui de renoncer à certains droits.

CHAPITRE 8

L'Islam et le sexe

Les musulmans d'Europe viennent (ou sont élevés par des parents originaires) de cultures où les femmes sont strictement subordonnées à leur mari et aux hommes en général. Il arrive parfois que cette subordination soit justifiée d'un point de vue religieux, et parfois pas, mais dans le monde musulman, c'est un fait sociologique presque universel. Les nouveaux venus en terre européenne entrent dans une société résolue à proclamer l'égalité des sexes. C'est pour eux un choc. Aux yeux de beaucoup de musulmans de sexe masculin, c'est aussi une imposture. Ils affirment, qu'en réalité, la société européenne les opprime, et ils n'ont pas tort. En Europe, les patrons, les videurs de boîte de nuit, les enseignants et la police, font une fixation sur les hommes musulmans, qu'ils associent à la délinquance, au crime et aux mauvais résultats scolaires. Les femmes ont plus de facilité à pénétrer dans le monde de l'entreprise, à fréquenter les espaces publics et à obtenir un accès dans les boîtes de nuit. Les différences d'éducation sont grandes et elles se creusent. Aux Pays-Bas, un peu plus de femmes autochtones que d'hommes étudient le droit ; parmi les immigrants non-occidentaux et leur progéniture, toutefois, on trouve deux fois plus de femmes que d'hommes dans les facultés de droit[1]. Les mariages où l'épouse occupe un poste de secrétaire de direction dans un cabinet juridique ou d'assistante d'un chirurgien de renom, alors que le mari est chauffeur de taxi ou touche le chômage, ne sont pas rares.

La liberté sexuelle comme exigence européenne non négociable

La plupart des dirigeants européens, comme la plupart des dirigeants américains, affirment l'identité et l'égalité des sexes. Les États-Unis sont considérablement plus tolérants envers les femmes qui choisissent de ne pas travailler ou qui choisissent le mode de vie en famille qui était monnaie courante voici cinquante ans. Dans la plus grande partie de l'Europe, et certainement dans l'esprit des classes dirigeantes de l'Europe du Nord, on associe une telle marge de manœuvre à une régression et à une capitulation culturelle. L'emploi de femme au foyer n'existe pas, ni en tant qu'aspiration ni même en tant que catégorie intellectuelle. En Suède, en 2005, l'essayiste féministe Nina Björk déclencha un débat national quand elle eut la témérité de suggérer, dans une tribune publiée par le quotidien national *Dagens Nyheter*, que les enfants auraient davantage intérêt à être élevés par leurs propres parents que dans des crèches identiques subventionnées par l'État[2]. Le film hollandais qui informe les immigrants candidats citoyens sur leurs responsabilités souligne ceci : « Aux Pays-Bas, le but est que tout le monde travaille, les hommes comme les femmes, afin que chacun ou chacune ait un revenu. Cela s'applique aussi aux femmes avec enfants[3]. » Le foyer à deux revenus n'est pas une option, comme il le serait aux États-Unis – c'est un objectif.

Adopter le style européen de sexualité et de relations entre les sexes est la seule exigence non négociable que l'Europe impose à ses immigrés. Les idées du féminisme sont si étroitement liées à l'assimilation que la Suède compte un membre de son gouvernement (Nyamko Sabuni, originaire du Burundi, au moment où j'écris ces lignes) qui détient le portefeuille de « ministre de l'Intégration et de l'Égalité entre les sexes », comme si ces deux portefeuilles n'étaient que deux noms différents pour désigner une seule et même chose. Les Européens répugnent certes à proclamer leur préférence pour leur haute culture et leur haute cuisine par rapport aux autres ou à ouvrir la voie à la liberté d'expression quand elle blesse les sensibilités musulmanes, et ils taxent volontiers d'extrémisme ou de fascisme quiconque considère que l'Islam comporte un danger particulier de terrorisme. Mais le sexe, c'est différent. C'est le test sans appel sur la base duquel on juge l'assimilation – et même l'appartenance à la communauté nationale. C'est le domaine entre tous où les Européens conservent à la fois une profonde suspicion envers les manières d'être musulmanes et une confiance en leurs institutions exempte du moindre doute.

Qui plus est, cette suspicion vise directement et sans détour l'Islam en tant que religion, et non un quelconque épiphénomène comme la « pauvreté », la « ségrégation » ou la « tradition ». En Grande-Bretagne – le pays d'Europe où les attitudes des musulmans et des non-musulmans envers les femmes sont les plus proches – 60 % des autochtones jugent les musulmans « irrespectueux » vis-à-vis des femmes. Dans tous les pays, la méfiance est mutuelle. Demandez à des Espagnols non-musulmans si les musulmans « respectent les femmes », et ils vous répondront « non », dans une proportion presque identique (82 % contre 13 %)[4]. Sur la conception musulmane traditionaliste qui veut qu'une femme vêtue d'une tenue suggestive soit une invite à l'agression sexuelle, la féministe égypto-néerlandaise Nahed Selim écrit : « Un grand nombre de musulmans néerlandais sont probablement en complet accord avec ce sentiment, même si, pour des raisons bien compréhensibles, jamais ils ne le diraient en public[5]. »

La collision du féminisme et de l'immigration musulmane crée un problème aux hommes. Pour beaucoup de messieurs musulmans, la supériorité du système occidental des droits des femmes n'a rien d'évident. Humiliés par un renversement des relations économiques traditionnelles entre hommes et femmes, paniqués de voir leurs femmes affranchies de leur contrôle dans une société riche et hédoniste, ils risquent de poser un regard nostalgique sur les traditions de leur pays d'origine, où la conduite sexuelle est plus étroitement surveillée par les communautés. Cela ne s'applique pas seulement aux immigrés, mais aussi à leurs fils nés en Europe, qui peuvent rendre le féminisme occidental responsable du statut inférieur, de l'état de castration, de leur père. Les hommes se réfugient dans des espaces qu'ils peuvent contrôler : cités, associations de quartier et surtout mosquées. Dans la plupart des régions du monde, les mosquées sont des institutions masculines, tout comme les églises tendent à être le royaume des femmes. Par exemple, en France, parmi les Algériens, environ 15 % des hommes assistent aux services religieux, contre 6 % des femmes[6]. On assiste à une prolifération des institutions musulmanes – si modérées ou civiques soient-elles – et, avec elle, à la propagation d'un modèle alternatif de relations entre les sexes.

Virginité et violence

L'idée que les valeurs de la culture rivale constituent une menace pour la vertu des jeunes femmes va de pair avec la rhétorique de chaque culture sur les droits des femmes. Chez nombre d'immigrés, la vertu revêt la forme traditionnelle de la chasteté ; chez nombre d'Occidentaux, elle revêt la forme nouvelle de l'autonomie sexuelle. Les deux sont souvent incompatibles. La « circoncision féminine » (mutilation ou ablation du clitoris dans l'enfance) et l'infibulation (la suture du vagin) sont des coutumes courantes dans les pays musulmans d'Afrique orientale comme la Somalie, le Soudan et, dans une moindre mesure, l'Égypte[7]. Alors que l'on justifie généralement ces pratiques en invoquant les idées musulmanes de pureté, la plupart des chercheurs ne croient pas que le Coran ou la charia contiennent des exigences spécifiques à cet égard. Dans le monde musulman, la mutilation génitale reste sans doute assez rare.

Quelle que soit la justification de ces pratiques dans les pays d'origine, elles ne sauraient avoir de place dans une culture sexuelle fondée sur l'autonomie. On pourrait supposer que l'un de ces modèles – soit le modèle de la chasteté, soit celui de l'autonomie – doive s'effacer. Pas nécessairement. L'histoire européenne est remplie d'exemples où des mœurs sexuelles publiques coexistent avec d'autres, très différentes, et privées. Une étude de l'Université libre d'Amsterdam a pu établir que parmi les groupes d'immigrés d'Afrique orientale, la mutilation génitale est répandue, quoique généralement appliquée à l'occasion d'un voyage dans le pays d'origine, afin d'éviter les poursuites pénales. De telles pratiques font l'objet d'une défense farouche. Un sénateur d'Anvers, Mimount Bousakla, a été menacé de violence pour avoir tenté d'éradiquer la mutilation génitale en Belgique.

En Suède, le déroulement de la controverse sur la mutilation génitale atteste qu'intégrer d'importantes populations de cultures notablement différentes peut imposer l'échange de certains droits contre la paix sociale. Nyamko Sabuni, inquiète, à juste titre, de certains rapports sur la mutilation génitale, proposa un examen gynécologique systématique des petites filles[8]. La proposition fut rejetée par les musulmans autant que par les non-musulmans, comme une atteinte à la vie privée. Et ce n'était en effet pas autre chose. On peut applaudir au sérieux avec lequel elle s'attaqua au problème, mais on doit aussi reconnaître les dégâts que sa démarche a causés à l'ordre constitutionnel suédois. Il y a cinquante ans, si un politique avait suggéré que des parents se voient imposés de faire subir à leurs jeunes filles une fouille corporelle intime supervisée par le gouvernement, l'opinion en aurait été horrifiée. Aujourd'hui, l'émergence de la mutilation génitale rend de telles pratiques défendables, sinon possibles.

Appliquées de manière stricte, les mœurs moyen-orientales sont incompatibles avec les mœurs occidentales, tant chrétiennes que séculières. Mais elles sont réputées compatibles avec la science et la technologie occidentales. Sur un plan stratégique, ce mélange nous a donné l'idéologie hybride du terrorisme islamique. Sur le plan économique, il nous a fourni cette galerie marchande culturelle que sont devenus les États du Golfe persique. Sur le plan culturel, il a transformé plus d'une cité des banlieues d'Europe en versions énergisées, branchées sur Internet, du village traditionnel musulman, où la virginité d'une fille reste son atout le plus précieux. Les parents musulmans exigent parfois des gynécologues qu'ils délivrent des « certificats de virginité » pour leur fille[9]. En Hollande, la chirurgie réparatrice de l'hymen a souvent été prise en charge par l'assurance santé, jusqu'à ce que le ministre de tutelle y mette un terme, en mai 2004[10]. En 2007, un petit scandale a éclaté en Grande-Bretagne lorsqu'on a découvert que le National Health Service avait payé des dizaines d'« opérations de remplacement de l'hymen » au cours des deux années antérieures. Le quotidien anglais *Daily Mail* interviewa l'un des médecins qui s'étaient spécialisés dans de telles interventions, y compris prénuptiales, où « l'on reconstruit une membrane, quelquefois avec l'ajout d'une gélule contenant une substance ressemblant à du sang artificiel[11] ». Cette culture hybride, ce puritanisme technologiquement avancé est réellement une nouveauté et une offre alternative. C'est, au sens le plus littéral du terme, un progrès de la « diversité », même s'il est peu probable qu'on accepte de le reconnaître.

Il y a beaucoup à dire sur cette valeur accordée à la chasteté et à la virginité. Elle peut contribuer à la dignité, à la responsabilité et au respect de soi. Ce qui est scandaleux dans ces opérations chirurgicales visant à « restaurer » la virginité, ce n'est pas leur pruderie. C'est qu'elles sont déplaisantes, hypocrites et payées parfois sur des fonds publics. À part cela, pourvu qu'elles soient librement choisies, il est difficile de dire en quoi elles devraient nous choquer plus qu'une vasectomie. Ou plus que les divers liftings, greffes, liposuccions et piercings auxquels se soumettent les Occidentaux afin de se montrer à la hauteur des attentes sexuelles de leur société, qu'elles soient raisonnables ou déraisonnables ou (ce qui revient au même) pour refouler leur propre dégoût d'eux-mêmes, qu'il soit lui aussi raisonnable ou déraisonnable.

Pourtant, nul besoin d'être féministe ou libertin pour le comprendre, à un niveau anthropologique, l'obsession de la virginité peut avoir un effet certes moins plaisant. La critique la plus fréquente est la suivante : les pulsions humaines étant ce qu'elles sont, dans la pratique, il est difficile pour les individus de rester chastes jusqu'au mariage et, quand la chair est faible, ce sont les femmes, et non les hommes, qui sont jugées blâmables. Mais dans une sous-culture sexiste, ce n'est jamais que l'un des soucis qu'ont les femmes. Les sociétés à domination masculine édictent des codes de la virginité en raison de, et non malgré, la difficulté qu'il y aurait à les respecter. De tels codes créent une véritable catégorie de « traînées » – des femmes que l'on peut utiliser sexuellement tout en gardant la conscience tranquille, car elles ont enfreint les lois de la société et, ce faisant, perdu son respect[12]. Là où les familles, la police et d'autres institutions sociales sont défaillantes, c'est la terreur sexuelle qui règne.

Samira Bellil, une habitante d'origine algérienne de la Seine-Saint-Denis, une banlieue particulièrement rude, a consacré une part de sa courte existence (elle est morte d'un cancer en 2004) à attirer l'attention de l'opinion publique sur la pratique des *tournantes*[13*], ou des viols en réunion, pratiqués dans un certain nombre de cités. Samira Bellil avait été elle-même violée à plusieurs reprises, dès l'âge de quatorze ans, par des bandes que dirigeait un jeune du quartier particulièrement entreprenant. Quand plusieurs amies de Bellil lui apprirent qu'elles en avaient aussi été victimes, elle prit la décision d'aller à la police porter plainte contre lui. Après quoi, ses parents l'ont reniée.

Plus le code sexuel imposé est vague et arbitraire, mieux il convient aux hommes prédateurs. En 2002, Sohane Benziane, une jeune femme berbère qui vivait près de Paris, a été enfermée de force par une bande dans un local à poubelles où un *caïd*[14*] local, un dénommé Jamal Derrar, n'ayant pas obtenu d'elle les faveurs sexuelles convoitées, l'a brûlée vive[15]. Jamal Derrar, qui évoquait Sohane comme sa « fiancée », s'était convaincu qu'elle avait suscité la gêne au sein de sa communauté en enfreignant des convenances qui n'existaient surtout que dans sa tête[16]. Ce fut cet épisode qui incita la militante antiraciste franco-algérienne Fadela Amara (devenue plus tard secrétaire d'État chargée de la Politique de la ville) à fonder l'association Ni Putes Ni Soumises.

Les soi-disant « meurtres d'honneur », forme la plus grave d'intimidation sexuelle, surviennent surtout dans les communautés kurdes et, dans une moindre mesure, pakistanaises. Des frères tuent leurs sœurs (ou des pères leurs filles) suite à une atteinte aux convenances sexuelles – en général, soit en portant une tenue vestimentaire à l'occidentale, soit en fréquentant des Occidentaux. Selon une étude menée en 2005 par l'Agence d'investigation criminelle fédérale, quarante-cinq de ces meurtres ont eu lieu rien qu'en Allemagne au cours de la première moitié de la décennie[17]. À Berlin, Hatun Sürücü « déshonora » sa famille en sortant avec un Allemand et en élevant seule son enfant. Cet assassinat, particulièrement spectaculaire, perpétré par plusieurs de ses frères en plein jour, début

2005, ne fut que l'un des meurtres d'honneur commis à Berlin cette année-là, une demi-douzaine au total.

En Suède, Fadime Sahindal, une immigrée kurde, provoqua un scandale national quand elle parla au Riksdag en 2001 de la manière dont son père et ses frères l'avaient traquée d'un bout à l'autre du pays quand ils avaient découvert qu'elle était tombée amoureuse d'un jeune Suédois :

> Tout d'un coup, la gentille jeune fille kurde que j'étais s'est transformée en traînée. J'ai décidé de rompre avec ma famille et de m'installer à Sundsvall. Mon frère m'a retrouvée et m'a menacée. La situation n'a fait qu'empirer. La raison pour laquelle mon frère est venu, c'est qu'il était mineur et ne serait pas puni aussi sévèrement par la loi[18].

Utiliser des mineurs pour imposer certaines sanctions est un schéma courant dans les actes de violence liés à ces notions d'honneur, et notamment dans le cas du meurtre d'Hatun Sürücü. Les familles kurdes sont peut-être trop égarées par la culture occidentale pour accorder l'autonomie à leurs femmes, laissait entendre Sahindal, mais elles sont assez avisées pour comprendre que les codes pénaux occidentaux accordent aux mineurs une quasi-impunité, même pour des crimes aussi graves qu'une tentative de meurtre. Une ordonnance d'éloignement a été émise contre le père de Sahindal. Mais huit semaines plus tard, lors d'une visite chez sa mère, à Uppsala, il lui a tendu un guet-apens et l'a abattue d'un coup de feu.

Islam ou coutume ?

Contrairement aux émeutes urbaines ou aux manifestations antiaméricaines ou anti-israéliennes, la violence musulmane contre les femmes ne suscite pas d'appels à la « compréhension » de ses causes. Roger Cohen, un auteur sensible et nuancé sur les questions de l'immigration, écrit au sujet de ces meurtres d'honneur : « Une culture authentique est une chose, piétiner des droits fondamentaux comme l'égalité des hommes et des femmes en est tout à fait une autre[19]. » Que la culture kurde puisse être violente et sexiste ne la rend pas inauthentique. À l'échelle du monde, l'égalité entre les hommes et les femmes n'est pas « fondamentale » et demeure plutôt une singularité. C'est une conquête d'un courant de la pensée sociale occidentale né au XIXe siècle.

Il suffit de très peu d'actes de violence pour menacer cette conquête au sein d'une communauté entière de femmes musulmanes. En Suède, il faudra de nombreuses années avant que le meurtre de Fadime Sahindal ne hante plus l'esprit de beaucoup de femmes kurdes. Des actes comme l'immolation par le feu de Sohane Benziane font plus que terroriser et tuer. De tels actes *font loi*. Ils affirment la souveraineté d'un régime sexuel différent sur une certaine partie d'un territoire européen. Quelle est la nature de ce régime ? Est-ce en fait l'Islam dont on assure la promotion en abattant, en brûlant et en mutilant des femmes ? Ou s'agit-il juste d'une excuse invoquée *a posteriori* pour justifier la brutalité ?

Il est difficile de répondre à cette question. La

subordination des femmes fait certainement partie de la plupart des cultures islamiques. L'excision et la violence disciplinaire du meurtre d'honneur sont toutes deux issues de traditions spécifiques à l'Afrique orientale et à l'Anatolie orientale, qui sont musulmanes. Pourtant, il ne faut pas confondre la misogynie et les violations de la loi chez certains musulmans avec un Islam conservateur dans son ensemble, et encore moins avec un Islam radical. Les musulmans conservateurs d'Occident ont souvent été à la pointe du mouvement d'éradication de pratiques culturelles que les Occidentaux sécularisés jugent odieuses. Hassan Moussa, du Conseil des imams de Suède, a été au premier rang des initiatives pour empêcher l'excision[20]. À Duisbourg, une campagne contre le mariage kurde traditionnel entre cousins a été menée par Yasmine Yadigaroglu, une musulmane pieuse qui porte le hijab et déplore une « représentation fausse de l'Islam »[21].

Les musulmans les plus politisés, les radicaux ou les islamistes, n'ont pas toujours une représentation prévisible des rapports entre les sexes – ils peuvent être traditionnels ou modernes, égalitaires ou sexistes. Les jeunes femmes du réseau Hofstad, le groupe d'où est issu l'assassin de Theo Van Gogh, ont ainsi pu confier à la journaliste d'investigation néerlandaise Janny Groen que le radicalisme était pour elles une manière d'échapper à la tradition. « Elles vont assister à des leçons à la mosquée, où on leur apprend l'Islam "pur", vieux de mille quatre cents ans, écrit Groen. Les hommes et les femmes sont biologiquement différents, leur enseigne-t-on, mais en ce temps-là, ils étaient égaux. Elles apprennent leurs droits sexuels, et en toute clarté. Pour ces jeunes filles, "l'Islam pur" semble les libérer de leurs partenaires oppressants[22]. » Elles ont même repéré dans la loi islamique une faille qui leur permet de s'immerger, fût-ce de façon casuistique, dans la promiscuité ambiante de la société néerlandaise – des « mariages » polygames informels qui durent de cinq jours à deux mois.

Le journaliste britannique Shiv Malik fit la même découverte chez les radicaux britanniques. « L'un des principaux facteurs qui a aidé la croissance du radicalisme islamique britannique, c'est le mariage, écrit-il. Le principe le plus important de l'islamisme, c'est que les musulmans ne doivent pas se laisser diviser par la race ou le nationalisme – que tous les musulmans ne font qu'un. Il peut donc offrir une voie islamique pour éviter d'avoir à se marier avec un cousin[23]. » L'hédonisme occidental est un objet de dédain pour beaucoup de musulmans radicaux – mais le désir d'échapper au mariage traditionnel et d'avoir plus de relations sexuelles peut en certains cas constituer une incitation à la radicalisation des jeunes musulmans.

L'attrait de la charia

« Pris un par un, écrit l'expert de l'Islam Olivier Roy, les éléments qui semblent incompatibles entre Islam et Occident ne le sont pas (le voile, le halal), y compris sur la question des femmes[24]. » Mais prises une par une, les pièces d'un pistolet sont inoffensives. Les Européens ont le sentiment que les dangers particuliers que pose l'Islam ont à voir avec la manière dont l'ensemble s'agence – le système alternatif qu'offre l'Islam à travers la série de lois saintes que l'on appelle la charia. Même si les individus peuvent être affranchis de conventions morales oppressantes, ils ne peuvent s'affranchir complètement de leur besoin de conventions morales. La « conscience individuelle » signifie le plus souvent la liberté de choisir parmi de telles conventions, qui va de pair avec l'intégrité du bon choix. Il est dans la nature humaine de graviter vers des conventions affirmées avec assurance, et éprouvées par le temps.

La charia correspond à cette description. C'est bien sûr une réalité variable. Pour les Européens, la charia est l'un des spectres les plus terrifiants qui soient, propagés par les tabloïds : où l'on tranche les mains des voleurs, comme en Arabie Saoudite ; où on lapide à mort les femmes adultères, comme c'est la pratique en Iran depuis la révolution des mollahs de 1979. C'est cela, naturellement, la charia. Mais c'est aussi une réalité européenne plus prosaïque, et souvent admirable. Il existe des boucheries halal dans tout le continent. Il existe des fonds boursiers conformes à la charia (comme ceux que propose la Deutsche Bank) réservés aux musulmans qui ne veulent pas investir dans l'alcool, le tabac, le porc ou les jeux de hasard[25]. (En 2008, nombre de ces fonds donnaient de meilleurs résultats que le marché[26].) La charia, c'est aussi des imams et des érudits qui prononcent un arbitrage dans les procédures de divorce. La question cruciale reste de savoir si la charia continuera d'être une affaire volontaire et privée (à l'exemple des pratiques kascher) ou si elle recevra une forme de reconnaissance étatique.

L'Europe s'oriente dans cette dernière direction. En 2008, l'archevêque de Canterbury, Rowan Williams, prenait la parole sur la religion et la loi britannique devant les Royal Courts of Justice. Lors d'un entretien au sujet de son discours, il remarquait : « Nous avons déjà dans ce pays un certain nombre de situations où la loi interne des communautés religieuses est reconnue par les lois de la nation[27]. » Il parlait, d'un côté, de l'objection de conscience et, de l'autre, du recours dont disposent les juifs orthodoxes devant les tribunaux rabbiniques pour juger des mariages et des divorces. Donc, dans sa conférence, il suggérait, non sans précaution, « une délégation de certaines fonctions juridiques à des cours religieuses propres à une communauté[28] ».

Un drame s'ensuivit, des plus prévisibles. Première étape : Il y eut une levée de boucliers dans la presse populaire sur l'idée que l'archevêque avait apporté son soutien à la charia. (« Victoire pour le terrorisme », « Ennemi juré » et « Archi-foutaises, Mgr l'Archevêque », tels furent quelques-uns des gros titres du *Sun*[29].) Deuxième étape : une défense tout aussi virulente de l'archevêque par des activistes musulmans qui laissaient maintenant entendre que les juifs étaient favorisés – ou tout au moins mieux traités que ne l'étaient les musulmans – par les lois britanniques. Troisième étape : l'archevêque Williams et la presse dite « sérieuse » avancent que les remarques de l'archevêque ont été mal comprises et déformées par une opinion mal dégrossie.

Mais en la circonstance, les tabloïds étaient plus clairvoyants que les défenseurs de l'archevêque. En fait, ces tribunaux rabbiniques, les Battei Din (« maisons de justice »), qui existent en Grande-Bretagne depuis le XVIIIe siècle, sont juste reconnus comme une forme de cour d'arbitrage qui a force exécutoire, comme celles auxquelles les entreprises peuvent se soumettre au cours de leurs négociations commerciales[30]. Les décisions qu'ils ratifient ne s'inscrivent pas dans le cadre des « lois de la nation », sauf dans la mesure où elles supposent contrat[31]. Des dispositions similaires sont accessibles aux musulmans s'ils le souhaitent. En ce cas, quelles nouvelles solutions de compromis Mgr Williams se donnait-il tant de mal à défendre ? En fait, il semblait plaider pour une juridiction communautaire s'appliquant aux croyants (l'État restant détenteur de la décision en dernier ressort), et pas simplement pour le droit d'un individu à souscrire à une négociation arbitrale qui ait force d'astreinte.

Les lecteurs de la presse populaire ne divaguent pas quand ils redoutent l'introduction de la charia – en tant que loi – dans certaines communautés d'Europe. En Grande-Bretagne, 37 % des musulmans âgés de 16 à 24 ans veulent l'introduction de la charia, et 37 % sont favorables à l'exécution des musulmans qui renoncent à l'Islam[32]. En Irlande, une majorité de musulmans (57 %) souhaitent que l'île devienne un État islamique[33]. Ces attitudes sont cohérentes avec un peuple désorganisé qui cherche refuge dans la nostalgie. Elles sont aussi cohérentes avec un peuple qui conquiert patiemment les villes d'Europe, rue par rue. En 2006, le ministre néerlandais de la Justice, Piet-Hein Donner, déclarait dans une interview : « Si les deux tiers de tous les Hollandais voulaient introduire la charia dès demain, alors ce serait sûrement possible. Et il serait honteux de leur répondre : "non, c'est impossible". La majorité, c'est cela qui compte. C'est l'essence même de la démocratie[34]. » Il a raison, naturellement. Ce n'est pas l'essence du libéralisme, mais c'est l'essence de la démocratie. Il est peu vraisemblable que les deux tiers des Hollandais veuillent la charia de sitôt. Mais il est probable que les deux tiers de certaines circonscriptions restreintes, à fort peuplement immigré, la veuillent tout de suite. On peut argumenter sur plan libéral contre ces communautés, mais on ne dispose d'aucun argument démocratique contre elles.

Une fois que la démocratie a opté pour la libération sexuelle, certains aspects de la charia qui touchent au sexe sont difficiles à réguler. Cela peut sembler paradoxal, mais ça ne l'est pas. L'acceptation de la polygamie, par exemple, paraîtrait une conséquence logique de l'attaque contre la législation « morale » menée au siècle dernier, depuis l'abrogation de l'interdiction de *L'Amant de Lady Chatterley* en 1960 jusqu'au PACS français et autres lois sur les unions civiles adoptées après les années 1990. Ce que toutes ces réformes ont en commun, c'est qu'elles font de la morale sexuelle une affaire de conscience individuelle. Le droit qu'elles donnent aux individus, c'est celui d'organiser leurs affaires interpersonnelles sur une base contractuelle, sans intervention de l'État et sans reconnaissance de normes sociales consacrées par la tradition. Une fois que l'État ne peut plus souligner que le mariage suppose un engagement envers un représentant du sexe opposé, il n'y a plus aucune raison (sauf la superstition) de souligner que le mariage soit limité à une seule personne au lieu de plusieurs.

La polygamie, traditionnelle dans certaines cultures musulmanes, a rarement été un sujet explosif au sein de l'opinion. Même le coût potentiel de l'entretien, à travers le système social, d'épouses supplémentaires d'origine étrangère n'a pas particulièrement irrité les Européens. En 1991, l'homme politique libéral néerlandais Frits Bolkestein a prononcé un discours à Groningue dans lequel il essayait d'établir le principe qu'il ne pourrait y avoir de groupement familial sur la base de mariages polygames.

Il s'est fait remettre à sa place par le JOVD, l'organisation de jeunesse de son propre parti, et attaqué par d'autres pour « anti-islamisme »[35]. En février 2008, le Department for Works and Pensions britannique publiait une directive accordant une reconnaissance (et certaines allocations) aux épouses additionnelles : « Là où il existe un mariage polygame valide, le demandeur et une épouse recevront un versement au barème du couple [...] Le montant payable pour chaque épouse additionnelle est actuellement de 33,65 livres[36]. »

La polygamie est devenue un sujet litigieux à d'autres égards que la morale sexuelle et l'argent. Selon la plupart des observateurs, il existe en France des dizaines de milliers de familles polygames, et nombre d'entre elles sont originaires d'Afrique occidentale[37]. Dans la foulée des émeutes des banlieues de novembre 2005, deux membres dirigeants de l'UMP, le ministre du Travail Gérard Larcher et le président du groupe à l'Assemblée nationale, Bernard Accoyer, mirent en cause la polygamie[38]. Mais la part de responsabilité de la polygamie n'était pas claire – était également en cause l'exiguïté des logements. On avait l'impression qu'en soulevant la discussion sur le mariage, on poursuivait un autre but, et tel était le cas.

Mariages arrangés

Dans beaucoup de pays européens, le mariage n'est pas juste un aspect du problème de l'immigration ; c'est *le* problème de l'immigration[39]. En Allemagne, quand on mit brusquement un terme au programme des travailleurs

« invités » durant la crise économique de 1973, l'immigration à grande échelle venue de Turquie ne décrut guère. Pendant des années, les Turcs n'eurent aucun mal à obtenir l'asile politique, en raison des assassinats politiques, des coups d'État militaires et de la violence du mouvement nationaliste kurde dans l'est de l'Anatolie. Après avoir été submergée par un flot de réfugiés pendant les guerres balkaniques des années 1990, la République fédérale, comme beaucoup de ses voisins, a régulièrement raffermi ses critères d'octroi de l'asile politique.

Mais une voie d'accès à l'Europe est restée grande ouverte – car elle ne peut être fermée sans compromettre les droits des autochtones. La moitié des citoyens allemands d'origine turque vont chercher leur épouse en Turquie, selon le ministère de l'Intérieur. Pendant des années, quelque 25 000 personnes, les deux tiers étant des femmes, ont déposé chaque année avec succès leur candidature dans les consulats de Turquie pour former des familles en Allemagne[40]. Depuis le milieu des années 1980, cela signifie un demi-million d'épouses importées – de nouveaux noyaux autour desquels des frères, des sœurs, des parents et des enfants peuvent ensuite déposer leur propre candidature parfaitement légale à l'immigration, en application des règles du regroupement familial. « La migration en chaîne », comme on l'appelle, assure une croissance exponentielle de la population des minorités, même si les frontières sont complètement fermées aux immigrants clandestins. La population turque d'Allemagne ne se multiplie pas une fois, mais deux au cours d'un cycle de vie – à la naissance et au mariage.

La situation est similaire dans tous les pays d'Europe. En France, le nombre d'épouses étrangères a grimpé de

23 000 en 1990 à plus de 60 000 en 2004[41], et l'immigration liée au regroupement familial représente désormais 78 % de l'immigration licite permanente[42]. Au Danemark, la vaste majorité des Turcs et des Pakistanais des première, deuxième et troisième générations prennent une épouse dans leur pays d'origine ; certaines études ont montré que la proportion chez les Turcs est supérieure à 90 %. Dans le Bradford District Race Review, publié après des émeutes ethniques qui avaient éclaté en Grande-Bretagne à l'été 2001, Sir (plus tard Lord) Herman Ousley prévenait que « 50 % des mariages qui se contractent au sein de la communauté asiatique résultent de l'admission de nouveaux résidents incapables de communiquer en langue anglaise, ce qui limite leur participation aux activités sociales et éducatives de la majorité[43] ». Ce sont bien 60 % des mariages de Pakistanais et de Bangladais qui se concluent avec des épouses nées à l'étranger, un facteur majeur de la croissance d'environ 50 % de la population pakistanaise de Manchester, Birmingham et Bradford au cours des années 1990[44]. Après six décennies d'immigration de masse en provenance du sous-continent indien, les trois quarts des enfants bengalis âgés de 0 à 4 ans ont toujours des mères nées au Bangladesh[45].

Pourquoi un grand nombre de mariages avec des migrants serait-il un problème ? Si les migrants s'assimilaient, cela n'en présenterait aucun. Mais ces mariages constituent en soi la preuve d'un choix collectif contre l'assimilation. Comme les démographes David Coleman et Serguei Tcherbov le soulignent, la migration à l'occasion du mariage en Grande-Bretagne « a augmenté en proportion de la croissance des groupes d'âge jeunes des minorités ethniques asiatiques[46] ». Que plus un groupe est présent depuis longtemps dans un pays européen, et plus la préférence pour le mariage avec des étrangères aille croissant, voilà un constat aussi surprenant qu'affligeant. Cela indique qu'une « minorité ethnique » attend patiemment non pas d'être assez bien accueillie pour s'assimiler, mais d'être assez forte pour se séparer.

On est en droit de se demander si ce choix de la séparation est le fait des immigrants ou celui des autochtones. En 2000, L'Institut allemand de la jeunesse rapportait que 53 % des femmes turques âgées de 16 à 29 ans n'envisageaient « en aucun cas » d'épouser un Allemand[47]. Mais ce sentiment est réciproque. Une enquête menée à la fin des années 1990 montrait qu'une majorité d'Allemands s'accordait à penser qu'il serait « déplaisant » d'avoir un parent turc. Parmi les musulmans du Royaume-Uni, il semble que ce soit les nouveaux venus qui prennent l'initiative en matière de défense de la ségrégation. Les chercheurs Tariq Modood et Richard Berthoud ont montré que seul 1 % des Bangladeshis et des Pakistanais britanniques a des partenaires blanches, contre 20 % des Afrocaribéens[48].

Chez les musulmans traditionnels, les unions sont rarement des mariages d'amour à l'occidentale. Les mariages turcs en Allemagne sont souvent arrangés par les parents. En 2003, une étude du ministère fédéral des Affaires familiales permit de découvrir qu'un quart des femmes turques d'Allemagne ne connaissait même pas leur partenaire avant le mariage. La pratique de l'Anatolie rurale consistant à marier des membres de la même famille, en général des cousins germains, est fréquente. Selon le Centre d'études turques de l'université de Duisbourg, ils représentent entre un sixième et un quart des unions binationales.

Ces mariages introduisent ces pratiques d'Anatolie, que beaucoup d'Européens jugent outrageantes, au cœur de l'Allemagne. L'intimidation conjugale – l'épouse battue – est un fait dominant de beaucoup de cultures musulmanes. Ses causes sont sujettes à questionnement, mais pas son étendue. Gülgün Teyhani, qui travaille à l'asile pour femmes battues de Duisbourg, calculait que sur les 86 femmes que son institution avait accueillies en 2006, 60 venaient d'un milieu immigré, et 51 d'entre elles parlaient le turc[49]. Des docteurs du nord de l'Angleterre ont vu un grand nombre de Pakistanaises admises dans des hôpitaux avec le visage définitivement marqué par des « accidents de friteuse »[50]. Certaines de ces femmes n'ont pas de friteuse chez elle. Scotland Yard soupçonne qu'elles ont été punies pour avoir enfreint la morale sexuelle ou l'autorité de l'époux.

Une question plus épineuse se pose, celle de savoir si ces mariages sont librement consentis ou conclus sous la contrainte. Un rapport du Sénat de Berlin, en 2002, documentait des centaines de plaintes de mariages « forcés ». Mais en réalité, la notion de mariage forcé reste subjective. Dans la culture turque, par exemple, les gens ont tendance à discuter de la liberté en termes familiaux plus qu'en termes individuels. Voici encore quelques décennies, la plupart des cultures occidentales étaient bien disposées envers cette conception de la liberté. Si vous adhérez à cette idée de la liberté, alors les fiançailles à la turque ne résultent jamais que du type de consultation auquel vous vous attendriez au sein d'une famille unie. Elles ne supposent pas l'intervention de marieuse ou d'institutions extra-familiales.

À l'évidence, il existe aussi des heurts culturels entre

générations immigrées. Un père très tourné vers son village arrêtera son choix sur un ancien de son village d'Anatolie comme le bon parti pour sa fille née en Italie, qui est en licence en Irlande. Mais toutes les filles ne s'opposent pas aux mariages arrangés. Et rien ne les y oblige. Les résultats de ces mariages arrangés par la famille dans la création de relations durables soutiennent favorablement la comparaison – même en Europe – avec les résultats des unions à l'européenne, au pedigree plus individualiste. Plus on se rapproche de la culture européenne, plus on s'éloigne de la famille et de sa *raison d'être*[51*], les enfants. En Rhénanie du Nord-Westphalie, le Land le plus peuplé d'Allemagne, 80 % des Turcs âgés de 25 à 34 ans sont mariés ; leur âge moyen, au jour de leur mariage, est de 21 ans pour les femmes et 24 ans pour les hommes. Chez les non-Turcs, seuls 32 % des 25 à 34 ans sont mariés ; l'âge moyen au mariage est de 29 ans chez les femmes et 32 ans chez les hommes. Les Allemands affichent la fécondité la plus basse de l'histoire du monde – 1,36 enfant par femme, selon les chiffres de 2004. S'il est difficile de trouver des chiffres précis pour les Turcs en Allemagne, on s'accorde largement à penser que chez eux, la fécondité est plus élevée. En Turquie même, elle l'est presque deux fois plus, avec 2,4 enfants par femme. Si de fortes chances de se retrouver sans enfant à l'âge mûr et seul dans la vieillesse est le prix de l'assimilation, pour beaucoup de Turcs, c'est là un prix exorbitant.

Le ministre allemand de l'Intérieur, Wolfgang Schäuble, n'est guère enclin à voir de la coercition dans ces arrangements. « Les mariages forcés sont illégaux, rappelait-il en 2007. Ce sont des agressions faites aux droits de l'homme. Ils ne répondent pas aux exigences minimales d'une société de liberté. Mais le mariage arrangé – c'est un domaine compliqué[52]. » Schäuble admet cependant que la tendance des Turcs à amener des épouses de l'étranger est la « principale raison pour laquelle l'intégration ne s'améliore pas au fil des générations ». Les centaines de milliers de nouvelles familles qui se sont formées à travers l'immigration sont des familles où la première langue des enfants serait plus vraisemblablement le turc que l'allemand. On entend fréquemment des enseignants parler d'enfants de travailleurs « invités » qui étaient de brillants sujets dans les années 1970, mais dont les propres enfants, quoique nés en Allemagne, peinent à apprendre l'allemand dans le primaire. Après un demi-siècle d'immigration, chaque nouvelle génération de Turcs est encore, dans une large mesure, une première génération.

Loi du mariage au Danemark

Naturellement, les Européens voient le mariage arrangé non simplement comme un problème démographique, mais comme une gifle en pleine figure, une manifestation de mépris. Après avoir été accueillis et bienvenus dans les sociétés européennes, les musulmans font maintenant volte-face et affirment que personne dans leur nouveau pays ne mérite que l'on s'engage et fasse sa vie avec elle. Ce ne sont pas seulement les autochtones européens qui ne font pas l'affaire – ce sont aussi les musulmanes contaminées par les mœurs occidentales. Pour trouver un homme ou une femme « vrais », il faut effectuer le voyage jusqu'à Diyarbakir ou Tétouan. Selon une étude réalisée par le

Centre des études turques, les jeunes hommes et femmes turcs élevés en Allemagne considèrent leurs compatriotes turcs allemands du sexe opposé trop « éloignés de leur propre culture, ou "dégénérés" ». Lorsque ce sont les jeunes femmes traditionnelles qui fondent une famille et les femmes assimilées qui ont du mal à trouver un compagnon, la génération suivante est élevée – presque par définition – par celles qui sont elles-mêmes les moins assimilées.

Rappelons-nous maintenant l'insistance de Marcello Pera sur l'idée que toute migration d'un point A vers un point B implique la supériorité de la culture du second, et réfléchissons un peu à l'ampleur d'une telle platitude. Le comportement conjugal des immigrés et de leurs enfants (sans parler de l'histoire entière de la colonisation) montre que l'on peut migrer vers un endroit tout en y étant hostile, ou du moins sans le considérer avec un égard particulier. Oui, les immigrés « souhaitent simplement une vie meilleure », comme le veut le cliché. Mais ils ne veulent pas nécessairement d'une vie européenne. Ils peuvent avoir envie d'un mode de vie du Tiers Monde avec un niveau de vie européen. Ils peuvent avoir envie d'utiliser le cosmopolitisme rendu possible par les règles occidentales pour garantir la citoyenneté de leurs épouses très peu touchées par le féminisme ou les Lumières. Ces mariages ne sont pas plus fragiles que les mariages européens, et peuvent être même plus solides. C'est bien pourquoi ils pourraient corroder les institutions sociales européennes. Pratiquement tous les autochtones européens, quelle que soit leur opinion, du féministe au nationaliste, aimeraient qu'on les en empêche. Mais dans une société où existe la règle de droit, où même le ministre de l'Intérieur allemand admet que ce sont des contrats de mariage librement conclus, comment faire ?

Certains pays d'Europe ont réussi à imposer de fermes restrictions à ceux qui épousent des étrangers(ères). Cela s'est toujours avéré dommageable à la construction du pays et les autochtones ont dû en payer le prix, en termes de droits et de confort. Suite au meurtre de Theo van Gogh, en 2004, les Néerlandais ont imposé des examens civiques et des épreuves de langue obligatoires à ceux qui cherchent à rejoindre un époux, Néerlandais compris. Les deux conjoints devaient avoir plus de 21 ans pour demander la venue du conjoint étranger. (Des études montrent que plus l'âge du mariage est bas, plus la tendance au mariage arrangé est forte.) Le gouvernement allemand a emprunté la même voie : en 2007, il a relevé à 18 ans l'âge minimum des conjoints nés et résidant à l'étranger pour prétendre à l'installation en Allemagne.

Mais c'est le Danemark qui est allé le plus loin. En vertu de sa loi sur les Étrangers, élargie et rendue encore plus stricte sous l'influence du Parti du peuple danois (DF) anti-immigré, au cours des vingt dernières années, un ensemble de tests, d'attentes et d'exclusions, est strictement appliqué. La loi impose un âge minimal à la migration (25 ans) aux ressortissants de pays n'appartenant pas à l'UE qui souhaitent rejoindre un conjoint au Danemark, sauf cas particuliers. Jugée selon ses propres objectifs, l'expérience danoise a connu un succès retentissant. En 2002, 62,7 % des mariages de Danois d'origine non-occidentale se sont conclus avec des étrangers résidant à l'étranger ; en 2005, ce chiffre était tombé à 37, 9 %[53].

Ce qui rend cette mesure défendable face aux lois de l'UE sur les droits de l'homme, c'est qu'elle est neutre en termes de race, de religion et d'ethnicité. Cette neutralité est obtenue en réduisant les droits de tous les citoyens, au lieu de cibler le problème qu'elle cherche à traiter. « Pour des gens qui ne se seraient jamais attendus à affronter les autorités de l'immigration, elle a eu des conséquences bizarres », observe Tøger Seidenfaden, rédacteur en chef du quotidien *Politiken*, qui a mené une longue campagne contre cette législation[54]. « La législation est la même pour un Danois et pour un étranger », se vante le ministre de l'Intégration Rikke Hvilshøj[55]. Elle introduit pourtant une innovation constitutionnelle qui affecte les groupes ethniques différemment : le *tillknytningskrav*, une mesure du « lien » de l'individu avec le Danemark. Les citoyens sont exemptés de cette mesure s'ils ont – entre les deux membres du couple – un « lien » de citoyenneté ou de résidence légal d'au moins vingt-cinq ans. Un autochtone de 22 ans sera en position d'amener sa femme d'origine étrangère à Copenhague dans les trois ans, car à ce moment-là le couple aura 25 ans. Mais un individu de 20 ans qui n'est danois que depuis deux ans devra attendre un long laps de temps avant que son épouse et lui ne soient les bienvenus. Et une fois ce principe établi, une bonne part du discours sentimental autour de l'immigration devient une aimable fiction ou une imposture cynique. Au rebours de tous ces discours hypocrites, un jeune Arabe naturalisé âgé de 20 ans n'est pas « tout aussi Danois que vous et moi ». Il le sera plus tard, peut-être. Mais pour l'heure, son passeport danois et lui-même sont sous surveillance. « Nous sommes obligés de le dire : c'est une mesure indispensable, précise le ministre Hvilshøj. J'espère qu'un jour ce ne le sera plus[56]. »

Le Danemark est arrivé à endiguer l'implantation de

la culture musulmane sur son territoire en faisant croire que ses inquiétudes concernaient des mariages conclus de façon bien imprudente et irréfléchie, dans la prime jeunesse, et non l'Islam ou l'immigration. Les opinions européennes commencent non pas à accepter mais à exiger que leurs gouvernements habillent la vérité, ou du moins qu'ils dissimulent l'intention des lois qu'ils promulguent. Il s'est produit un phénomène similaire quand les Européens ont tenu à tout prix à stopper le port de plus en plus répandu du foulard.

Controverses sur le foulard

Le Coran et la sunna enjoignant les femmes à la pudeur, toutes les cultures musulmanes ont connu historiquement une forme de « voile », ou de coiffe. Il peut s'agir d'un foulard vaguement noué, comme on en porte en Turquie. Les femmes plus conservatrices portent le hijab, qui couvre toutes la chevelure. Le *niqab*, qui ne révèle que les yeux, est celui que portent les femmes en Arabie Saoudite, avec la longue *abaya* noire, qui couvre le corps. La fameuse *burqa*, courante en Afghanistan quand les Talibans étaient au pouvoir, couvre absolument tout.

Les Européens ne se sont guère souciés de la religion des premiers immigrants. En ce qui concerne les femmes, ils n'avaient aucune raison de s'inquiéter. La plupart des filles même d'immigrants très pieux – en fait, celles de la quasi-totalité des immigrants – furent vite « émancipées » et ne se voilèrent pas. Mais une fois que les musulmans commencèrent à se sentir chez eux en Europe, le processus d'assimilation s'inversa. Dans les années 1980, les femmes de milieu musulman, y compris celles de cultures qui ne préconisaient pas le port du voile, commencèrent à le porter. En 1989, quand deux jeunes filles qui rentraient de vacances en famille au Maroc insistèrent pour porter leur voile dans leur établissement scolaire, à Creil, en région parisienne, débuta en France une vague de controverses autour du port du voile. Tout au long des années 1990, la question rebondit, apparemment réglée puis de nouveau ouverte, à travers toute une série d'interdictions, de règles, de dispenses, d'annulations et de décrets.

Qui juge de ces affaires, et sur quelle base ? En 1985, quand des écolières musulmanes refusèrent de retirer leur foulard dans la ville néerlandaise d'Alphen aan de Rijn, un fonctionnaire demanda à Jan Brugman, professeur d'arabe à l'université de Leyde, aujourd'hui disparu, si le Coran imposait explicitement aux filles de porter ce voile. Il répondit par la négative – un avis assez défendable. Mais on ne le questionna pas sur d'autres sources religieuses que le Coran, et ce n'est pas la réponse d'un seul qui peut régler ce qui ressort fondamentalement du débat politique. La plupart des musulmans, même ceux qui s'opposent au voile, le considèrent comme une manifestation religieuse, et ne risquent guère de se laisser détourner de ce point de vue par un universitaire spécialiste du Coran.

En revanche, les Occidentaux ont volontiers sondé le Coran pour savoir ce qu'il dit ou ne dit pas au sujet du voile et des autres comportements religieux, et sur ce que les musulmans doivent ou ne doivent pas faire. Même Bel Mooney, la rédactrice du courrier du cœur du *Times* de Londres, a eu recours à l'exégèse des Écritures quand elle a reçu la lettre d'une femme divorcée qui s'était convertie à l'Islam et se demandait jusqu'où allaient les choses avec son nouvel ami, un dénommé Hassan. « S'il prenait simplement son temps pour être sûr de ses sentiments, lui conseilla Bel Mooney, il aurait un comportement approuvé par le Coran – qui n'encourage pas faire marcher les femmes : “Ne les rencontrez pas secrètement, à moins que vous n'ayez quelque chose de droit à discuter[57*]”. »

Par la suite, de simple contrariété, le voile s'est transformé en menace. Avec les retombées de la deuxième Intifada, en Israël, en 2000, et des attaques contre le World Trade Center l'année suivante, le peuple français finit par s'apercevoir que ses écoles secondaires – du moins dans les quartiers de forte présence arabe – étaient devenues des foyers d'antisémitisme et d'autres formes d'intimidation et de violence. En 2002, Emmanuel Brenner (un pseudonyme de l'historien Georges Bensoussan) réunissait les textes d'un livre de deux cents pages, *Les Territoires perdus de la République*, rapportant des dizaines d'incidents où des élèves jetaient des injures à tonalité ethnique à leurs professeurs et perturbaient ouvertement des cours consacrés à l'Holocauste de leurs commentaires lourds de sens. Le livre fit, dit-on, forte impression sur le président Jacques Chirac. Que ces incidents aient coïncidé avec la propagation du port du voile dans l'école fit de ce voile, du moins aux yeux des Européens, un symbole non seulement de l'identité musulmane, mais aussi d'un islamisme agressif.

Les autochtones européens comprenaient le voile comme l'étendard de la solidarité avec un mouvement politique international violent. Ils cherchèrent à empêcher les jeunes filles de le porter. Mais dans des sociétés libres qui autorisent la liberté d'expression, il n'existe pas de motifs neutres pour interdire une pièce vestimentaire en particulier. Il faut trouver d'autres raisons. Il y avait bien une voie prometteuse, qui consistait à souligner les dangers que présentait pour la sécurité de ces personnes le fait de les laisser circuler la tête couverte. À ce sujet, il y a des précédents. Pendant des siècles, l'Italie a eu des lois contre le port de masques et de déguisements (*travestimento*) en public, et elles ont été invoquées jusque dans les années 1970 lors des poursuites contre les Brigades rouges[58]. Pour des raisons similaires, l'Espagne interdit aux coursiers à moto de pénétrer dans certains bureaux avec leur casque sur la tête[59]. Les deux pays ont invoqué leurs lois sur le déguisement dans des controverses sur le voile. Cela n'avait rien d'extravagant. En 2006, Mustaf Jama, le criminel le plus recherché de Grande-Bretagne à l'époque, accusé d'avoir tué une policière lors d'un cambriolage, réussit à s'enfuir du pays à bord d'un vol commercial vers la Somalie en s'accoutrant du *niqab* de sa sœur[60]. (Fin 2007, il fut arrêté en Afrique et expulsé vers la Grande-Bretagne.)

Mais en général, quand ils se plaignaient des « dangers » du voile, les politiques parlaient de dangers encourus par une réalité plus abstraite : celle de l'ordre féministe européen. Ils entendaient parler de cas de violence sexuelle dans des cités contrôlées par des musulmans. Ils se penchaient sur des endroits comme Rosengård, en Suède, où même les femmes issues de cultures où l'on ne porte pas le voile circulaient voilées. Cela ressemblait à une contagion sous l'effet de l'intimidation ou de pressions exercés par l'entourage, mais cela aurait tout aussi bien pu être perçu comme une simple affaire de vie privée. L'égalité des femmes constituant un principe ferme et non négociable des sociétés européennes modernes, le voile était le plus souvent interprété comme un défi politique, un rejet symbolique du mode de vie occidental.

En Angleterre, une étude de 2007 montrait qu'un peu plus de la moitié des musulmans (53 %) préféraient que les femmes portent le voile. Mais ce nombre masque, chez les jeunes générations, un retournement écrasant en faveur de la tradition. Seuls 28 % des plus de 55 ans étaient favorables au port du voile, contre 74 % des jeunes âgés de 18 à 24 ans[61]. La plupart des sondages réalisés au Royaume-Uni sur le thème de la religion révèlent un durcissement similaire de l'opinion des plus jeunes. Presque le tiers des musulmans britanniques croient que la conversion à une autre religion « est interdite et punissable de mort ». Mais ce chiffre va de 19 % chez les plus de 55 ans à 36 % chez les jeunes âgés de 18 à 24 ans[62].

Ces chiffres ont été recueillis peu après qu'une jeune femme nommée Aïshah Azmi a été licenciée de son poste d'institutrice à Dewsbury pour avoir tenu à enseigner coiffée de son *niqab*. Une cour locale confirma sa révocation, mais ordonna à l'école de lui verser ses 1 100 livres de dommages et intérêts pour l'environnement hostile qu'elle lui avait créé. Le Premier ministre britannique Tony Blair soutint la révocation d'Azmi. « C'est une marque de séparation, dit-il du port du *niqab*, et c'est pourquoi cela met mal à l'aise les gens extérieurs à cette communauté. Personne n'a envie de dire que les gens n'ont pas le droit de le porter[63]. » En réalité, Blair se trompait à deux titres – 98 % des Britanniques, à en croire un *Daily Express* déchaîné, pensaient qu'il fallait interdire le *niqab*. Qu'y avait-il précisément de répréhensible dans cette marque de séparation ? Il n'aurait pas été déplacé, de la part des musulmans pieux, de demander au Premier ministre à quoi correspondaient, à son avis, les perruques que les parlementaires portent à la Chambre des Lords.

Jack Straw, qui venait de quitter son poste de secrétaire aux Affaires étrangères, signala aussi que le voile devenait l'« affirmation visible de la séparation et de la différence ». C'était là un renversement de tendance inquiétant. Straw avait bâti sa carrière politique dans la ville de plus en plus mulsulmane et de plus en plus ségréguée de Blackburn, où la conseillère américaine à la Sécurité nationale Condoleezza Rice fut accueillie avec une telle hostilité lors d'une visite en 2006 que les apparitions publiques qu'on avait programmées avec elle et Straw durent être annulées. Tout au long de sa carrière politique, il avait été un partisan enthousiaste et optimiste du multiculturalisme.

À présent, au crépuscule de sa carrière politique, il admettait qu'il y avait de quoi s'inquiéter. C'est un schéma récurrent dans les affaires relatives à l'Islam – les politiques semblent n'exprimer leurs sentiments véritables qu'à la veille de la retraite, ou après. George Walden, un ancien membre du gouvernement qui ne mâchait pas ses mots, écrit lui aussi que, dans les circonstances présentes, il gardait ses pensées pour lui :

> J'étais si inquiet de la situation que je faisais tout mon possible pour suggérer qu'elle était maîtrisée. En temps de crise, il revient aux politiques de jouer une musique d'ambiance apaisante, et il revient aux citoyens de comprendre que les gouvernements ne peuvent pas faire grand-chose d'autre. Ce serait la dernière chose à dire, de la part de ces gouvernements, que d'admettre que nous sommes confrontés à une menace dont nous ne voyons pas la fin parce qu'elle se fonde sur un choc fondamental

> des cultures. Sur l'IRA, nous avons dit la vérité ; sur le problème islamique, nous mentons[64].

Les dirigeants britanniques n'affirmaient pas de valeurs. Ils combattaient une évolution sociale perturbante avec des mesures au coup par coup, en agitant des valeurs seulement après coup. Le véritable fondement de l'action contre le voile, c'était que la société britannique devenait chaque jour un peu plus musulmane, sans le vouloir. Personne ne pouvait déclarer une chose pareille. Tous les arguments devaient reposer sur des principes de neutralité. Trevor Phillips, à la tête du British Council on Racial Equality, se plaignit au plus fort de la controverse autour du voile : « Ce qui aurait dû être une conversation convenable entre Britanniques de tous milieux semble s'être transformé en procès d'une communauté en particulier, et ce n'est pas juste. » Alors qu'était censée faire la Grande-Bretagne ? Avoir une discussion sur la base du principe fallacieux selon lequel *tous* ses citoyens avaient pris l'habitude de porter des tenues religieuses marquant leur séparatisme ?

Apparemment, parce que c'est ce qu'a fait la France.

La loi française contre le voile

Pour revenir au sujet évoqué au chapitre précédent, la France a été le seul pays à ouvrir une procédure constitutionnelle cohérente contre le voile. Elle y est parvenue seulement parce que la France possède une constitution unique en Europe pour son hostilité ou, pour formuler la chose avec plus de modération –, une méfiance envers la religion. En France, la rivalité entre l'Église et l'État est millénaire et a connu bien des péripéties jusqu'à la loi de 1905 qui fut adoptée pour casser le pouvoir de l'Église catholique, qui avait jusqu'à récemment contrôlé les écoles primaires. Elle avait, par ailleurs, exposé la France au déshonneur sur la scène internationale à cause de son rôle dans l'affaire Dreyfus, qui avait vu un capitaine de confession judaïque accusé à tort d'espionnage. L'Église et l'État furent donc séparés, avec une certaine brutalité, et c'est ainsi que fut instaurée la *laïcité*[65*]. Cette dernière diffère de la tradition anglo-américaine en ce qu'elle cherche moins à neutraliser les autorités publiques en matière de religion qu'à neutraliser les institutions religieuses dans les affaires de la vie publique.

En décembre 2003, une commission de vingt membres dirigée par un politique expert de l'immigration, Bernard Stasi, mena une étude de cinq mois saluée par le président Chirac comme une manière de mettre la laïcité à jour, dans une société multiculturelle. La commission recommanda l'interdiction des symboles religieux voyants – pas seulement le foulard, mais aussi la kippah et les grandes croix – dans les écoles publiques et d'autres institutions. À des fins de neutralité, semble-t-il, toute atteinte excessive à la pratique musulmane devait être contrebalancée par des restrictions compensatoires visant la culture majoritaire – même si ces restrictions sont factices et de pure forme. L'interdiction des kippahs et des « grandes croix » était seulement destinée à masquer la singularité de l'Islam. La plupart des gens l'ont compris ainsi. Un chercheur en sciences sociales, Farhad Khosrokhavar, a eu ce commentaire clairvoyant sur l'essence même de ce rapport :

« D'abord, il est de notoriété publique que ce qui est visé est l'Islam et, en particulier, le foulard. Le reste n'est que broutille[66]. »

Là encore, sur le long terme, le prix de la gestion de l'immigration est payé par l'ensemble de la société, sous forme d'une renonciation à certains droits. Les juifs fréquentant des écoles publiques en proie à la violence ont pu considérer la perte du droit de porter la kippah comme un faible prix à payer en échange d'un frein mis par l'État à l'islamisation des institutions. Quant aux chrétiens, ils n'étaient pour ainsi dire pas touchés, car les croix qu'ils portaient en sautoir étaient généralement de petite taille. (En fait, personne n'a jamais pu comprendre ce que ces « grandes croix » désignaient.) Les autochtones comprirent qu'ils n'auraient sans doute pu obtenir meilleur accord.

La loi française sur le voile était aussi peu sincère que les lois danoises sur le mariage, et elles s'appliquaient pour la même raison : l'immense majorité des autochtones les réclamait[67]. À Noël 2003, alors qu'on débattait de l'interdiction du voile, des milliers de femmes voilées défilaient dans Paris, et des dirigeants musulmans – de l'écrivain et universitaire militant Tariq Ramadan à l'agitateur antisémite alsacien Mohammed Ennacer Latrèche – mettaient en garde contre le pire qui était à venir, après l'entrée en vigueur du texte. Mais une fois que la résolution de la France fut clairement affirmée, ces protestations tombèrent à l'eau et seule une poignée d'excentriques persévéra. Le jour de la rentrée à l'automne 2005, seules 12 élèves arrivèrent voilées, contre 639 à la rentrée précédente[68]. Chirac ordonna que le 100e anniversaire de la loi sur la laïcité[69*] soit célébré le plus discrètement possible[70]..

Libération obligatoire

Il serait plus facile de partager le point de vue de Jack Straw, selon lequel il y a en soi quelque chose d'illégitime à soustraire une femme au regard public, si le modèle de comportement alternatif n'était pas si souvent fondé sur des publicités aguicheuses, la téléréalité et (du moins au cours de la décennie actuelle) une vogue de mise à nu des nombrils et de jeans portés au ras des fesses. Plus éloquente que bien des Occidentaux, Ayaan Hirsi Ali a plaidé en faveur de la supériorité de la conception occidentale des droits des femmes par rapport à la conception musulmane. Toutefois, il n'a pas échappé aux musulmans qu'elle l'a fait depuis Amsterdam, une ville qui, en dépit de ses autres titres de gloire, est connue dans le monde pour être l'endroit où des jeunes femmes se tiennent nues derrière des vitrines en attendant que des hommes leur paient une relation sexuelle tarifée. Que l'industrie du sexe où tout est permis trouve sa cause dans le féminisme ou qu'elle lui soit corrélée, celle-ci a toujours été considérée comme une forme d'exploitation plus grave que le choix de porter – ou d'être invitée à porter – un bout de tissu. La « libération » peut aussi faire peser ses propres contraintes sur la liberté des femmes.

Aujourd'hui, en Europe, très peu de politiciens non-musulmans voient la chose sous cet angle. Certains décideurs politiques sont mal à l'aise devant les signes de fracture familiale – par exemple, en Grande-Bretagne, le taux de naissance hors mariage est de 43 % –, mais ceux qui relient leur malaise à leurs doutes sur la libération sexuelle

(Christine Boutin en France, Ann Widdecombe en Angleterre, pour citer ces deux exemples) sont plus souvent tournés en ridicules que suivis[71]. Au sein de l'opinion, l'approbation de la libération sexuelle apparaît presque comme une obligation. Les Européens ne voient pas quelle raison un individu aurait de vouloir préserver sa chasteté ou sa pudeur. Considérons la réflexion impitoyable de Chirac, au plus fort du débat sur le voile, qu'« à l'hôpital, rien ne saurait justifier qu'un patient refuse, par principe, de se faire soigner par un médecin de l'autre sexe[72] ».

Ou considérons la vidéo d'information que les autorités néerlandaises montrent aux candidats à la citoyenneté. La plupart des pays européens veulent s'assurer que les nouveaux venus connaissent assez la langue pour évoluer dans la société et suffisamment le système politique pour exercer leurs droits – l'Allemagne, par exemple, requiert 600 heures de formation linguistique et 30 heures d'histoire. Mais le dispositif de naturalisation néerlandais insiste aussi pour que les immigrants soient capables d'aborder les particularités morales du pays. Il comporte une vidéo qui montre des gays exprimant leur affection en public et des femmes aux seins nus sur une plage. (Une version expurgée est proposée aux candidats qui vivent dans des pays où la possession de cette vidéo violerait la loi.) Wolfgang Schaüble, le ministre de l'Intérieur allemand, a défendu ce film néerlandais et ne serait pas opposé à utiliser un support similaire dans son pays[73]. « Celui qui n'a pas envie de voir ces choses-là ne devrait pas venir s'installer dans un pays où elles font partie de la réalité », dit-il[74].

La réticence de l'Occident à entendre le moindre plaidoyer pour une forme de pudeur corporelle pourrait contribuer à la radicalisation des musulmans. Tahar Ben

Jelloun, romancier français d'origine marocaine, qui a sur ces questions des opinions modérées, voit dans l'hédonisme relatif de l'Europe l'une des causes du voile. Dans un article intitulé « Les Marocains et les raisons du voile », il écrit : « Un certain islamisme est entré au Maroc par l'intermédiaire des émigrants de Belgique et de Hollande. Par peur de perdre leurs filles, les pères les obligent à se couvrir[75]. » Un Danois né en Turquie qui travaille dans une école fondamentaliste intransigeante, à Copenhague, rappelle qu'avant de devenir un fidèle de l'Islam, son principal centre d'intérêt était le disco. Cet intérêt-là était fortement lié à son désir de vivre en Europe. « J'ai lu un roman sur un homme en Suisse, dit-il. Je voulais être comme lui. Il avait tellement d'appétit[76]. »

Malgré ses affirmations très assurées sur l'émancipation, l'Europe est profondément divisée. Sa relation avec sa morale post-religieuse est ambivalente. Comme dans une publicité télévisée pour la bière, le produit (dans ce cas-ci, les « valeurs européennes ») s'enchevêtre tellement avec des promesses hédonistes que l'on ne voit plus où s'arrête l'influence du produit et où commence votre excitation. Michel Houellebecq, à certains égards le plus libertin des romanciers modernes, affirme dans *L'Extension du domaine de la lutte* (1994) qu'un monde où le plaisir sexuel est intronisé au rang de souverain bien n'est pas un monde qui rapproche les gens. C'est un monde dans lequel le fossé entre les nantis et les démunis s'est creusé jusqu'à prendre une nouvelle dimension. Comme il est attentif à de tels pièges, l'Islam – surtout dans sa forme la plus prédicatrice et la plus conservatrice – peut apparaître comme un réel enrichissement, et pas seulement aux yeux des musulmans.

Le parlementaire britannique Denis MacShane nous met en garde contre l'intellectuel islamiste Tariq Ramadan qui « répudie des principes européens essentiels, qui se sont développés depuis Galilée jusqu'au mariage gay[77] ». Mais il ne sert à rien d'étiqueter des dispositions toutes nouvelles relatives aux rapports entre les sexes et à la vie sexuelle comme des « principes européens essentiels ». Essentiels, ils le seront peut-être un jour, quand ils auront subi l'épreuve du temps. Pour l'heure, ce sont des innovations, soigneusement protégées de tout examen parlementaire par les lois sur les droits de l'homme. Ce que les Européens sécularisés appellent « Islam », c'est un ensemble de valeurs que Dante et Érasme reconnaîtraient comme les leurs ; la panoplie de droits de trois ans d'âge qu'ils appellent des « principes européens essentiels » forme un ensemble de valeurs qui laisseraient Dante et Érasme perplexes.

Quand les Européens affirment leurs « valeurs » contre l'Islam, qu'affirment-ils – un héritage religieux ? Un héritage philosophique ? Une morale ? Un style de vie ? Visiblement, ils ne le savent pas. Dans l'une de ses tirades les plus féroces contre l'Islam, la défunte polémiste italienne Oriana Fallaci menaçait d'une guerre tout terroriste islamiste qui endommagerait une série de hauts lieux florentins, à commencer par la cathédrale Santa Maria del Fiore et le Baptistère qui se dresse à proximité[78]. Défend-elle les cathédrales en tant qu'attractions touristiques ? (Si tel est le cas, l'argument est précaire, face à une religion vieille de mille trois cents ans.) Ou les défend-elle comme lieux de culte ? (Si tel est le cas, elle est en rupture avec la plupart des Européens qui s'inquiètent de l'Islam pour le risque qu'il fait courir, d'après eux, au processus de libération des contraintes religieuses en Europe.)

Il n'est même pas clair que les bénéficiaires de la libération sexuelle lutteront pour la défendre. Le journaliste Henryk Broder, du *Spiegel*, observe le comportement des participants aux diverses parades érotiques et fêtes du sexe qui sont devenus l'un des signes distinctifs de l'Allemagne contemporaine[79]. Au Carnaval des Cultures de Berlin, les marcheurs sont enchantés d'accuser Joachim Meisner, cardinal de Cologne, d'être un inquisiteur, ou de dépeindre la chancelière allemande Angela Merkel sodomisée par George W. Bush. Mais ils montrent une grande sensibilité aux préoccupations musulmanes, et l'on n'y entend pas de plaisanteries sexuelles visant des dirigeants qui ont été considérablement moins bien disposés envers la libération sexuelle, comme l'Iranien Mahmoud Ahmadinejad.

L'Islam n'est pas une religion particulièrement prude ; en fait, la plupart des religions sont moins prudes que le Christianisme européen traditionnel, tant catholique que protestant. Comme le souligne le démographe David Coleman, l'ordre sexuel accommodant qui fait partie de la « deuxième transition démographique » constitue une évolution européenne tardive, qui n'est pas si tardive dans d'autres cultures. « Le divorce et la facilité du remariage (pour les hommes) sont traditionnels dans certaines sociétés polygames africaines, écrit encore Coleman, [ainsi que] dans l'Islam et le Japon traditionnel, alors que la cohabitation et les naissances extra-maritales ont été institutionnalisées en Amérique latine et aux Caraïbes, et dans une certaine mesure chez les Noirs américains, un siècle avant le début de la "première" transition démographique[80]. »

Il y a des raisons de croire que les musulmans sont plus proches de s'assimiler à la vie sexuelle et familiale européenne post-religieuse que nous ne le pensions.

Aux Pays-Bas, dans la première moitié de la décennie, les divorces ont augmenté de 46 % chez les Marocains et de 42 % chez les Turcs[81]. Il y a des féministes et des gays musulmans, naturellement, et mêmes des musulmans conservateurs qui vivent souvent à deux pas de ce que l'Europe a de plus moderne à offrir en matière sexuelle. La mosquée très stricte de Munich se trouve en face d'une boîte de lap-dancing[82]. Beaucoup de quartiers à forte prédominance gay sont aussi des quartiers de forte population musulmane[83]. « Les gays sont attirés par la diversité culturelle. Il y a une véritable culture locale de la tolérance », explique Ilda Corti, membre de The Gate, un projet de régénération urbaine dans le quartier à forte présence musulmane de Porta Palazoo, à Turin. Sankt Georg, à Hambourg, est un quartier de mélanges similaires.

Certes. Mais cette courtoisie entre gays et musulmans est très vraisemblablement transitoire et illusoire. Les gays et les musulmans habitent ces quartiers-là en tant que sous-cultures – un résultat de leur relation à la culture dominante, et non le résultat de leur relation mutuelle. Une enquête du *New York Times* sur un night-club turc de Kreuzberg qui organise une soirée gay mensuelle ne révélait pas précisément une communauté confiante. Un Turc de vingt-deux ans réclamait l'anonymat « par peur d'être ostracisé ou pire si sa famille découvrait son orientation sexuelle ». Un Arabe de vingt et un ans refusait de donner son nom au motif que « mes frères me tueraient ». Il subsiste encore des écarts béants entre les sentiments musulman et non-musulman vis-à-vis des gays. En France, les musulmans sont deux fois plus enclins à désapprouver l'homosexualité que les non-musulmans.

Comme le système de séparation de l'Église et de l'État,

notre morale sexuelle actuelle a été forgée en opposition au Christianisme et non à la religion en général. La nouvelle morale sexuelle « relâchée » de l'Occident est plus ordonnée autour de prérogatives masculines que féminines. Elle pourrait bien mieux s'accorder avec la pensée musulmane qu'avec la pensée traditionnelle occidentale. Si la pruderie constitue l'échec sexuel retentissant du Christianisme, le sexisme reste celui de l'Islam. L'Islam traditionnel n'est que partiellement en délicatesse avec les pratiques sexuelles contemporaines, mais pas totalement, comme l'est le Christianisme.

Troisième Partie

L'Occident

CHAPITRE 9

Tolérance et impunité

Les controverses sur le voile en France furent résolues à la satisfaction de la majorité, et sans susciter de troubles chez les musulmans. Mais la loi suscita des réactions à la tonalité menaçante[1]. Le mufti d'Égypte avertit le président Jacques Chirac que la loi contre le voile « détruirait la paix sociale de la société française ». Les Frères musulmans d'Égypte parlèrent « d'ingérence dans le domaine de la liberté personnelle et religieuse des musulmans ». Et Mohamed Hussein Fadlallah, chef spirituel du Hezbollah, le groupe libanais radical, écrivit à Chirac une missive courroucée où il se plaignait d'une « privation de libertés pour les musulmans, même quand ils n'ont pas désobéi à la loi ».

De tels avertissements créèrent un choc. Ils survenaient moins d'un an après que la France s'était acquise la gratitude du monde musulman en s'opposant à l'invasion de l'Irak derrière la bannière des États-Unis. Paris se targuait d'être un interlocuteur privilégié de l'Islam. Il s'avérait maintenant que les dirigeants du monde musulman s'étaient crus détenteurs d'un rôle privilégié en France. Et c'était le cas. Nicolas Sarkozy, alors ministre de l'Intérieur, abrégea ses vacances pour rendre visite à feu Mohamed Sayyed

Tantawi, recteur de la mosquée et de l'institut de théologie d'El-Azhar. À son retour, il annonça que Tantawi lui avait déclaré que la France avait le droit d'interdire le voile.

Voilà donc une initiative de politique intérieure dont le gouvernement français estimait qu'elle requérait le *nihil obstat* d'un ecclésiastique musulman d'un pays étranger. Naturellement, la question se posait de savoir si le monde musulman disposait d'un pouvoir de veto similaire sur la politique extérieure de la France, et de son poids dans les délibérations du président sur la guerre en Irak. C'était certainement un facteur plus important qu'en 1991, quand le président François Mitterrand fut en position d'engager la France dans la coalition de la guerre du Golfe sans montrer la moindre curiosité pour le sentiment des musulmans. Si Chirac avait choisi de soutenir les États-Unis en Irak en 2003, la France aurait-elle vu ses banlieues exploser deux ans plus tôt ? L'Islam devenait-il partie intégrante de la France ou la France devenait-elle partie intégrante du monde islamique ?

L'auto-affirmation politique comme moment charnière

Dans toutes les immigrations de masse, on assiste à un tournant quand les immigrants – ou leurs enfants natifs – finissent non seulement par habiter, mais aussi par modeler leur pays d'arrivée. Les autochtones attendent des immigrés qu'ils deviennent eux-mêmes comme des autochtones avant de peser politiquement. Cela arrive – mais le processus n'est jamais achevé avant que les immigrants ne commencent à s'affirmer. Le moment où les autochtones découvrent qu'ils doivent partager le pouvoir avec des individus à moitié étrangers vivant parmi eux est aussi chargé de tension que le moment de leur arrivée. Selon Oscar Handlin, il y eut une période de calme, après l'arrivée des Irlandais à Boston[2]. Ils étaient presque invisibles, et n'exerçaient aucune influence sur la vie politique ou l'économie. Le Massachusetts, alors probablement la société démocratique la plus avancée d'Occident, se considérait comme éclairé et humaniste[3]. La première génération d'Irlandais de Boston fut accueillie aussi bien que pouvait l'être un tel afflux massif d'analphabètes violents et indigents. Comme l'écrit Handlin :

> Les peurs des natifs n'allèrent pas plus loin car les Irlandais, avant 1845, ne présentaient aucun danger pour la stabilité de la vieille société. Ils faisaient partie d'une minorité à part et, surtout, ils étaient impuissants politiquement. [...] Leurs opinions étaient encore une affaire de jugement privé, sans influence sur la politique de la collectivité. [...] Le groupe dominant n'entreprenait aucune démarche pour limiter les droits ou privilèges sociaux et politiques jusqu'à ce que les idéaux des nouveaux venus menacent de remplacer ceux de l'ancienne société[4].

Au moment où les Bostoniens comprirent que les nouveaux venus pourraient un jour prétendre exercer le pouvoir, un point de non-retour avait été atteint. Avant même que les Irlandais ne prennent même pied dans l'une des institutions démocratiques de Boston, leur domination ultérieure sur toutes ces institutions était certaine. Ce fut à ce stade, dans les années 1850, que les natifs commencèrent d'exprimer des opinions intolérantes, de récriminer ouvertement contre les taux de natalité plus élevés des nouveaux venus, de former des partis politiques radicaux et secrets, et d'entreprendre des démarches actives pour exclure les Irlandais de leurs institutions[5]. Le parti xénophobe Know-Nothing, ainsi baptisé pour son caractère secret davantage que pour son obscurantisme, s'arrogea toutes les fonctions officielles de l'État dans les années 1850. Mais le know-nothingisme n'était pas un programme politique ; c'était un râle d'agonie. Quand les Irlandais furent assez nombreux pour dominer la politique du Massachusetts, plusieurs décennies plus tard, il se transforma en arme de déchéance et d'expropriation de l'establishment du Massachusetts. Dans leur souvenir, les générations ultérieures d'Américains irlandais associeraient cet establishment aux réactionnaires du deuxième stade de l'immigration, celui des Know-Nothing, et non aux Bons Samaritains du premier.

L'Europe a connu une période qui ressemble au premier stade de l'immigration expérimenté à Boston. Puis la France s'est mise à promulguer des lois anti-immigrés à la fin des années 1960, quand ces immigrés commencèrent à protester et à se mettre en grève pour leurs droits[6]. L'Allemagne a brusquement mis fin à son programme de travailleurs « invités » en 1973. La récession provoquée par la crise du pétrole explique en partie cette réaction, mais la première participation des immigrés à des grèves dans l'industrie aussi.

Maintenant, plusieurs dizaines d'années après, une deuxième vague de malaise est née, lorsque les musulmans sont devenus actifs dans les démocraties européennes. Au regard des normes en vigueur en Amérique au sein des minorités politiques, ils sont restés longtemps désengagés, apolitiques et exclus. En 2009, aucun des 577 députés à l'Assemblée nationale française n'était musulman, alors qu'environ 10 % des habitants de France le sont. La Grande-Bretagne est plus avancée à certains égards, moins à d'autres. Son système élaboré de gouvernement local, quoique très affaibli depuis le mandat de Margaret Thatcher, est encore assez solide pour que partout où s'installent des populations immigrées, une classe de dirigeants politiques immigrés grandisse. C'est particulièrement vrai dans des endroits comme Leicester, Blackburn et Bradford, où les autochtones constitueront bientôt une minorité. On compte beaucoup de musulmans au Parlement et même plusieurs à la Chambre des Lords[7]. Mais il n'est aucun autre pays en Europe où les opinions politiques des musulmans divergent plus profondément de celles des non-musulmans.

Les problèmes que traite l'Europe politique sont à la traîne derrière la réalité démographique du continent. Alors que le XXIe siècle était déjà bien engagé, en tout cas jusqu'à ce que l'esprit des électeurs ne se concentre sur l'effondrement financier de la fin 2008, les questions politiques pressantes dans la majorité des pays du continent étaient encore largement celles que les Européens débattaient dans le sillage de la Guerre froide. Elles tournaient autour de sujets sans rapport avec l'Islam, de l'intégration et de l'élargissement de l'Union européenne aux montants des allocations versées par le système de retraite obsolète des agents de l'État, dont les mulsumans ne pouvaient être partie prenante, étant arrivés trop tard. Les nouveaux venus, eux, conservaient leurs préoccupations liées à leur pays d'origine, en faisant leur possible pour les superposer à la politique européenne. Par exemple, l'une des raisons pour lesquelles, pendant des années, les Turcs gravitaient moins autour des verts allemands que des sociaux-démocrates, malgré la vague de recrutement assidue (et unique) de responsables politiques turcs chez les premiers, tient au fait que les verts étaient au premier rang des attaques contre le gouvernement turc sur sa conduite en matière de droits de l'homme[8].

Le vote musulman est néanmoins déjà influent. Seuls quelques centaines de milliers de Turcs allemands votent, mais leur soutien monolithique à Gerhard Schröder pesa dans la majorité extrêmement étroite qui lui valut sa réélection au poste de chancelier en 2002. Les musulmans – tous des immigrés ou descendants d'immigrés, en réalité – ont eu tendance à voter au centre gauche dans tous les pays d'Europe, car le Labour, les partis sociaux-démocrates ou verts furent les plus rapides à reprendre les idées de la gauche américaine sur l'égalité raciale et culturelle – ou, plus précisément, ses tactiques d'organisation des blocs d'électeurs des minorités ethniques. Mais de telles loyautés sont changeantes. Les musulmans promettent leurs voix en fonction des questions soulevées par le 11 septembre 2001 et de ses retombées. Beaucoup de musulmans abandonnèrent le Labour anglais lors des élections de mai 2005 en raison de sa participation à la guerre en Irak – alors que les sondages montraient que la participation britannique à la guerre menée par l'Amérique en Afghanistan aurait suffi à lui aliéner les musulmans avant même la guerre en Irak.

Pour l'avenir, la question n'est pas de savoir si le vote musulman déplacera l'équilibre électoral sur la base des questions litigieuses actuelles, mais de comprendre s'il modifiera ces questions proprement dites, en remettant en question certains aspects de la société européenne aujourd'hui considérés comme établis. Au cours des deux mois qui ont suivi les émeutes de Clichy-sous-Bois, le nombre des électeurs inscrits dans cette circonscription tripla presque[9]. On peut supposer que la plupart de ces nouveaux inscrits n'étaient pas préoccupés par leur taux d'imposition, leur plan d'amortissement ou leurs projets d'infrastructures. Quelles questions leur donnaient donc envie de se faire entendre ?

Intimidation et autodéfense

L'opinion musulmane est difficile à déchiffrer parce que les revendications politiques musulmanes peuvent suivre deux voies : la voix de la raison et la voie de l'intimidation. En général, les musulmans participent avec une extrême bienséance aux systèmes politiques des pays où ils se sont installés. Dans tous ces pays, ce ne sont pas les interlocuteurs raisonnables, non-violents et patriotes qui manquent. Mais les questions touchant directement à l'Islam sortent des compétences des politiques et sont souvent régies par l'intimidation. Cela se ressent dans les familles, à travers les meurtres d'honneur et les violences contre les femmes ; chez les jeunes hommes à travers leur activité dans les bandes. Les autochtones ne le voient guère. Paradoxalement, plus les musulmans se sont intégrés, plus l'intimidation est répandue.

La fatwa de l'ayatollah Khomeini contre le romancier Salman Rushdie fut un tournant à deux titres. D'abord, pour la première fois depuis des siècles, elle contestait l'affirmation de souveraineté de l'Europe sur tous ses citoyens. Rushdie avait beau se dire anglais, cette fatwa présumait implicitement qu'il était d'abord musulman. Il était responsable devant l'Islam de l'apostasie dont *Les Versets Sataniques* étaient la preuve. C'était une grave revendication. Le Coran décrète que l'apostasie doit être punie de mort. Il n'y a nulle part en Occident de majorité de musulmans pour croire que cette peine doive être appliquée. Le plus fort niveau de soutien à une justice aussi draconienne s'observe chez les jeunes musulmans britanniques, 36 % d'entre eux étant en faveur de la peine de mort pour apostasie[10]. Mais il n'est pas besoin d'une majorité de musulmans pour tuer quelqu'un.

L'une des raisons pour lesquelles les Européens n'ont guère prêté attention aux tendances politiques des minorités ethniques, c'est leur foi dans la prise de décision démocratique, qui confine à la superstition. Même si les gens s'inquiètent de ce qui se passera quand les minorités ethniques totaliseront 50,1 % de la population de certaines villes, elles semblent considérer qu'il ne pourrait rien arriver de mal tant qu'on n'en est pas là. Pourtant, des minorités peuvent façonner un pays. Elles peuvent conquérir un pays. Il y avait sans doute moins de bolcheviks en Russie en 1917 qu'il n'y a d'islamistes en Europe aujourd'hui.

Tant que quelques imams influents et autres électrons libres exaltés seront persuadés qu'ils peuvent imposer leurs interprétations théologiques par l'intimidation, aucun musulman ou ex-musulman, si assimilé soit-il, ne pourra écrire ou parler sans avoir le sentiment qu'un individu dangereux regarde par-dessus son épaule. Quand le magazine néerlandais *HP/De Tijd* publia un article de fond sur les convertis islamiques au Christianisme, la plupart des gens qui s'exprimèrent dans l'enquête réclamèrent l'anonymat[11]. Peu avant d'être baptisé catholique début 2008, le commentateur italien d'origine égyptienne et musulman Magdi Allam affirma qu'il y avait en Italie des milliers de « chrétiens masqués » – des musulmans devenus catholiques ou protestants, mais qui dissimulent leur foi par crainte pour leur vie[12].

La fatwa contre Rushdie n'a pas seulement envoyé un message aux musulmans européens. Elle a aussi amené les revendications de l'Islam à englober les vies des Européens non-musulmans. Jusqu'alors, l'hostilité à la liberté d'expression restait liée au repli sur soi. Elle pouvait être comprise comme une manière d'imposer – avec tout l'aveuglement et toute la violence possible – les règles internes d'une communauté. Cette conception s'est brisée. La sentence de mort contre Rushdie n'était pas une idée iranienne –, elle avait été lancée par des musulmans d'une ville fortement peuplée de Pakistanais, Bradford. Mais Rushdie n'était pas membre de la communauté musulmane de Bradford. Il était d'origine indienne et membre de l'establishment littéraire londonien. Si une sentence de mort pouvait être prononcée contre lui, sans parler de tous ses éditeurs et traducteurs, alors les mœurs des communautés immigrées exerçaient désormais partiellement leur influence sur la vie publique britannique.

En 2005, une chroniqueuse maroco-néerlandaise de vingt ans, Hasna El Maroudi, suspendit sa chronique sur un site internet de jeunesse du quotidien national *NRC Handelsblad* quand elle commença de recevoir des menaces de mort suite à des textes qu'elle avait écrits à propos des tensions entre Arabes et Berbères[13]. Était-ce une affaire liée aux relations entre immigrés ou une menace sur la liberté de la presse d'un des journaux les plus respectables des Pays-Bas ? C'était les deux, naturellement, mais ceux qui avaient trop peur de faire quoi que ce soit à ce propos pouvaient toujours écarter le problème en le limitant exclusivement à la première interprétation.

Les communautés immigrées étaient devenues trop importantes pour être placées en quarantaine. Mais le problème allait au-delà. Il résultait aussi des succès de l'intégration, pas seulement au plan international (sous la forme de la mondialisation), mais aussi national. Une génération plus tôt, il n'y avait pas de Salman Rushdie ou de Hasna El Maroudi au cœur des establishments littéraires européens. Subitement, des communautés immigrées n'étaient plus seulement *en* Europe ; elles *étaient* l'Europe.

L'Europe – en d'autres termes, ses citoyens musulmans comme non-musulmans – était sujette à l'intimidation des ecclésiastiques musulmans et de leurs adeptes. Les autochtones européens sentaient leur position faiblir – telle que mesurée à la fois à l'aune de la démographie et de leur volonté. Début 2006, une parlementaire italienne recevait la protection de la police après avoir été déclarée « ennemie de l'Islam » par des religieux iraniens[14]. Au début de la décennie, l'« affaire Luxenberg » éclata dans le monde académique, à propos d'un chercheur allemand spécialiste de la langue arabe, qui avait écrit sous le pseudonyme Christoph Luxenberg, que le Coran, au lieu d'être purement « arabe », avait été fortement marqué par d'autres langues et influences littéraires. C'est l'évidence pour beaucoup de spécialistes, mais il est difficile d'en parler dans le cadre universitaire. « La toute première sourate du Coran contient [au verset 5] un mot latin, explique un professeur d'arabe. Quand j'enseigne l'arabe, je dois expliquer que l'alphabet est une invention postérieure au Prophète de deux siècles. Le Coran ne pouvait contenir de points. Les musulmans ne peuvent l'accepter. Ils insistent sur le dogme d'un Coran purement arabe. Alors le doyen de la faculté compte sur moi pour ne pas expliquer cet aspect. Il me dit que nous ne devons rien enseigner qui soit susceptible de faire fuir les étudiants musulmans[15]. »

On ne saurait citer ici de paroxysmes ou de scénarios du pire, mais plutôt un simple échantillon d'épisodes à faire froid dans le dos, qui circulent par la voie des journaux, des législatures et des habitudes de conversation des gens quand le sujet touche à l'Islam. La série des interdits ne cesse de s'étendre, tout comme les catégories d'individus auxquels ils s'appliquent, en une succession d'étapes bien définies :

1. les musulmans doivent respecter la loi musulmane.
2. les membres de la « communauté » musulmane, même si ce ne sont pas des croyants ou si leurs allégeances vont à la culture nationale au sens large, doivent respecter la loi musulmane.
3. les non-musulmans doivent respecter la loi musulmane.
4. les non-musulmans doivent être au-dessus de tout soupçon de non-respect de la loi musulmane.

Il a fallu cinquante ans d'immigration de masse pour que les Européens prennent peur de leurs minorités. Quand les gens se mettent à faire par peur ce qu'ils faisaient précédemment par conviction ou par générosité, ils ne remarquent souvent pas la transition.

Les politiques de la terreur

Pendant des années, les Européens se sont visiblement inquiétés des attitudes politiques « réelles » des musulmans parmi eux. Le 11 septembre 2001, un complot ourdi en partie à Hambourg, Duisbourg et d'autres villes européennes, venait confirmer des peurs restées silencieuses. Ce fut une journée de réjouissances pour une bonne part du monde musulman, y compris certaines régions de l'Europe musulmane. On signala des célébrations en Belgique et dans la ville de Halifax, en plein West Yorkshire[16], et il y eut des vivats dans les rues de la ville néerlandaise d'Ede[17]. Un sondage du magazine *Contrast* révéla qu'un peu moins de la moitié des musulmans néerlandais se sentaient « en totale sympathie » avec ces attaques[18]. Un quart des musulmans français s'opposaient à ce que l'on aide les États-Unis à remonter la piste des terroristes[19]. Dans la bataille entre l'Occident et l'Islam radical, nombre de musulmans sont ambivalents quant au camp qu'ils doivent rejoindre.

L'ambivalence est surtout visible au Royaume-Uni – le pays européen où les musulmans paraissent justement les plus intégrés dans la vie politique et le monde du travail. Neuf jours après les attentats dans les transports en commun de Londres, en 2005, le Premier ministre Tony Blair dénonçait « l'idéologie maléfique » qui motivait les musulmans radicaux. « Ils exigent l'élimination d'Israël, déclara-t-il, le retrait de tous les Occidentaux des pays musulmans [...] l'instauration effective d'États talibans et de la loi de la charia dans le monde arabe engagé sur la voie d'un califat de toutes les nations arabes. Nous n'avons pas à nous demander quel type de pays seraient de tels États[20]. » Les musulmans britanniques n'étaient pas unanimes dans leur opposition à toutes ces évolutions. Taji Mustafa, représentant de l'Hizb ut-Tahrir, une organisation qui défend le rétablissement du califat, dit ainsi : « Mon défi, à moi, c'est d'aller à Whitechapel et de demander : Remettez-vous en cause l'État d'Israël ? Croyez-vous en la loi de la charia ? » Hassan Butt, un aspirant jihadiste de vingt-cinq ans, porte-parole du groupe radical al-Muhajiroun, alla plus loin. Plus tard cet été-là, il affirma : « La majorité des musulmans de ce pays ne se soucient pas de l'Islam modéré ou radical ; ils se soucient de leur existence au jour le jour. Ils sont contents comme cela. Mais parmi ceux qui sont pratiquants, la majorité est de mon avis. La différence, c'est que certaines personnes se prononcent publiquement et d'autres gardent le silence[21]. » (Depuis lors, Butt a renoncé à ses propres idées jihadistes.)

Dans pratiquement tous les sondages, les musulmans britanniques se distinguent pour leur radicalisme sensiblement plus net que dans les autres populations musulmanes d'Europe. En fait, ils sont plus radicaux que les musulmans d'un bon nombre de pays musulmans. Un sixième des musulmans britanniques estiment les attentats suicides contre des cibles militaires au Royaume-Uni justifiés[22]. Ils sont presque deux tiers (63 %) à juger les Occidentaux « arrogants » – un niveau de méfiance plus élevé que celui constaté au Nigeria, en Indonésie et en Turquie[23].

Ce sont en partie des tendances de l'Islam dans les pays d'origine qui entraînent cette mutation. Comme la plupart des musulmans britanniques sont Pakistanais, Bengalis ou Indiens, la majorité des quelque 1 500 mosquées de Grande-Bretagne ont sans doute leurs racines dans le soufisme de l'Asie centrale et du sous-continent indien. Mais le soufisme que pratiquent la plupart des Pakistanais âgés en Angleterre est devenu un vestige dans leur pays d'origine, comme le français que l'on parle au Québec. Les immigrants ayant commencé d'arriver en masse en Grande-Bretagne voilà plus d'un demi-siècle, cet Islam plus modéré a perdu du terrain dans le sud de l'Asie, face à des tendances plus expérimentées et plus virulentes. L'école Deobandi, fondée au Pakistan au XIXe siècle, est devenue plus conservatrice, plus méfiante envers les cultures non-islamiques, sous l'influence du wahhabisme saoudien (et de son argent). Depuis la guerre d'Afghanistan, dans les années 1980, les madrasas très intransigeantes de Deobandi se sont répandues dans tout le Pakistan. Jamaat-i-Islami, le mouvement sectaire et très politisé lancé par le journaliste Abu A'la Maududi en 1941, a grandi par bonds successifs depuis les années 1960, et il représente un courant influent au sein du premier groupement musulman d'Angleterre, le Muslim Council of Britain (MCB). Le MCB n'a pas de statut gouvernemental officiel, mais il revendique le pouvoir de s'exprimer au nom de presque toute la population musulmane[24]. En Grande-Bretagne, « courant dominant » et « modération » ne sont pas forcément synonymes.

Un Projet de rapport sur les jeunes musulmans et l'extrémisme qui a fait l'objet d'une fuite du Home Office en 2004 indiquait que l'une des principales sources de danger chez les jeunes était « la perception d'une "partialité" dans la politique étrangère britannique qui prêche la démocratie mais pratique ou tolère l'oppression de l'Oumma (la nation unique des croyants), par exemple en Palestine, en Irak, en Afghanistan, au Cachemire et en Tchétchénie ». À une majorité écrasante, les Britanniques musulmans s'opposent à toute intervention dans le monde arabe et musulman. Et, selon le sondage consulté, ils sont entre 64 % et 80 % à s'opposer à toute participation britannique à la guerre en Afghanistan[25].

Les Européens n'étaient toutefois pas en position de force pour accuser ces points de vue de déloyauté, et nombre d'entre eux n'avaient pas l'intention de récriminer. Après tout, quand les musulmans défilaient dans des manifestations anti-guerre, leurs concitoyens, chrétiens ou non, marchaient à leurs côtés. Selon la formule d'un parlementaire allemand, « les jeunes gens qui sont de gauche sont fiers d'être Allemands parce que nous n'avons pas de soldats en Irak[26] ». Il désignait par là tous les jeunes, et pas seulement les jeunes musulmans. Pourquoi les musulmans devraient-ils être punis pour professer des opinions que de nombreux Européens arborent comme un symbole méritoire ?

Cette question a semé la confusion partout en Europe. À Turin, suite au 11 Septembre, le radical marocain Bouriki Bouchta a incendié un drapeau italien, conspué Israël et parlé en faveur d'Oussam ben Laden. Il eut beau changer d'avis et de ton après les attentats de Madrid en 2004, il a été expulsé vers son Maroc natal fin 2005. Après quoi, il a fait appel à des avocats et déployé des efforts inlassables pour être à nouveau admis dans la Péninsule. Il basait sa défense en partie sur le fait que son comportement aurait été perçu comme tout à fait ordinaire s'il avait été membre de l'extrême-gauche italienne. « En un sens », rappelle la journaliste italienne spécialiste de l'Islam Francesca Paci, qui couvrait l'affaire, « il s'est trop comporté comme un Italien[27]. »

D'un côté, l'opposition est un droit. De l'autre, c'est un droit qui a été accordé trop tôt à certains immigrés musulmans – avant qu'ils ne soient devenus des citoyens et qu'ils n'aient appris la différence entre dissensus et subversion. C'est ainsi que l'Europe s'est subitement retrouvée face à un grave problème, et peut-être le dernier auquel elle se serait attendue au début du XXIe siècle – la résurgence de l'antisémitisme.

Antisémitisme et antisionisme

Le plus long épisode de violence et de vandalisme antisémite jamais survenu depuis la Seconde guerre mondiale a débuté à l'automne 2000, en même temps que l'insurrection palestinienne connue sous le nom d'Intifada de la mosquée al-Aqsa. Dix-huit mois plus tard, des juifs étaient harcelés et agressés dans les rues de France au rythme d'une demi-douzaine d'incidents par jour. Des cocktails Molotov furent lancés sur des écoles juives et des commerces détenus par des juifs, des synagogues furent brûlées par des manifestants pro-palestiniens agitant des svastikas et portant des répliques des ceintures d'explosifs de kamikazes.

Confronté à la critique internationale pour ne pas avoir réagi plus énergiquement, le ministre des Affaires étrangères, Hubert Védrine, déclara : « Il n'y a pas d'antisémitisme en France », et le président Jacques Chirac reprit ce sentiment à son compte. Ils étaient sincères. Selon eux, aucun pays en Europe n'exerçait plus de vigilance contre l'antisémitisme que la France – et ils avaient raison. Mais l'antisémitisme que les autorités et la société françaises avaient été formées à combattre était surtout celui du sectarisme de l'Église catholique issu de l'affaire Dreyfus à la fin du XIXe siècle et de la France de Vichy dans les années 1940. Ces deux sociétés étaient aisément différentiables de la nôtre. Elles étaient hostiles à la « diversité ».

La menace qui pèse actuellement sur les juifs d'Europe vient de cette diversité même. Parmi les immigrés musulmans, l'aversion envers les juifs (pour employer un euphémisme) est endémique. Un rapport du gouvernement français notait que, dans les écoles à dominante immigrée, tout ce qui était considéré comme minable, abîmé, cassé, sale ou indésirable était réuni sous l'épithète *feuj*[28*] [29]. Qui plus est,

> les insultes, les menaces, les agressions, bien ciblées cette fois-ci, se multiplient à l'encontre d'élèves juifs ou présumés tels, à l'intérieur comme à l'extérieur des établissements ; elles sont généralement le fait de condisciples d'origine maghrébine. Dans les témoignages que nous avons recueillis, les événements du Proche-Orient ainsi qu'une sourate du Coran sont fréquemment invoqués par les élèves pour légitimer leurs propos et leurs agressions. Ces justifications peuvent aller jusqu'à assumer les persécutions ou l'extermination des juifs. L'apologie du nazisme et de Hitler n'est pas exceptionnelle : elle apparaît massivement dans d'innombrables graffitis, notamment de croix gammées, et même parfois dans des propos ouvertement tenus à des instituteurs, professeurs et personnels d'éducation[30].

La plupart des agressions perpétrées dans la rue avaient été menées par des bandes plus ou moins organisées de jeunes de milieux arabes. Avec son énorme population musulmane, c'est la France qui a le plus été frappée par l'antisémitisme, mais c'était là un schéma répandu dans toute l'Europe. Des tombes furent profanées dans des cimetières juifs de Londres et Manchester, des jeunes lancèrent des œufs sur la parlementaire d'origine juive Oona King durant une cérémonie commémorative de la Seconde guerre mondiale[31] et, en 2006, selon le Community Security Trust de Londres, le total annuel des attaques antisémites en Grande-Bretagne atteignait six cents incidents[32]. Une synagogue essuya des coups de feu à Oslo[33]. Vingt boutiques juives furent vandalisées à Rome[34].

Comme les Américains, les Européens avaient développé une série de stéréotypes sur l'intolérance. Le racisme était le fait d'une catégorie immuable de criminels (des chrétiens blancs aisés) contre une catégorie immuable de victimes (les pauvres, les gens de couleur, les colonisés, les opprimés). On partait du principe que les actes antisémites, s'ils devaient resurgir un jour, seraient impeccablement parés des oripeaux de l'idéologie du fascisme continental pratiqué dans les années 1920 et 1930. Le changement de protagonistes laissa les Européens désorientés. Le nouvel antisémitisme était si éloigné des stéréotypes habituels que l'opinion – surtout la partie de l'opinion éduquée à la vigilance contre le racisme – fut incapable même de l'identifier. Une étude de l'Union européenne sur l'antisémitisme, destinée à être publiée en 2003, révéla le rôle capital des bandes musulmanes. Mais elle fut mise au placard, peut-être en raison de l'incrédulité de ceux qui l'avaient commanditée[35]. Quand elle finit par être diffusée, un an plus tard, elle était accompagnée d'un communiqué de presse de la délégation de l'ONU auprès de l'Union européenne affirmant que « le groupe le plus important d'auteurs d'actes antisémites semble être composé de jeunes Européens blancs mécontents. L'autre source d'antisémitisme dans certains pays était composée de jeunes musulmans d'Afrique du Nord ou d'origine asiatique ». Mais ce n'était pas ce que montrait le pointage de ces incidents. Les musulmans constituaient la première catégorie de leurs auteurs, et pas une catégorie secondaire.

Dans presque tous les pays européens, la majorité des autochtones faisaient preuve d'une sensibilité presque neurasthénique à tout ce qui, dans leur conduite ou leur passé, renvoyait à l'antisémitisme, mais on n'exigeait aucune introspection similaire de la part des musulmans – en fait, ceux qui la demandaient étaient vite censurés. Quand le théologien Pieter W. Van Der Horst, à Utrecht, proposa de donner une conférence d'adieu sur « L'islamisation de l'antisémitisme européen », l'administration de l'université l'annula purement et simplement[36].

Les incidents antisémites sont redevenus un problème récurrent de la vie européenne. Ils ont tendance à fluctuer au gré des événements du Moyen-Orient. D'un bout à l'autre de la planète, de jeunes musulmans se laissent aisément gagner par une frénésie délirante anti-israélienne, sous l'effet de mythes urbains, de diatribes propagées par Internet et de chaînes de télévision par satellite arabes montrant des reportages sur diverses opérations militaires et antiterroristes. Du fait de médias de plus en plus segmentés et ciblés, la télévision exerce sur les immigrants et les minorités l'effet opposé à celui qu'elle avait eu sur la génération précédente. Tandis que la BBC leva jadis les barrières entre communautés, al-Jazeera les érige. Les émissions d'information que les immigrés reçoivent – de plus en plus sophistiquées, de plus en plus électrisantes et qui font la part belle à des clips au montage très rapide, sur le modèle de MTV, avec des musiques à vous faire battre le cœur très vite – dressent le portrait d'un Israël fauteur d'atrocités spectaculaires et gratuites. Au cours de la dernière décennie, beaucoup de jeunes musulmans européens ont décidé de se joindre à la lutte des Palestiniens pour un État indépendant (lutte, au passage, qu'ils discréditent), avec de vagues notions de vengeances envers les juifs. Et ceux qu'ils avaient à portée de la main étaient leurs voisins européens.

Aux États-Unis, l'inquiétude par procuration au sujet de conflits dans des pays ancestraux est un comportement assez normal à la deuxième et troisième génération d'immigrants. Les musulmans pro-palestiniens d'Europe peuvent à certains égards être comparés à des partisans américains d'origine irlandaise de l'IRA. Ils ont une relation assez incohérente avec leur pays de résidence. Il leur inspire simultanément de l'ennui (car il semble avoir résolu quantité de problèmes de survie au quotidien) et du ressentiment (car face à ses prétentions d'envergure mondiale, la culture de leurs parents et de leurs grands-parents paraît bien piteuse et marginale). Se retourner vers sa communauté ancestrale pour prendre part à un grand drame peut procurer un sentiment de plénitude à des vies qui se sentent fragmentées.

Mais il y a des différences. La plupart des musulmans européens ne sont pas du tout d'ascendance palestinienne. Et l'agitation au nom de la Terre des Ancêtres (un lieu géographique spécifique et lointain) n'a rien à voir avec l'agitation au nom de l'Oumma (la communauté abstraite de la foi musulmane, dont les lois lient les musulmans où qu'ils soient). La collecte de fonds pour l'IRA n'avait aucun effet sur la vie politique des États-Unis, sauf, on l'espère, celui de troubler la conscience des agitateurs. L'Oumma a bel et bien des prétentions sur l'Europe, et pas seulement sur le Moyen-Orient. « Deux millions de musulmans vivent au Royaume-Uni, souligne l'historien anglais David Cesarani, et s'il est un élément qui unit cette population diverse, c'est l'hostilité envers Israël et ses défenseurs de la diaspora[37]. »

Comme l'antiaméricanisme et l'antiracisme, la haine d'Israël est un moyen de rejoindre une culture européenne sans avoir à s'y assimiler – de rejoindre l'Europe sur un pied d'opposition permanente. En effet, la rhétorique anti-israélienne n'unit pas seulement les musulmans. Elle unit aussi un segment important d'autochtones européens, en particulier au sein de la gauche politique. De manière étrange, c'est une voie d'intégration. En 2002, Gretta Duisenberg, épouse de Wim Duisenberg, alors président de la Banque centrale européenne, accrochait un drapeau palestinien à leur domicile d'Amsterdam. Au plus fort de la crise des caricatures danoises, en février 2006, la semaine même où des groupes palestiniens menaçaient explicitement (à travers un processus d'association libre) de tuer un Norvégien découvert à Gaza, en Norvège, des membres de la coalition gouvernementale menaçaient d'un boycott de consommateurs – contre Israël[38]. En avril 2006, la Suède refusait de prendre part à des exercices militaires au Moyen-Orient parce qu'Israël y participait[39]. Des Européens jouèrent un rôle marquant à la World Conference on Racism, qui se tint à Durban à l'été 2001, et qui rallia les activistes anti-mondialisation de la planète autour d'un ordre du jour anti-Israël.

Ce n'étaient pas des gestes scandaleux ou des faux pas – l'essentiel de la population européenne au sens large soutenait ses responsables politiques dans de telles initiatives. Dans un sondage de 2003 resté tristement célèbre, les sondés de la majorité des pays européens voyaient en Israël la « plus grande menace contre la paix mondiale ». Sans tout à fait saisir le sens de ce qu'ils faisaient, les Européens avaient tendance à rendre l'État d'Israël responsable de la violence terroriste commise contre lui. L'essayiste américain Paul Berman fut le premier à remarquer l'effet singulier des attentats suicides sur l'opinion publique européenne. Ils provoquaient « une crise philosophique chez tous ceux qui dans le monde voulaient croire qu'une logique rationnelle gouverne le monde ». Il fallait absolument que les attentats suicides aient trait à une injustice intolérable, sans quoi ils apparaissaient comme un simple culte de l'homicide. Pour un continent qui portait encore les cicatrices des cultes homicides du XXe siècle, c'était là une pensée insoutenable. Les Européens s'intéressaient donc plus aux « causes » du terrorisme qu'au terrorisme proprement dit. Plus les kamikazes tuaient d'Israéliens, et plus ils les mettaient à mort avec une cruauté impitoyable, plus l'opinion publique se retournait contre Israël. Et ces protestations contre Israël, relevait-il, « fluctuaient dans le monde en tandem avec les attentats suicides, et pas en tandem avec les souffrances du peuple palestinien[40] ». La première fois qu'il la formula, cette analyse de Paul Berman parut excentrique, mais on finit par lui donner raison. L'hostilité européenne envers Israël a diminué depuis la construction d'un mur entre l'État hébreu et la

Rive Ouest – qui n'a rien changé à la justice ou à l'injustice de l'occupation israélienne, mais qui a spectaculairement réduit le niveau des attentats suicides.

Les Européens se servaient-ils des réactions scandalisées de leur minorité arabe à propos d'Israël pour effrayer les « défenseurs de la diaspora » de ce dernier ? Si les autochtones montraient peu de comportements antisémites actifs, ils témoignaient encore moins de leur inquiétude au sujet de l'antisémitisme musulman. Il leur apparaissait comme un sujet de complainte légitime exprimé de manière irresponsable. John Denham, président de la commission d'enquête parlementaire des Affaires intérieures au Royaume-Uni, déclarait en 2005 : « Ce n'est pas une exagération de dire que la politique israélienne dans les territoires occupés n'est pas simplement une affaire de politique étrangère – c'est aussi une affaire qui concerne la politique intérieure de sécurité britannique[41]. » John Denham, un homme de principe qui a démissionné du gouvernement Blair à la veille de la guerre en Irak, n'a sans doute pas évalué de quelle manière ce message serait compris, mais il plaçait les juifs anglais dans une position absolument épouvantable, qui différait peu de la position du bouc émissaire qu'ils occupaient depuis des siècles : s'ils ne renonçaient pas à Israël et à toutes ses œuvres, on les tiendrait pour responsables de tout préjudice qui en résulterait pour la population britannique non-juive, sans doute à travers le terrorisme.

Les Européens disposaient désormais de deux catégories pour comprendre la violence contre les juifs : l'antisémitisme (une haine des juifs inexcusable, celle contre laquelle ils avaient été consciencieusement endoctrinés) et « l'antisionisme » (l'opposition à Israël, qui peut revêtir des formes responsables et irresponsables). C'est une distinction parfaitement valide en théorie. On peut s'opposer aux politiques d'Israël sans être antisémite ; on peut même s'opposer à l'existence d'Israël sans être antisémite. Mais en pratique, cette distinction a eu l'effet de blanchir l'antisémite en le réintroduisant dans les courants politiques dominants de l'Europe. La cause pouvait être défendue au nom de l'antisionisme, mais les juifs d'Europe étaient attaqués parce que juifs – ils n'avaient pas à remplir de questionnaire au préalable. En pratique, l'antisionisme et l'antisémitisme étaient des manières approbatrice et désapprobatrice de désigner la même chose.

« Le communisme du XXIe siècle »

Ces dernières décennies, l'Holocauste a été la pierre angulaire de l'ordre moral européen. « Dépasser le passé » (*Vergangenheitsbewältigung*, pour employer le terme allemand) est une entreprise morale solennelle, presque religieuse – pour le meilleur et pour le pire. Cet ordre moral a été un succès pendant des décennies, confinant l'antisémitisme aux franges les plus retranchées de la vie européenne. Tout d'un coup, il avait en un sens échoué – de manière spectaculaire, subite, totale. En 2005, 62 % des crimes haineux avaient des juifs pour victimes[42]. Cet échec ne résultait pas de la *Vergangenheitsbewältigung*. Alors que les juifs étaient diffamés, agressés et se faisaient même tuer, la morale fondée sur l'Holocauste continuait d'être proclamée avec vigueur. Les Européens conservaient ce que Pierre-André Taguieff appelait une « hypermnésie » des excès totalitaires du passé, quoique sélective[43]. Une répugnance sincère envers l'antisémitisme d'obédience nazie et l'Holocauste continuaient de faire partie du fondement moral de l'Europe du XXIe siècle.

L'ordre moral bâti sur le souvenir de l'Holocauste a échoué non parce qu'on l'aurait abandonné, mais parce qu'il a été appliqué sans discrimination. Le système européen du souvenir et du repentir était une discipline morale, pas une « lubie » sur laquelle les juifs et d'autres minorités pouvaient miser pour en retirer une considération particulière chaque fois qu'ils étaient mêlés à une querelle politique communautaire. Il restait, de toute manière, très peu de juifs pouvant prétendre à pareille considération. Toutefois, sous la pression de l'immigration de masse, le repentir post-Holocauste devint le modèle de régulation des affaires de toute minorité pouvant exciper de façon plausible d'un grave motif de contrariété. Les musulmans européens formaient un groupe ethnique européen vivant, prospère et confiant, avec quantité de revendications à faire valoir.

Une fois sur le continent, les musulmans occupèrent une position privilégiée dans tous les débats publics sur les droits des minorités : ils étaient des « victimes », eux aussi. Désavantagés en Europe et sous occupation en Palestine (ils la percevaient ainsi, même n'étant pas Palestiniens), beaucoup de musulmans estimaient que leur communauté offrait aux Européens natifs un objet d'introspection et d'autoflagellation morale plus approprié que les juifs eux-mêmes. Un nombre croissant de musulmans se voyait en fait comme les « nouveaux juifs ». En décembre 2005, l'auteur d'extrême-gauche Ziauddin Sardar publia en première page du *New Statesman* un article intitulé « The

Next Holocaust ». Le maire de Londres, Ken Livingstone, mit en garde sur le malaise des Britanniques envers le voile « qui renvoie tout à fait à la démonologie de l'Allemagne nazie[44] ». En 2006, Livingstone fut suspendu de ses fonctions quatre semaines pour avoir comparé un journaliste juif à un garde de camp de concentration.

Alors que les juifs accumulaient des « rivaux » ayant intérêt à les déloger de leur position de premières victimes d'Europe, le système fut soudainement renversé. L'idéologie de la diversité et de l'harmonie ethnique, qui s'était toujours attirée les ricanements pour son caractère bien-pensant et politiquement correct, devint le moyen par lequel la furie antijuive se trouva réinjectée dans la vie européenne. Loin d'oublier les leçons de l'Holocauste, les antisémites et les antisionistes étaient obsédés par elles. C'était une trousse à outils rhétorique. Si, apparemment, les musulmans étaient les nouveaux juifs, alors les juifs étaient les nouveaux nazis.

On a vu des comiques que « le peuple élu » faisait ricaner, surtout et notamment le talentueux Dieudonné Mbala-Mbala, moitié Français, moitié Camerounais[45]. On a vu des gangs de rue composés de Noirs antisémites, comme la Tribu Ka, patrouiller rue des Rosiers comme une sorte de Freikorps postmoderne, en tentant de fomenter une guerre urbaine selon la logique hallucinatoire qu'il fallait que quelqu'un résiste aux « *milices* » juives (allusion transparente à la Milice de la collaboration). En juillet 2006, la Tribu Ka fut finalement interdite, peu après avoir perturbé un service de commémoration en hommage à Ilan Halimi, le vendeur de téléphones portables juif mentionné au chapitre 6, qui avait été torturé à mort pendant trois semaines par un gang africain qui s'était baptisé « les barbares »[46].

Dans la foulée de la crise des caricatures danoises, un groupe basé à Anvers, la Ligue arabe européenne, publia une bande dessinée représentant Hitler nu au lit avec Anne Frank, lui suggérant : « Tu mettras ça dans ton journal, Anne. » Le dirigeant boutefeu de la Ligue, Dyab Abou Jahjah, avait des aspirations moins religieuses et plus nationalistes que celles de la plupart des radicaux européens du monde musulman. Il circulait entouré d'un détachement de gardes du corps et soutenait les luttes arabes partout, surtout contre Israël – mais aussi contre l'Europe, où il fallait d'urgence créer une nation arabe. Il concevait cette caricature d'Anne Frank, comme des « représailles » contre celles publiées dans le *Jyllands-Posten.* « L'Europe a également ses vaches sacrées, s'écriait un Abou Jahjah triomphant, même si elles ne sont pas religieuses. »

Cette saillie d'Abou Jahjah n'était pas seulement odieuse, elle était obtuse. Il ne se trompait pas, certes : l'Europe avait ses tabous et ses vaches sacrées. Ce qu'il ignorait, c'était que ses disciples et lui en étaient les principaux bénéficiaires. Abou Jahjah était-il assez sot pour croire que les juifs d'Europe étaient les principaux gagnants de l'ordre moral de l'après-guerre ? Pour la plupart d'entre eux, il était trop tard. Mais le choc consécutif à leur extermination dans la conscience européenne avait rendu le continent on ne peut plus sûr pour les autres communautés. Une immigration de l'espèce de celle qui amena un tel nombre de musulmans en Europe aurait été impensable sans l'introspection morale angoissée que l'Holocauste suscita dans son sillage. Une telle immigration aurait provoqué la méfiance, la xénophobie et la violence. Il ne faut pas beaucoup réfléchir pour comprendre comment l'Europe – déduction faite de sa culpabilité autour de l'Holocauste – aurait réagi à un groupe de pression arabe radical basé en Flandres.

Le « dépassement du passé » avait tenu les pulsions intolérantes de l'Europe en lisière pendant un demi-siècle[47]. Il n'avait pas trop mal rempli son office. Il n'avait pas seulement fourni aux immigrants un espace pour respirer, mais aussi un espace d'impunité pour les pires d'entre eux. Le nouvel antisémitisme n'était pas seulement une recrudescence du racisme. C'était un antisémitisme qui avançait sous la protection de l'antiracisme, comme l'a montré Alain Finkielkraut dans un certain nombre d'ouvrages retentissants. « [J]e pense qu'aujourd'hui la noble idée de "guerre contre le racisme" est en train de se transformer graduellement en une idéologie hideusement fausse. Et cet antiracisme sera pour le XXIe siècle ce que le communisme a été pour le XXe : une source de violence[48]. »

CHAPITRE 10

Résistance et jihad

L'Islam est longtemps resté sur le déclin, mais le monde l'a aujourd'hui réintégré dans ses préoccupations. Les gens sont surtout sensibles au terrorisme qui se commet en son nom, particulièrement en Europe. Bien avant le 11 Septembre, le monde arabe a été la source principale de violence terroriste touchant l'Europe, l'Angleterre et l'Espagne exceptées. Mais entre la fin de l'été 1972, quand des terroristes palestiniens ont assassiné dix-sept athlètes israéliens aux Jeux Olympiques de Munich, et le 26 décembre 1994, quelque chose a changé. Cette nuit-là, le GIGN prit d'assaut un Airbus d'Air France, le vol 8969, sur l'aéroport de Marseille, tuant les quatre terroristes du Groupe islamique armé algérien (le GIA) qui avaient détourné l'appareil, et blessant plusieurs passagers et membres d'équipage. Les terroristes avaient prévu de précipiter l'appareil contre la tour Eiffel ou la tour Montparnasse.

Dans l'intervalle, l'Islam n'était pas seulement devenu la sphère culturelle d'où était issu le terrorisme, mais la cause au nom de laquelle on commettait ces actes de terreur. Et c'était une cause qui séduisait un nombre croissant de musulmans européens. Khaled Kelkal, poseur d'une bombe dans un TGV Lyon-Paris, se livra à une série d'attentats meurtriers en 1995. Safir Bghouia, qui tirait à la mitrailleuse et à coup de lance-roquettes antichar porté à l'épaule en hurlant qu'il était « un fils d'Allah », lança un assaut meurtrier contre des fonctionnaires de police, puis blessa mortellement le directeur de cabinet du maire de Béziers, une semaine avant les attaques du 11 Septembre[1]. Emportés par le romantisme de la rébellion islamique, les musulmans européens qui étaient apparus pleinement assimilés – comme Mohammed Bouyeri et Mohammed Sidique Khan – faisaient à nouveau défection, vers leur identité ancestrale.

À l'évidence, de tels épisodes posent un problème aux politiques. D'un côté, les citoyens de tous les pays européens placent constamment le terrorisme en tête de la liste de leurs préoccupations : de l'autre, à travers l'immigration et l'accroissement naturel, l'Europe continue de devenir de plus en plus musulmane. Le consensus fut résumé par un politique de premier plan en 2006 : « La première chose à faire, c'est de maintenir la migration distincte du terrorisme[2]. »

Mais c'était là un vœu qui tentait de se faire passer pour une analyse. Comme l'écrit le journaliste Lawrence Wright dans son étude de référence sur al-Qaida :

> Ce que les recrues tendaient à avoir en commun – outre leur urbanité, leurs origines cosmopolites, leur éducation, leur facilité avec les langues et leur maniement des ordinateurs –, c'était leur déracinement. La plupart de ceux qui rejoignaient le jihad le faisaient dans un autre pays que celui où ils avaient été élevés. C'étaient des Algériens qui vivaient dans des enclaves françaises d'expatriés, des Marocains en Espagne ou des Yéménites en Arabie Saoudite. [...] L'Islam leur fournissait leur point commun. C'était davantage qu'une foi – c'était une identité[3].

En fait, la migration a beaucoup à voir avec le terrorisme. C'est en partie ce qui rend ce dernier si difficile à combattre.

Pauvreté, emploi, grandeur perdue et autres griefs

Qu'est-ce qui génère le terrorisme ? Il est naturel de supposer que le terrorisme, comme la guerre, est la continuation de la politique par d'autres moyens, et qu'il doit y avoir un grief politique en son cœur. Les sanglants attentats à la bombe de Madrid, en 2004, lancés par des Marocains liés à al-Qaida vivant en Espagne, sont le meilleur élément de vérification de cette vision clausewitzienne, car : 1) al-Qaida est opposé à la participation de l'Espagne à l'intervention anglo-américaine en Irak ; 2) il en était de même de 90 % des Espagnols ; 3) le candidat socialiste José Luis Rodriguez Zapatero fit campagne contre la guerre d'Irak ; 4) ces attentats modifièrent le résultat d'une élection, dont les sondages le donnaient perdant.

L'argument selon lequel Zapatero devait sa victoire non pas aux attentats à la bombe mais à la mauvaise gestion de l'information de l'opinion par le Parti populaire à la suite de ces attaques est très répandu en Espagne. On avança que le gouvernement de Jose Maria Aznar (mais pas le candidat du Parti populaire, Mariano Rajoy) avait essayé de tromper le pays en l'amenant à croire que les terroristes basques de l'ETA, et non, al-Qaida étaient derrière ces attentats. Une discussion approfondie de cet argument sortirait du champ de ce livre, car elle requerrait une chronologie précise des soixante-douze heures entre les attentats du 11 mars et l'élection du 14 mars, et une connaissance détaillée des personnalités politiques, des rouages policiers et des procédures militaires espagnols.

Mais l'explication n'est pas convaincante. La surveillance de l'ETA conduisit les responsables du renseignement espagnol à craindre un attentat à la veille du scrutin. Les poseurs de bombes se procurèrent leurs explosifs à travers les canaux de l'ETA. Et, après ces attentats, les responsables politiques socialistes étaient tout aussi « certains » que ceux du Parti populaire que l'ETA en était l'auteur. Cette allégation de tromperie du Parti populaire puise probablement sa force dans les exigences psychologiques de la démocratie espagnole encore débutante. Les Espagnols avaient besoin de croire, comme l'auraient cru la plupart des Européens, que leur gouvernement avait été porté au pouvoir par des débats espagnols internes et non par l'intercession armée d'un adversaire venu de l'étranger. Pourtant, dès son accession au pouvoir, Zapatero ordonna immédiatement la sortie d'Irak des troupes espagnoles, refusa de respecter l'alliance de l'Espagne avec les États-Unis et lança à sa place ce qu'il appela une « alliance de civilisations » avec l'Islam.

Que les attentats espagnols aient été ou non le résultat direct de sa politique en Irak, la capitulation de l'Espagne par référendum sera sans doute la dernière en son genre avant longtemps, et ce pour des raisons pragmatiques. Il n'existe plus de terroriste partenaire de la négociation capable de formuler des demandes claires et de proposer une contrepartie crédible – contrepartie qui donnerait nécessairement un coup d'arrêt au terrorisme. Le 11 septembre 2001, Oussama ben Laden était au moins un partenaire de négociation possible. C'est-à-dire qu'il jouissait d'un certain prestige dans le monde musulman, il commandait la phalange de terroristes la plus nombreuse et la plus efficace, formulait des exigences et menaçait de violences si ces exigences n'étaient pas satisfaites.

Mais cette structure de commandement a été largement décapitée par la guerre contre le terrorisme, et al-Qaida est maintenant moins une structure de commandement qu'une idéologie visant à semer un maximum de destruction au milieu de ce que la propagande islamiste appelle « l'alliance entre les juifs et les croisés ». Il n'y a aucune ligne de conduite que l'Occident puisse adopter pour désamorcer les griefs des terroristes, car ces griefs sont nombreux et changeants. Il n'est même pas possible de dire si le motif fondamental de récrimination d'al-Qaida et d'autres organisations sœurs est géostratégique, métaphysique ou sociologique. Concerne-t-il « l'occupation » des terres musulmanes, sous la forme de bases militaires américaines ou de gouvernements musulmans que les musulmans européens n'approuvent pas ? (Si tel est le cas, il paraît étrange, pour des musulmans, de souhaiter faire sauter des pays européens dont tant de leurs coreligionnaires sont citoyens.) S'agit-il d'un objet plus vague, comme la « lamentation sur la grandeur passée » si souvent invoquée et diagnostiquée dans le monde musulman ? (Si tel est le cas, il semble curieux que la lamentation de l'Europe sur sa grandeur passée aboutisse à un comportement exactement inverse – une tendance au pacifisme.)

Il est encore plus compliqué de mettre le doigt sur les griefs politiques qui seraient derrière les attentats suicides dans les transports londoniens en juillet 2005. Ils ont été perpétrés par des terroristes locaux qui peuvent tout aussi bien être de purs imitateurs d'al-Qaida ou des terroristes ayant reçu un entraînement du même al-Qaida[4]. Certes, ils désapprouvaient la politique irakienne de Londres. Mais l'Irak n'était jamais que l'un des nombreux sujets de récrimination mentionnés par Mohammed Sidique Khan dans la vidéo de son attentat suicide, et ce n'était pas celui qu'il mettait le plus en avant. Comme nous l'avons remarqué, les chiffres des sondages suggèrent que l'implication de la Grande-Bretagne dans l'occupation de l'Afghanistan suffit à valoir au terrorisme une sympathie considérable au sein de la population musulmane. Il en est de même de tout soutien à Israël. Dans bien des cas, c'est aussi vrai du sentiment qu'ont les musulmans d'Europe d'être des citoyens de deuxième classe. Le rôle de l'Allemagne, fondatrice et porte-étendard de la coalition européenne hostile à la guerre d'Irak, ne lui épargna pas une tentative d'attentat dans la ville d'Ulm, organisée par trois terroristes qui mirent à feu une bombe composée de trois quarts de tonne de peroxyde d'hydrogène hautement concentré, en septembre 2007. À cette époque, à lui seul, le Land du Bade-Würtemberg avait identifié des centaines d'individus potentiellement suspects de terrorisme[5].

Faute d'avoir une notion claire de ce qui enflamme tant ces terroristes, plusieurs pays ont procédé par tâtonnements et idées préconçues, avec l'intention avouée de prévenir tout motif de plainte susceptible de germer dans l'esprit courroucé de tel ou tel musulman. Un rapport inter-agences de haut niveau préparé pour Tony Blair début 2004 établissait que « moins d'1 % » des musulmans britanniques s'engageaient dans le terrorisme, par une voie ou une autre, chez eux ou à l'étranger. (On espère bien que oui, puisque ce 1 % représenterait déjà 16 000 terroristes, ce qui n'est pas rien.) Une analyse du Department for

Work and Pensions, qui fait partie du même ensemble d'études, indiquait : « La clef de l'engagement de ce groupe [de musulmans] dans une voie positive, c'est, à l'évidence, de réduire la discrimination et de promouvoir l'intégration[6]. » L'usage de cette formule, « à l'évidence », est éloquent. Les Européens vont instinctivement chercher des explications au terrorisme et, en l'occurrence, à tous les défauts des communautés musulmanes, sur le mode « s'ils sont dépravés, c'est qu'ils sont privés de ». Même deux des observateurs les plus judicieux des musulmans de France, Laurence et Vaïsse, ont une explication toute prête au taux élevé d'incarcération des musulmans français. « Du fait de leur aliénation et de leur désespoir, résultant de handicaps socio-économiques, écrivent-ils, les personnes d'origine musulmane constituent une majorité de la population carcérale française[7]. »

Il y a une certaine condescendance à supposer que le programme d'action de ces jeunes musulmans serait déterminé par les actes de non-musulmans. Si les musulmans sont des humains comme les autres, ils ont tendance à construire leurs idéologies à partir des valeurs et des aspirations qui leur sont propres, et non de celles des autres. Ces dernières décennies, les attitudes occidentales envers le reste du monde ont connu de violentes embardées, de l'arrogance coloniale à la détestation de soi. Pourtant, l'animosité des musulmans radicaux envers l'Occident est restée étonnamment constante. Comme on l'a remarqué précédemment, la rhétorique anti-occidentale des « fanatiques religieux » d'aujourd'hui est généralement indiscernable de celle des « nationalistes sans dieu » d'hier. Le terrorisme n'est qu'une facette de l'affirmation de soi musulmane des décennies récentes, affirmation de soi qui n'est pas seulement celle d'une religion, mais d'un peuple.

Gunnar Heinsohn, chercheur en sciences sociales et spécialiste du génocide, soutient que les actes violents de jeunes hommes peuvent être sans rapport avec la moindre vision idéologique[8]. Pour ce qui est du meurtre, la démographie est un aiguillon plus vraisemblable. Les hommes âgés de 15 à 30 ans constituent la partie la plus violente de toute société. Une société accusant un excès d'hommes jeunes dû à une croissance rapide de la population – un « surplus de jeunes », comme l'appelle Heinsohn – s'expose à des difficultés.

Dans une société à surplus de jeunes, il n'y a pas assez de postes de prestige et de standing disponibles pour la génération d'hommes suivante. La jalousie envers les frères aînés, les héritiers, se déchaîne. Il en va de même de l'ambition. L'héroïsme militaire se révèle un moyen éprouvé pour un deuxième, un troisième ou (comme dans le cas d'Oussama ben Laden) un dix-huitième fils pour arracher une position de respectabilité à une société par trop indifférente. Selon le calcul de Heinsohn, la violence est presque inévitable quand les 15 à 30 ans composent jusqu'à 30 % de la population masculine – comme c'est le cas dans la quasi-totalité du monde musulman. Il y a actuellement 67 pays connaissant un tel surplus de jeunes, et 60 d'entre eux sont la proie d'une forme de guerre civile ou de tuerie de masse. La théorie d'Heinsohn ne s'applique pas à la jeunesse musulmane d'Europe, nécessairement, mais elle décrit beaucoup de mouvements à travers le monde avec lesquels certains musulmans européens sympathisent.

Heinsohn remarquait que si l'Allemagne, depuis les années 1960, avait eu le même taux de croissance de sa population que Gaza (9 enfants par femme), elle compterait maintenant 550 millions d'habitants, dont 80 millions de jeunes hommes âgés de 15 à 30 ans. « Pensez-vous que ces 80 millions de jeunes Allemands seraient dix fois plus pacifistes que les 7 millions que nous comptons aujourd'hui ? » demandait un journal germanophone, sur le ton de la provocation. « Ou n'iraient-ils pas plutôt jeter des bombes à Prague, Gdansk et Wroclaw en disant – tout comme les Palestiniens : "C'est notre terre, et elle nous a été retirée pour des raisons historiques avec lesquels nous n'avons rien à voir"[9] ? »

Islam et violence

Si vous suivez cet argument jusqu'à sa conclusion logique, alors les « causes » au nom desquelles l'essentiel de la violence islamique se commet seraient immatérielles ; la violence n'existerait que pour elle-même. C'est à peu près ce que découvrit le journaliste Ahmed Rachid en étudiant les jihadistes les plus endurcis et les plus impliqués, ceux qui allaient porter le jihad en Afghanistan dans les années 1990. « Les jeunes hommes qui s'entraînaient dans ces camps, écrit Rachid, n'étaient pas éduqués dans les écoles islamiques, les madrasas, et ils étaient moins inspirés par l'idéologie islamique extrémiste que par leur désir de voir le monde, de manier les armes et de vivre une aventure de jeunesse[10]. » La religion de l'Islam, au cœur de tant de discussions stratégiques contemporaines, ressemble en l'occurrence à une diversion, à une rationalisation commode pour des gens violents qui refusent de se considérer comme de simples criminels conventionnels. S'il y a choc des civilisations, ce n'est pas nécessairement un choc civilisationnel.

Pourtant, avant d'écarter l'explication que constituerait l'Islam, il convient d'être circonspect. Quel que soit le motif de la violence terroriste, l'Islam est ce que les terroristes en disent. Nous admettrons que ce sont certaines coutumes, et non l'Islam proprement dit qui, au plan intérieur, créent les plus gros problèmes dans la confrontation des musulmans avec l'Occident, depuis le meurtre d'honneur jusqu'à l'excision. Mais le terrorisme jihadiste est différent. Oussama ben Laden ne lutte pas pour la défense des us et coutumes Hadhrami, qui risqueraient d'être balayés par une vague de mondialisation aveugle. Il se bat pour l'Islam. Il y a certes d'autres manières de vivre l'Islam que la sienne. Mais nous en savons désormais assez sur l'existence de feu Oussama ben Laden – sur ses longues heures d'études dans des cursus extrascolaires, sur sa dévotion à l'Islam pas seulement en tant que chef terroriste fort en gueule, mais aussi sur le jeune homme timide qu'il était – pour savoir qu'il a vécu pleinement les commandements de l'Islam, en toute sincérité, tel qu'il les a compris[11]. Des musulmans, y compris des milliers d'entre eux en Europe, ont manifesté leur volonté de suivre cette voie[12].

Naturellement, n'importe qui peut prendre les armes en invoquant la religion. La question est de savoir si la violence de l'Islam naît d'une conjoncture transitoire ou des profondeurs de l'Islam lui-même. Ici, les avis divergent. À la question de savoir si l'Islam était une religion de paix, le sociologue britannique de la religion David Martin répondait : « Eh bien, il cherche la paix, mais à sa manière ». Il citait des observations similaires de l'archevêque de

Canterbury, Rowan Williams, disant de l'Islam que c'était une bonne religion, mais qui accordait un prix élevé à la victoire[13]. Pour certains de ceux qui voient le Coran comme une source de violence, c'est justement cette tendance à la rivalité en son sein qui distingue ses préceptes de ceux que l'on trouve dans le Judaïsme et le Christianisme (du Deutéronome 18:20 aux Actes des Apôtres 3:22-23).

Pour d'autres, c'est l'éthique de l'Islam qui rend ses adeptes plus prompts à recourir à la violence que ceux du Christianisme traditionnel. On invoque souvent l'absence dans l'Islam de toute notion de péché originel. Dans la sourate 14:22 du Coran, par exemple, Satan admet n'avoir aucun pouvoir sur l'homme. Le romancier Salman Rushdie a été un farouche défenseur de cette notion : « La vision du monde par l'Occident chrétien traite des questions de la culpabilité et du salut, une conception qui n'a aucune importance en Orient, où il n'existe ni péché originel ni sauveur. Au lieu de quoi, on y accorde une grande importance à "l'honneur". Je considère que cela pose problème[14]. »

Le diplomate israélien Mordechai Lewy avance le même argument, formulé un peu différemment dans un article de 2003, devenu un classique sur le sujet, où il opère une distinction entre le Christianisme, « culture de la culpabilité », et l'Islam, « culture de la faute ». Selon lui, « dans le conflit ouvert et non déclaré entre les deux cultures, l'Occident ne peut agir librement, en raison des contraintes morales qu'il s'impose. La culture orientale, qui cherche à imputer une faute, n'observe pas cette retenue, qu'elle considère au contraire comme une faiblesse[15]. » Comme de telles questions sont tranchées dans la profondeur de la conscience individuelle des fidèles, elles sortent du cadre (ou de la compétence) de ce livre. On ne les mentionne ici que pour délimiter les contours d'un débat en cours, pas pour y intervenir.

Deux aspects singuliers doivent cependant être relevés sur la relation de l'Islam à la politique, car ils concernent les peurs politiques les plus profondes des Européens envers l'Islam. Premièrement, l'Islam a la charia, un code qui règle tous les domaines du comportement en société (même si cette charia est variée et ouverte à l'interprétation). Deuxièmement, les cultures islamiques ont constamment produit des régimes autoritaires, avec une telle constance que lorsque des chercheurs bien intentionnés veulent fournir la preuve de l'ouverture de l'Islam à la réinterprétation et au débat rationnel, ils doivent généralement remonter aux innovations très éphémères des Mu'tazilites, au IXe siècle[16]. Que des non-musulmans pensent à l'Islam comme à une religion autoritaire par excellence est la source de beaucoup de malentendus vis-à-vis des musulmans, qui avancent – avec raison – que c'est une religion radicalement égalitaire. En théorie, elle devrait être radicalement libre. Elle n'imagine pas de hiérarchie religieuse et, à strictement parler, n'a pas de clergé (au moins chez les sunnites). Or, en ne reconnaissant aucune autorité profane, il se peut qu'elle engendre l'anarchie. Et les gouvernements qui fondent leur légitimité sur une aptitude à introduire de l'ordre dans une situation anarchique sont autoritaires, pour ainsi dire par définition.

Ce paradoxe a sauté aux yeux de l'aventurier britannique Wilfred Thesiger, lors d'un voyage dans le Quart Vide du Rub'al Khali, au milieu du désert d'Arabie Saoudite, après la Seconde guerre mondiale. Considérant les Bédouins qu'il rencontra comme les musulmans originels, archétypaux, il écrivait, dans *Le Désert des déserts*:

> La société dans laquelle vit le Bédouin est tribale. [...] Dans le désert, pour l'individu, il n'y a aucune sécurité en dehors du cadre de sa tribu. Cela permet à la loi tribale, fondée sur le consentement, de fonctionner au sein de la race la plus individualiste du monde. [...] C'est donc un fait étrange que la loi tribale ne puisse fonctionner que dans des conditions d'anarchie et se délite dès que l'on impose la paix au désert, car dans des conditions pacifiques, un homme qui refuse un jugement peut refuser d'y être lié[17].

Dans le monde musulman, les gens se lieront plus volontiers à un gouvernement qui parle au nom de l'Islam qu'à un gouvernement qui s'exprime pour un parti politique rival – et sera éventuellement perçu comme une tribu rivale. Au cours du siècle dernier, on a essayé des alternatives à la théocratie, de la Turquie de Kemal Atatürk à l'Irak de Saddam Hussein, avec des degrés de réussite divers. Mais leur époque semble être passée. Les récents gouvernements en terres musulmanes – ceux d'Irak et d'Afghanistan, sans parler du régime turc post-kemaliste de l'AKP – attribuent tous un rôle constitutionnel fort à l'Islam.

« L'Islam est pacifique »

En 2006, après une investigation menée sur ordre du ministère de l'Intérieur français, quarante-trois bagagistes de l'aéroport Charles-de-Gaulle se virent retirer leurs autorisations de sécurité. Le ministre de l'Intérieur, Nicolas Sarkozy, déclara qu'il était important que ceux qui avaient accès aux pistes n'aient aucun lien « ni de près ni de loin avec des organisations radicales ». Les organisations radicales auxquelles les bagagistes étaient liés étaient musulmanes – sans que Sarkozy ait souhaité le préciser. Les autorités françaises se mirent en quatre pour nier que le culte de l'Islam ait le moindre rapport avec les soupçons visant ces bagagistes, ou qu'il ait aucun poids dans cette enquête. Sarkozy souligna que personne n'avait fait l'objet d'investigations pour des motifs liés à une identité de groupe[18]. « Le fait d'être musulman pratiquant n'est absolument pas un critère retenu, soulignait le sous-préfet des aéroports de Roissy et Le Bourget, Jacques Lebrot. [...] Pour nous, quelqu'un qui va passer des vacances plusieurs fois au Pakistan, cela nous pose des questions. » Ainsi, dans une tentative de s'exonérer de tout soupçon de vouloir contrôler l'Islam, le gouvernement français admettait contrôler les séjours des Pakistanais dans leur pays, auprès de leur famille, et les visites touristiques au Pakistan des autres.

Confrontés au terrorisme islamique, les politiques occidentaux ont réagi en multipliant les déclarations présomptueuses prétendument expertes en matière de théologie musulmane, y compris nombre d'entre eux qui seraient incapables de distinguer un *qadi* d'un *wadi*. Certains sont anti-musulmans, comme le Néerlandais Geert Wilders, situé très à droite, et dont le film *Fitna*, en 2008, diffusé sur Internet, présente le Coran comme une sorte de manuel du terrorisme. Ces politiciens peuvent gagner des voix – à la sortie du film, le parti fondé par Wilders détenait neuf sièges à la chambre base néerlandaise –, mais ils sont considérés par les médias d'information comme de sinistres bouffons et des paranoïaques, et ils sont conspués ou l'objet de sarcasmes. L'écrasante majorité des responsables publics, que ce soit un sous-préfet Lebrot ou un Nicolas Sarkozy, professent la certitude inverse : le terrorisme ne vient jamais empiéter sur la religion musulmane, en aucune façon. Ceux qui défendent cette interprétation « sympathique » de l'Islam s'épargnent certes le ridicule, mais rien ne dit que leur connaissance véritable du sujet dépasse celle de Wilders.

Quelques jours après le 11 Septembre, George W. Bush donnait le ton de telles interprétations, en proclamant que « l'Islam est pacifique ». Dès lors, par définition, le terrorisme ne pouvait avoir aucun rapport avec l'Islam. Sarkozy était plutôt d'accord. « Les attaques du 11 Septembre, écrivait-il en 2004, étaient l'acte d'une secte, d'une mafia terroriste, d'un clan de mégalomanes qui s'est servi de la religion comme d'un prétexte[19]. » Dans son discours télévisé consécutif aux attentats dans les transports de Londres, Tony Blair déclara : « Nous savons que ces gens agissent au nom de l'Islam, mais nous savons aussi que la vaste, l'écrasante majorité des musulmans, ici et à l'étranger, sont des gens honnêtes et respectueux des lois qui abhorrent le terrorisme tout autant que nous. » Quelques jours plus tard, il vantait « la voix modérée, la vraie voix de l'Islam[20] ». Le dirigeant tory et futur Premier ministre, David Cameron, allait dans le même sens. Il insistait pour dire que l'islamisme était « poussé par une interprétation totalement fausse – une distorsion extrême – de la foi islamique[21] ».

De ce point de vue, quel que soit le caractère théocratique de sa rhétorique et de ses prétentions, l'islamisme est toujours un mouvement politique, et non religieux. Évoquant le sujet, des commentateurs américains émettent l'hypothèse de l'« islamofascisme ». Olivier Roy, expert de l'Islam, note que le « tribunal islamique » des victimes d'al-Qaida (qui, les premières années de la guerre d'Irak, se faisaient régulièrement décapiter sur des vidéos diffusées par Internet, pour la délectation des jihadistes de salon) est « directement emprunté à l'extrême-gauche des années 1970, en particulier à la mise en scène du "procès" d'Aldo Moro par les Brigades rouges italiennes en 1978[22] ».

À son âge d'or, le communisme était fréquemment comparé à l'Islam – pas au radicalisme islamique, qui n'existait alors pas sous sa forme actuelle, mais à l'Islam tel qu'on l'a pratiqué tout au long de l'histoire. Le sociologue français Jules Monnerot fit des comparaisons similaires dans les années 1940. Comme il écrivait à une époque où l'Islam était considéré comme une force politique éteinte, nous pouvons supposer que ses observations n'avaient pas d'intention polémique, du moins pas contre l'Islam. Pour Monnerot, ce qui rapprochait le communisme de l'Islam, c'était qu'il s'agissait à la fois d'une religion (quoique séculière) et d'un État universel (quoique embryonnaire)[23]. Comme le communisme, l'Islam défendait un plan détaillé en vue d'instaurer un ordre social et un égalitarisme théorique qui, dans la pratique, se muent souvent en oppression. « Il draine les ressentiments, organise et rend efficaces les impulsions qui dressent des hommes contre les sociétés où ils sont nés[24] », écrit Monnerot. En particulier, les communistes ont déployé « un mythe historique apte à fanatiser des hommes », comme l'ont fait les Fatimides en Égypte et les Séfévides en Perse. À l'époque où le communisme croissait et se propageait, écrit-il encore, on n'avait plus connu de telle idéologie « depuis que l'Europe s'est dégagée du monde méditerranéen » – c'est-à-dire depuis que l'Europe s'est retirée devant les avancées de l'Islam[25].

Pour lui, Staline était une version moderne du « commandeur des croyants » (*émir al-muninin*) musulman, et les fidèles du communisme étaient d'une espèce particulièrement facile à commander. Dans le communisme comme dans l'Islam :

> Le croyant ne croit pas qu'il est croyant : il est en possession de la vérité, c'est-à-dire qu'il prend ce qui le possède pour la vérité. On le voit saisi, pour cette « vérité », d'un attachement actif que la vérité (dans la science) n'a pas coutume d'inspirer, et qu'elle ne demande pas[26].

Employant le jargon de l'époque, Monnerot appelait le communisme un « phénomène social total » qui rompt avec « l'autonomie des sphères d'action » caractéristique de la modernité. L'opposition de type religieux, pensait-il, était précisément de celles qu'un ordre libéral est moins capable de gérer, car elle « aggrave les "contradictions internes" réelles du capitalisme[27] ».

Comparer le communisme à une religion vieille de mille quatre cents ans revendiquant un milliard et demi de fidèles conduit forcément à des simplifications excessives qui masquent autant qu'elles révèlent. Mais si nous comparons le communisme à l'Islam politique radical, l'idée de Monnerot d'un « phénomène social total » est utile. Le plus grand atout idéologique de l'islamisme, c'est l'ampleur de son attrait. Comme le communisme, c'est une idéologie assez vaste pour recevoir une grande palette de griefs, et attirer ainsi des individus de toutes sortes de milieux et de classes sociales différents. En 2005, le *Times* de Londres reprenait les résultats d'une étude gouvernementale montrant que « la plupart des jeunes extrémistes se répartissent en deux groupes : les individus éduqués – étudiants en licence ou diplômés ou avec des qualifications techniques professionnelles en ingénierie ou technologies de l'information – et des individus aux résultats médiocres possédant peu ou pas de qualifications et au passé souvent criminel[28]. » L'islamisme peut être compris par un professeur d'université comme une construction intellectuelle très élaborée, ou perçu comme un cri de bataille par un gamin illettré armé d'une batte de base-ball.

Le lien de l'islamisme avec l'Islam n'est pas la question. Nous sommes en mesure de comprendre que l'islamisme est un ennemi considérable de l'État libéral moderne avant d'avoir une notion claire de sa logique religieuse, et avant de savoir si, en tout état de cause, il entretient un rapport avec l'Islam « véritable ». Prouver que l'islamisme n'est pas la même chose que l'Islam ne le rendra pas moins dangereux.

Mais dire que l'Islam est pacifique, c'est aller un peu trop vite en besogne, en particulier à une époque où l'on décortique des affiliations et affinités éprouvées (comme le « patriarcat ») afin d'y repérer d'éventuelles structures de violence et de coercition. À l'inverse de Gunnar Heinsohn, qui situe l'Islam à part car il ne pense pas qu'il soit la cause principale du terrorisme, les politiques occidentaux semblent placer l'Islam à part car ils craignent, au fond d'eux-mêmes, qu'il n'en soit justement la cause principale. Les politiques ne proclament jamais aussi fort que l'Islam est une « religion de paix » que lorsqu'on fait exploser des bombes en son nom. Si l'idée que ces terroristes ont de la religion est une perversion si manifeste de la réalité, alors pourquoi est-il nécessaire pour les non-musulmans de faire la leçon aux musulmans normaux sur le sujet ? Si l'Islam n'a rien à voir avec le terrorisme, alors pourquoi tous les gouvernements européens éprouvent-ils le besoin de tendre la main aux groupes musulmans après chaque attaque terroriste ?

Musulmans modérés

Tendre la main aux soi-disant « musulmans modérés » reste la pierre angulaire de la stratégie européenne contre le terrorisme. Les musulmans modérés sont ceux sur qui l'on peut compter pour ne pas « déformer l'Islam », ou du moins pour ne le déformer que de manière positive – en bâtissant un « Islam européen » capable d'entrer en relation avec les institutions politiques du continent sans les briser. Commentant les prédictions de Bernard Lewis selon lesquelles l'Islam dominerait l'Europe d'ici la fin du siècle, le sociologue syro-allemand Bassam Tibi expliquait : « Le problème n'est pas de savoir si une majorité d'Européens sera islamisée, mais plutôt quel Islam – Islam de la charia ou euro-Islam – est appelé à dominer l'Europe[29]. » Cette sorte de propos électrise les planificateurs, les visionnaires et les politiques, mais il ne rassure pas spécialement les esprits européens ordinaires. L'euro-Islam ne figurait pas dans leurs manuels scolaires, et ils ne sont pas certains qu'il existe autrement que comme un sous-produit des imaginations politiquement correctes de leurs dirigeants.

Qui plus est, la dynamique qui assurerait la promotion de cet euro-Islam ressemble à celles des négociations de paix israélo-arabes, centrée autour de l'idée d'une « terre de paix ». Le camp occidental rend une chose (la terre) concrète, quantifiable et irrévocable une fois qu'on l'aura donnée. En échange, les musulmans rendent une chose (la paix) vague, subjective et révocable au gré de leur humeur. L'Europe ne peut décider de créer un « euro-Islam » qu'en modifiant ses institutions. Ce qu'elle obtient en retour, c'est l'assurance des musulmans modérés que les musulmans radicaux seront moins mal disposés envers elle.

Personne n'a défini avec un tant soit peu de précision ce qu'est un « musulman modéré », ou si ce terme devait être compris en termes politiques ou religieux. Si un « musulman modéré » est une personne qui pratique l'Islam de façon modérée, alors par définition il en existe une autre version – immodérée. Cette opinion s'inscrit dans le droit fil des attitudes européennes envers d'autres religions – elles restent acceptables tant qu'on ne les prend pas trop au sérieux. Mais sans la conviction sous-jacente qu'il y a quelque chose de spécialement dangereux dans l'Islam, le terme « musulman modéré » n'a aucun sens. Personne ne parle de l'ancien Premier ministre socialiste Lionel Jospin comme d'un « protestant modéré ».

Une vision plus optimiste (et plus raisonnable) voudrait qu'un « musulman modéré » soit modéré au plan politique, quelle que soit sa conception de la religion – ce qui rendrait l'Islam radical si « radical » serait une certaine attitude vis-à-vis de la politique, et pas une certaine attitude envers la religion. C'est le seul sens de la formule « Islam modéré » qui soit cohérente avec l'idée européenne traditionnelle de liberté de religion. Pousser l'identité musulmane dans une direction plus « fondamentaliste » pourrait signifier davantage de contemplation de Dieu et moins de contemplation des griefs[30]. Pousser l'identité musulmane dans une direction plus « conventionnelle », moins pieuse, pourrait encourager la démagogie et les ultimatums politiques.

Les musulmans conservateurs peuvent être subversifs ou patriotes, ou les deux. L'imam conservateur Hassan Moussa d'origine algérienne, mais éduqué en Arabie Saoudite, cet opposant à la mutilation génitale déjà mentionné au chapitre 8, comptait parmi les boutefeux de la Suède au tournant du siècle. Mais après les attentats de Londres, en 2005, il se déclara choqué, et appela à l'instauration d'un conseil pour combattre l'extrémisme. À ce stade, disait-il, « j'ai décidé de supprimer le mot "mais" de mes sermons[31] ». Il signifiait par là qu'il n'essaierait plus d'excuser le terrorisme, au motif que ce serait une réaction excessive à une juste cause. Il ne tira pas grands bénéfices de sa prise de position publique. Il perdit de son influence à la mosquée centrale de Stockholm, mais ses articles dans la presse populaire amenèrent beaucoup de voix modérées de musulmans suédois à sortir de leur mutisme.

La compatibilité de l'Islam avec les institutions libérales est difficile à évaluer. À l'exemple de la plupart des religions, il est perçu par ses fidèles comme l'accession à une forme supérieure de liberté, et l'extrémisme, quand il vient en défense de la liberté, n'est pas un vice. Ainsi, dès lors que vous vous déclarez favorable à la charia, vous ne risquez guère de vous soucier que des individus, des institutions ou des tactiques soient « trop islamiques ». Songez au Liban. Une majorité de chrétiens (53 %) y considèrent l'extrémisme islamique comme une menace pour leur pays, alors que 42 % sont d'un avis contraire. Mais seuls 4 % des musulmans libanais s'inquiètent de l'extrémisme musulman contre 85 % qui ne le redoutent pas[32]. Pour ajouter à la difficulté, les débats les plus complexes sur la relation de l'Islam à la démocratie – par exemple ceux que mènent des intellectuels iraniens comme Akbar Ganji et Abdelkarim Soroush – ne sont pas accessibles à nombre d'Occidentaux. Dans bien des cas, ils n'ont même pas été traduits. Cela tend à dé-démocratiser les débats occidentaux autour de l'Islam, et à les placer entre les mains de comités d'experts. Ces experts traitent avec condescendance les opinions européennes qui doutent que l'Islam soit compatible avec la démocratie, et, en substance, cela revient à leur reprocher de ne pas être titulaires d'un doctorat en théologie et de ne pas maîtriser la lecture du farsi.

Pour l'heure, la modération de l'Islam est un espoir, pas un fait. Pourtant, des dirigeants européens ont tellement misé dessus qu'ils en voient la preuve partout. Par exemple, peu de dirigeants musulmans ont une aussi haute réputation de modération que Mustafa Çeric, grand mufti de Bosnie-Herzégovine, surtout grâce à la force de ses interprétations du Coran, comme celle-ci : « La tolérance religieuse est clairement requise par notre Livre Saint : "Dieu ne vous défend pas d'être bienfaisants et équitables envers ceux qui n'ont pas déclaré la guerre à votre religion et ne vous ont pas chassés de vos demeures" (60:8)[33]. » Voir là un signe de modération, c'est aller un peu vite en besogne. Si ce verset du Coran est assurément ouvert à une interprétation modérée, il invite aussi à d'autres interprétations – pas comme un commandement de tolérance, mais, à tout prendre, comme une autorisation à ne pas être intolérant. Ces formules-là – « qui n'ont pas déclaré la guerre à votre religion » ou « ne vous ont pas chassés de vos demeures » – peuvent être analysées de manière radicale. Elles peuvent signifier la « reconnaissance de l'État d'Israël » ou une « incapacité à intervenir militairement dans le camp des Pakistanais au Kashmir », ou d'autres interprétations auxquelles personne n'avait songé. En fait, c'est ainsi qu'elles tendent à être analysées par les muftis très radicaux que des libéraux comme Çeric tentent de ramener en douceur dans le giron libéral.

Mais enfin, tout le monde n'est pas aussi enclin que Çeric à pousser dans une direction libérale. Immédiatement après les attentats du 7 juillet 2005 dans les bus et métros londoniens, le musulman britannique Massoud Shadjareh, président de l'Islamic Human Rights Commission, condamnait ces attaques – non sans émettre quelques réserves pour le moins étonnantes. « Il convient de séparer ceux qui commettent ces atrocités de ceux qui réagissent avec véhémence contre l'injustice, dit-il. Nous devons encourager cette passion et leur ouvrir dans la société civile des voies où ils pourront remédier à ces injustices[34]. » Sans explicitement soutenir le terrorisme, cette vision des choses considère l'analyse du monde selon al-Qaida comme fondamentalement exacte. Elle passe pour « modérée », mais en réalité, elle se borne à déplacer sur un autre plan l'ultimatum lancé à l'Occident – de la déflagration au recrutement. Al-Qaida prévient que l'Occident doit prendre certaines décisions, au risque de se trouver confronté au terrorisme. Les modérés soutiennent que l'Occident doit prendre certaines décisions, sinon ces modérés rejoindront al-Qaida. Si tel est le choix qui s'ouvre à l'Occident, il est difficile de voir ce que cultiver les musulmans modérés pourrait lui rapporter.

Des voix comme celles de Shadjareh sont de celles que les responsables politiques occidentaux veulent entendre – assez naïvement. Si la première des priorités consiste à trouver des gens assez crédibles aux yeux de la rue pour dissuader les terroristes potentiels, alors l'interlocuteur musulman idéal n'est pas seulement « modéré » mais aussi « authentique ». C'est un individu dont la politique empiète un peu sur celle des terroristes, mais qui renonce au terrorisme. Voilà qui tend un piège aux musulmans eux-mêmes. Après le 11 Septembre, les Occidentaux s'attendaient à des dénonciations énergiques et sans ambiguïté du terrorisme – car de telles dénonciations étaient le seul moyen de distinguer les « modérés » des radicaux. Comme aux États-Unis, la condamnation du terrorisme par les musulmans en Europe n'a jamais été un phénomène assez fréquent ou assez marqué pour rassurer leurs concitoyens. Il y avait là comme un test collectif de loyauté. Dans leur majorité, les musulmans y ont échoué.

En théorie, c'était une injustice foncière. Après tout, pourquoi les musulmans qui se pensent comme Français ou Britanniques devraient-ils se sentir une plus grande obligation que leurs concitoyens non-musulmans de vilipender les auteurs de ces crimes ? Le journaliste américain Kevin Cullen sut percevoir avec exactitude le climat londonien après les attentats de juillet 2005 :

> Les musulmans rappellent que les Américains blancs n'ont pas été tenus pour responsables des actes de Timothy McVeigh, condamné pour l'attentat d'Oklahoma City, et que les Britanniques blancs n'ont pas été accusés d'être les complices des actes d'Harold Shipman, un médecin anglais qui fut emprisonné il y a cinq ans pour avoir tué plus de cinq cents de ses patientes. Alors pourquoi, se demandent-ils, sont-ils non seulement accusés d'avoir produit les terroristes qui ont frappé le mois dernier, mais les a-t-on aussi priés de s'éloigner le temps que les justes et les puissants règlent la question ?

Dans la pratique, il y a une très grande différence. Aucune catégorie d'Américains blancs n'a applaudi l'acte de McVeigh ou déclaré que, même si les moyens employés étaient mauvais, les injustices qu'il dénonçait étaient bien réelles, et qu'ignorer son message appellerait la vengeance. Il n'y eut pas une catégorie de Britanniques blancs pour ne pas considérer que les meurtres d'Harold Shipman étaient des actes répugnants.

Or, la répugnance musulmane fut loin d'être unanime. En 2003, pour le deuxième anniversaire des attentats du 11 septembre 2001, le groupe musulman radical anglais al-Muhajiroun distribua des prospectus appelant à une manifestation qui célébrerait les pirates du 11 Septembre, ces « 19 Magnifiques ». L'événement fut perçu, à juste titre, comme un moyen d'entretenir la furie meurtrière et de recruter de nouveaux terroristes. Pour partie, la réaction britannique à de telles menaces – en particulier après que Londres a été foudroyée par les quatre attentats meurtriers de juillet 2005 – consista à élaborer une législation frappant de peines de prison ou d'expulsion ceux qui « s'attaquent aux valeurs de l'Occident ». Le secrétaire à l'Intérieur de l'époque, Charles Clarke, suggéra que la loi sanctionne des formules comme « À leur mort, les terroristes vont droit au ciel. » Mais que fallait-il sanctionner d'autre, dans cette « glorification » du terrorisme ? Certains se sont demandés si un Irlandais qui célébrait le soulèvement de Pâques 1916 ne tomberait pas sous le coup de cette loi. D'emblée, les autorités exclurent cette hypothèse. Aussi, la « glorification du terrorisme » finit par s'apparenter à la définition de la pornographie par le juge américain Potter Stewart : comme une chose que les gens reconnaissent en la voyant. Au nom de l'universalisme, la Grande-Bretagne adoptait des lois qui ne pourraient être raisonnablement appliquées que grâce à la sagesse populaire.

En avril 2007, presque deux ans après les attentats de Londres, le chef de l'antiterrorisme de Scotland Yard, Peter Clarke, déclara : « Je crois fermement que d'autres individus savent ce qu'il y avait derrière les attentats de juillet 2005 – une information qu'ils n'ont pas partagée avec nous. En fait, ce n'est pas seulement que je le pense. Je le sais de source sûre. » Pressant ceux qui connaissaient des terroristes de contacter les autorités, il ajouta : « Je comprends parfaitement que certains d'entre vous, s'ils nous disent ce qu'ils savent, se soucient des conséquences. Je sais aussi que l'on a activement cherché à dissuader certains d'entre vous de s'adresser à nous. Cela doit cesser[35]. »

Tous les musulmans ne sont donc pas « modérés ». Dire qu'il y a des modérés et des immodérés relève banalement de cette sorte d'euphémisme qui ont valu à George W. Bush tant de critiques de la part des Européens : « Soit vous êtes avec nous, soit vous êtes avec les terroristes[36]. »

Tariq Ramadan et le double langage

Après 2001, la réticence musulmane à parler du terrorisme perturbait les Européens tout autant que les Américains. Ceux qui avaient une connaissance sommaire de la terminologie croyaient que les musulmans usaient de l'ancienne tactique chiite de la *taqiyyah*, la dissimulation autoprotectrice, en concluant aussitôt que rien de ce qu'ils disaient de la religion ou de l'affrontement entre Orient et Occident n'était crédible. Mais en règle générale, les déclarations troublantes des chefs musulmans n'étaient ni lyriques, ni de l'ordre de la *taqiyyah*. Elles relevaient de ce que l'on appelait un « double langage ».

Certains dirigeants musulmans se contredisaient tout bonnement eux-mêmes, en adoptant un discours dans une langue européenne et un autre, très différent, en arabe. On en trouve un bon exemple chez l'imam danois Abou Laban, disparu depuis lors, qui évoquait fin 2005 la nouvelle conception de l'Islam à laquelle travaillait son centre d'études basé à Copenhague, Islam Trossam. « C'est une vision progressiste, qui ne repose pas sur la peur de la culture occidentale. Il n'y a pas de mentalité de ghetto. Les femmes y jouent un rôle important, en parallèle au rôle des hommes. » Quant au terrorisme, il ajoutait : « Si nous découvrions que l'Islam était une menace pour l'Occident, je serais le premier à le combattre[37]. »

Pourtant, au même moment, Abou Laban s'organisait pour susciter le courroux de certains chefs religieux radicaux du Moyen-Orient en leur faisant une présentation tendancieuse des caricatures danoises de Mahomet, publiées quelques semaines plus tôt. Au cours des mois qui suivirent, ces dirigeants émirent des condamnations qui déclenchèrent de violentes protestations dans le monde entier. Et, tout au long de sa carrière, Abou Laban avait fourni d'amples témoignages de cette facette moins modérée de sa personne. En 1995, il donnait une conférence sur « les moyens de nous défendre contre la contamination occidentale » devant le neuvième congrès de l'Institut culturel islamique, situé viale Jenner, à Milan[38]. « Ils acceptent les musulmans parmi eux, ils acceptent le tchador et le mode de vie islamique, déclara-t-il. Dès lors, nous devons faire semblant d'accepter leur religion et leur liberté individuelle. Mais c'est impossible. L'Islam ne peut accepter personne qui ne révère pas Allah[39]. »

Le double langage revêt une autre signification. Le double langage n'est pas la formulation de deux pensées différentes devant deux publics différents. C'est prêcher un message cohérent qui sera compris de manière différente par deux auditoires différents. On en trouve un bon exemple dans l'emploi du terme *respect* par les chefs communautaires pour décrire les aspirations des habitants des ghettos. Pour les travailleurs sociaux et les politiques, ce respect donnait l'impression d'une exigence d'égalité de droits en vertu du système politique français. Pour ceux qui vivaient dans ces ghettos, il avait une connotation punitive, intimidante et fortement liée à une position de pouvoir.

Tariq Ramadan – activiste politique charismatique, auteur prolifique, théologien indépendant et orateur charismatique basé à Genève – est, pour ses ennemis, l'incarnation même du double langage. Ramadan a toujours nié recourir à un quelconque « double discours ». Il a confié à Andrew Hussey du *New Statesman* : « À ceux qui le prétendent, je dis : présentez-moi les preuves. Je suis très clair dans tout ce que je dis[40]. » Il fait la tournée des campus européens pour promouvoir une société apparemment raisonnable fondée sur la loi islamique, et pour demander l'entière reconnaissance de l'Islam dans toutes les institutions européennes. Les Américains sont habitués à ces hommes de Dieu hautement politisés, très éduqués, de toutes tendances politiques et théologiques – Pat Robertson, William Sloane Coffin, Jeremiah Wright, John Shelby Spong et Michael Lerner en sont divers exemples. Les Européens actuels sont moins bien armés pour comprendre le rôle et les opinions de Ramadan, de sorte qu'il peut être difficile de le mettre en face de ses contradictions, même quand on a lu la plupart de ses écrits[41].

Ramadan est le petit-fils (par sa mère) de Hassan al-Banna qui, en 1928, fonda les Frères musulmans égyptiens et, avec eux, le style d'islamisme qui a envahi le monde ces dernières années. Son père, Said, était sans conteste encore plus radical. Même si certains récits publiés suggèrent qu'il travaillait comme informateur de la CIA[42], il était aussi proche de Said Qutb, l'intellectuel égyptien anti-américain dont les écrits ont exercé une forte influence sur les fondateurs d'al-Qaida. Tous deux furent impliqués dans le complot contre le gouvernement égyptien ; Said Qutb fut pendu et Said Ramadan condamné par contumace à une peine de prison[43].

À l'ère de la célébrité médiatique pour n'importe quel fondamentaliste musulman, tout cela fait de Tariq Ramadan une personnalité avec qui compter. Le radicalisme sans vergogne de son frère Hani, avec lequel il travaille étroitement et qui a publiquement approuvé la lapidation de femmes adultères, renforce encore sa crédibilité aux yeux de la rue. Ramadan lui-même affectionne les propos qui ont le don d'inquiéter les Européens les plus impartiaux. Plusieurs mois après les attentats du 11 Septembre, il se contenta de reconnaître qu'il y avait « une très forte probabilité » pour que des terroristes musulmans aient été impliqués dans cet attentat. Il insista néanmoins sur d'autres éventualités, y compris des trafiquants d'armes et de drogue et des intérêts pétroliers et gaziers non spécifiés[44]. De même, il est toujours déterminé à rechercher les « causes objectives » d'atrocités islamiques, y compris le massacre de chrétiens au Nigéria[45], dont il a pu dire : « Il faut considérer la situation avec objectivité et poser un regard critique tant sur les causes – l'homogénéisation mondiale et une occidentalisation parfois sauvage – que sur les conséquences – la tension ethnique et religieuse[46]. »

Mais en règle générale, il a plaidé la cause de l'Islam de manière assez pluraliste pour rassurer les dirigeants politiques du Vieux Continent et servir de passerelle entre musulmans et population européenne au sens large. Il n'a pas exclu le droit à l'existence d'Israël. Il n'est pas misogyne. Dans les pays musulmans, ses adversaires sont souvent des ecclésiastiques ultraconservateurs. Et il a un talent pour les formules sibyllines qui offrent à la fois du grain à moudre à des musulmans sur le pied de guerre et à des Occidentaux quelque peu soucieux : « L'Islam défend la libération des femmes, mais pas aux dépens des enfants. »

Cela ne rassure pas tout le monde. Dans les années 1990, il a été interdit de séjour en France et, à l'heure où nous écrivons ces lignes, il était encore *persona non grata* en Tunisie, en Égypte et en Arabie Saoudite. En 2004, il devait être titulaire d'une chaire de professeur à l'université de Notre-Dame, dans l'Indiana, mais le Département d'État lui a retiré son visa, sur des motifs qui n'ont jamais été clarifiés (mais les autorités de Washington évoquèrent vaguement le Patriot Act). Les conjectures n'ont pas manqué sur les raisons de ce refus d'entrée : le juge espagnol Baltasar Garzon aurait découvert des contacts avec un agent d'al-Qaida. Ramadan aurait déclaré à un fonctionnaire de l'ambassade des États-Unis à Berne que la résistance en Irak était justifiée. Il avait versé une contribution de 600 euros à une fondation palestinienne basée en France (et légale), dont les États-Unis avaient pu établir les liens avec le Hamas. (Sous Barack Obama, le Département d'État américain a annulé le ban en 2010.)

Il s'installa en Grande-Bretagne, passa les derniers mois du mandat de Tony Blair à Oxford, à conseiller le gouvernement britannique[47]. Comme il est actuellement l'exégète le plus écouté des doctrines les plus troublantes de l'Islam – tant par les musulmans que par les non-musulmans –, il est important de comprendre si ses réflexions sur le rôle des musulmans en Occident sont crédibles et sincères. Croit-il que les musulmans puissent devenir de vrais citoyens ou croit-il qu'ils resteront d'éternels étrangers ?

Les musulmans ont traditionnellement traité de telles questions à travers une division du monde en deux parties. Il y a d'un côté le *dar al-Islam* (ou « la maison de l'Islam ») et de l'autre le *dar al-harb* (ou la « maison de la guerre »). Ramadan commence par refuser totalement cette division, pour deux raisons. Premièrement, ces termes proviennent des historiens, et non du Coran. Ils sont appropriés aux trois premiers siècles de la conquête musulmane, croit-il, mais pas à un monde transformé par la colonisation et la migration de masse[48]. Deuxièmement, mis à part quelques frictions autour de la construction des mosquées, les lois européennes accordent aux musulmans une liberté de pratiquer leur foi et d'exprimer leurs opinions qui n'a d'égale nulle part. « On pourrait en conclure, insiste-t-il, qu'en termes de paix et de sécurité, le nom *dar al-Islam* est applicable à presque tous les pays européens, mais qu'il ne s'applique pas le moins du monde à la grande majorité des pays musulmans contemporains[49]. » Il se réfère à l'Europe comme au *dar al-shahada* – ce qui signifie quelque chose comme l'« espace du témoignage »[50].

D'après Ramadan, le problème vient de ce que les valeurs essentielles de l'Europe sont corrompues et immorales. Il a beau ne pas se référer à l'espace géographique de l'Europe comme le *dar al-harb* – il n'en vilipende pas moins le « capitalisme sans âme qui met tout en vente », et il nomme le système européano-américain qui le soustend l'*alam al-harb*: la « demeure de la guerre »[51]. Il a appelé à la « résistance à l'ordre international homogénéisateur[52] » et s'est déclaré « prêt à faire l'impossible, juret-il, pour rejoindre et soutenir tout mouvement de prise de conscience et de résistance, comme le mouvement citoyen que nous avons vu [lors des réunions de l'Organisation mondiale du commerce en 1999] à Seattle[53] ». C'est un habitué de telles réunions anticapitalistes comme le Forum social européen.

Il se laisse aisément confondre avec un banal marxiste européen ou avec un militant anti-mondialisation – un compagnon d'armes d'un mouvement essentiellement séculier qui se trouve être aussi musulman. Comme les islamistes purs et durs sont connus pour tenir le communisme en piètre estime, on pourrait supposer que Ramadan se retrouve en délicate posture devant ses publics musulmans, prenant des risques, osant parler vrai face aux pouvoirs établis. Juger de la sorte – comme l'ont fait un certain nombre de penseurs européens et américains avisés, parmi lesquels Gilles Kepel et Ian Buruma –, c'est comprendre son message comme bien plus séculier, et bien moins religieux, qu'il ne l'est en réalité. Selon Buruma, « Ramadan, comme l'observe Kepel, marche "sur la corde raide", car son socialisme n'est pas toujours du goût des pieux musulmans. Marx (ainsi que le "Juif", le "Croisé" et le "Laïciste") est une figure démoniaque pour les Frères musulmans[54] ». Mais le problème du « socialisme » de Ramadan, c'est qu'il ne recèle pas le moindre contenu positif – aucune théorie politique, matérialiste ou économique. Son gauchisme est purement une évaluation *spirituelle* négative, d'un strict point de vue islamique, de l'ordre moral occidental, dont le « capitalisme » est juste une excroissance et un métonyme. Il est *anti*-ordre occidental sans être *pro*- quoi que ce soit qui lui aliénerait le moins du monde les plus durs des musulmans purs et durs.

Le mot *résistance* est la clef de la pensée de Ramadan. C'est le fondement de tout ce qui, chez lui, peut avoir un double sens. Le mot apparaît presque constamment dans tous ses écrits et discours importants. Il souligne que « dans ma famille, la résistance était une notion essentielle, la résistance contre la dictature et le colonialisme[55] ». Résister n'est pas un verbe démocratique, comme le sont *réformer*, *diverger* ou *s'opposer*. C'est un verbe révolutionnaire. La résistance est ce que l'on oppose à un système qui ne possède aucune légitimité. En 1958, les Français ont réformé leur ordre constitutionnel ; après 1942, ils ont résisté aux nazis.

Dans la vision du monde de Ramadan, les musulmans sont le dernier rempart. Ils sont la dernière force capable de présenter une alternative spirituelle, de dire non à un ordre mondial antispirituel. Si aucune religion occidentale de premier plan n'est jugée digne, ou capable, de tancer le capitalisme, ce n'est pas la faute des musulmans. « En ce qui concerne cet ordre soi-disant “progressiste”, dit-il, le “bastion” catholique et le “bastion” juif ont tous deux capitulé, semble-t-il. Ils se sont adaptés, ils ont même parfois soutenu et promu le nouvel ordre économique. Les seuls qui restent, semble-t-il, ce sont les implacables, les musulmans[56]. »

Les Européens actuels, incapables de se concevoir comme totalement privés de légitimité aux yeux de qui que ce soit, ont choisi de croire que lorsque Ramadan parle de « résistance », et appelle les musulmans à s'y engager, il veut parler en réalité de « réforme ». Or, il ne pense pas réforme. Il pense jihad.

Résistance et jihad

Quand Ramadan décrit – de façon très touchante, il faut le préciser – de quelle manière nous devrions lutter contre l'ordre occidental, il est clair qu'il ne parle pas seulement d'un système économique. Il vise un plus gros poisson. Son raisonnement est métaphysique et même religieux :

> Un être humain qui vit uniquement en fonction de ses désirs superficiels, et dont les besoins ont été pour la plupart fabriqués [par quelqu'un d'autre] n'est plus un être humain. […] Il peut devenir une bête pure et simple, maintenant l'illusion de son humanité, un quasi monstre dont les excès ne sont parfois réfrénés que par un fil de rationalité qui lui sert de laisse. Si cette rationalité est humaine, le monstre est sous contrôle. Mais si cette rationalité ne devait guère être qu'économique ou financière, alors la bête est lâchée et nous pouvons nous attendre au pire, du massacre au génocide, comme nous l'avons trop souvent vu.
>
> Notre religion nous enseigne que la première résistance à ces erreurs est intérieure[57].

Cette résistance intérieure est ce que Ramadan appelle ailleurs le *jihad* :

> Pour la vaste majorité des musulmans, le concept de jihad se réfère à un effort spirituel et, plus généralement, à la résistance. [...] J'emploie ce terme quotidiennement dans ma relation à moi-même. Le jihad est avant tout l'effort que l'on fait sur soi-même pour résister aux forces négatives qui nous habitent. C'est une œuvre de résistance contre sa propre colère, sa propre violence, sa propre cupidité[58].

Ramadan rejette explicitement l'usage du *jihad* au sens de guerre sainte. Cela le place sur la même voie qu'une vingtaine de porte-paroles universitaires de l'Islam en Occident, qui avancent que le « grand jihad » est une lutte pour la maîtrise de soi. Mais est-il réellement exact de dire qu'une majorité de musulmans pense à un « effort spirituel » quand ils entendent ce mot de *jihad* ? Pourquoi est-il d'une importance aussi vitale de maintenir ce terme en circulation dans son sens courant, quand les interlocuteurs occidentaux des musulmans, sans parler de nombreux musulmans ordinaires, le comprennent comme un appel à la bataille ? Méfiants, les Occidentaux modernes ont tendance à complètement expurger leur vocabulaire de tels mots.

Pour être précis au sujet de l'emploi par Ramadan de mots comme résistance et *jihad*, il n'est pas inutile d'en revenir aux écrits de son grand-père. Il serait injuste de se servir des textes d'al-Banna comme moyen d'élucider la pensée de Ramadan si ce dernier ne le revendiquait pas constamment comme une influence, une pierre angulaire et une source de fierté. Les écrits de Ramadan sur son grand-père ont plus une vocation de conservation que de critique, et nous nous limiterons aux textes d'al-Banna que Ramadan lui-même a cités dans son œuvre. Chez al-Banna, la résistance mentale (la conscience) et la résistance politique (la révolution) sont simplement des moyens différents de décrire le même processus cohérent. Pour al-Banna, le pire aspect de la colonisation politique et économique anglaise, c'était d'avoir produit une « colonisation des intimités ». Elle avait formé et déformé les réflexions intimes des musulmans, en les éloignant de la réflexion religieuse. Ainsi, pour les Frères musulmans de l'époque d'al-Banna, exiger le départ des Anglais d'Égypte était un devoir islamique[59]. Vous pouvez être en accord ou en désaccord avec sa vision des choses, mais elle possède sa logique. Il n'y a pas deux sortes de jihad – le « vrai » jihad spirituel et son jumeau maléfique –, même si prétendre le contraire contribue à calmer les nerfs des Européens. Le jihad signifie la reconstitution du lien avec le vrai moi, le moi meilleur, en luttant contre des éléments nocifs, étrangers, non-islamiques, qu'ils se trouvent dans la société ou dans la tête de l'individu.

La victoire de ce moi meilleur était inévitable, du point de vue d'al-Banna, car l'Occident était en faillite spirituelle[60]. Sa civilisation matérialiste était au bord de l'effondrement[61]. « Ce n'est pas une illusion, écrit-il. C'est plutôt dans la loi de la nature, et si cela ne survient pas à notre époque, “alors Allah va bientôt faire venir un peuple qu'Il aime et qui L'aime, modeste envers les croyants et fort envers les mécréants, qui lutte dans le chemin d'Allah, sans craindre le blâme d'aucun blâmeur” [62]. »

Ramadan déclare qu'al-Banna est un pluraliste, au motif qu'il n'a « jamais démonisé l'Occident[63] ». Mais c'est là une lecture excentrique. Au mieux, al-Banna est un pluraliste de type sélectif et asymétrique. Ce qu'il admire dans l'Occident, c'est sa puissance, et ce qu'il admire dans l'Islam, c'est sa sagesse. L'Islam a de la *sagesse*[64*], l'Occident possède un simple *savoir faire*[65*]. Dans une société juste, la puissance doit servir la sagesse, et pas le contraire. Si les musulmans détiennent une vérité, et si les Européens ne possèdent qu'un sac à malice de trucs pratiques, alors le système européen d'ordonnancement de la société – le régime européen des droits – ne saurait avoir de valeur en soi. Il a de la valeur, mais seulement pour les opportunités qu'il offre à la pratique de l'Islam.

Soyons clairs quant à ce que cela signifie. Dès que la pratique de l'Islam est restreinte, le contrat social est nul et non avenu. L'acceptation par les musulmans des pays européens dans lesquels ils vivent ne peut être que provisoire, subordonnée à la volonté de l'Europe de donner libre carrière à l'Islam. L'intégration des musulmans en Europe s'effectuera aux conditions des musulmans. Ou, comme le dit Ramadan : « Elle réussira quand les musulmans trouveront dans leur tradition des éléments d'accord avec les lois des pays où ils sont citoyens, car cela résoudra toutes les questions de double allégeance[66]. » C'est là une déclaration extraordinaire : ce n'est que lorsque les manières d'être européennes seront comprises comme celles de l'Islam que les musulmans leur obéiront. Autrement, non. « L'Islam est un élément qui doit être pris en compte, et qui devra l'être dans le futur, a-t-il dit. Si cette réalité continue d'être niée, cela produira inévitablement une résistance radicale et des heurts[67]. » Est-ce un double langage ? Sans jamais menacer de violence, il avertit l'Occident que s'il ne s'adapte pas aux souhaits des musulmans, d'une manière ou d'une autre, il s'exposera à la violence.

Quand il discute du monde en dehors de l'Occident, le pluralisme et les droits ne semblent guère entrer en ligne de compte. « Le futur des pays musulmans, dit-il, évoluera à travers une réappropriation de leurs [propres] traditions, et à travers une évolution endogène, suivant la pensée et l'état d'esprit intérieurs à la civilisation, quoiqu'en relation avec les autres[68]. » Pour Ramadan, les islamistes du XXe siècle Mohammed Abduh et Jamal al-Din al-Afghani sont exemplaires. « Ils voient la nécessité de résister à l'Occident, à travers l'Islam, tout en en prenant ce qui est utile », déclarait-il à Ian Buruma en 2007[69]. Les islamistes du XXe siècle ont cru pouvoir faire un usage cynique des innovations technologiques occidentales tout en tenant dans le plus grand mépris la culture d'où elles étaient issues. Des islamistes du XXIe siècle comme Ramadan adoptent la même attitude envers les libertés et les droits occidentaux. Pour lui, la liberté de religion n'est pas un bien en soi. C'est un bien parce qu'elle permet la pratique et la consolidation de l'Islam.

Comme al-Banna, il dit ce qu'il dit et fait ce qu'il fait avec l'assurance que l'Occident est sur la voie de l'éclipse. « La vie quotidienne en Europe, écrit-il, avec ses manières de penser et de consommer, ses arrangements avec le travail et le temps libre, ses films et sa musique, finit par modeler, presque inconsciemment, une seconde nature qui ressemble à une prison[70]. » Dans ces circonstances, soulever la question des obligations réciproques, ou demander en quoi l'Islam « contribuera » à la société occidentale, est hors sujet. Pour un penseur comme Ramadan, c'est une impertinence. La contribution de l'Islam à l'occident, c'est l'Islam.

CHAPITRE 11

Libéralisme et diversité

La chose « Europe » existe de plus en plus. La croissance de l'Union européenne, des communications mondiales et la propagation de l'anglais parmi les élites continentales ont toutes rapproché les Européens les uns des autres. Et si Henri Pirenne avait raison d'affirmer que le mouvement vers le nord des musulmans hostiles était responsable de la fondation de l'Europe voici mille ans, alors l'implantation de l'Islam en Europe et l'hostilité envers l'Europe qui couve dans la plus grande partie du monde musulman vont sans doute réveiller la conscience qu'ont les individus d'être Européens, que l'UE se révèle une expression convenable de cette allégeance ou non.

Le problème de l'immigration et celui de l'Islam sont similaires dans tous les pays d'Europe de l'Ouest. Certes, il y a des variantes. La Grande-Bretagne reste, et de loin, le pays européen qui court les plus graves dangers de violence et d'extrémisme politique. La Suède est le pays où la ségrégation est la plus intraitable. L'Espagne, en raison de problèmes préexistants liés à son unité nationale, est le pays le plus exposé au risque de se voir submergé par le simple volume de son immigration. La population turque d'Allemagne réussira, mais s'assimilera plus lentement, surtout parce que sa culture nationale transplantée est trop riche et trop cohérente pour céder. La France aura des problèmes sociaux spectaculaires, mais ses traditions républicaines lui donnent la meilleure chance de pleinement assimiler les enfants et les petits-enfants d'immigrés. C'est le seul pays où un équivalent européen du rêve américain est probable.

Pourtant, depuis des décennies, les conditions d'unification culturelle de l'Europe n'ont jamais été aussi favorables, et c'est en partie dû à l'Islam. Leur fréquentation renouvelée de l'Islam a donné aux Européens une idée plus forte de ce qu'est l'Europe, car elle leur a donné une idée plus forte de ce que l'Europe n'est pas.

L'immigration, l'Islam et l'Union européenne

Comme nous l'avons remarqué plus haut, au cours du dernier demi-siècle, l'entreprise politique centrale de presque tous les pays d'Europe occidentale a été la création de l'Union européenne. L'UE est née de deux accords de coopération internationale signés dans les années 1950. D'abord, la Communauté européenne du charbon et de l'acier (CECA, 1952) chercha à lier les industries allemande et française d'une manière qui ne contribuerait pas à l'éclatement d'une guerre future, comme l'avait fait la tutelle française directe sur plusieurs régions industrielles de l'Allemagne après la première guerre mondiale. Ensuite, la Communauté économique européenne, à l'initiative de la France, de l'Allemagne, de l'Italie, du Luxembourg et des Pays-Bas a visé, avec le Traité de Rome (1957), une harmonisation plus ambitieuse des échanges commerciaux.

Avec le traité de Maastricht, en 1993, la communauté est devenue l'UE, élargie à quinze pays visant une « union toujours plus étroite ». À l'heure où nous écrivons ces lignes, elle en compte vingt-sept.

Dès le début, l'UE a été conçue comme un moyen d'éviter le conflit en se débarrassant de nationalismes par trop inefficaces au plan économique. Elle a grandi – du moins dans l'esprit de ses promoteurs – sous la forme d'un projet visant à se défaire totalement du nationalisme. Mais le « nationalisme » est une entité trop vague pour que des bureaucrates puissent la déraciner. Ce qu'ils peuvent déraciner, c'est la souveraineté nationale. C'est ce qu'a entrepris l'UE, de manière croissante. Et c'est ce qui a rendu l'ensemble du projet de moins en moins populaire.

L'UE n'était pas démocratique, en aucun des sens qu'un observateur neutre peut prêter à l'emploi de ce mot. Elle a tenu des élections pour une assemblée qui se réunit à Strasbourg, mais ce n'était pas une législature constituée en bonne et due forme. En 2005, une proposition de « traité constitutionnel » prévoyait d'y remédier. Il aurait formalisé le rôle du Parlement européen, et transféré d'autres fonctions des États-nations vers les autorités européennes, suivant une procédure extrêmement déroutante (certains diront que c'était intentionnel). Le traité devait être soumis à la moitié environ du corps électoral européen, pour ratification par référendum. Mais les électeurs français l'ont rejeté à une forte majorité et les Néerlandais l'ont aussi repoussé à raison de presque deux contre un. Cette expérimentation démocratique n'ayant pas pu produire le résultat escompté, tous les autres pays qui avaient prévu leurs propres référendums (sauf le Luxembourg) les annulèrent. Le seul qui eut droit de retenter sa chance en votant à nouveau sur la substance d'une union sans cesse plus étroite fut l'Irlande, qui se trouvait être l'un des plus grands bénéficiaires économiques de l'UE. Mais les Irlandais ont eux aussi rejeté la constitution (présentée à leur suffrage sous un nouvel emballage, celui du « traité de Lisbonne ») à une majorité retentissante, au printemps 2008.

On avait toujours supposé que le grand obstacle potentiel au « projet » européen serait la réémergence des anciennes rivalités nationales. Elles menaçaient de mettre à nu les contradictions et les compromis inhérents au projet de l'UE et de miner ses ambitions de plus grande envergure. Au bout du compte, l'immigration joua un rôle aussi perturbateur que le nationalisme.

L'UE dépouillait les gouvernements nationaux de leur capacité à assumer deux obligations liées à l'immigration – la défense des frontières et la défense des cultures – tout en échouant à développer cette capacité à l'échelon européen. Des citoyens des pays de l'UE pouvaient s'installer, voter, travailler, payer des impôts et percevoir des allocations sociales dans le pays de leur choix (même s'il existait des régimes transitoires pour les tout nouveaux membres). En vertu des accords de Schengen, dont la négociation avait débuté dans les années 1980, les contrôles aux frontières entre pays ouest-européens (excepté la Grande-Bretagne et l'Irlande) étaient abolis. Mais la responsabilité de déterminer quels étrangers seraient autorisés à entrer dans l'UE, que ce soit pour y travailler ou pour y chercher asile, revenait à chaque nation individuellement. Sommet après sommet, notamment à Lisbonne en 2000, même les plus favorables à l'UE des dirigeants nationaux refusèrent résolument d'abdiquer leur politique d'immigration au profit de l'UE. Leurs électorats ne l'auraient pas permis.

À l'heure où nous écrivons ces lignes, d'autres tentatives ont été faites pour harmoniser les politiques d'immigration.

La situation qui a résulté de ce mélange d'autonomie démocratique et de mandats de l'UE frôlait la déraison. Elle signifiait que la politique d'immigration de l'ensemble de l'Europe de l'Ouest pourrait être décidée, selon le moment, par tout État membre qui se trouverait être le plus compatissant, le plus laxiste, le plus corrompu ou le plus moralisateur. À l'orée de ce siècle, le pays problématique était l'Espagne. Début 2005, à la veille des référendums néerlandais et français, le Premier ministre socialiste espagnol, José Luis Rodriguez Zapatero, amnistia 700 000 immigrés sans papiers. En Espagne, de telles amnisties n'étaient pas nouvelles. Le gouvernement conservateur de Jose Maria Aznar, le prédécesseur de Zapatero, en avait voté cinq depuis le milieu des années 1990. Mais celle de Zapatero était plus simple et plus vaste que toutes les autres amnisties précédentes combinées. Elle était aussi plus ouverte aux abus. Annoncée plusieurs mois à l'avance, elle fournissait aux étrangers – en particulier à ceux qui résidaient déjà dans d'autres pays européens – une motivation à entrer en Espagne pour y laisser un dossier qui les rendrait impossibles à expulser de quelque pays européen que ce soit.

Cela n'avait que l'apparence de la bonté de cœur. Des ministres et des éditorialistes d'autres pays européens remarquèrent que Zapatero allait récolter le bénéfice de sa « générosité », mais ce seraient les autres, et non les Espagnols, qui devraient payer la note. Une fois naturalisés, ces non-Européens pourraient migrer vers d'autres États membres, comme la France, les Pays-Bas, l'Allemagne, qui offraient des systèmes de protection sociale plus généreux et de meilleurs services de santé. (Dans certains cas, leur migration les *ramenait* dans ces pays où ils avaient vécu illégalement, mais cette fois en tant qu'« Espagnols ».) Un an plus tard, quand l'Espagne fut envahie de boat people africains, Zapatero admit que ses critiques avaient eu raison. Son gouvernement approcha l'UE pour réclamer une aide financière et administrative afin de contrôler ce flot d'Africains. Le Premier ministre se plaignit de ce que la « régulation des conditions d'entrée ne peut être la responsabilité exclusive de ceux qui sont tout près de cette porte » –, exactement la réflexion émise par ceux qui condamnaient l'amnistie qu'il avait décidée.

Donc, dans la pratique, les États membres de l'UE étaient en fâcheuse posture. Ils avaient des devoirs envers les immigrés, mais aucun contrôle sur le nombre des arrivants. Les immigrés avaient des droits qu'ils pouvaient revendiquer dans tous les pays de l'Union, mais des responsabilités qui ne pouvaient leur être imposées que localement, et seulement durant le laps de temps où ils décideraient de rester. Pour remédier à cette situation, les Européens étaient confrontés à une panoplie d'options toutes aussi inconfortables les unes que les autres : supprimer la protection sociale et autres allocations à tous, y compris les natifs, afin de rendre le pays d'accueil moins attractif pour les nouveaux venus ; se retirer des accords de Schengen ; transférer encore plus de pouvoir à l'Europe, dans l'espoir que les autorités de Bruxelles limiteraient les amnisties unilatérales ; ou prendre leurs distances vis-à-vis de tout le projet de construction de l'UE. Ils choisirent cette dernière option, et à la première occasion possible – en se retirant du référendum constitutionnel[1].

Le projet de faire entrer la Turquie dans l'Europe

Rien ne vint davantage miner le soutien populaire à l'UE que la décision de la Commission européenne de présenter la Turquie comme un modèle de l'Islam « modéré », « séculier » que l'Europe aspirait à accueillir à l'intérieur de ses frontières, et d'engager les négociations pour admettre Ankara, avec un statut de membre à part entière. De fortes majorités d'électeurs néerlandais et français partisans du « non » à la Constitution européenne citèrent la Turquie parmi leurs principales sources d'inquiétude relatives à l'UE[2]. La Turquie est un pays en croissance rapide. Avec une projection de population à 100 millions d'individus d'ici au milieu du siècle. Dès son admission, elle dominerait le Parlement européen. Comme le revenu par habitant y est égal à seulement 20 % de celui de l'UE, l'afflux de travailleurs éclipserait tout ce que l'Europe a connu auparavant. La Turquie n'est européenne qu'au sens où 5 % de sa masse terrestre se situe à l'ouest du Bosphore. Le reste s'enfonce profondément en Asie et au Moyen-Orient, et elle a des frontières communes avec la Syrie, l'Irak et l'Iran. La guerre qu'elle mène depuis plusieurs décennies contre les séparatistes kurdes ne donnera à aucun Irlandais ou à aucun Danois le sentiment qu'il serait de son devoir de patriote d'aller y combattre. Culturellement aussi, la Turquie est lointaine : 90 % des Turcs n'approuveraient pas de vivre au voisinage d'un homosexuel et 62 % jugent « parfaitement acceptable » pour un homme d'avoir plus d'une épouse.

Peu avant d'être élu pape sous le nom de Benoît XVI,

le cardinal Joseph Ratzinger qualifia ces négociations de l'UE de « grave erreur ». Elles poursuivaient un but « anti-historique », dit-il, car les racines islamiques de la Turquie la placent en « contraste permanent avec l'Europe »[3]. Il n'avait pas tort, semble-t-il. Les trois quarts (75 %) des Turcs estiment important que l'Islam joue un rôle influent dans le monde[4]. Ils votent aussi en ce sens, comme en attestent les quatre gouvernements islamiques – un radical et puis trois, plus modérés à certains égards, conduits par l'AKP – qu'ils ont porté au pouvoir depuis les années 1990. Depuis la fondation de l'État par Atatürk dans les années 1920, la modération religieuse y a été imposée non par la voie d'un consensus populaire, mais par une armée qui conçoit la répression de l'Islam politique comme son rôle principal. Les Européens ont insisté pour que la Turquie se « démocratise » afin de rejoindre l'UE – en commençant par écarter son armée de la vie politique. Ankara s'y est conformée. Face à une volonté populaire de plus en plus affirmée, le pays s'est éloigné encore davantage d'un « sécularisme » qui pourtant constituait, aux yeux de l'Europe, la principale justification de son recrutement.

L'Européen de la rue avait une inquiétude : si, pour ses dirigeants, la Turquie c'était l'Europe, alors n'importe quoi ferait Europe dans leur esprit. À l'échelle du continent, seul un tiers des Européens soutenaient l'accession d'Ankara[5]. Dans aucun pays membre, une majorité démocratique ne soutenait cette admission à l'UE et, dans certains d'entre eux, l'opposition atteignait une proportion de cinq contre un. L'enquête Transatlantic Trends du Marshall Fund montrait que 46 % des Français considéraient l'entrée de la Turquie comme une « mauvaise chose », contre tout juste 10 % qui parlaient d'une « bonne chose ». Dans les hautes sphères de la bureaucratie de l'UE, cette opposition systématique des opinions publiques semble n'avoir amené personne à réfléchir.

L'admission de la Turquie s'est révélée d'une importance extrême pour les dirigeants musulmans d'Europe : elle ne signifierait pas seulement qu'une nation musulmane était en bons termes avec ses voisins européens, mais que l'Europe avait accordé une place à l'Islam, comme s'il était l'une de « ses » religions. Oguz Ücüncü, un dirigeant de la branche allemande du groupe religieux nationaliste Milli Görüs, ne s'y est pas trompé. Voici ce qu'il écrivait durant les négociations sur l'accession de son pays à l'UE : « Si la Turquie ne peut pas faire partie de l'Europe, la prochaine étape sera que les musulmans non plus[6]. » Cela expliquerait aussi pourquoi, alors même que l'UE est tombée à des niveaux de popularité ayant entraîné le rejet des référendums dans l'ensemble de l'Europe, sa popularité chez les immigrés reste au zénith, atteignant 85 % dans certains sondages, selon le chercheur irano-suédois Massoud Kamai. « Jamais vous ne deviendrez Suédois, expliquait-il, ou du moins, ce n'est pas vous qui en déciderez. Mais le cas échéant, vous pourriez choisir d'être un Européen[7]. »

L'essor de conceptions légalistes de l'identité comme celles de Kamal reste l'un des résultats presque inévitables d'une forte immigration. Une étude sur l'identité réalisée par l'Institute for Public Policy Research (IPPR), un *think tank* du parti travailliste britannique, montrait que 51 % des membres des minorités d'Angleterre se considéraient comme « Britanniques », contre 29 % chez les Blancs. En revanche, 52 % des Blancs se considéraient comme « Anglais », contre 11 % chez les minorités. Un spécialiste des questions d'éducation, et l'un des concepteurs du

« curriculum de la citoyenneté » britannique, Sir Bernard Crick, aujourd'hui disparu, notait : « Pour l'immigrant, la britannicité est essentiellement une structure juridique et politique. Elle n'a pas de sens culturel. Quand l'immigrant dit “je suis Britannique”, il ne dit pas qu'il veut être Anglais, Écossais ou Gallois[8]. »

C'était le modèle d'appartenance de l'UE : vous êtes une personne eu égard à votre culture et vous en êtes une autre au regard de la loi. Vous pouvez être un Européen officiel (juridique) même si vous n'êtes pas un « vrai » Européen (culturel). Cette désagrégation de la personnalité personnelle et de la personnalité juridique paraît tolérante et libératrice, mais elle a son revers. Les droits sont attachés à la citoyenneté. Dès que votre citoyenneté devient une construction juridique, il en est de même de vos droits. Ils cessent d'être inaliénables. La politique illustrée par l'UE commença de se déliter quand Pim Fortuyn – un professeur extravagant, gay, ex-marxiste, ex-sociologue – avertit que l'Europe était en train de jeter le bébé culturel avec l'eau du bain nationaliste. Il ne saurait y avoir d'Union européenne sans identité européenne.

Pim Fortuyn et la faiblesse de l'Occident

Pendant des décennies, les Pays-Bas ont mené une politique délibérément multiculturaliste, sous l'intitulé : « Intégration avec maintien de sa propre identité ». Ceux qui formulaient même les avertissements les plus pondérés en soulignant que cette politique sapait la culture commune du pays étaient régulièrement censurés. Comme on l'a remarqué plus haut, quand Frits Bolkestein, le dirigeant du parti de centre-droit, dans les années 1990, défendit la position selon laquelle les immigrés musulmans qui avaient pris plusieurs épouses à l'étranger ne devraient pas être autorisés à les amener en Hollande, il essuya les réprimandes des jeunes de son parti. Entre-temps, toute opposition déclarée à l'immigration était considérée comme l'équivalent d'une incitation à la haine raciale. Hans Janmaat qui, dans les années 1980, avait fondé le minuscule parti Centrum sur un programme d'arrêt de l'immigration, fut poursuivi en justice pour ses opinions.

Dans l'opinion, ce climat changea soudainement. Début 2002, Pim Fortuyn se présenta à un scrutin national en qualité de candidat anti-establishment, tête de liste du parti Leefbaar Nederlands (Pays-Bas Vivables). Sans jamais avoir été particulièrement pro-américain, il avait été ébranlé dans le tréfonds de son être par les attaques contre le World Trade Center, à l'automne précédent. Il percevait la tolérance neutre de l'État batave vis-à-vis des cultures exogènes, surtout des cultures musulmanes, comme une menace mortelle planant sur le pays. Les réflexions de Fortuyn ne tardèrent pas à devenir trop radicales, même pour les radicaux de Leefbaar Nederland, et il fut contraint de faire campagne en tant que candidat d'un parti qu'il avait lui-même créé, la Liste Pim Fortuyn.

Sa vision du multiculturalisme était originale, sophistiquée et déroutante. En un sens, il est surprenant qu'elle ait soulevé la controverse. Grand bénéficiaire du multiculturalisme, d'abord comme catholique néerlandais, plus tard comme homosexuel, il défendait le système des libertés occidentales précisément pour les mêmes raisons que l'establishment multiculturaliste. Il partageait la vision qu'avait ce dernier des temps médiocres de l'histoire néerlandaise – colonialisme, guerre coloniale, collaboration avec les nazis. Il partageait aussi sa vision de ses temps forts – un traitement de plus en plus égalitaire des femmes, des non-blancs, des juifs et des homosexuels.

Mais c'était aussi là que leurs chemins se séparaient. Les multiculturalistes croyaient que le nouveau système des droits rendait non seulement l'Occident meilleur, mais aussi plus fort. Fortuyn croyait, lui, que de telles libertés rendaient l'Occident meilleur, mais plus vulnérable, sauf si l'on prenait de nouvelles dispositions afin de le protéger. « Nous sommes, disait-il, beaucoup moins puissants que nous ne l'imaginons[9]. » Cette réévaluation mit tout le débat sur l'immigration aux Pays-Bas sens dessus dessous. Le principal danger pour l'Occident, estimait-il, c'était la culture islamique importée avec les nouveaux immigrants et implantés à l'Ouest par leurs enfants. « Notre conception de notre propre culture devient dangereusement relativiste, écrivait-il. L'Islam fondamentaliste n'est pas seulement une force culturelle, politique, économique et militaire considérable au Moyen-Orient. Il gagne aussi du terrain en Afrique du Nord. Nos relativistes culturels n'ont pas réponse à cela, et préfèrent s'enfouir la tête dans le sable. À long terme, dans notre région du monde, il n'y pas de raison de douter que ce fondamentalisme va se renforcer[10]. »

Si l'Occident ne pouvait résister à l'influence de l'Islam, qu'il appelait « une culture mortellement dangereuse », alors la conduite la plus avisée serait de minimiser notre exposition à son influence[11]. Cela supposait d'examiner de près le discours des imams, pour déceler des preuves de subversion, sur un mode qu'il comparait explicitement à la surveillance des communistes durant la Guerre froide[12]. Cela supposait aussi d'introduire de très nettes distinctions culturelles dans la politique d'immigration occidentale. « L'admission d'un individu de notre sphère culturelle, écrit il encore, est une affaire totalement différente de l'admission d'un individu d'une sphère culturelle très éloignée de la nôtre. Une politique de quotas pour l'acceptation des demandeurs d'asile me paraît inévitable[13]. »

En un sens, de telles opinions le signalaient comme un parfait Européen. Mais c'était là une forme d'européanité incompatible avec les traités et les institutions sur lesquels reposait l'UE. Il appelait les Pays-Bas à se retirer des accords de Schengen et de leurs dispositifs d'ouverture des frontières et de la Convention de 1951 de l'ONU sur les réfugiés[14]. Il n'a jamais ignoré la Constitution néerlandaise. « Si vous êtes né et si vous avez été élevé ici, vous avez des droits de citoyen, point à la ligne, affirmait-il. Janmaat est allé sans doute plus loin que cela. Il voulait donner aux gens [les immigrants] leur billet de retour. Avec moi, vous ne verrez rien de tout cela[15]. » Fortuyn n'était pas raciste, et sa repartie haute en couleur sur les Marocains avec lesquels il avait couché suffisait à l'exonérer de tout soupçon à cet égard. Mais quel que soit l'angle sous lequel on le présente, son argumentation n'est pas différente de celle de Janmaat. Le style était différent. C'était la même argumentation, dans un idiome multiculturel.

Son idée du multiculturalisme était singulière. « Les gens emploient ce terme avec trop de désinvolture, constatait-il, sans jamais être capables de le définir, et encore moins de lui prêter un contenu substantiel[16]. » Sa tentative de proposition d'un multiculturalisme pourvu d'un tel contenu révélait une relation d'amour-haine avec l'ensemble de l'ordre constitutionnel de son pays. L'article 1 de la Constitution néerlandaise interdit la discrimination. Fortuyn oscillait entre son éloge (en tant que rempart de protection des droits de l'Occident) et son mépris (en tant qu'obstacle à leur protection)[17]. Il proposait de limiter l'immigration en Hollande, au nom de l'ouverture. Il proposait de détruire le village planétaire afin de le sauver.

Les Hollandais, qui nourrissaient une ambivalence similaire, ne se lassaient jamais des propos de Fortuyn. Alors qu'il grimpait dans les sondages, il devint clair que tout l'ordre multiculturel de la Hollande s'appuyait sur des tabous, et pas sur un consensus, et que la plupart des natifs estimaient que les immigrants utilisaient la tolérance néerlandaise pour en abuser. En mai 2002, Fortuyn aurait fort bien pu devenir Premier ministre, s'il n'avait été abattu, quelques jours avant les élections générales, par un militant des droits des animaux qui prétendit avoir agi pour protéger les musulmans néerlandais.

Il est difficile de dire ce que seraient devenues les idées de Fortuyn s'il avait vécu. Il était le seul, parmi les politiques de l'après-guerre, à être parvenu à ouvrir un débat sur la logique même du multiculturalisme, sur ses coûts et ses bénéfices, et c'est un débat que peu de ses adversaires souhaitent avoir, même aujourd'hui. Pour comprendre Fortuyn, il est indispensable de saisir pourquoi il voyait l'Islam comme une menace particulière pour l'Europe.

Ses récriminations ne semblent pas être une affaire de doctrines, qu'il chercha constamment à écarter du débat. Il aimait parler de « culture judéo-chrétienne », et de ses propres origines catholiques, mais ne parlait presque jamais de religion judéo-chrétienne. « Je parle expressément en termes de culture, écrit-il, qui a un sens bien plus large que la religion. Les religions, on peut y renoncer, comme c'est arrivé à grande échelle dans notre pays, mais on n'abandonne pas une culture aussi aisément[18]. » Ces principes sont hautement discutables, et même douteux. Était-ce réellement là ce qui le gênait dans l'évocation de la religion ? Ou n'était-ce pas que la post-religion – qu'il appelle « culture », là où d'autres parleraient de « mode de vie » – était la seule forme de religion qu'il admettait ?

Pour lui, le multiculturalisme était une forme de trêve. « Église et religion appartiennent à la sphère privée de la vie, et ne doivent pas déterminer la sphère publique, disait-il. Tout au plus peuvent-elles l'influencer de manière normative[19]. » En matière de culture, dans l'ordre multiculturel, tout le monde est désarmé. Tout comme la marque de l'État-nation était le monopole étatique sur la violence, l'État-nation multiculturel est caractérisé par un monopole sur l'ordre moral. Toute religion que l'on épouse avec ferveur menace ce monopole, aussi sûrement que les milices privées menaçaient l'ancien État-nation. Les chrétiens et les juifs peuvent bien rendre un culte au même dieu en privé, mais sur les questions normatives, ils ont capitulé devant le nouvel ordre progressiste. Les musulmans se distinguent par leur refus de se soumettre à ce désarmement spirituel. Ils se détachent comme la seule source de résistance au multiculturalisme dans la sphère publique. Si l'ordre multiculturel devait s'écrouler, l'Islam serait le seul système de valeur à patienter en coulisse. L'analyse du rôle de l'Islam que livre Fortuyn, en tant qu'identité de résistance, est *exactement* la même que celle de Tariq Ramadan. En revanche, ils se séparent sur le fait de savoir si c'est une bonne chose ou non.

Fortuyn voyait en l'Islam le plus grave problème de

l'Europe. Mais son ascension en révélait un autre, plus large, qu'elle devait rencontrer même si aucun musulman n'y avait jamais immigré. On ne comprenait pas clairement si l'Europe, telle qu'il la concevait, était compatible avec une vision religieuse du monde, quelle qu'elle soit. Il voulait bien admettre que la culture individualiste qu'il adorait émanait du passé chrétien du continent. Mais, à ses yeux, le plus important n'était pas que cette culture soit chrétienne, mais plutôt qu'elle soit passée. Dans une large mesure, ce qui lui rendait l'Islam intolérable, c'était qu'il s'agissait d'une religion vivante. Pour lui, l'égalité de traitement des femmes, la non-discrimination raciale, et (peut-être par-dessus tout) la liberté de comportement sexuel étaient des droits absolus. Mais la liberté de religion est désormais un droit dont les revendications ont été relativisées par la progression de l'histoire. Là où elle entre en collision avec de nouveaux droits « culturels », elle doit s'effacer. Cela revient à dire que la liberté de religion a complètement cessé d'être un droit.

« Droitisme » et « fascisme » dans le contexte de l'immigration et de l'Islam

Pim Fortuyn était un radical libéral du type combattant. Ce n'était pas un fasciste, mais il a été assassiné par un individu qui avait l'impression qu'il en était un. Même quand elle n'est pas fatale, une telle erreur de catalogage brouille toujours la discussion sur l'immigration en Europe. Les termes *fasciste*, *xénophobe*, *extrémiste* et *radical* sont confusément appliqués à un large spectre de partis et de tendances anti-immigrés, qui sont pour la plupart démocratiques. Il existe des entités excentriques et dilettantes dont les membres ne feraient pas de mal à une mouche, comme l'Independence Party au Royaume-Uni, qui se focalise sur la sortie de l'UE, ou le parti français CNPT (Chasse, nature, pêche, tradition), centré sur les valeurs traditionnelles du terroir. Il existe aussi des partis régionalistes qui, dans un contexte américain, seraient simplement considérés comme très conservateurs. La Ligue du Nord italienne, par exemple, adopte une ligne dure sur l'immigration, mais seulement dans le cadre d'une accusation plus large portée contre l'État providence italien qui pille les contribuables des classes moyennes pour le bénéfice de ceux qui ont les faveurs des politiques, catégorie qui comprend (entre autres) les immigrés et les demandeurs d'asile.

Le parti nationaliste flamand Vlaams Belang (VB) se comporte de la même manière. Il s'oppose évidemment à l'immigration, mais cette opposition est subordonnée à d'autres intérêts plus pressants, le détachement d'une Flandre indépendante par rapport à une Belgique qu'il perçoit comme une exploiteuse. Certes, le lignage politique du VB remonte au fascisme belge de la Seconde guerre mondiale. Mais sur les questions d'immigration, beaucoup de partis historiquement fascistes d'Europe sont désormais entrés dans le courant dominant européen. La Nouvelle Alliance italienne (NA), descendante d'un parti fondé par Benito Mussolini, en offre le meilleur exemple. Le chef de ce parti, Gianfranco Fini, est l'un des politiques italiens les plus favorables à l'immigration (il a réclamé avec insistance que l'on accorde le droit de vote aux immigrés dans les élections locales, et ce dès leur arrivée), et c'est aussi peut-être le plus ardent défenseur d'Israël[20]. De même, c'est le Parti populaire espagnol, devenu le foyer démocratique des dirigeants politiques conservateurs après la mort de Franco, qui a, le premier, ouvert l'Espagne à l'immigration de masse.

L'Europe a connu de graves épisodes de violence anti-immigrés. Des « émeutes blanches » ont quelquefois éclaté à Londres entre les années 1950 et 1970. Des tombes musulmanes ont été profanées en Grande-Bretagne en 2005 par un groupe qui se faisait appeler « The Black Nation ». Des quartiers est de Berlin, notamment les cités d'habitations de Hellersdorf et Marzahn, héritage de l'ère soviétique, sont considérées comme des zones interdites par beaucoup d'Allemands non-blancs. En 1993, dans les villes de Slingen et Hoyerswerda, plusieurs Turcs sont morts après l'incendie de leur appartement, allumé par des extrémistes radicaux. Et c'est sans mentionner le hooliganisme des supporters de football et d'autres, qui recoupe souvent le racisme et le fascisme de manière significative. En France, un admirateur du Paris-Saint-Germain a été reconnu coupable d'avoir mis le feu à la mosquée d'Annecy et à une salle de prière de quartier, en 2004, en compagnie d'un collectionneur de trophées hitlériens[21]. Il est probable que nous sous-estimons la gravité de la violence anti-immigrés, camouflée pour l'essentiel en simple violence de rue. Mais on a tendance à exagérer, aussi, l'impact du radicalisme anti-immigrés sur la politique européenne au jour le jour.

Même si nous ne devrions pas être surpris de voir la politique prendre un tour plus radical dans les années à venir, qui s'annoncent comme des années de privation économique, il est peu probable que les mouvements fascistes dans le style de ceux de la Seconde guerre mondiale soient le plus gros souci de l'Europe. Il est même encore moins établi que les partis d'extrême-droite qui existent aujourd'hui sur le continent soient particulièrement préoccupés par l'Islam. En France, le Front national (FN) fondée par Jean-Marie Le Pen, surtout composé d'ex-communistes et de Blancs laissés-pour-compte dans des cités à forte dominante immigrée, est connu pour sa rhétorique anti-immigrés et antimulticulturaliste. Mais sa position est plus ambivalente qu'il n'y paraît. Le Pen a parfois pris la peine de courtiser les votes des musulmans et d'autres immigrés, surtout en tâchant de les convaincre qu'il partage les conceptions de la politique étrangère arabe vis-à-vis d'Israël et (plus récemment) de l'Irak. Le Pen était le plus ardent défenseur de Saddam Hussein durant toute la période comprise entre les deux guerres d'Irak, qu'il a toutes deux critiquées avec virulence. Lors de sa campagne présidentielle de 2007, par l'intermédiaire de sa femme Jany, il a travaillé avec le comique franco-africain Dieudonné pour promouvoir les droits des Pygmées au Cameroun[22]. (En 2011, après avoir pris la relève en tant que directeur du parti, sa fille Marine Le Pen semblait changer de cap, en faisant de l'Islam et de la laïcité son cheval de bataille.)

En Autriche, le Freiheitliche Partei Österreichs (FPÖ), qui est entré au gouvernement en 2000, a eu une action similaire. Durant le temps que son défunt leader, Jörg Haider, est passé sous les feux des projecteurs internationaux, son principal centre d'intérêt, dans le domaine de la politique étrangère, a été de veiller à renforcer ses liens avec le dictateur Muhammar Kadhafi en Libye, en échange de quoi ce dernier n'a pas cessé d'exhorter l'Europe à surmonter son passé nazi et à garder « les yeux sur les intérêts de son peuple et pas ceux du système sioniste[23] ».

Le paysage politique européen inclut bel et bien des partis extrémistes qui sèment la haine et se concentrent exclusivement sur les immigrés, le plus important de tous étant sans doute le British National Party. Mais cela reste une organisation marginale. Le BNP contrôle une poignée de permanences locales dans le nord de l'Angleterre et de quartiers dans le sud du pays, comme Bermondsey, un bastion du Labour dans le sud-est de Londres, où le nombre d'habitants d'origine étrangère a augmenté de 155 % en une seule décennie[24].

Pourtant, même aux extrêmes, le lien avec l'opposition à l'immigration n'a pas besoin d'être si clair. Le National-Demokratische Partei Deutschlands (NPD), qui présente des caractéristiques ouvertement néonazies, est composé d'intellectuels de l'extrême-droite et d'anciens habitués des mouvements skinhead et du groupe de rock métal/industriel Rammstein, dans les années 1990. Le NPD a enlevé une dizaine de sièges au parlement de Saxe (dans l'ancienne RDA) en 2004, sur un programme qui mélange néonazisme et néocommunisme[25]. (Le NPD a parfois fait campagne en alliance avec la Deutsche Volksunion (DVU), un parti aux dispositions similaires ; le nom qu'il prenait dépendait quelquefois du Land où il se présentait.) Karl Richter, un Bavarois, le membre le plus éloquent du NPD au parlement de Saxe, a exprimé son admiration pour l'ancien social-démocrate Oskar Lafontaine, désormais leader du parti Die Linke, qui puise son héritage et ses adhérents dans l'ancien parti communiste étatique d'Allemagne de l'Est, le SED[26]. Le parti communique avec ses soutiens par l'intermédiaire de CD de rock auxquels participent des groupes ayant des noms comme « Le pouvoir du capital ». Parmi les jeunes de moins de 18 ans, ils sont 16 % à déclarer qu'ils donneraient leur voix au NPD s'ils avaient le droit de vote[27].

On exagère volontiers l'importance du NPD. Selon les projections démographiques allemandes, la Saxe, l'État le plus sénile d'Allemagne, devrait perdre le sixième de sa population d'ici 2020[28]. Un mouvement de jeunesse peut donc y gagner en poids électoral sans accroître le nombre de ses membres. Et il n'a pas besoin non plus de défendre un programme très tourné vers l'avenir. Le NPD, du moins en Saxe, a soulevé l'indignation pour certaines de ses opinions « révisionnistes » sur la Seconde guerre mondiale et l'Holocauste. Richter a pu dire de l'Allemagne de l'Est du temps de la Guerre froide qu'elle était le plus germanique des deux États allemands, « une copie à petite échelle, moins efficace, du Troisième Reich qui réveille une certaine nostalgie à l'Ouest [de l'Allemagne][29] ». Mais curieusement, la rhétorique du NPD sur l'immigration et l'Islam témoigne de moins d'animosité qu'on ne s'y attendrait. Au contraire, Richter exprime bien plus d'inquiétude sur ce qu'il appelle l'impérialisme américain que sur l'extrémisme musulman. S'agissant de la vision de son parti en politique étrangère, il insistait sur deux piliers – poursuivre un *rapprochement*[30*] avec la Russie et restaurer avec le monde musulman des relations qui ont été « exemptes de tout problème pendant des siècles », jusqu'à l'alliance d'après-guerre de l'Allemagne avec les États-Unis.

Le Parti du peuple danois

En Europe, le parti le plus obsédé par les immigrés est rigoureusement démocratique et respectueux des lois. Le Dansk Folkeparti (DF) est né d'un mouvement anti-immigration au Danemark qui a débuté en 1986 sous l'impulsion d'un pasteur luthérien, Søren Krarup, également intellectuel et auteur, et de son cousin et collègue pasteur Jesper Langballe. Les deux hommes s'étaient désespérés du vote en 1983 d'une loi sur les réfugiés qui accordait à tout demandeur du droit d'asile celui d'entrer au Danemark pour y faire examiner son cas. « Une telle règle est un suicide national, rappelait Langballe vingt ans plus tard. On ne peut pas donner au monde entier de tels droits et garanties sans priver les Danois des leurs[31]. » Beaucoup de Danois étaient d'accord, et certains d'entre eux voulaient l'exprimer. En 1996, le parti proprement dit, récemment fondé par une mère de famille, Pia Kjaersgaard, entra au Parlement. Il obtint 13 % des voix aux élections de 2001 et permit à vingt-deux de ses membres de siéger à Copenhague, dont Krarup et Langballe. Sans qu'il soit même entré au gouvernement, le parti au pouvoir, Venstre, dépendit de son soutien pendant les cinq années qui suivirent, et il dut adopter certaines des restrictions à l'immigration et à la naturalisation les plus sévères qui soient en Europe.

Le DF associe une suspicion populiste envers la forte immigration avec une détermination à défendre le caractère chrétien de la vie danoise. Il exerce peu d'attrait sur les élites, qui sont promptes à remarquer qu'il est « dirigé par une mère de famille [Kjaersgaard] qui a interrompu ses études en quatrième[32] ». Pia Kjaersgaard a notamment soutenu que l'Islam n'était pas une religion. Certains parlementaires du DF ont prononcé des propos encore plus contestables. L'une d'elles, Louise Frevert, suggéra d'envoyer les criminels immigrés dans des prisons russes, « car nos lois ne nous autorisent pas à les tuer ». Mais le parti est ouvert et diversifié – par exemple, Louise Frevert est une lesbienne mariée et une ancienne actrice du porno qui exécuta jadis une danse du ventre pour le Shah d'Iran. D'après Langballe, il est explicitement anti-autoritaire – nombre de ses membres étaient d'ardents anticommunistes. Tøger Seidenfaden, le rédacteur en chef du quotidien *Politiken* et l'un des adversaires les plus éminents du DF, dit ce parti : « Il n'a rien de fasciste, rien d'antidémocratique ou de violent. Ils excluent régulièrement des militants trop extrémistes. Ils ne sont pas comme le Front national. Cela étant, ils sont xénophobes, intolérants et antimusulmans[33]. »

Le DF et les mouvements comme lui doivent leur succès non à une recrudescence de la barbarie européenne, mais au silence des partis dominants sur des questions qui motivent l'opinion des électeurs. Depuis une vingtaine années, dans tous les pays, les grands « partis populaires » se sont considérablement atrophiés. L'immigration n'est pas la seule question sur laquelle les grands partis n'ont pas su trouver le ton, mais c'est la principale. Au premier tour de l'élection présidentielle de 2002, Jacques Chirac réussit à finir en tête avec le soutien d'à peine un cinquième des électeurs. Ses rivaux socialistes achevèrent leur parcours si médiocrement qu'ils se firent souffler la deuxième place par le Front national. Cela ne veut toutefois pas dire que les gens veulent l'échec des partis établis. Quand il est devenu clair que le challenger de Chirac serait Le Pen, 80 % des électeurs se sont ralliés à Chirac.

Lors des élections de 2005 en Allemagne, chacun des deux grands partis descendit, pour la première fois depuis la Seconde guerre mondiale, au-dessous de 40 % des voix, et les chrétiens-démocrates vainqueurs réussirent péniblement à grappiller quelques points jusqu'au seuil des 35 %. Le résultat de cette consultation électorale fut une grande coalition, unifiant les sociaux-démocrates et les chrétiens-démocrates – un gouvernement qui rassemblait frileusement tout l'establishment politique. Aux Pays-Bas, ce fut la conclusion d'un marchandage politique similaire – unifiant les travaillistes « rouges » du PvdA et les libéraux « bleus » du VVD dans une coalition dite « violette » – qui radicalisa Pim Fortuyn[34].

Rien n'incitait les partis de l'establishment à répondre à l'inquiétude sur l'immigration, jusqu'à ce que le DF et la Liste Pim Fortuyn ne commencent à s'y intéresser pour s'attirer des voix. Dans une économie mondiale complexe, il est difficile de formuler une politique cohérente pour maîtriser les flux de population et les conséquences culturelles qui en résultent. Mais il est facile de ricaner devant Pim Fortuyn et le pasteur Krarup, et de prétendre ou de laisser entendre qu'ils seraient le second avènement d'Adolf Hitler. Au tournant du siècle, la politique européenne était dans l'impasse. Au nom de la « protection de la démocratie », le système politique européen devenait de moins en moins comptable de ses actes au plan démocratique. Protéger la démocratie signifiait réduire au silence les gens qui soulevaient des questions auxquelles leurs dirigeants n'avaient aucune réponse. Ce fut Nicolas Sarkozy qui sortit de l'impasse, en devenant président de la République française en mai 2007.

Nicolas Sarkozy et la force de la République

Durant les émeutes qui ont éclaté dans la banlieue à forte population immigrée de Villiers-le-Bel, en novembre 2007, six policiers furent les cibles de coups de feu alors qu'ils employaient, pour maîtriser ces foules de jeunes en colère, des techniques de maintien de l'ordre excluant tout emploi d'armes de poing. « Certains portaient des capuches, et ils ne se limitaient pas à lancer des projectiles et des cocktails Molotov, signala un policier après les échauffourées. Ils se servaient de pistolets. Et notre réponse ne se limitera pas indéfiniment à tirer des flashballs et des grenades lacrymogènes[35]. » Un juge exprima sa sympathie pour les conditions de vie difficiles des émeutiers de Villiers-le-Bel, mais en insistant sur le fait qu'à partir d'un certain moment, attribuer les responsabilités de la violence n'est plus de saison. « S'il est clair, écrit-il, que les excès d'une partie de la population doivent être compris comme le résultat direct des conditions sociales, qui sont une honte pour notre société, cela ne veut pas dire que la société n'a pas le droit de se défendre[36]. »

Plus tôt cette année-là, Xavier Lemoine, maire d'une des banlieues les plus violentes d'Ile-de-France, Montfermeil, disait de ces troubles urbains : « La France ne peut tolérer ni la maladie ni le traitement[37]. » Ce « traitement », en déduit-on, supposait de traiter durement les minorités d'Europe, en dépit des subtilités constitutionnelles et démocratiques.

Et c'était là un diagnostic lugubre. En Europe, le problème le plus important touche aux retombées de décennies d'immigration de masse, mais la « valeur » morale la plus importante, c'est la démocratie. Il y a parfois un manque de confiance frappant dans la capacité de cette dernière à traiter le premier.

Sarkozy est probablement la seule personnalité politique représentative qui cherche une autre voie qu'un multiculturalisme si peu lucide. C'est un pur produit de l'establishment politique français et de la succession des partis gaullistes des années 1980 et 1990. Mais il n'appartient pas à leur élite, à cette filière éduquée sur les bancs de l'ENA, et son ascension fut accueillie avec la même horreur à peine feinte que celle de Fortuyn aux Pays-Bas.

À un titre important au moins, Sarkozy est l'exact opposé de Fortuyn. La politique de ce dernier est née de la conviction que la tolérance occidentale affaiblissait les pays qui la pratiquaient. Une nation comme les Pays-Bas n'était défendable que si elle limitait à la fois l'immigration et les exigences des institutions internationales. En revanche, Sarkozy croyait que « la République et la démocratie sont bien plus fortes qu'on ne l'imagine »[38]. Elles étaient capables de traiter l'immigration, et même l'immigration de masse comme celle que la France avait accueillie depuis des dizaines d'années. Il invitait instamment à la patience vis-à-vis des trublions des banlieues et de la destruction qu'ils semaient. « Ils sont jeunes, ils sont neufs, disait-il en 2004. Ça leur passera. Laissez-leur le temps[39]. »

Mais si l'intégration était inévitable, elle était aussi non négociable. La France pouvait gérer l'immigration parce que la République française était capable d'être ferme, et même impitoyable. Quand les premières émeutes de la présidence éclatèrent à Villiers-le-Bel, Sarkozy déclara devant une salle remplie de policiers : « La réponse aux émeutes, ce n'est pas plus d'argent encore sur le dos du contribuable. La réponse aux émeutes, c'est l'arrestation des émeutiers[40]. » Quand on lui demanda pourquoi il avait retardé le plan de revitalisation des banlieues, il répondit : « Ce ne sont pas les délinquants qui tirent sur la police qui feront l'agenda de la République[41]. »

La fermeté reste la partie la plus mémorable de l'agenda de Sarkozy, car cette fermeté est l'aspect le plus notable de son caractère. Maire de Neuilly dans les années 1980, il était entré dans une école maternelle pour négocier avec un preneur d'otages armé. En 1999, provoqué lors d'une visite dans une cité de la région parisienne par un voyou hurlant « Sarko, go home ! », il s'était approché du jeune homme et lui avait rétorqué : « Monsieur Sarkozy, si cela ne vous fait rien. » Il expliqua par la suite : « Quand ils voient que vous n'avez pas peur, ils ne vous en respectent que davantage[42]. »

Sarkozy était un cas presque unique parmi les responsables politiques français, l'un des seuls à savoir de quoi avait l'air l'intérieur d'une cité. À la veille des émeutes de 2005, quand le fils de onze ans d'une famille d'immigrés avait été abattu alors qu'il lavait la voiture de son père, en guise de cadeau de fête des Pères, dans la Cité des 4 000, il avait rendu visite à la famille et promis de nettoyer le quartier au karcher. Nous avions déjà noté sa promesse aux habitants d'Aulnay-sous-Bois de s'occuper de la « racaille » qui les terrorisait.

Le conflit urbain qui submergea la France en 2005, alors qu'il était ministre de l'Intérieur, lui réussit. Il fut largement attaqué pour le *karcher* et la *racaille*, mais il était le seul politique français de premier plan dont la popularité était à la hausse durant ces émeutes, notamment chez les électeurs qui soutenaient Jean-Marie Le Pen et le Front national. Durant l'élection présidentielle de mai 2007, qui le porta à la présidence, des sondages attestaient même qu'il faisait mieux auprès des soutiens du dirigeant frontiste que Le Pen lui-même. Dans ses initiatives les plus notoires, on compte les procédures intentées aux jeunes de 16 ans suivant le même régime judiciaire que les adultes, la création d'un ministère de l'Immigration et de l'identité nationale et les tests ADN sur les immigrés pour empêcher les permis de séjour et les déclarations de citoyenneté basés sur des liens familiaux frauduleux. L'un de ses principaux motifs de fierté, au ministère de l'Intérieur, fut d'avoir diminué le nombre des premières demandes de cartes de séjour de 2,6 %[43]. Quant aux allusions sur ses flatteries à l'extrême-droite, il les traitait par le mépris. « J'ai toujours essayé d'obtenir le plus de voix possible », déclara-t-il dans une interview, au ministère de l'Intérieur, à l'hiver 2006, « que ce soit celles du FN ou d'ailleurs[44]. »

Quelque chose, dans son programme, rappelait fortement celui de Richard Nixon – pas au plan éthique, mais en termes de politiques publiques et de stratégie politique[45]. En 1968, après trois années d'émeutes raciales, Nixon remporta la présidence en donnant une dimension nationale à une question criminelle qui, jusqu'alors, avait dépassé les chefs de la police locale et effrayé les responsables politiques nationaux, empêtrés dans l'inaction et l'impuissance. Cette facette de la politique de Nixon lui valut un immense soutien populaire et n'a jamais été remise en question depuis lors. Chez le futur président français, l'imitation de Nixon était peut-être même consciente. Tout comme le président américain, lors d'un discours sur le Viêt-Nam, en novembre 1969, demandait le soutien de « la grande majorité silencieuse de mes compatriotes américains », Sarkozy dans sa campagne de 2007, invoquait « la France silencieuse, immensément majoritaire[46] ».

Mais il y avait un autre trait de caractère nixonien qui était moins apprécié. En dépit de toute sa fermeté de ton, Sarkozy ne trouvait absolument rien à redire à l'accord fondamental que l'establishment politique de la génération précédente avait conclu avant son entrée sur la scène. Tout comme Nixon s'était contenté de laisser en place l'État providence édifié par Roosevelt et Johnson – et se donna même le plus grand mal pour le protéger et l'étendre –, Sarkozy n'était pas enclin à revenir sur le *statu quo* de l'immigration. Il ne croyait pas que la France serait un pays meilleur sans la présence des musulmans. « Je me considère, écrivait-il en 2004, comme un ami exigeant des musulmans de France[47]. » Sa crédibilité dans l'opinion publique pouvait certes reposer sur ses promesses de moins d'immigration et de punitions plus dures pour ceux qui enfreignaient la loi. Mais, en même temps, il prévenait cette même opinion que ses problèmes avec l'immigration et la nouvelle société multiethnique ne se calmeraient que si elle acceptait que les nouveaux venus qui se trouvaient déjà là étaient en France pour y rester.

Comme Fortuyn, Sarkozy entendait consolider les conquêtes de la tolérance de l'après-guerre, et non les défaire. À cette fin, il ne laissait aucun cliché inexprimé. « Accepter et valoriser la diversité d'une nation, c'est renforcer la nation », écrivait-il[48]. Mais sa tolérance était plus une affaire de principe que celle de Fortuyn. Ce dernier croyait en la protection des bénéficiaires de la diversité – tels qu'ils avaient été désignés par les mouvements sociaux des années 1960 et les décennies de consolidation politique qui avaient suivi. Éliminer l'antisémitisme, le racisme et le moralisme sexuel, c'était une franche amélioration de la vie aux Pays-Bas, pensait-il. Mais aucun principe neutre ne découlait de ces acquis et l'on ne devait en tirer aucune analogie. Les nouveaux venus ne se voyaient pas automatiquement attribuer des droits similaires. La politique de Fortuyn était une sorte de tribalisme, exprimé dans le langage de la diversité.

Sarkozy ne percevait tout simplement pas la politique ainsi. D'une part, il ne craignait pas la religion (et les morales religieuses en particulier) comme Fortuyn les craignait. Il avait beau être un ferme défenseur de l'interdiction du port du voile dans les écoles publiques, il ne le faisait pas sur la base d'un folklore progressiste autour de l'idée que le voile signifiait automatiquement la sujétion des femmes, mais pour des motifs de respect mutuel. « Quand j'entre dans une mosquée, je retire mes chaussures, disait-il. Quand vous entrez dans une école, vous retirez votre voile[49]. »

Naturellement, une telle analogie entre un précepte religieux et le règlement intérieur d'un bâtiment municipal n'est pas exactement logique. L'approche Sarkozy d'une société multiethnique comportait ses risques propres. Elle exigeait des autochtones davantage qu'ils ne s'étaient jusqu'alors montrés prêts à donner. Elle signifiait qu'ils allaient devoir se mélanger avec des étrangers précisément à un degré auquel ils étaient peu disposés. Le plus grand risque, c'était que l'évaluation de la force relative de l'Occident par Fortuyn pût se révéler juste.

Discrimination positive

En fin de compte, la stratégie de Sarkozy reposait sur ce qu'il appelait « la remarquable expérience menée à Sciences-Po[50] ». Ce qu'il entendait par là, c'était la discrimination positive. En 2001, l'Institut de sciences politiques, fréquemment critiqué pour être un bastion de l'élitisme français, lançait un programme qui permettrait à des étudiants des « zones d'éducation prioritaire » (ZEP) d'éviter l'examen d'entrée pour se soumettre en revanche à un simple entretien. Ces ZEP n'étaient pas choisies au hasard. C'étaient des quartiers pauvres à forte population immigrée. Richard Descoings, directeur de Sciences-Po, déclara à un journaliste : « Nous ne les recrutons pas parce qu'ils sont pauvres, arabes ou noirs, mais parce qu'ils sont bons[51] ». C'était l'un de ces mensonges pieux qui forment le pilier de tout programme de discrimination positive. La diversité ethnique était clairement l'objectif primordial. Dans un moment d'inattention, les défenseurs de ce programme l'ont décrit comme un moyen d'« intégrer » Sciences-Po.

Un groupe d'étudiants intenta une action en justice contre l'Institut de sciences politiques au motif que son traitement inégal des impétrants violait les lois de la citoyenneté française, qui requiert l'égalité de traitement. Ils ont gagné, mais, en 2003, une cour d'appel rendit un avis différent. Tout en prenant Sciences-Po en défaut d'avoir élargi ce privilège de manière arbitraire (à certaines ZEP et pas à d'autres), elle considéra que des critères d'admission variables étaient un moyen acceptable d'atteindre des objectifs égalitaires. La France pratiquait donc désormais une discrimination positive, et la voie de programmes similaires est clairement ouverte dans d'autres secteurs de la vie publique.

Réclamer de la diversité à cor et à cri est aussi devenu une obsession du secteur privé[52]. Cela va de l'agitation couronnée de succès de groupes d'immigrés et d'Arabes pour obtenir davantage de visages non-blancs dans des émissions de télévision jusqu'à des tentatives, dans les bureaux éditoriaux du *Monde*, d'obtenir plus de signatures arabes. Des sources officielles proclament fortement que la « diversité est un atout ». Beaucoup en France jugent la nécessité d'émissions sur la diversité à l'Américaine trop évidente pour nécessiter une justification. Les émeutes ont renforcé leur position. Aux États-Unis, dans des périodes d'agitation raciale, comme lors des émeutes liées à Rodney King en 1992 et pendant le procès d'O.J. Simpson en 1995, les autorités se sont mises à consulter et à mettre sur le devant de la scène des personnalités noires influentes. La discrimination positive (« affirmative action » aux États-Unis) a joué un rôle clef dans l'enrôlement de telles personnalités au sein du système. Ont été ainsi recrutés non seulement des politiques, mais aussi de hauts fonctionnaires et des dirigeants d'entreprises. Quand la violence arabe française contre les juifs s'est transformée en crise nationale en 2002, ou lorsque les banlieues ont explosé d'un bout à l'autre du pays en 2005, la France ne pouvait demander à de puissants citoyens arabes d'appeler au calme, car elle n'en avait pas.

De tels interlocuteurs se paient toutefois un prix symbolique élevé. La discrimination positive prélève un lourd tribut sur la réputation d'impartialité de l'État (car elle doit favoriser certains groupes par rapport à d'autres) et sur sa probité (car, pour que la discrimination positive fonctionne efficacement, il ne peut être admis que ses bénéficiaires lui doivent leur position). En Grande-Bretagne, le Policy Research Institute on Ageing and Ethnicity constate que le tiers des cadres dirigeants estime que la diversité contribue à la performance – mais ils sont beaucoup plus à être en désaccord[53]. Nous avons déjà vu que Robert Putnam, professeur de sciences politiques à Harvard, a lié la diversité au déclin de ces réseaux sociaux générateurs de confiance qu'il appelle le « capital social[54] ». Un dirigeant politique qui recherche la diversité doit aussi en mesurer le coût.

Élu président, Sarkozy devint le premier défenseur de la diversité dans son pays. Il nomma plus d'Arabes et de Berbères à des postes éminents – notamment la ministre de la Justice, Rachida Dati, et la secrétaire d'État à la Politique de la ville, Fadela Amara – qu'aucun de ses prédécesseurs. En 2008, lors de ses vœux de Nouvel An, il exigea de la diversité à tous les échelons de la société et insista même pour que l'on inscrive le mot *diversité* dans le préambule de la Constitution[55] (ce que le Conseil constitutionnel refusa). Il appela avec énergie à de nouveaux programmes de discrimination positive. Il croit que le besoin de tels programmes sera temporaire. « La discrimination positive implique une limitation dans le temps, disait-il en 2006. Une fois l'injustice traitée, il est inutile d'envisager une discrimination spécifique. » À la question de savoir si cela prendrait vingt ans ou plus pour remédier à ces injustices spécifiques, il répondit : « Non, vingt ans, c'est trop long[56]. »

Cette vision est naïve. Elle ne tient pas compte de l'expérience américaine. Les programmes de discrimination positive, quoique constamment impopulaires, tendent à devenir permanents. Ils ne s'effacent pas avec les problèmes qu'ils ont contribué à résoudre – car les électeurs favorisés par de tels programmes protègent leurs privilèges en usant de leur pouvoir qui s'est trouvé ainsi renforcé. Aux États-Unis, des programmes d'*affirmative action* ont été annulés par plusieurs référendums d'États, pour être à nouveau imposés par des décisions de justice et des ordres exécutifs.

De tels programmes ne suivent pas non plus l'évolution de l'équilibre démographique du pouvoir. La Californie conserve encore des programmes conçus pour favoriser l'embauche de non-blancs alors même que ces derniers y sont désormais majoritaires. On glisse rapidement et imperceptiblement d'un monde où l'on ne peut mettre fin à la discrimination positive parce que ses bénéficiaires sont trop faibles vers un monde où ils sont devenus trop forts pour qu'on puisse les arrêter. Aux États-Unis, cette logique n'a pas échappé aux Blancs, et elle n'échappera sans doute pas aux autochtones européens.

Si certaines personnes doivent être favorisées par rapport à d'autres pour des raisons liées à la diversité, quel est le critère suivant lequel on doit les favoriser ? Les programmes américains d'*affirmative action*, du moins à leur lancement, avaient l'avantage de la clarté conceptuelle – ils devaient être basés sur la race, afin de remédier à une injustice historique manifeste : discrimination raciale *de jure* des Blancs contre des Noirs. Le problème européen avec les minorités ne présente pas une telle clarté. Ce n'est pas un héritage de l'esclavage ou des lois dites Jim Crow[57*], dont il n'existe aucun équivalent dans l'Europe moderne. Il ne s'agit clairement pas non plus d'un héritage du colonialisme – des pays sans véritable histoire coloniale, comme la Suède ou l'Italie, ont exactement les mêmes problèmes avec l'immigration et l'Islam que d'anciennes puissances coloniales comme la France et les Pays-Bas.

Mais les Européens tentent de résoudre leur problème, quelle qu'en soit la nature, comme s'il s'agissait d'une difficulté « raciale », et du coup elle en revêt certaines dimensions. Alors que les programmes de discrimination positive continuent de se multiplier, la logique « raciale » qui les sous-tend s'exprime avec encore plus de crudité qu'aux États-Unis. Le Home Office britannique procède à des « études d'impact sur la dimension raciale » et fixe d'ambitieux « objectifs d'emploi selon des critères de race » pour les nouvelles embauches au sein de la police et des services d'immigration, ainsi que chez les gardiens de prison et les employés. Dans les bureaux du Home Office à Londres et Croydon, ce programme racialement ciblé représentait récemment 36 % des nouvelles embauches[58]. Le racisme n'est pas nécessairement de retour en Europe, mais la race, comme catégorie d'expérience, effectue un retour en force. L'essayiste français Jean Birnbaum note que les intellectuels de gauche ont fini par expliquer les émeutes des banlieues à travers le prisme ethnique. « La révolte dans les banlieues, écrit Étienne Balibar, témoigne de la profondeur d'un conflit racial soigneusement refoulé au cœur de la société française. » Robert Castel qualifiait ces mêmes émeutes de « puissant révélateur de la manière dont se pose la question ethnique dans l'ensemble de la société française[59] ».

Le racisme est un problème terrible, mais c'est au moins un problème conceptuellement simple. Sagesse ou imprudence, l'*affirmative action* a été lancée aux États-Unis en partant du principe que les Noirs veulent la même chose que les Blancs, et que seul le racisme les empêchait de les obtenir. Le problème des Européens est beaucoup plus compliqué. Ce sont des convictions profondes, et pas la couleur de la peau, qui constituent son principal défi. La situation épineuse de l'Europe tient à son déclin démographique, à son vieillissement, à son immigration et à l'implantation régulière d'une religion et d'une culture, dans une ville après l'autre. Et les Européens ne sont pas du tout sûrs que leurs minorités veulent la même chose qu'eux.

CHAPITRE 12

Survie et culture

Pour la première fois depuis des siècles, les Européens vivent dans un monde que, pour une grande part, ils n'ont pas façonné. L'immigration de masse fait partie d'un agglomérat de tendances sociales – parmi lesquelles des économies plus libres, davantage de richesses, davantage de femmes au travail, plus d'inégalités de revenus, une fécondité plus faible – que tous les pays européens ont connu depuis une ou deux générations. Comme il n'y a pas d'exceptions à ces tendances, il semblerait que Nicolas Sarkozy ait tort de distinguer entre immigration choisie et immigration subie. Si l'immigration était réellement un « choix », certains pays se seraient prononcés contre. Et pourtant, au cours du dernier demi-siècle, pas un seul pays européen libre n'a opté en ce sens.

Pourquoi ? À première vue, c'est un mystère. Les pays occidentaux sont censés être des démocraties, comptables des jugements et des préférences de leurs électeurs et toutes les opinions occidentales considèrent qu'elles ont trop d'immigration. Avec toutes les conséquences culturelles dont elle est porteuse, l'immigration est un exemple de ce que le philosophe politique David Singh Grewal appelle le « pouvoir du réseau[1] » – par accumulation, des choix individuels peuvent s'ajouter à des « choix » sociétaux que personne n'a opérés consciemment, et conduire à des résultats que personne ne voulait. Après la Seconde guerre mondiale, certains Européens influents ont cru possible d'amener des immigrants du Tiers Monde dans le Premier Monde. Mais une fois l'immigration rendue possible, dans certaines circonstances, elle devint irrésistible en toutes circonstances. Au Mexique, 40 % des gens disent qu'ils s'installeraient aux États-Unis s'ils le pouvaient[2]. En Turquie, des sondages Gallup ont montré que la possibilité de partir s'installer dans n'importe quel pays d'Europe et d'y travailler constitue la principale raison de l'approbation des Turcs à la candidature de leur pays à l'adhésion à l'UE[3].

L'histoire de la mondialisation est l'histoire des conséquences collectives involontaires de choix individuels librement consentis. Ces conséquences sont nombreuses, mais l'immigration est le choix qui pose le plus grand défi aux démocraties (et peut-être à la démocratie tout court). Elle suppose d'importer non seulement des facteurs de production, mais aussi des facteurs de changement social. Pendant des décennies, les Européens ont été excédés par l'inaptitude de leurs dirigeants à réguler l'immigration ou à en retirer un avantage économique plein et entier.

Le plus souvent, la mondialisation et la souveraineté républicaine, comme celle dont l'Europe a joui depuis le XVIIe siècle, ne font pas bon ménage. Si vous voulez ouvrir votre pays à la première, vous devez sacrifier des éléments de la seconde. Les Européens craignent que chacun de leurs pays pris individuellement n'échappe lentement à leur contrôle politique, et ils ont raison, même s'ils parviennent rarement à exprimer précisément comment. Ils sentent l'Europe investie culturellement – que ce soit par l'Islam théocratique ou par un libéralisme (de marché) qui n'accorde aucune valeur particulière aux traditions les plus précieuses du Vieux Continent. L'élan du marché semble avoir été stoppé net par la crise financière qui a éclaté en 2008, mais il ne va pas caler ainsi éternellement. Ces deux forces, qu'elles soient ou non activement hostiles, gagnent du terrain à travers une série d'actions et de concessions. Mais si chacune d'elle est trop limitée pour soulever des protestations, leur addition conduit à une transformation culturelle du continent, à la fois permanente et non désirée.

Le devoir de l'Europe envers le monde

Si l'Europe reçoit plus d'immigrants que n'en veulent ses électeurs, c'est une bonne indication du dysfonctionnement de sa démocratie. Les dirigeants européens ont choisi de croire à autre chose : l'immigration et ses politiques d'asile impliqueraient certaines obligations morales non négociables qui n'appellent aucun vote. Comme le formula un ministre d'un gouvernement européen à l'été 2006 : « Nous vivons dans un monde sans frontières où notre nouvelle mission ne consiste plus à défendre la frontière de nos pays, mais celle de la civilité et des droits de l'homme[4]. » Si l'on ne prend pas garde à ce genre de langage, certains risquent de comprendre que l'Europe n'a plus aucun droit de décider de ses politiques d'immigration.

Les Européens ne comprennent plus s'ils sont des citoyens du monde ou des citoyens de leur nation. En 2005, l'Espagne et le Maroc ont publié un appel conjoint à une conférence pour débattre des différences de conceptions entre Européens et Africains sur l'immigration. Pour l'Union européenne, selon un reportage du *Financial Times*, le Maroc constituait un bon partenaire de négociation, car « Bruxelles considérait le Maroc comme l'une des *success stories* de son programme de dix ans visant à approfondir les liens avec les pays de la rive sud de la Méditerranée[5] ». Certes, il s'agit d'une déclaration de l'UE. Déclaration étrange car, trois petites années plus tôt, les forces armées marocaines attaquaient un territoire de l'UE, débarquaient des troupes et hissaient leur drapeau sur l'île espagnole de Perejil, à quelques encablures de la côte d'Afrique – provoquant la plus importante opération militaire de l'Espagne depuis 1939 et une crise diplomatique qui ne put être désamorcée qu'au prix de laborieuses négociations en coulisse, sous la conduite du secrétaire d'État américain Colin Powell.

Les relations de pouvoir entre l'Europe et les pays pauvres sont plus compliquées qu'il n'y paraît. Dès lors qu'il s'agit d'immigration, les pays pauvres ne sont pas dépourvus d'atouts. Le premier de tous, c'est l'asymétrie de l'information. Ils en savent plus sur l'Europe que les Européens n'en savent sur eux, et ils ont plus à gagner de leur contact mutuel. C'était ainsi que cela fonctionnait dans l'Empire romain – où les barbares acquéraient des tactiques militaires (enviables) auprès de légions romaines sophistiquées, et les légions rapportaient à Rome des habitus guerriers (peu enviables) de la guerre aux frontières.

Et c'est ainsi que cela fonctionne aujourd'hui. On échange des gens qui entrent dans l'économie occidentale ou qui en sortent, parce que la société occidentale est un système logique assez compréhensible pour quiconque prend le temps de l'étudier. Considérons les immigrants africains arrivant par flottilles entières sur les côtes espagnoles, tels que décrits au chapitre 3. Même s'ils sont quasi analphabètes, les informations télévisées leur ont fourni une connaissance des lois espagnoles sur l'immigration qui a de quoi rivaliser avec celle de plus d'un fonctionnaire des services compétents. Ils ont compris que, tant qu'un nouvel entrant n'a pas annoncé sa nationalité d'origine, les autorités ne peuvent pas l'expulser, et que si l'on ne découvre pas sa nationalité d'origine dans les quarante jours, il sera relâché, et on le laissera circuler librement. Ils savent que l'Espagne entretient de meilleures relations d'extradition avec certains pays qu'avec d'autres, et c'est pourquoi, comme nous l'avons indiqué plus haut, il vaut mieux prétendre être originaire de Côte-d'Ivoire que du Sénégal.

En revanche, les Européens en savent très peu sur les sociétés qui leur envoient des immigrants. Chaque fois qu'il y a engorgement de candidats demandeurs d'asile ou boat people, les pays sources de ces immigrants doivent être soudoyés, moyennant pots-de-vin, pour envoyer des « missions d'identification » exercer le genre de pressions que les pays démocratiques ne peuvent exercer que si elles savent où vit un individu et qui est sa famille. On voit bien le privilège enviable que l'on détient quand personne ne sait rien de vous. Comparés avec les natifs des sociétés de l'ère Internet comme celles d'Europe et des États-Unis, qui ont été largement dépouillées de leur anonymat, les immigrants clandestins s'y abandonnent véritablement avec délice. Ce sont les princes de la vie privée.

Limiter l'immigration suppose d'acquérir les compétences du Tiers Monde. Le prix à payer est exorbitant – ce sont les pays riches qui l'acquittent aux pays pauvres, sous forme d'annulation de la dette, d'aide au développement, de « co-développement » (l'ouverture d'entreprises occidentales dans lesquelles des hommes d'affaires de pays en voie de développement ont une part), et de véhicules 4 x 4 dernier cri pour hauts responsables gouvernementaux. Quand les dirigeants des pays pauvres œuvrent avec l'Occident à limiter l'immigration, on décrit généralement la chose comme une lutte contre la « mafia » ou contre le « trafic des êtres humains ». Ce sont des mots très étranges pour décrire, dirons-nous, un pêcheur qui fait payer le passage à bord de son bateau, et qui a plus à voir avec un chauffeur de taxi qu'avec un syndicat du crime. Le mot mafia est l'indispensable feuille de vigne des négociateurs des pays pauvres, qui ne peuvent être vus en train de coopérer à fermer la seule porte de sortie de la pauvreté de leurs concitoyens. Mais c'est aussi d'un grand confort pour les dirigeants européens. Cela implique que si le continent réussit à gérer un problème de criminalité, son problème d'immigration va disparaître. De tels pourparlers masquent un manque de volonté autant qu'un manque de conscience[6]. Ils montrent des dirigeants occupés (par altruisme) à résoudre une crise humanitaire, et non à chercher (égoïstement) les moyens de barrer la porte.

L'asymétrie des connaissances entre Occidentaux et non-Occidentaux pourrait être la meilleure arme de ceux qui sont en guerre avec ce que possède l'Occident. C'est évidemment le cas là où la guerre contre le terrorisme dresse les armes occidentales contre l'Islam radical. Comparez la facilité avec laquelle les terroristes ont opéré dans les aéroports américains avec la facilité qu'ont eue les troupes de l'OTAN à opérer dans les zones tribales du nord-ouest du Pakistan. Les musulmans en savent beaucoup sur les sociétés occidentales – à commencer par leurs langues – alors que les Occidentaux ne savent quasiment rien des sociétés musulmanes. Aux yeux des non-Occidentaux, tout ce qui peut niveler le champ épistémologique risque de passer pour une menace. Le best-seller d'Azar Nafisi, *Lire Lolita à Téhéran*, par exemple, a reçu les éloges des lecteurs un peu partout dans le monde, pour son aptitude à humaniser un peuple dont on ne savait à peu près rien pendant ce dernier quart de siècle, et pour avoir apporté un luxe de détails sur la société d'un pays que l'Occident considère purement et simplement comme un ennemi. Mais c'est exactement ce qu'Hamid Dabashi, professeur de littérature à Columbia, n'apprécie pas dans cet ouvrage. Dans un accès d'intolérance assez révélateur, il écrit que le livre de Nafisi

> rappelle les entreprises coloniales les plus nauséabondes des Indes britanniques, quand par exemple, en 1835, un officier colonial, un certain Thomas Macaulay, décrétait : « Nous faisons de notre mieux pour former une classe qui puisse servir d'interprètes entre nous et les millions d'individus que nous gouvernons, une catégorie de personnes indiennes de sang et de couleur de peau, mais anglaises de par leurs inclinations, leurs opinions, leurs propos et leur intellect. » Azar Nafisi est l'incarnation de cet informateur, ce natif, cet agent colonial, soignant ses services pour créer une version américaine du même modèle[7].

L'Europe émancipée de l'Amérique

La Seconde guerre mondiale, et la crainte d'une Union soviétique menaçant de provoquer un cataclysme du même ordre, convainquirent l'Europe, sous l'effet de la peur, de participer à une Alliance atlantique. Le rôle des États-Unis, occupant les anciens pays fascistes et défendant tous les territoires situés à l'Ouest du rideau de fer, aboutit à retirer des mains des Européens beaucoup de décisions qui les concernaient. Telle fut l'expérience commune de l'occupation américaine, du libéralisme et du légalisme américains qui homogénéisèrent les Européens au point qu'ils purent envisager l'unité européenne. Même si les Américains et les Européens n'aiment guère l'admettre, l'UE est l'expression institutionnelle de l'américanisation de l'Europe.

Une fois surmontés les dangers de la Guerre froide, les Européens cherchèrent à s'émanciper de la tutelle de Washington. Après la réunification de l'Allemagne, 58 % de ses citoyens voulaient un retrait des *deux* alliances, l'OTAN et le pacte de Varsovie[8]. Durant toutes les années Clinton, certains dirigeants européens invoquèrent des prétextes – la peine capitale, le refus de signer les accords du protocole de Kyoto sur le réchauffement climatique, l'opposition de Washington à une Cour pénale internationale – pour afficher leur indépendance vis-à-vis des desiderata des États-Unis. D'autres dirigeants européens luttaient tout autant pour préserver l'ancrage atlantiste du continent. Naturellement, le lien avec l'Amérique ne pouvait être rompu tant que les Européens n'avaient pas la volonté de payer pour leur propre défense militaire, ou n'en voyaient pas la nécessité. Mais l'impatience envers la tutelle de l'Oncle Sam ne s'est jamais démentie. Nul doute que les années Obama, perçues comme la chance d'un nouveau départ dans les relations euro-américaines, continueront de fournir ample matière à désaccords transatlantiques.

L'impatience européenne vis-à-vis de l'influence de Washington était forte, et elle fut encore renforcée par les attaques de New York et Washington, le 11 septembre 2001. L'opposition de la France et de l'Allemagne – et plus tard de l'Espagne – à l'invasion de l'Irak en 2003 fut l'expression d'un souhait préexistant d'émancipation de cette tutelle. L'invasion de l'Irak n'était pas la cause de ce souhait. D'ordinaire, les Européens insistent sur la solidarité manifestée aux États-Unis par leurs opinions publiques après les attentats de 2001. Ils prétendent que ce fut seulement lorsque la légitime défense s'égara dans les mésaventures militaires irakiennes de George W. Bush que l'Europe n'eut d'autre choix que de tenir tête aux États-Unis. Mais ce n'est pas vrai. Alors que l'administration Bush s'attendait à ce que les Européens eussent autant à cœur que les Américains de consolider un système mondial qui venait de subir une agression, les Européens se trouvaient dans un état d'esprit où leur amour-propre comptait davantage que leurs intérêts personnels.

En bien des endroits, les attaques contre le World Trade Center et le Pentagone furent accueillies avec indifférence. Dans son journal, à la date du 11 septembre 2001, l'ancien parlementaire du Labour, Tony Benn, nota sa participation à une réunion d'un groupe baptisé Labour Action for Peace, où il fut stupéfait de l'attitude de ses collègues. « Ils avaient beau tous savoir ce qui s'était produit, écrit-il, ils ont consacré à peu près une heure à discuter de qui avait reçu les prospectus pour le colloque à venir, qui s'occupait du ramassage, est-ce que la brochure était prête, la salle avait-elle été réservée[9]. » Dans toute l'Europe, au cours des journées qui suivirent le 11 Septembre, on s'empressa de condamner, à titre préventif, une réaction excessive et injustifiée de Washington, qui n'avait pas encore eu lieu, mais qui paraissait inévitable. Des milliers de personnes défilèrent dans Paris contre l'invasion de l'Afghanistan sous des banderoles proclamant « Non à la croisade impérialiste ! »[10] Le 13 septembre, le chroniqueur de gauche Seumas Milne publiait sur le site du *Guardian* une complainte que l'on aurait pu prendre pour une parodie d'antiaméricanisme émanant d'un journal satirique comme *Private Eye*, *The Onion* ou *Le Canard Enchaîné* :

> Presque deux jours après ces attentats suicides épouvantables contre des civils à New York et Washington, il n'est que trop évident que les Américains ne pigent tout simplement rien. [...] Le choc, la colère et le chagrin, tout cela n'a pas manqué. Mais la moindre étincelle de lucidité sur les raisons qui ont pu pousser des gens à perpétrer pareilles atrocités, à sacrifier leurs vies dans l'opération – ou sur le motif d'une haine aussi profonde envers les États-Unis, non seulement dans les pays arabes et musulmans, mais dans tout le monde développé – semble totalement leur faire défaut[11].

Une question plus importante pour le sujet qui nous occupe consisterait à se demander pourquoi l'Amérique est l'objet d'une telle haine dans les colonnes du *Guardian* et d'autres forums d'opinions en Europe. L'une des raisons en est sans doute que les États-Unis ont érodé les traditions nationales caractéristiques de l'Europe et les ont remplacées par une culture de consommation de masse homogénéisée, standardisée. C'est du moins l'impression qu'en retirent les Européens. L'Europe a atteint le stade où elle ne peut même pas produire ses propres modes. Les États-Unis ont eu leur vague du roman ethnique écrit par des femmes (Laura Esquivel, Louise Erdrich) vers 1990 ; la Grande-Bretagne a eu la sienne (Zadie Smith, Monica Ali) vers la fin des années 1990. Les États-Unis ont eu une querelle homérique et défiant toute logique sur les réparations à verser pour le commerce des esclaves noirs, au début des années 1990 ; les mêmes disputes ont éclaté en France (y compris dans leur variante antisémite) en 2005. L'*affirmative action*, qui, ainsi que nous l'avons souligné au chapitre précédent, a été formulée spécifiquement pour un problème américain dans les années 1970, a investi l'Europe trente ans plus tard. Cette dernière a voulu singer les lois anti-tabac de l'Amérique quelques (très brèves) années plus tard, avant de les adopter en bloc. Même si cette dépendance n'était pas le résultat d'un dessein culturel impérialiste de la part de l'Amérique, c'était humiliant pour les Européens.

L'Amérique est toujours présente dans les lamentations culturelles des Européens. Elle est perçue comme sapant l'élan vital de ces civilisations jadis si brillantes. Un héritage vivant, écrit Matthias Politicky,

> est notamment un entrepôt de modes de pensée, de construction et de comportement, une source d'inspiration pour toutes sortes d'obligations présentes. Nous, en Europe centrale, nous faisons toutefois de notre mieux pour abdiquer ce qui nous reste de notre héritage

> millénaire – la diversité des langues et des identités qui leur sont attachées – au profit d'une pseudo-américanisation rampante[12].

Dans *Les Particules élémentaires*, Michel Houellebecq dépeignait un chirurgien qui se giflait pour avoir loupé une opportunité : « Il avait complètement raté le marché émergent des seins siliconés. Pour lui c'était une mode passagère, qui ne dépasserait pas le marché américain ; c'était évidemment idiot. Il n'y a aucun exemple qu'une mode venue des États-Unis n'ait pas réussi à submerger l'Europe occidentale quelques années plus tard ; aucun[13]. »

Le modèle américain de société multiethnique, et le modèle ottoman

L'immigration, c'est l'américanisation. Il existe deux faces du même système de relations économiques perturbatrices qui supplantent le schéma européen traditionnel. À l'ère de l'expiation publique et du dégoût rhétorique, il n'a souvent pas été possible de se lamenter sur ou de condamner l'immigration ou les politiques qui ont convoqué des immigrants en masse. Mais il est possible de dire que la décision de l'Europe d'accueillir des millions d'étrangers a été prise à une époque où elle n'était saine ni de corps ni d'esprit, dans un paysage politique dessiné par Hitler et Staline, où elle était le sujet sous tutelle d'un pays – les États-Unis – dont les intérêts coïncident moins avec ceux de l'Europe, maintenant que le temps de Hitler et Staline est révolu.

Enoch Powell (encore lui), qui fut, et ce n'était pas un hasard, le plus farouche des politiques anti-américains d'Europe en son temps, avertissait en 1968 : « D'ici une génération à peu près, nous serons enfin parvenus – et au profit de personne – à reproduire "sur cette terre si verte et si agréable d'Angleterre" la tragédie obsédante des États-Unis[14]. » Au début des années 1990, la Ligue lombarde (devenue plus tard la Ligue du Nord) distribuait en Italie des tracts annonçant : « Si vous aimez tant la société multiraciale, vous pouvez toujours partir à New York[15]. »

L'Europe est donc dans une curieuse et fâcheuse situation. C'est de plus en plus un continent confronté à des problèmes abyssaux auxquels la seule solution éprouvée serait de devenir davantage comme l'Amérique. En effet, les États-Unis montrent au moins que l'on peut accueillir de grandes masses d'immigrés du monde entier et conserver une culture qui reste ouverte, libre et occidentale. La société américaine apparaît à beaucoup d'Européens, qu'ils apprécient les États-Unis ou non, comme le lot de consolation de leur continent. C'est le type de société que l'Europe aura par défaut, si elle sait puiser en elle la résolution (ou si elle conclut le pari faustien) de maintenir une économie aussi libre que le permet un contexte financier difficile.

Naturellement, « l'Amérique » telle qu'elle existe dans l'esprit européen est maintenant plus un mythe que jamais. Les Américains croient que l'Amérique, c'est la culture européenne plus l'entropie. Le mythe américain le plus cher aux yeux des Européens tient sans doute au fait que les Américains ne revendiquent pas spécialement leur culture (dans la mesure où ils en ont une) et ne se soucient pas particulièrement de savoir si les nouveaux venus tiennent à la leur. C'est tout à fait faux. L'Amérique a beau être ouverte en théorie, dans la pratique elle exerce des pressions sur ses immigrants dignes de Procuste pour qu'ils s'adaptent, et ce sont ces pressions, et pas son ouverture, qui ont fait de ces divers citoyens d'Amérique un peuple. Oui, vous pouvez avoir une « identité dotée d'un trait d'union » si vous y insistez – mais vous avez intérêt à savoir de quel côté « se trouve le beurre sur la tartine ».

Les étrangers sont déroutés par le fait que ces pressions américanisatrices ne sont jamais déclarées. Elles sont enchâssées dans le système social et (surtout) économique à l'intérieur desquels les immigrants doivent évoluer pour survivre. Les immigrants qui viennent aux États-Unis, comme tous les immigrants de la planète, se pensent rarement comme des immigrants. Ils voyagent dans l'espoir de trouver pour leurs ambitions un cadre qu'ils ne trouvent pas dans leur propre société. Avec la facilité du voyage moderne, un immigrant peut espérer réintégrer sa société d'origine à un niveau socio-économique plus élevé, après quelques années de travail dans une économie plus avancée. Mais en général, au fur et à mesure qu'il s'y installe, un immigrant peut aisément se laisser prendre au piège d'un pays où il n'a cru faire que passer. Il peut avoir (dans le cas des États-Unis) une épouse et des enfants qui ne parlent que l'anglais. S'il a un emploi, il va certainement s'accoutumer à son niveau de revenu. Il est vrai qu'un immigrant peut conserver sa culture ancestrale. Mais si c'est une culture qui l'empêche de parler bien l'anglais ou de se présenter à l'heure à son travail, il aura vite faim. Ensuite, il rentrera chez lui. Et personne ne le regrettera.

La réussite américaine en matière d'immigration n'est pas juste le produit d'une brutale indifférence et de politiques gouvernementales qui rebutent la plupart des Européens, mais aussi de conditions historiques difficiles à reproduire. D'abord, les immigrants de l'Amérique du XIXe siècle s'installèrent sur un continent presque vide. Ceux de la fin du XXe siècle allèrent surtout dans les périphéries vides de villes privées d'emplois du Sun Belt, qui court sur tout le sud et le sud-ouest de l'Amérique.

Ensuite, l'immigration de masse la plus récente a profité de l'une des grandes révolutions sociétales de l'histoire américaine : le recul de la ségrégation raciale. Le simple fait que les Noirs n'aient plus été obligés de se contenter d'emplois subalternes ne signifiait pas que ces emplois ne devaient plus être pourvus. Il se peut aussi que l'arrivée d'immigrants non-blancs ait servi à la majorité blanche de réfutation permanente des accusations de racisme.

Enfin, une autre révolution sociale – non sans rapport avec la déségrégation – simplifia encore un peu plus l'assimilation des immigrants. Engagée par l'administration Nixon, accélérée par la « guerre à la drogue » des années 1980, la réforme du système pénal américain transforma ce dernier en une machine impitoyable, draconienne, où les délits étaient si nombreux et les peines si sévères qu'à ce jour, le quart des détenus de la planète sont dans des prisons américaines. Malgré les articles à sensation sur les gangs salvadoriens et jamaïcains, les villes et les banlieues d'Amérique sont des endroits extrêmement inhospitaliers pour les immigrants à tendances criminelles. Ces dernières décennies, jamais on n'a eu le sentiment, comme en Europe, que les nouveaux venus représentaient le gros de la criminalité.

Et même avec tous ces avantages, qui manquent tellement à l'Europe, l'opinion américaine n'aime toujours pas l'immigration. En 2006, un sondage du Pew Research Center montra qu'une majorité d'Américains (53 %) considère que les 11 millions de clandestins devraient « être renvoyés chez eux[16] ».

Dans le contexte actuel tourmenté de la guerre contre le terrorisme, il est difficile d'ignorer un bienfait particulier dont jouit l'Amérique. En effet, bien qu'ayant lancé deux guerres dans le monde musulman et malgré un soutien indéfectible à Israël dans tous les conflits de l'État hébreu, les États-Unis ont moins connu de mouvements de subversion dans leur première et leur deuxième génération de musulmans que n'en a connus l'Europe. Chez les Américains, qui s'empressent d'attribuer ce phénomène à certaines de leurs vertus réelles ou imaginaires, de la modération fiscale à la baisse du racisme, c'est devenu une source d'autosatisfaction. Les observateurs attentifs jugent cette autosatisfaction plutôt infondée. « La véritable histoire des musulmans américains est celle d'une aliénation accélérée par rapport aux courants dominants de la vie américaine, a ainsi écrit la journaliste Geneive Abdo, les musulmans de ce pays choisissant leur identité islamique avant leur identité américaine[17]. »

Les États-Unis ont des musulmans – mais ils n'ont pas encore connu d'immigration massive de musulmans. L'échelle, cela compte. L'Amérique compte environ 2 millions de musulmans (à l'exclusion des musulmans noirs) disséminés dans tout le pays. Si le poids et la dispersion des musulmans y étaient ceux de la France, elle en compterait 40 millions, concentrés dans une poignée de grandes villes et sur le point d'en prendre le contrôle politiquement. Cela changerait toutes sortes d'attitudes, y compris la déférence des musulmans envers la société (qui s'estomperait) et l'inquiétude de la société envers l'Islam (qui s'accentuerait). Reste à savoir si le melting pot américain fonctionnerait pour les musulmans comme il a fonctionné pour d'autres immigrants.

Sur une planète mondialisée, où les identités ancestrales ne s'éteignent plus d'elles-mêmes du fait de l'absence de contact avec le pays natal, un second modèle d'immigration serait peut-être plus adapté à la situation européenne que le melting pot américain : c'est le système du *millet* de l'Empire ottoman tardif. Les villes ottomanes de l'époque, comme Sarajevo, Salonique et Istanbul, étaient sans doute les lieux les plus cosmopolites du monde. Elles comprenaient d'importantes populations de Grecs chrétiens, de chrétiens arméniens, de juifs et d'autres, organisés en communautés ethniques, ou *millets*, qui jouissaient d'un certain degré d'autonomie. Mais au début du XIXe siècle, les voisins européens de la Turquie se servirent de l'oppression de leurs « frères » en Grèce et d'autres régions à l'intérieur des frontières de l'Empire ottoman comme prétexte pour réduire l'empire en pièces.

Pendant des dizaines d'années, le courant de pensée nationaliste dominant de la Turquie avait été la tolérance ottomane. Ce fut l'arme primordiale que ses ennemis de l'empire retournèrent contre elle et c'est peut-être de cette tolérance que l'empire mourut. Il est facile de déplorer les mythes nationalistes. Mais quiconque souhaite comprendre les massacres de millions d'Arméniens durant la première guerre mondiale, l'idolâtrie de Kemal Atatürk ou ce qui rendait le nationalisme turc si virulent et si intransigeant, au point que l'identité kurde des Kurdes parlant le kurde a été officiellement niée par le gouvernement central pendant presque tout le siècle dernier, doit comprendre ce contexte.

Ce qu'ont fait les Turcs, en réaction au morcellement de leur empire multinational, ce fut d'en recomposer les derniers vestiges autour du droit d'aînesse d'un seul « peuple ». Ils en tirèrent la leçon que le seul fait d'avoir des minorités officiellement reconnues peut, dans certaines circonstances, devenir dangereux. Il est frappant de constater que les défenseurs européens de l'entrée de la Turquie dans l'UE, qui sont infatigables quand il s'agit d'invoquer les points communs entre l'histoire turque et l'histoire européenne, n'ont pas accordé la moindre attention à l'histoire des politiques turques envers les minorités, sauf pour déplorer les persécutions de l'époque moderne contre les Kurdes et de condamner, rétrospectivement, le massacre des Arméniens.

La crise des caricatures danoises montre que les Européens et les Ottomans ont au moins certains points en commun. La violence et les boycotts à l'échelle planétaire qui suivirent la publication dans le *Jyllands-Posten* de dessins satiriques autour de Mahomet ne requérait pas de la communauté musulmane danoise qu'elle soit mal intégrée, ou mécontente – en l'occurrence, elle ne l'était pas. Tout ce qu'il fallait, c'était la conjonction de l'immigration, des médias planétaires, de la radicalisation du monde musulman, des revendications extravagantes relatives aux droits de l'homme et de l'affaiblissement généralisé du sentiment que ce qui se passe dans le pays des autres ne vous regarde pas. Dans ces circonstances, une délégation de quelques imams danois en colère suffit à rallier des gens violents un peu partout dans le monde, pour la défense de leurs « frères » prétendument assiégés.

Le fait que les politiques de l'Europe envers les minorités provoquent des troubles de plus grande envergure ne dépendra pas seulement du caractère gérable ou non des griefs de cette minorité.

De « l'Islam, c'est la paix » à « aimez-le ou quittez-le »

L'immigration de masse en Europe et la consolidation de l'Islam sur le continent sont en train de changer la vie européenne de manière irréversible. Comme l'expliquait l'historien Mark Lilla en 2007 :

> C'est une situation malheureuse, mais nous avons fait notre lit ensemble, musulmans et non-musulmans. Quelques accommodements et un peu de respect mutuel pourraient aider. [...] Les pays occidentaux ont adopté différentes stratégies pour faire face, certains en interdisant les symboles religieux comme le foulard à l'école, d'autres en les autorisant. Mais il nous faut admettre que c'est la débrouille qui est à l'ordre du jour, pas la défense des grands principes, et il ne faut pas en espérer grand-chose[18].

Mark Lilla résume parfaitement l'ambiguïté d'une Europe penaude face à l'apport de son immigration et peu encline à en faire toute une histoire (ou trop faible pour cela). Mais ses espoirs d'une stratégie fondée sur la débrouille sont irréalistes, du moins en démocratie. Les gens fiers ne se contentent pas de se « débrouiller ». Et, qu'ils aient raison ou tort, les politiques qui défendent ces « maigres espérances » – de James Callaghan à Jimmy Carter – finissent vite en politiciens retirés des affaires.

La difficulté supplémentaire, c'est que le « nous » que postule Mark Lilla, pour l'instant, n'existe pas. Un tel « nous » existait il y a vingt ans, quand les Européens vivaient encore dans l'ombre menaçante de la Seconde guerre mondiale, mais maintenant il n'existe plus. C'est la génération des gens nés entre 1930 et 1960 qui non seulement ont tiré un profit économique de l'immigration, mais aussi un prestige moral. Elle leur a permis de se présenter comme des gens de grand principe. Cette génération partage désormais le pouvoir avec une autre, plus récente, qui va payer à la fois pour les résultats économiques et pour les prétentions morales de ses prédécesseurs. En ce sens, les Européens ne sont pas plus « endurcis » ou « moins généreux » envers les immigrants. Ils en sont simplement à régler la note dans une transaction qui a déjà suscité beaucoup de remords chez l'acheteur.

Il est courageux d'être un immigrant, d'abandonner ses anciennes références et ses anciennes certitudes et de se mettre en quête d'une vie meilleure. Mais beaucoup des autochtones européens d'aujourd'hui sont dans une position similaire. Ils vivent un *exil à l'intérieur*[19*], coupés d'un monde qui devait être le leur par les changements économiques et culturels. D'un certain point de vue, ils sont dans une position pire encore que celle des immigrants puisqu'ils n'ont pas choisi cet exil. La crise économique qui a débuté en 2008 a rendu les pays européens encore plus méconnaissables aux yeux des natifs.

Au rebours de certains soupçons répandus, le vieux contrat social bien douillet, l'Europe des mariages stables, des emplois à profusion, des réglementations allégées et des relations sociales dépourvues de frictions n'est pas refusé en catimini aux musulmans et aux autres nouveaux venus par des Européens qui se seraient lassés de le leur proposer. Ce contrat social n'est tout simplement plus accessible aux Européens eux-mêmes. Pour bon nombre d'autochtones, en particulier ceux de la classe ouvrière, comme le rejet de la culture de leurs parents est l'histoire de leurs vies, il ne devrait pas sembler si déraisonnable d'exiger des immigrants qui veulent rester en Europe qu'ils renoncent au mode de vie de leurs parents.

Il est plus facile de formuler pareille demande dans un monde mondialisé. « J'aime bien la métaphore du club », confiait Élie Barnavi, intellectuel francophone et ancien diplomate israélien, à un journaliste, en 2007 :

> Si vous voulez être admis, il y a des règles. Si elles ne vous plaisent pas, vous n'êtes pas obligé d'adhérer. Si vous voulez jouer selon d'autres règles, choisissez un autre club. C'est pourquoi, encore une fois, l'expression « la France – "aimez-la ou quittez-la" » me paraît juste. Dans un monde grand ouvert, il n'y a aucune raison de ne pas pouvoir aller ailleurs. Personne n'est obligé d'aimer son pays ou les valeurs qu'il proclame. Mais si l'on choisit un pays, on doit l'accepter[20].

Barnavi rejetait l'idée selon laquelle la recherche d'une vie meilleure est une raison suffisante pour venir, et le simple respect de la loi une raison suffisante pour être autorisé à rester. D'autres rejettent l'idée selon laquelle la simple recherche d'une vie meilleure est une raison suffisante en soi. « Pourquoi faudrait-il accueillir tous ceux qui viennent ici uniquement pour l'argent ? » s'interrogeait Max Hastings, un homme de presse qui a une longue carrière derrière lui. « Si un nouveau venu ne veut pas accepter nos valeurs, si imparfaites soient-elles, alors il est certain qu'aucune société occidentale n'a d'obligation morale de l'admettre en son sein[21]. »

Certains Européens sont décidés à défendre les valeurs de leur continent, en particulier contre l'Islam. Mais qu'est-ce que cela signifie ? On ne peut défendre ce que l'on ne peut définir. Aucun consensus, pas même un début de consensus, n'existe sur ce que sont les valeurs de l'Europe. Une Europe unie n'aurait rien à craindre de l'Islam, mais l'Europe n'est pas unie. Sa civilisation est scindée en deux. Elle est déchirée entre l'idéal des droits de l'homme et l'idéal du patriotisme, entre la peur de l'héritage religieux du continent et la fierté de ce legs. Elle hésite entre une vision de l'Islam comme une nouvelle composante permanente du paysage religieux européen et une entité qui va se dissoudre au contact de l'hédonisme et du consumérisme. Être fidèle à l'Europe peut imposer de s'endurcir (car le prix à payer pour mener une bataille frontale contre l'Islam ne fera que croître à mesure que les musulmans seront plus nombreux) et de s'adoucir (car un jour prochain l'Islam en Europe sera assez puissant pour que les Européens regrettent d'avoir croisé son chemin.)

La Grande-Bretagne est un pays qui n'a pas cessé d'évoluer entre « L'Islam est la paix » et « Aimez-le ou quittez-le ». En 2000, un an avant les attaques du 11 Septembre, elle a voté un Terrorism Act d'une grande fermeté. Après les attentats dans les transports londoniens de 2005, le Premier ministre Tony Blair a mis en garde : ceux qui « ne partagent pas ou ne soutiennent pas les valeurs sur lesquelles repose le mode de vie des Anglais, ou qui incitent à la haine contre la Grande-Bretagne n'ont pas leur place ici. » Quelques mois plus tard, il ajoutait que les prédicateurs islamiques qui ferment les yeux sur le terrorisme « n'ont rien à faire dans ce pays[22] ».

Après l'échec d'un complot destiné à faire sauter plusieurs avions entre le Royaume-Uni et les États-Unis, en 2006, ce changement devint encore plus explicite. Face au terrorisme mondial, déclara Blair, « les vieux débats sur les libertés civiles ne sont pas seulement déplacés, ils sont d'un autre âge[23] ». Comme George W. Bush, il facilita l'extradition des suspects de terrorisme et l'interception des communications sujettes à caution. Il prolongea la durée de la détention sans procès. C'était un revirement étonnant, car c'était le même Blair qui, peu après son entrée en fonction en 1997, avait placé la loi britannique sous l'égide de la Convention européenne des droits de l'homme, en faisant des libertés civiles modernes les valeurs essentielles du royaume. Subitement, il annonçait que tout cela n'existait plus – ce n'avait été qu'ajustements temporaires, qui avaient montré leur utilité dans une certaine partie de l'Europe, entre la Seconde guerre mondiale et la fin du XXe siècle.

Les politiques dures et les politiques accommodantes sont difficiles à marier. Il est parfois difficile de déterminer quelles sont les options dures et les options plus accommodantes. Par exemple, Souad Sbai, présidente de l'Association des femmes italiennes marocaines (Acmid-Donna) et aujourd'hui députée du parti de Silvio Berlusconi, a consacré de nombreuses années à tenter d'introduire dans les familles marocaines certains droits identiques à ceux dont jouissent les Italiennes. L'une de ses tâches principales a consisté à se battre pour que les femmes récupèrent la garde des enfants, que les maris avaient enlevés pour les emmener en Afrique du Nord[24]. En règle générale, c'est le comportement jugé trop européen des mères qui avait été la cause de l'enlèvement : elles avaient refusé de rester enfermées toute la journée à la maison, d'être rejointes par une deuxième épouse dans une relation polygame ou de porter le voile. À qui les sympathies d'un Occidental doivent-elles aller en pareil cas ? Ce n'est pas facile à dire. Une victoire pour les droits des femmes exigerait très certainement de faire revenir le père sexiste, qui, cependant, pourrait se révéler assez puissant au sein de la famille pour imposer sa vision islamique du monde à ses sept enfants. Affirmer la loi italienne pourrait ainsi aller à l'encontre des valeurs italiennes.

L'expulsion des prédicateurs islamistes radicaux, pièce maîtresse de la politique intérieure française et anglaise du milieu de la décennie, en fournit un autre exemple. Elle n'a qu'une utilité réduite en matière de politique migratoire. Elle est inefficace pour lutter contre la propagation de l'islamisme chez les citoyens européens. Durcir la position contre les musulmans étrangers et l'adoucir vis-à-vis des citoyens musulmans ne confortera les Européens que s'ils continuent de penser que l'immigration est un phénomène temporaire et réversible.

Deux types d'utilité

Tel n'est plus le cas. Les Européens ne peuvent qu'espérer que les nouveaux venus, surtout les musulmans, s'assimileront pacifiquement. Matériellement, les immigrants devraient avoir envie de s'assimiler. Dans bien des cas, des immigrants d'Europe ont superbement réussi.

Dans une boutique d'une galerie marchande de Copenhague, il n'est pas rare de rencontrer un vendeur de baskets qui n'a fréquenté qu'une banale école publique mais parle couramment quatre langues – par exemple, le danois, l'anglais, le turc et le kurmanji. Si l'on compare son éducation à celle qui était accessible dans le village d'Anatolie de ses parents ou à celle qu'aurait eu un membre de la classe ouvrière en Europe voilà un siècle, c'est là un acquis extraordinaire. De ce point de vue, il est difficile de décrire l'Europe comme une civilisation en déclin. Et pourtant, c'est une civilisation en déclin. Il lui manque un facteur difficile à définir. Qu'elle soit ou non capable de se défendre, elle a perdu de vue la raison pour laquelle elle devrait se défendre.

Si impressionnant que soit notre vendeur de Copenhague, symbole de l'Europe, nous n'avons aucune certitude qu'il voue son allégeance à l'Europe. Le juriste allemand Udo di Fabio s'en plaignait en ces termes :

> Les adeptes de notre politique de tolérance si bien intentionnée, qui font des offres généreuses d'intégration afin de conjurer la fragmentation culturelle de la société, ne saisissent pas le problème fondamental : pourquoi un membre d'une culture mondiale pleine de vitalité voudrait-il intégrer la culture occidentale, quand celle-ci, du moins de son point de vue, ne produit pas assez d'enfants, n'a plus aucune idée transcendantale et approche de sa fin historique ? Pourquoi devrait-il se laisser entraîner dans une culture si marquée par le doute de soi et l'arrogance, qui a gaspillé sa religion et son héritage moral dans une marche forcée vers la modernité, et n'offre aucun idéal de vie supérieur en dehors du voyage, de la longévité et du consumérisme ?

Le sociologue italien Vilfredo Pareto distinguait entre deux formes d'intérêt personnel que poursuivrait toute communauté : l'utilité d'une communauté (valeur de survie) et l'utilité pour la communauté (bien-être). Le conflit entre ces deux utilités est parfois clair, comme dans l'éducation des enfants ou la préparation d'une défense militaire, qui requièrent l'une et l'autre l'abnégation de soi de la part des adultes, et de détourner certaines ressources d'une jouissance immédiate. Mais de telles questions se posent aussi quand les gens décident, soit de faire venir des immigrants qui se chargeront de la cuisine, des lits et de briquer les sols, le tout pour une somme dérisoire, soit de s'en charger eux-mêmes. Comme l'intellectuel américain James Burnham l'écrivait en 1943 :

> En général, les mesures qui, dans le futur, surtout dans les années à venir ou les générations lointaines, entretiendront la force de la communauté, privent les générations existantes de certaines satisfactions. Dès lors, qu'est-ce qui est préférable : une vie historique plus brève pour la communauté, qui s'achève par sa destruction, avec davantage de satisfactions internes en cours de route, ou une vie plus longue, avec moins de satisfactions ? Fréquemment (peut-être même toujours), cela semble être un choix. La réponse, inutile de le préciser, ne vient jamais d'une décision logique et délibérée[25].

Des décennies durant, les autorités européennes ont recherché l'utilité pour elles-mêmes au lieu de l'utilité pour leur société. D'ailleurs, le simple fait de soulever la question de savoir si l'immigration défendra ou mettra en péril la survie de l'Europe est considérée au mieux comme vulgaire et antieuropéenne, au pire comme une attitude extrémiste. Les communautés immigrées n'ont jamais éprouvé pareille contrainte.

Le problème fondamental de l'Europe avec l'Islam, et avec l'immigration en général, c'est qu'en Europe, les communautés les plus fortes ne sont, culturellement parlant, pas du tout européennes. Malgré la grande variété de mesures prises pour le résoudre – multiculturalisme en Hollande, *laïcité* en France, laisser-faire en Grande-Bretagne, pointillisme constitutionnel en Allemagne –, ce problème existe dans tous les pays européens. C'est avec l'Islam et l'immigration que l'Europe a un problème et non avec l'usage impropre de certains moyens mis en place pour le traiter. L'Islam est une religion magnifique qui a aussi été, parfois, au cours des siècles, une culture brillante et généreuse. Mais malgré toutes les protestations du contraire, ce n'est en aucun cas la religion ou la culture de l'Europe.

Il est sûr que l'Europe sortira changée de sa confrontation avec l'Islam. Il est bien moins sûr que ce dernier se révèle assimilable. L'Europe se retrouve à devoir disputer à l'Islam l'allégeance de ses nouveaux arrivants. Pour l'heure, l'Islam est en meilleure position pour l'emporter à la fois démographiquement, c'est une évidence, et philosophiquement, même si cet avantage paraît moins net. En effet, en de telles circonstances, des mots comme « majorité » et « minorité » ont peu de sens. Quand une culture peu sûre d'elle, malléable et relativiste rencontre une culture ancrée, confiante et renforcée par des doctrines communes, c'est généralement la première qui change pour s'adapter à la seconde.

Notes

CHAPITRE 1

1. Enoch Powell, discours à l'assemblée générale annuelle du Centre politique conservateur de la région des West Midlands, 20 avril 1968, in Enoch Powell, *Reflections of a Statesman*, pp. 375, 379.

2. *Ibid.*

3. Enoch Powell, discours à la Conférence annuelle du Rotary Club de Londres, Eastbourne, 6 novembre 1968, in Powell, *Reflections of a Stateman*, p. 389. La population non-blanche de la Grande-Bretagne en 1968 comptait d'1,25 million d'individus.

4. Office for National Statistics, recensement, avril 2001.

5. * L'Inner London comprend les districts centraux (*boroughs*) du Grand Londres, entourés par l'Outer London. Le Commonwealth réunissait alors cinquante-quatre nations sur les cinq continents, toutes anciens membres de l'Empire britannique (sauf le Mozambique et le Rwanda). N.d.T.

6. Enoch Powell, discours électoral, Wolverhampton, 11 juin 1970, in Powell, *Reflections of a Statesman*, p. 403.

7. Office for National Statistics, indicateurs du recensement, http://www.statistics.gov.uk/census2001/profiles/00cw-A.asp

http://www.statistics.gov.uk/census2001/profiles/00CN-A.asp

http://www.statistics.gov.uk/census2001/profiles/1B-A.asp.

8. Sarfraz Manzoor, « Black Britain's blackest hour », *Observer*, 24 février 2008.

9. Jay Rayner, « Drama out of crisis », *Independent*, 18 mai 1990, p. 16 ; Steve Clarke, « Stealing a march on the One World ideal », *The Times*, 13 mai 1990.

10. * *Le Camp des saints*, Paris, Robert Laffont, 1973, rééd. 2011, augmenté d'une préface intitulée « Big Other ».

11. Enoch Powell, discours à la conférence annuelle du Rotary Club de Londres, Eastbourne, 6 novembre 1968, in Powell, *Reflections of a Stateman*, p. 391.

12. Hans Magnus Enzensberger, *La Grande Migration*, Paris, Gallimard, 1995, p. 24.

13. « L'Europe de l'Ouest » s'entend ici au sens de l'Union des quinze, qui inclut tous les grands pays sauf la Norvège et la Suisse, et qui exclut le reste, essentiellement des pays d'Europe de l'Est admis dans l'Union au cours de cette dernière décennie.

L'endroit est bien choisi pour une note sur les statistiques : les services de statistiques de chacun de ces pays européens détiennent les sources les plus exhaustives sur les données de l'immigration. Malheureusement, ils recueillent toutes sortes de données différentes et les évaluent selon des critères très variables. Ainsi, par exemple, on se procurera des informations fiables sur l'origine ethnique des citoyens néerlandais, pas sur les Français. Les critères changent à l'intérieur d'un même pays, de sorte que l'on réunira certaines données sur la migration conjugale depuis les anciennes colonies britanniques avant 1997, mais pas après. (Voir David A. Coleman, « Partner choice and the growth of ethnic minority populations », *Bevolking en Gezin*, vol. 33 (2004), pp. 2, 7-34.) Et les lois changent de manière telle que cela rend impossibles les comparaisons à long terme. Les « Allemands » et les « Turcs » ne renvoient pas à la même population avant et après la réforme de la citoyenneté de 1999.

Les chercheurs, les organisations non-gouvernementales et les autorités gouvernementales non-nationales (l'Eurostat de l'Union européenne ou les divers départements des Nations unies, par exemple) tâchent de gérer ces données de leur mieux, mais elles ont rarement les moyens de produire les leurs. Pour éclaircir ces questions, il faudrait un livre entier, et ce n'est pas celui que vous tenez en main. Cet ouvrage utilise beaucoup de sources de données, qui seront signalées par des notes au fur et à mesure. Certaines sont d'origine gouvernementale, d'autres universitaire ou journalistique. Un recueil excellent, très digeste, de données générales et relatives à la population, l'*European Demographic Data Sheet*, est publié par le

Vienna Institute of Demography. L'*International Migration Outlook* annuel de l'OCDE n'est pas moins utile. La source statistique la plus complète et la plus facile d'accès reste le centre de données du Migration Policy Institute (MPI), *think tank* basé à Washington. Le site propose en général des liens vers l'étude ou le recensement original d'où ces chiffres sont extraits.

14. « Stock international de migrants : Révision 2005 », base de données de la population, Division population, Département des affaires économiques et sociales de l'ONU, http://esa.un.org/migration.

15. Anthony Browne, « Invasion of the new Europeans », *Spectator*, 28 janvier 2006, pp. 12-13.

16. Entretien de l'auteur avec Åke Daun, Stockholm, 24 janvier 2005.

17. Åke Daun, *Swedish Mentality*, p. 121.

18. Edward Alden, Daniel Dombey, Chris Giles et Sarah Laitner, « The price of prosperity », *Financial Times*, 18 mai 2006, p. 13.

19. C'est l'estimation qu'a faite Tarik Ramadan dans *Dar ash-shahâda* (p. 13), en 2002.

20. Christopher Caldwell, « Allah mode », *Weekly Standard*, 15 juillet 2002.

21. Christopher Caldwell, « Europe's future», *Weekly Standard*, 4 décembre 2006.

22. * *La Rage et l'Orgueil*, Plon, Paris, 2002.

23. Wolfgang Schwanitz, « Europa wird am Ende des Jahrhunderts islamisch sein », *Die Welt*, 28 juillet 2004.

24. Aldo Keel, « In Der Gewalt der Tradition », *Neue Zürcher Zeitung*, 11 décembre 2006, p. 25. Keel cite un article remontant à 1999 de P.C. Matthiessen dans le quotidien danois *Jyllands-Posten*.

25. En Allemagne, en 2007, certains signaux précurseurs indiquaient un retour à la hausse possible. Voir Bertrand Benoit, « Baby boom times return for Germany », *Financial Times*, 13 juillet 2007.

26. Wolfgang Lutz, Vegard Skirbekk et Maria Rita Testa, « The low fertility trap hypothesis : Forces that may lead to further postponement and fewer births in Europe », Vienna Institute of Demography, 2005. Cité par David Coleman lors d'une communication au Hudson Institute, Washington D.C., 25 septembre 2007.

27. David Coleman, communication au Hudson Institute, Washington D.C., 25 septembre 2007.

28. * En français dans le texte. N.d.T.

29. Alain Auffray et Prune Perronat, « À Montfermeil, le maire joue la carte anti-jeunes », *Libération*, 26 avril 1006.

30. * En français dans le texte. N.d.T.

31. Christopher Caldwell, « Daughter of the Enlightenment », *New York Times Magazine*, 3 avril 2005, p. 29. L'article puise dans « In 2050 ruim 1,6 miljoen meer allochtonen », *CBS Webmagazine*, 8 janvier 2007. Pour la population néerlandaise d'origine étrangère en 2050, David Coleman et Sergeï Scherbov annoncent un chiffre plus élevé – 32 %, « Immigration and ethnic change in low-fertility countries – Towards a new demographic transition ? », article présenté lors de la réunion annuelle de la Population Association of America, Philadelphie, 1er avril 2005.

32. Coleman et Scherbov : « Immigration and Ethnic Change ».

33. Agence France-Presse, « 2004 was record immigration year », *International Herald* Tribune, 21 octobre 2005, p. 4.

34. Coleman et Scherbov : « Immigration and Ethnic Change ».

35. Entretien de l'auteur avec le frère Fredo Olivero, ASAI, Turin, 23 mars 2006.

36. Pour Copenhague : Jeffrey Fleishman, « A mutual suspicion grows in Denmark », *Los Angeles Times*, 12 novembre 2005. Pour Paris : Cour des Comptes, « L'accueil des immigrants et l'intégration des populations issues de l'immigration », novembre 2004, in Jonathan Laurence et Justin Vaïsse, *Integrating Islam : Political and Religious Challenges in Contemporary France*, Washington, Brookings, 2006, p. 23. Pour Londres : George Walden, *Time to Emigrate ?* p. 45.

37. Françoise Legros, « La fécondité des étrangères en France », *Insee Première # 898*, mai 2003.

38. Nicholas Eberstadt, « A union of a certain age », *Milken Institute Review*, deuxième trimestre 2005, p. 47.

39. Heinsohn, *Söhne und Weltmacht*.

40. Jörg Thomann, « Wenn Auswandern zum Volksport wird », *Frankfurter Allgemeine Zeitung*, 17 juillet 2007, p. 38

41. Pal Nyiri, magazine *2000*, janvier 2005. Cité sur http://www.perlentaucher.de/magazinrundschau/2005-04-05.html.

42. Alexander Stille, « No blacks need apply ; a nation of emigrants faces the challenge of immigration », *The Atlantic*, février 1992, p. 28.

43. « Court hears of horror scenes on Tube », *Guardian*, 23 janvier 2007.

44. Voir les articles de Pascal Blanchard, Nicolas Bancel et Sandrine Lemaire, in *La Fracture coloniale*.

45. Geert Mak, *Nagekomen flessenspost*, Amsterdam/Antwerp, Uitgeverij Atlas, 2005, p. 34. Carmen González Enríquez, chercheuse en sciences politiques à l'Universidad Nacional de Educación a Distancia (UNED) exprimait des vues similaires dans un entretien avec l'auteur (Madrid, 28 octobre 2006).

46. Gunnar Heinsohn, *Söhne und Weltmacht*.

47. Voir par ex. Dominique Thomas, *Le Londonistan : Le djihad au cœur de l'Europe*, et Cristina Giudici, « Occhi Chiusi a Cremonistan », *Il Foglio*, 27 juillet 2005, p. 6.

48. Raymond Aron, « L'aube de l'histoire universelle », in *Une histoire du xx*[e] *siècle*, p. 805.

CHAPITRE 2

1. Le Commonwealth Immigrants Act de 1962, renforcé par le Commonwealth Immigrants Act de 1968.

2. Pour les Caraïbes : Peter Fryer, *Staying Power*, pp. 372-374 ; pour les Asiatiques du Sud : Philip Lewis, *Islamic Britain*, p. 54. Ce chiffre pour la population nationale d'Indiens et de Pakistanais vient de Fryer, p. 372.

3. UK census 2001. Population par groupe ethnique, http://www.statistics.gov.uk/cci/nugget.asp?id=273.

4. * Discours programme prononcé devant l'Assemblée consultative le 3 mars 1945 par le général de Gaulle : « Le manque d'hommes et la faiblesse de la natalité française sont la cause profonde de nos malheurs et l'obstacle principal qui s'oppose à notre redressement. » N.d.T.

5. Patrick Weil, *La France et ses étrangers*, pp. 68-69.

6. *Ibid.*, pp. 81-86.

7. Institut national de la statistique et des études économiques, *Enquêtes annuelles de recensement 2004 et 2005*, édition 2005, Insee-Première, n° 1098, août 2006.

8. Christopher Caldwell, « Islam on the outskirts of the welfare state », *New York Times Magazine*, 5 février 2006.

9. Statistika Centralbyrån (bureau central des statistiques suédois), *Statistik årsbok for Sverige 2007* (Annuaire statistique de la Suède 2007), p. 121, tableau 99. Nous parlons de 1 463 358 personnes sur une population totale d'environ 9 millions.

10. Philip Martin, Manolo Abella et Christian Kuptsch, *Managing Labor Migration in the Twenty-First Century*.

Les étapes du programme des *Gastarbeiter* sont exposées, pays par pays, dans Thomas Bauer, Claus Larsen et Poul Chr. Matthiessen, « Immigration Policy and Danish and German immigration », in Torben Tranaes et Klaus Zimmerman, *Migrants, Work and the Welfare State*, p. 36. Après l'Italie, le programme fut étendu à l'Espagne et à la Grèce en 1960, à la Turquie en 1961, au Maroc en 1963, au Portugal en 1964, à la Tunisie en 1965 et à la Yougoslavie en 1968.

11. Exposition, Kreuzberg Museum, Adalbertstraße, Berlin.

12. Voir par exemple Stefan Lust, *Abschied von Multikulti*, pp. 101-115.

13. Elmar Hönekopp, « Labor migration from central and eastern Europe : Old and new trends », IAB Labor Market Research Topics, n° 23, cité dans Martin, Abella et Kuptsch, *Managing Labor Migration*, p. 86.

14. *Ibid.*, pp. 16-18.

15. Statistische Ämter des Bundes und der Länder, 30 novembre 2006, http://www.statistik-portal.de/Statistik-Portal/en/.en_jb01_jahrtab2.asp.

16. Entretien de l'auteur avec Klaus Rothstein, Copenhague, décembre 2005.

17. Oscar Handlin, *Boston's Immigrants*, p. 26.

18. * L'arrière-grand-père du poète, Abram Petrovitch Gannibal, était Noir, peut-être originaire d'Érythrée, offert à Pierre le Grand, qui l'éleva au rang de major-général et de gouverneur de Reval. N.d.T.

19. Robert Winder, *Bloody Foreigners*, pp. 1, 472.

20. Nicholas Wade, « English, Irish, Scots. They're all one, genes suggest », *New York Times*, 5 mars 2007, p. F1. Wade cite les généticiens Stephen Oppenheimer et Bryan Sykes, tous deux d'Oxford, et Daniel G. Bradley de Trinity College, Dublin, ainsi que l'archéologue

Heinrich Haerke. Le travail de Syke est accessible sur le site http://www.bloodoftheisles.net.

21 Alok Jha, 6 septembre 2006.

22. Milton, « Sur le récent massacre des Vaudois du Piémont » (1655), in *Lycidas et Sonnets*, traduit par Emile Saillens, éd. Aubier Montaigne, Paris, 1971.

23. Enzensberger, *La Grande Migration*, p. 49.

24. Christopher Caldwell, « The crescent and the tricolor », *The Atlantic*, novembre 2000.

25. Christopher Caldwell, « Where every generation is first-generation », *New York Times Magazine*, 27 mai 2006, p. 47.

26. Nicholas Lemann, *The Promised Land.*

27. Giovanni Di Lorenzo, « Drinnen vor der Tür », *Die Zeit*, n° 41, 2004.

28. Christopher Caldwell, « Europe needs its immigrants », *Financial Times*, 2 mai 2004. Un sondage Eurobarometer montrait que 56 % des Européens reconnaissaient la nécessité d'une main-d'œuvre immigrée, alors que 80 % voulaient des contrôles plus stricts aux frontières.

29. Scheherazadde Daneshku, « Public do not see "undoubted economic benefits" of migrants », *Financial Times*, 19 février 2007.

30. « The uneasy cosmopolitan : How migrants are enriching an ever more anxious host. » Cet article de Stefan Wagstyl est paru en p. 13 de l'édition du 21 septembre 2006.

31. Voir George J. Borjas, « The labor demand curve is downward sloping : Reexamining the impact of immigration on the lanor market », Quarterly Journal of Economics, juin 2003, pp. 1355-1374 ; David Card, « Immigration inflows, native outflows, and the local labor market impacts of higher immigration », *Journal of Labor Economics*, vol. 19 (2001), pp. 22-64. Ces deux articles adoptent une approche centrée sur l'emploi et non sur la localisation, en étudiant les groupes de compétences plutôt que les amas géographiques d'immigrés et saisissent mieux la réalité du marché moderne du travail. Ils constatent que l'immigration a eu un impact négatif sur les revenus des travailleurs autochtones.

32. Philippe Legrain, *Immigrants : Your Country Needs Them*, p. 19. Traduit en français et publié chez Modus Vivendi, 2009.

33. Pour être précis, 39 460 070 000 000,00 dollars. Voir Fonds

monétaire international, World Economic Outlook, base de données d'avril 2007 : http://www.imf.org/external/pubs/ft/weo/2007/01/data/index.aspx.

34. David Coleman, « Why Europe does not need a "European" migration Policy », exposé soumis à la Chambre des Lords, 1er février 2001.

35. Chris Giles, « British fears ignore boost foreign labour gives economy », *Financial Times*, 20 février 2007.

36. Voir Jonathan Portes et Simon French, « The impact of free movement of workers from central and Eastern Europe on the UK labour market : early evidence », UK Department of Work and Pensions Working Paper n° 18, 2004, p. 33. L'expérience américaine est décrite dans les articles de Borjas et Card cités plus haut.

37. Jacqueline de Linares, « Quand ma cité sera la City », le *Nouvel Observateur*, 3 janvier-6 février 2008, pp. 84-85.

38. Martin, Abella et Kuptsch, *Managing Labor Migration*, pp. 11-12.

39. * *Contrat d'inféodation*. Dès le VI[E] siècle, le contrat d'inféodation par lequel un seigneur mettait son vassal en possession d'un fief s'étant répandu universellement, il en était résulté une multitude d'espèces particulières de fiefs (Lar. XIXe). Source : CNRT. N.d.T.

40. Une liste de ces changements est reprise dans Bauer, Larsen et Matthiessen, « Immigration Policy », p. 35.

41. Sarah Laitner, « Young jobless », *Financial Times*, 20 février 2007, p. 5, note que la croissance de la productivité européenne était inférieure à 1 % en 2005, à comparer avec un taux américain de 1,8 % et un taux japonais de 2,2 %.

42. Alexander Stille, « No blacks need apply » (voir notes du chapitre 1).

43. * L'Américain Charles Ponzi mit au point un système dans lequel les investisseurs lui confiaient un capital dont il leur servait les intérêts en puisant dans le capital versé par la vague d'investisseurs suivants. Ce système glissant reporte l'insolvabilité sur les générations futures. N.d.T.

44. Nations unies, *Replacement Migration*.

45. Martin Feldstein, « Immigration is no way to fund an aging population », *Financial Times*, 13 décembre 2006.

46. Home Office, « The economic and fiscal impact of immigration », octobre 2007, p. 35.

47. Marlise Simons, « More Dutch plan to emigrate as Muslim influx tips scales », *New York Times*, 27 février 2005, p. 16.

48. Stefanie Rosenkranz, « Die deutsche Gesichter des Islam », *Stern*, 12 octobre 2006.

49. Martin, Abella et Kuptsch, *Managing Labor Migration*, pp. 19-20. Ils se servent ici d'un graphe du Bundesausländerbeauftragte, un bureau fédéral qui traite des questions de l'immigration.

50. Les informations sur la France et le Royaume-Uni proviennent de Coleman, « Why Europe does not need a "European" migration Policy ».

51. « Wages and productivity of non-Western immigrants in Denmark », lettre d'information de la Rockwool Foundation, novembre 2006, p. 10.

52. Torben M. Andersen et Lars Haagen Pedersen, « Financial restraints in a mature Welfare state – The case of Denmark », source non identifiée, mai 2006.

53. Enzensberger, *La Grande Migration*, p. 33.

CHAPITRE 3

1. Oriana Fallaci, *La Rage et l'Orgueil*.

2. « Au Mali, Sarkozy prône un "partenariat rénové" et justifie sa loi sur l'immigration », *Le Figaro*, 18 mai 2006.

3. « World migrant stock », http://esa.un.org/migration. Les Britanniques, à cet égard, évoquent les politiques « australiennes » plutôt que canadiennes. (Voir Alan Travis, « Migrants – The verdict », *Guardian*, 17 octobre 2007, p. 3.)

4. Citizenship and Immigration Canada, « Application for Permanent Residence », p. 4, http://www.cic.gc.ca/english/immigrate/skilled/application-regular.asp.

5. OCDE, International Migration Outlook, *Rapport annuel* (édition 2007), p. 165.

6. *Ibid.*, p. 163. Le rapport mentionne des « changements marqués à la hausse » au cours des cinq dernières années.

7. Entretien de l'auteur avec Schäuble, ministre de l'Intérieur, Berlin, 5 février 2007.

8. *Philosophische Quartett* [émission de télévision], ZDF, 29 octobre 2006, « Radikalismus und Bevölkerungswachstum ».

9. Richard Florida, *The Flight of the Creative Class*, p. 108.

10. Christiane Buck, « Schlechtausgebildete Einwanderer ziehen nach Europa », *Die Welt*, 10 octobre 2005, A1.

11. Bloomberg News, « German cabinet approves plan to allow more IT workers », 31 mai 2000. Entamé en 2005, ce programme fut étendu pour admettre quiconque pouvait promettre de manière crédible la création de vingt-cinq emplois.

12. Entretien de l'auteur avec un parlementaire des Grünen, Omid Nouripur, Leipzig, 15 septembre 2005.

13. Associated Press, « Sarkozy calls for creation of international treaty on migration », *International Herald Tribune*, 11 décembre 2006.

14. « Mercosur condemns EU migrant law », communiqué de presse de la BBC, 2 juillet 2008.

15. Caldwell, « Europe's future » (voir notes du chapitre 1). Les remarques de Jammeh ont été faites lors d'un entretien avec le quotidien de Dakar *Walf Fadjri*.

16. Sanket Mohapatra, Dilip Ratha et Zhimei Xu, avec K.M. Vijayalakshmi, « Migration and Development, brief 2 : Remittance trends 2006 » (document officieux).

17. Heinsohn, *Söhne und Weltmacht*.

18. Alden, Dombey, Giles et Laitner, « Price of Prosperity » (voir notes du chapitre 1).

19. Western Union Company, « Western Union reaches 300,000th agent location milestone », communiqué de presse, 1er mars 2007.

20. OCDE, International Migration Outlook, *Rapport annuel* (édition 2007), p. 163.

21. Alberto Alesina et Edward Glaeser, *Fighting Poverty in the U.S. and Europe*.

22. Robert D. Putnam, « *E Pluribus Unum* : Diversity and Community in the twenty-first century » (Johan Skytte Prize Lecture), Scandinavian Politica Studies, vol. 30, n° 2 (2007), pp. 137-174.

23. Une trentaine d'entre elles sont mentionnées dans Putnam, « *E Pluribus Unum* », pp. 142-143.

24. Aristote, *La Politique*, 1303 a (V, III, § 11).

25. Laurence et Vaïsse, *Integrating Islam*, p. 118.

26. Munira Mirza, Abi Senthikumaran, et Zein Ja'far, *Living Apart Together*, p. 40.

27. « Migrations of ethnic unmixing in the "New Europe" », *International Migration Review*, vol. 30, n° 4 (Hiver 1998), pp. 1047-1065. Et aussi (concernant les Polonais et les Allemands), voir Rogers Brubaker, *Nationalism Reframed*, p. 90.

28. * Que l'on traduira ici par « fuite résidentielle », formulation officielle reprise par le Conseil de l'Europe. N.d.T.

29. Handlin, *Boston's Immigrants*, p. 12.

30. Mark Landler, « Seeking grener pastures », *International Herald Tribune*, 6 février 2007.

31. Oussama Cherribi et Pieter van Os, « Houd toch op Nederland vol te noemen », *NRC* Handelsblad, 15 juillet 2006, p. 7.

32. Simons, « More Dutch plan to emigrate » (voir notes du chapitre 2).

33. Danny Dorling et Bethan Thomas, « A short report on plurality and the cities of Britain », non daté. Analyse statistique non datée par deux membres du groupe SASI, department of Geography, university of Sheffield publié en 2008 par Barrow Cadbury Trust dans le cadre de son initiative « Cities in Transition », http://www.barrowcadbury.org.uk/pdf/short_report_on_plurality.pdf. Les statistiques sur Birmingham sont à la p. 41, tableau 6; les statistiques de Leicester (de 70,1 % de Blancs en 1991 à 44,5 % en 2026) sont p. 45, tableau 17.

34. Caldwell, « Daughter of the Enlightenment » (voir notes du chapitre 1).

35. Jason DeParle, « Spain, like U.S., grapples with immigration », *New York Times*, 10 juin 2008.

36. Bernabé Lopez-Garcia, « El Islam y la integracion de la immigracion social », *Cuadernos de trabajo social*, vol. 15 (2002), pp. 129-143. Des entretiens de l'auteur avec des responsables du gouvernement espagnol confirment son analyse.

37. Richard Ford, « 30,400 new migrants will be looking for work in Britain », *The Times*, 25 octobre 2006, pp. 6-7.

38. Les calculs de Sinn, dans son mémoire « EU Enlargement, Migration and the New Constitution » (publié par CESifo), et cité

dans Martin Wolf, « EU needs labour and welfare reform », *Financial Times*, 5 avril 2005. Également utiles sur ces questions, Herbert Brücker et Tito Boeri, « The impact of eastern enlargement on employment and labour market in the EU member states », European Integration Consortium 2000 ; Christian Dustmann, Maria Casanova, Michael Fertig, Ian Preston et Christoph M. Schmidt, « The impact of EU enlargement on migration flows », Home Office Online Report 25/03, Londres, 2003 (contient des données sur les flux espagnols et portugais) ; John Kay, « How the migration estimates turned out so wrong », *Financial Times*, 5 septembre 2006, p. 17.

39. Nations unies, *Replacement Migration.*

40. Les éléments sur la Lettonie proviennent de Dan Bilefsky, « Migration's flip side : All roads lead out », *International Herald Tribune*, 7 décembre 2005, p. 1.

41. Immigration mise à part, Ceuta et Melilla sont souvent définies dans le monde islamique, et surtout à grands cris par la maison royale du Maroc, comme des symboles de l'« occupation » et du « colonialisme » européens. (Voir Ignacio Cembrero, « Mohamed VI aperca su reivindicación terrorial », *El País*, 29 janvier 2006, p. 26 ; « Rabat condiciona el diálogo con España a una negociación sobre el futuro de Ceuta y Melilla », ABC, 8 novembre 2007 ; et « La Liga Árabe da su "apoyo total" à Marruecos en su reclamación de Ceuta y Melilla », *El Mundo*, 9 novembre 2007.) C'est une revendication curieuse. Melilla a été conquise par l'Espagne en 1497 – avant la haute époque impériale. Ceuta est devenue portugaise en 1415 et espagnole en 1580 ; elle est restée constamment ville chrétienne depuis plus longtemps qu'Istanbul est musulmane. Les politiques espagnols n'ont pas été uniformément hostiles à la restitution de Ceuta et Melilla au Maroc. En fait, le propre souhait de l'Espagne d'absorber le poste avancé britannique de Gibraltar, à la pointe de la péninsule ibérique, crée la logique d'une telle renonciation. Elle est peu probable à court terme.

42. L'histoire de la clôture de Melilla : Martin Dahms, « Komm nicht, denn du könntest sterben », *Stuttgarter Zeitung*, 8 novembre 2005, p. 3.

43. Tactiques d'assaut : Karin Finkenzeller, « Ansturm auf die Festung ; Afrikas Flucht nach Europa », *Die Welt am Sonntag*, 9 octobre 2005, p. 9.

44. Chronologie des assauts : Nuria Tesón Martín, « Un año en el limbo de Melilla », *El País*, 10 octobre 2006, p. 28.

45. Voir par ex. Boubacar Boris Diop, « Die neue Verdammten dieser Erde », *Neue Zürcher Zeitung*, 21 octobre 2005 ; Diop qualifie cette attaque de « verzweifelten Sturm » (assaut désespéré).

46. Aspirations des réfugiés : Mark Mulligan et Raphael Minder, « Spain and Morocco call for joint action over tide of migrants », *Financial Times*, 12 octobre 2005, p. 3.

47. Entretien de l'auteur avec le sociologue Malick Ndiaye, Dakar, 16 octobre 2006.

48. Caldwell, « Europe's Future ».

49. Thierry Portes, « L'odyssée des clandestins du "Marine 1", *Le Figaro*, 10-11 mars 2007.

50. Juan Manuel Pardellas, « Un cayuco ataca una patrullera española con "cócteles molotov" », *El País*, 10 avril 2007. (Une traduction de l'article en anglais, avec quelques détails qui diffèrent, est parue dans Juan Manuel Pardellas, « African migrants trying to reach Spain in small boat throw Molotov cocktails at Patrol », Associated Press, 11 avril 2007.

51. Miguel González, « Alonso se opuso en el Gobierno a que la Armada interceptara barcas de inmigrantes », *El País*, 9 octobre 2006, p. 1.

52. Hans Magnus Enzensberger, *La Grande Migration*, p. 17.

53. Henri Pirenne, *Mahomet et Charlemagne*, p. 37.

54. Entretien de l'auteur avec Fahmy Almajid, Copenhague, 12 décembre 2005.

55. Martin, Abella et Kuptsch, *Managing Labor Migration*.

56. Hans Magnus Enzensberger, *La Grande Migration*, p. 46.

57. Ces deux citations sont reprises dans Kenan Malik, *The Meaning of Race*, p. 24. Les articles auxquels il se réfère sont tous deux parus le 1er mars 1968.

58. Christopher Caldwell, « Islam on the outskirts of the Welfare state », (voir notes du chapitre 2).

59. Caldwell, « Europe's Future ».

60. Caldwell, « Islam on the outskirts ».

61. Ben Leapman, « Asylum crisis getting worse, say officials », *Sunday Telegraph*, 14 octobre 2007, p. 12.

62. Pour être plus précis, l'Allemagne reçut 438 000 demandes en 1992. Voir Roger Zetter, David Griffiths, Silva Ferretti et Martyn Pearl, « An assessment of the impact of asylum politics in Europe 1990-2000 », *Findings* 168 (publication du Home Office britannique), p. 3.

63. Caldwell, « Islam on the outskirts ».

64. Duncan Campbell, « Civil wars create new crisis despite number of refugees falling to lowest for 25 years », *Guardian*, 20 avril 2006, p. 34.

65. Jeffrey Fleishman, « A mutual suspicion grows in Denmark », *Los Angeles Times*, 12 novembre 2005 (2001 : 53 % ; 2004 : 10 %).

66. Entretien de l'auteur avec le personnel du Centraalorgaan Opvang Asielzoekers (COA), Leyde, novembre 2005.

67. Cette information provient de discussions avec ceux qui travaillaient en contact étroit avec des immigrants du COA, Leyde, novembre 2005.

68. Michael Slackman, « Fleeing Sudan, only to languish in an Egyptian limbo », *New York Times*, 26 décembre 2005, p. 3 ; Abeer Allam et Michael Slackman, « 23 Sudanese die in raid in Egypt », *New York Times*, 31 décembre 2005, p. 1.

69. Une étude de janvier 2002 de l'ICMPD sur les politiques et les pratiques du retour de l'UE, citée dans : Conseil européen pour les réfugiés et exilés, « The return of asylum seekers whose applications have been rejected in Europe », juin 2005, p. 15.

70. Benedict Brogan, « Illegal migrants ? I haven't a clue, says Blunkett », *Daily Telegraph*, 22 septembre 2003, p. 2.

71. Voir Albert O. Hirschman, *Deux siècles de rhétorique réactionnaire*, Fayard, 1991.

72. Madeleine Bunting, « A modern-day slavery is flourishing in Britain… », *Guardian*, 18 décembre 2006, p. 25.

73. Entretien de l'auteur avec Jesper Langballe (parlementaire du Dansk Folkeparti), Copenhague, 12 décembre 2005.

74. Abdelmalek Sayad, *La Double Absence*, pp. 17-18.

CHAPITRE 4

1. Ces mots de Raymond Aron figurent à la fin de son ouvrage *Clausewitz: Penser la guerre*. Cité dans Raymond Aron, *Le Spectateur engagé*, p. 284.

2. Cette question et sa réponse sont abordées dans *La Puissance et la faiblesse*, de Robert Kagan.

3. David Rennie, « Vote for UE constitution or risk new Holocaust, says Brussels », *Daily Telegraph*, 10 mai 2005.

4. Jeremy Rifkin, *The European Dream*. Cité dans Perry Anderson, *London Review of Books* – Europe, 20 septembre 2007, p. 13. Cet article estimable comprend quantité d'autres formules tout aussi démesurées.

5. Mark Leonard, *Why Europe Will Run the 21st Century*, p. 83.

6. Tiré de *Sociaal en Cultureel Rapport 1998*, p. 266. Cité dans Frits Bolkestein, « Vijftien jaar later », *De Volkskrant*, 31 août 2006, p. 10.

7. Paul Scheffer, « Het multiculturelle drama », *NRC Handelsblad*, 29 janvier 2000.

8. Jordi Barbeta, « Irrumpe la inmigracion », *La Vanguardia*, 21 octobre 2006.

9. Zadie Smith, *Sourires de loup*, p. 99.

10. « Britain rediscovered (symposium), *Prospect*, n° 109 (avril 2005).

11. Katrin Bennehold, « French minister urges collecting minority data », *International Herald Tribune*, 16 décembre 2005, p. 3.

12. Stéphane Kovacs, « Saint Nicolas accusé d'esclavagisme », *Le Figaro*, 5 décembre 2005.

13. Mark Steyn, « Making a pig's ear of defending democracy », *Daily Telegraph*, 10 avril 2005.

14. « Teacher Held for "insulting Mohammed" », *Irish Times*, 26 novembre 2007.

15. * Deux célèbres auteurs d'opérette de la période victorienne. N.d.T.

16. * Le Grand Mensonge (*Große Lüge*, en allemand) est une expression forgée par Hitler dans *Mein Kampf*, désignant une technique

de propagande qu'il accusait les juifs d'avoir mise en œuvre. La formule fut ensuite appliquée à Churchill, accusé d'avoir monté une « fabrique de mensonges ». N.d.T.

17. Frits Bolkestein, « Vijftien jaar later », *De Volkskrant*, 31 août 2006, p. 10.

18. « Tories Attack Islamic terrorism "rebranding" », *Daily Telegraph*, 19 janvier 2008.

19. Entretien de l'auteur avec Melanie Phillips, Londres, 13 avril 2006. Voir Christopher Caldwell, « Counterterrorism in the U.K. : After Londonistan », *New York Times Magazine*, 25 juin 2006, p. 46.

20. Enoch Powell, discours à la réunion générale annuelle du Centre politique conservateur de la région des West Midlands (discours des « Rivières de sang »), 20 avril 1968, dans Powell, *Reflections of a Statesman*, p. 377

21. Alexis de Tocqueville, *L'Ancien Régime et la Révolution*, p. 184.

22. Publié en 1999, ce texte est connu sous le titre d'enquête MacPherson, du nom de Sir William MacPherson, qui la dirigea. Cité dans Mirza, Senthikumaran et Jaf'ar, *Living Apart Together*, p. 25.

23. Pierre-André Taguieff, *Les Contre-réactionnaires*, p. 562.

24. Jonathan Freedland, « How police gay rights zealotry is threatening our freedom of speech », *Guardian*, 18 janvier 2006, p. 23.

25. La Cour suprême de Suède annula cette condamnation en septembre, au motif que, dans sa condamnation, il n'était somme toute guère allé plus loin que la Bible. Voir Nina Larson, « Le pasteur suédois homophobe Aake Green disculpé par la Cour suprême », Agence France-Presse, 29 novembre 2005.

26. Jean Valbay, « Le député Vanneste condamné », *Le Figaro*, 25 janvier 2006.

27. Mirza, Senthikumaran et Jaf'ar, *Living Apart Together*, p. 24. Le rapport cite P. West, *The Poverty of Multiculturalism*, Civitas, Londres, 2005.

28. La loi Gayssot est la loi n° 90-615 du 13 juillet 1990 (NOR:JUSX9010223L), disponible en ligne à l'adresse http://Legifrance.gouv.fr. La discussion qui suit puise dans Christopher Caldwell, « Historical Truth speaks for itself », *Financial Times*, 18-19 février

2006, et « A question of expediency », *Financial Times*, 14-15 octobre 2006.

29. Jean-Baptiste de Montvalon, « Les historiens pris sous le feu des mémoires », *Le Monde*, 17 décembre 2005.

30. En 2006, deux pétitions appelant à l'abrogation ou à l'élagage de toutes les « lois de la mémoire » reçurent le soutien de la majorité du monde intellectuel parisien. La première, « Liberté pour l'histoire », fut signée par les historiens Pierre Nora, Michel Winock et Mona Ozouf, parmi d'autres. La deuxième, « La liberté de débattre », était à l'initiative du philosophe anticolonialiste Paul Thibaud et signée par plusieurs historiens et philosophes des plus éminents.

31. Madeleine Rebérioux, « Contre la loi Gayssot », *Le Monde*, 21 mai 1996. Partiellement cité dans Jean-Baptiste de Montvalon, « Les historiens pris sous le feu des mémoires ».

32. Stéphanie Binet et Blandine Grosjean, « La nébuleuse Dieudonné », *Libération*, 10 novembre 2005, pp. 38-39. Le groupe était le Cofad (Collectif des fils et des filles d'Africains déportés), un nom choisi en résonance à celui d'une association en mémoire de l'Holocauste. Selon Alain Finkielkraut (dans Rony Brauman et Alain Finkielkraut, *La Discorde*, p. 2345), *yovodah* est un mot inventé adapté de langue fon, qui se parle au Bénin. Le mot veut dire « cruauté blanche ».

33. Binet et Grosjean, « La nébuleuse Dieudonné », *Libération*, 10 novembre 2005.

34. Oriana Fallaci, *La Rage et l'Orgueil*, Paris, Plon, 2002, p. 188.

35. *Ibid.*, p. 92.

36. *Ibid.*, p. 29.

37. *Ibid.*, p. 38.

38. *Ibid.*, p. 105.

39. Marshall G.S. Hodgson, *L'Islam dans l'histoire mondiale*, p. 381.

40. Ian Cobain, « Bakri pleads for UK visa to escape bombs », *Guardian*, 22 juillet 2006, p. 15. Il est à noter que Bakri n'a pas été expulsé : il partit au Liban et se vit refuser la permission de rentrer en Grande-Bretagne.

41. *Al-Hayat* (Londres), 31 juillet 2002. Cité dans Middle East Media Research Institute, Special Dispatch #410, « Islamist leaders in London interviewed », 9 août 2002.

42. Christopher Caldwell, « Politically correct intolerance », *Financial Times*, 10-11 décembre 2005.

43. Dror Mishani et Aurelia Smotriez, « What sort of Frenchmen are they ? », *Haaretz* (édition anglaise), 17 novembre 2005. Traduction française *Le Monde*, 23 novembre 2005.

44. *Nouvel Observateur*, 1er décembre 2005.

45. « Finkielkraut, Réactions », *Libération*, 30 novembre 2005, p. 6.

46. *Ibid.*, p. 6.

47. « Le Mrap renonce à porter plainte contre Finkielkraut », Agence France-Presse, 25 novembre 2005.

48. Christopher Caldwell, « What will become of Europe », Bradley Lectures in Political Philosophy, Boston College, 10 février 2006.

49. Geoff Dench, *Minorities in the Open Society*, p. viii.

50. Pierre-André Taguieff, *Les Contre-réactionnaires.*

51. *Les Échos*, 24 novembre 2005.

52. *Ibid.*

53. * Autrement dit, de « caillera ». N.d.T.

54. Caldwell, « Islam on the outskirts », p. xx.

55. ** Dans l'argot des ghettos français, on pourrait le rapprocher de « babtou » (qui est le verlan de Toubab), un terme que les Noirs emploient pour désigner les Blancs et les Arabes. N.d.T.

56. *La Massaï blanche*, Livre de Poche, 2002.

57. Kingsley Amis, *That Uncertain Feeling*, Londres, Victor Gollancz, 1955.

58. *Les Particules élémentaires*, p. 239.

59. Matthias Politycki, « Weißer Mann – Was nun ? », *Die Zeit*, 1er septembre 2005, pp. 39-44. Le titre est un jeu de mot sur le roman de Hans Fallada, paru en 1932, *Kleiner Mann, was nun ?*

60. *Ibid.*

61. *Ibid.*

62. *Ibid.*

63. *Ibid.*

64. Enzensberger, *La Grande Migration*, p. 51.

65. Ces deux incidents sont cités dans : Gina Thomas, « Religiöse Accessoires verboten », *Frankfurter Allgemeine Zeitung*, 29 novembre 2006, p. 39.

66. Udo di Fabio, *Die Kultur der Freiheit*, p. 126. Cité dans Christopher Caldwell, « Values and the German debate », *Financial Times*, 4-5 novembre 2005.

67. Office of Communities and Local Government, « Citizenship Survey April-September 2007, England & Wales », janvier 2008, p. 1.

68. Pierre Manent, *La Raison des Nations*, p. 59.

69. *Ibid.*, p. 18.

70. Gordon Brown, « Britain rediscovered » (symposium), *Prospect*, n° 109, avril 2005.

CHAPITRE 5

1. Hilaire Belloc, *The Great Heresies*, pp.

2. *Ibid.*, p. 102.

3. Henri Pirenne, *Mahomet et Charlemagne*, Paris, PUF, 1992, p. 204.

4. *Ibid.*, p. 131.

5. *Ibid.*, p. 108.

6. Bassam Tibi, « Europeanisation, not Islamisation », *Sign and Sight* (site internet), 22 mars 2007, http://www.perlentaucher.de/artikel/3764.html ; en anglais (approximatif) sur http://www.signandsight.com/features/1258.html.

7. Jack Goody, *Islam in Europe*.

8. Ernest Renan, *L'Islam et la science*, L'Archange minotaure, coll. Vers l'Orient, pp. 38-39.

9. Voir, par exemple, la très belle collection de documents, photos et coupures de presse réunis par le Dokumentationszentrum und Museum über die Migration aus der Türkei (DOMiT) : *Zur Geschichte der Arbeitsmigration aus der Türkei : Materialsammlung*. Köln : [Rhénanie du Nord-Westphalie] Ministerium für Arbeit, 2000 (surtout pp. 39, 48, 56, 59). Voir aussi Jan Lucassen et Rinus Penninx, *Nieuwkomers, Nakomelingen, Nederlanders*, p. 54.

10. Dominique Vidal, « Quand Jean-Christophe Rufin prône le délit d'opinion », *Le Monde diplomatique*, 21 octobre 2004.

11. Elisabeth Noelle, « Der Kampf der Kulturen », *Frankfurter*

Allgemeine Zeitung, 15 septembre 2004, p. 5. Cette étude émane de l'Institut für Demoskopie (Allensbach), qui lui attribue la référence Dokumentation 6614.

12. Toutes les statistiques de population de ce paragraphe, sur Paris, Behren-lès-Forbach, etc., proviennent de Michèle Tribalat, « Les Concentrations ethniques en France », *Agir*, n° 29, janvier 2007, pp. 77-86. Le chiffre de 40 % d'enfants parisiens ayant au moins un parent immigré (Tribalat, p. 81) concerne la ville de Paris *intra muros* ; mais au total, pour l'Ile-de-France, c'est encore plus du tiers : 33,5 %.

13. Tribalat, p. 81.

14. Chiffre obtenu en ajoutant à l'estimation de Tarik Ramadan pour l'Europe de l'Ouest la population musulmane des Balkans.

15. Caldwell, « Counterterrorism in the U.K. » (voir les notes du chapitre 4).

16. Sur les 34 % d'habitants d'Amsterdam qui pratiquent une religion, selon le service de recherches municipal (2006) : 12 % de la population totale sont musulmans, 10 % catholiques, 7 % protestants (de toutes confessions), 3 % bouddhistes, 1 % hindou, 1 % juif. Cité dans Simon Kuper, « Amsterdam's soft approach courts potential jihadists », *Financial Times*, 11 septembre 2007, p. 8.

17. Michael Freund, « Say goodbye to Europe », *Jerusalem Post*, 10 janvier 2007.

18. Eric Kaufmann, « Breeding for God », *Prospect*, n° 128 (novembre 2006).

19. Barrow Cadbury Trust, « Cities in transition », (document d'étude basé sur Dorling et Thomas, « A short report on plurality »), p. 4.

20. Anne Goujon, Vegard Skirbekk, Katrin Fliegenschnee et Pawel Strzelecki, « New times, old beliefs », Vienna Institute of Demography Working Papers, janvier 2006. (Cité dans Kaufmann, « Breeding for God »).

21. Nicholas Eberstadt, « A union of a certain age », *Milken Institute Review*, deuxième trimestre 2005, p. 47.

Selon Coleman et Tcherbov, « Immigration and ethnic change » (voir notes du chapitre 1), le taux de fécondité total des femmes d'origine pakistanaise en Grande-Bretagne était de 4,67 en 2001 ; celui des femmes d'origine bengalie de 3,89. Coleman et Tcherbov citent l'Office of National Statistics, *International Migration : Migrants Entering or Leaving the United Kingdom and England and Wales 2002* (Series MN n° 29), The Stationery Office, Londres, 2004.

22. Hanspeter Born, « Belgien, adieu ? », *Die Weltwoche*, Zürich, n° 45, novembre 2007.

23. Visite à l'automne 2005.

24. * En français dans le texte. N.d.T.

25. * En français dans le texte. N.d.T.

26. * En français dans le texte. N.d.T.

27. Le matériau sur le Million Program suédois est tiré de Caldwell, « Islam on the outskirts ».

28. *Ibid.*

29. Voir Peter Hall, *Cities of Tomorrow*, p. 247. Hall note que les ensembles à haute densité de Le Corbusier avaient tendance à ne fonctionner dans les cas où, comme dans la modeste Unité de Marseille, ils étaient habités par des professions libérales, et cite un certain nombre de critiques architecturales qui se sont étonnés de la froideur de l'urbanisme moderne envers les enfants.

30. Caldwell, « Islam on the outskirts ».

31. Entretien de l'auteur avec Ilda Curti, The Gate, Turin, 23 mars 2006.

32. Christopher Caldwell, « Revolting High-rises », *New York Times Magazine*, 27 novembre 2005.

33. * En français dans le texte. N.d.T.

34. Robert Marquand, « Europe tightens immigration rules », *Christian Science Monitor*, 17 octobre 2007, p. 6.

35. ** Gabriel Aranda était alors conseiller du ministre de l'Équipement et du logement, Albin Chalandon, au sein du gouvernement Chaban-Delmas. L'affaire révéla l'ampleur de la corruption des filières publiques de l'urbanisme et de la construction. N.d.T.

36. * La cité s'appelle la Cité des Poètes. N.d.T.

37. Entretien de l'auteur avec Pierre Cardo, maire de Chanteloup-les-Vignes, 23 mars 2007.

38. D'après le site internet de la commune de Chanteloup-les-Vignes.

39. Sheila Johnson, « Why the prime minister had to see "La Haine" », *Independent*, édition de Londres, 19 octobre 1995.

40. Entretien de l'auteur avec Pierre Cardo, maire de Chanteloup-les-Vignes, 23 mars 2007.

41. * Il existe dans plusieurs pays d'Europe, notamment en France, un championnat de base-ball, mais il reste confidentiel. N.d.T.

42. Entretien de l'auteur, Françoise Nung, Chanteloup-les-Vignes, 23 mars 2007 ; Julien Constant et Véronique Beaugrand, « Affrontements : nouvelle nuit de violence dans les Yvelines », *Le Parisien*, 4 février 2007, p. 13 ; Agence France-Presse, « Violences à Chanteloup-les-Vignes », 6 février 2006.

43. Trevor Phillips, « After 7/7 : Sleepwalking to segregation », discours prononcé devant le Manchester Council for Community Relations, 25 septembre 2005.

44. Ken Livingstone, « Society is becoming more mixed in the UK », *Financial Times*, 23-24 décembre 2006, p. 6.

45. Ludi Simpson, « Speech for anti-racist priorities for the Labour government fringe meeting », Congrès du parti travailliste 2006.

46. *Ibid.*

47. *Community Cohesion* [The « Cantle Report »], Home Office, Londres, 2001, p. 9.

48. Caldwell, « Islam on the Outskirts ».

49. Di Lorenzo, « Drinnen vor der Tür ».

50. Stéphane Kovacs, « Helsinki impose la mixité sociale par le logement », *Le Monde*, 19 mars 2007, p. 5.

51. * Dans les années 1950 et jusque dans les années 1970, une série de décisions de la Cour suprême (la première et la plus décisive étant *Brown v. Board of Education*), de cours fédérales et de dispositions de loi (notamment le Civil Rights Act de 1964) prévoyaient de lutter contre la ségrégation en imposant le transport forcé (*forced busing*) des lycéens, voire même des enfants de maternelle dans certains États comme le Michigan, hors de leur quartier, manière de remanier la « carte scolaire ». Les effets réels des objectifs visés par le *forced busing* furent souvent nuls : le pourcentage d'établissements scolaires fréquentés essentiellement par des Noirs resta semble-t-il quasi inchangé. N.d.T.

52. Conversation officieuse.

53. Ian Johnson (avec John Carreyrou), « Islam and Europe : A volatile mix », *Wall Street Journal*, 11 juillet 2005, p. A1. Voir aussi Laurence et Vaïsse, *Integrating Islam*, p. 37.

54. Rod Liddle, « The crescent of fear », *Spectator*, 12 novembre 2005.

55. Johnson, « Islam and Europe ».

56. Ahmed Taghza, « Des enfants musulmans refusent la viande non halal », *L'Écho républicain*, 25 novembre 2004. Cité dans Olivier Roy, *La Laïcité face à l'Islam*.

57. Estimation de l'auteur suite à une visite des écoles de Rosengård en 2005.

58. Rauf Ceylan, *Ethnische Kolonien*. Basé aussi sur des entretiens de l'auteur avec Ceylan au printemps 2007. Son travail est le compte-rendu le plus rigoureux, le plus détaillé et le plus empathique qu'il m'ait été donné de consulter, dans toutes les communautés immigrées d'Europe.

59. Entretien de l'auteur avec Zehra Yilmaz et M. Kücük, mosquée de Duisbourg, printemps 2006.

60. Cornelia Uebel, « Alles getürkt ? », *Die Zeit* 43, 20 octobre 2005, p. 15.

61. Caldwell, « Islam on the outskirts ». Ces chiffres proviennent du Conseil national suédois pour la prévention du crime (Brå-Brottsförebyggande rådet). Il est à noter que, pour un non-suédois, c'est un problème des plus limités. En 2004, pour tout le pays, seules 329 personnes purgeaient des peines de prison supérieures à cinq ans.

62. Farhad Khosrokhavar, *L'Islam dans les prisons*, p. 11.

63. Entretien de l'auteur avec Pietro Buffa, directeur de la prison de Vallette, Turin, 24 mars 2006.

64. Entretien de l'auteur avec Franco Venturini, Rome, 18 mars 2006.

65. Walden, *Time to Emigrate ?*, p. 60.

66. Michael Jeismann, « Neuntausend », *Frankfurter Allgemeine Zeitung*, 26 octobre 2005, p. 37.

67. Christopher Caldwell, « The man who would be *le président* », *Weekly Standard*, 27 février 2006.

68. Katrin Bennhold, « In egalitarian Europe, a not-so-hidden world of squalor », *International Herald Tribune*, 18 octobre 2005, p. 1.

69. Jean de Maillard, « Le pire reste à venir ». http://www.rue89.com/plume-balance/dans-les-banlieues-le-pire-reste-a-venir?page=1. Mis en ligne le 28 novembre 2007.

70. Christopher Caldwell, « Liberté, Égalité, Judéophobie », *Weekly Standard*, 6 mai 2002.

71. * En français dans le texte. N.d.T.

72. Laurent Mucchielli, *Violences et insécurité : fantasmes et réalités dans le débat français* ; Loïc Wacquant, *Punir les pauvres : le nouveau gouvernement de l'insécurité sociale.*

73. *Larousse Standard French-English Dictionary*, 1994, p. 702.

74. *Harper Collins/Robert French Unabridged Dictionary*, 5th ed., 1998, p. 740.

75. Jean-Marie Pontaut, « L'itinéraire d'un terroriste », *L'Express*, 26 septembre 1996.

76. Ivan Rioufol, « Cités : les non-dits d'une rébellion, *Le Figaro*, 4 novembre 2005.

77. GCI, *La France face à ses musulmans : Émeutes, jihadisme et dépolitisation*, rapport d'Europe n° 172, 9 mars 2006, p. ii.

78. *Ibid.*

79. Mishani et Smotriez, « What sort of frenchmen are they », *Haaretz*, 17 novembre 2005, traduction *Le Monde*, 23 novembre 2005.

80. Alexis Lacroix, Alain Finkielkraut, « L'illégitimité de la haine », *Le Figaro*, 15 novembre 2005, p. 18.

81. Le récit qui suit est basé sur Christopher Caldwell, « Harsh policing goes transatlantic », *Financial Times*, 31 mars-1er avril 2007.

82. Jean-Marc Leclerc, « La banlieue, poudrière sous haute surveillance », *Le Figaro*, 29 mars 2007.

83. D'après le reportage de Christopher Caldwell, « A bad sense of community », *Financial Times*, 24-25 octobre 2005.

84. « *Voice* censored for Birmingham "rape" reporting », *Guardian Unlimited*, 21 février 2006.

85. Christopher Caldwell, « France must maintain ideals », *Financial Times*, 12-13 novembre 2005.

86. Villiers-le-Bel, « Il faut des décisions politiques majeures » (Boutih, PS), Agence France Presse, 28 novembre 2007. L'AFP citait des propos tenus par Boutih sur RTL.

87. Yves Bordenaves, « Ce sont eux les victimes, et on les fait passer pour des voleurs et des criminels », *Le Monde*, 28 novembre 2007, p. 10.

88. Henri Haget et Marie Huret, « Le retour de flammes », *L'Express*, n° 2943, 29 novembre 2008, p. 98.

89. * En français dans le texte. N.d.T.

CHAPITRE 6

1. BBC Panorama, 2 décembre 1968, dans Powell, *Reflections of a Stateman*, p. 15.

2. Roger Cohen, « A european model for immigration falters », *International Herald Tribune*, 17 octobre 2005, p. 5.

3. Pierre Marcelle, « Marseillaise », *Libération*, 10 octobre 2001.

4. Voir Enoch Powell, Sydney University lecture, « The UK and Immigration », septembre 1988, in Powell, *Reflections of a Statesman*, pp. 410, 412-413.

5. On trouvera une histoire exhaustive, ainsi qu'une discussion théorique claire et très élaborée du *jus sanguinis* et du *jus soli* dans Rogers Brubaker, *Citoyenneté et nationalité en France et en Allemagne*.

6. Voir « Fassungsloss zwischen Döner und Knödel, *Süddeutsche Zeitung*, 27 mai 1998 ; et Michael Mielke, « Eine unendliche Geschichte », *Die Welt*, 4 mars 2005. Dix ans plus tard, alors que j'écris ces lignes, Ari reste en Allemagne, titulaire d'un casier judiciaire considérablement plus chargé qu'à son entrée dans le système pénal, sous les yeux de l'opinion.

7. « Europe's Muslims more moderate », The Pew Global Attitudes Project, Washington, 2 juin 2006, pp. 1, 5. Il se peut que les attentats terroristes islamistes de Madrid, en 2004, aient joué un rôle dans cette méfiance, mais ils ont eu lieu un an avant l'amnistie.

8. Entretien de l'auteur avec Göran Johansson, hôtel de ville de Göteborg, décembre 2005. En partie repris dans Caldwell, « Islam on the outskirts ».

9. Déjeuner-débat avec Jürgen Rüttger, German Marshall Fund of the United States, Washington, 21 février 2006.

10. *Ibid.*

11. Entretien avec l'auteur, La Haye, 17 novembre 2005.

12. Otto Schily, « Ich möchte keine zweisprachigen Ortsschilder haben », *Süddeutsche Zeitung*, 27 juin 2002.

13. Entretien de l'auteur avec Jesper Langballe, Dansk Folkeparti, Folketinget, Copenhague, 12 décembre 2006.

14. Entretien de l'auteur avec Rikke Hvilshøj, Copenhague, 10 décembre 2005.

15. Pew Research Center (Pew Global Attitudes Project), « Islamic extremism : Common concern for Muslim and Western publics », 14 juillet 2005, p. 17.

16. * En français dans le texte. N.d.T.

17. Pour une discussion passionnante sur de telles divisions à la suite des attentats dans les transports en commun londonien, en 2005, voir Madeleine Bunting, « Orphans of Islam », *Guardian*, 18 juillet 2005.

18. Rosenkranz, « Die deutsche Gesichter des Islam ». Cette travailleuse sociale, une certaine Fulya Kurun, disait : « Was meinen Sie mit Islam ? Es gibt ihn nicht, den einen und einzigen Islam ».

19. Dounia Bouzar, *Monsieur Islam n'existe pas*, Paris, Hachette Littérature, 2004.

20. Jonathan Lawrence et Justin Vaïsse, dans leur ouvrage de référence, *Integrating Islam* (p. 100) attribuent l'idée de créer un « Islam gaulois, tout comme il existe un Islam du Maghreb » à des réflexions de Jacques Berque dans *Il reste un avenir : entretiens avec Jean Sur*, Arlea, p. 203, 1993, Paris.

21. Stefano Allievi, *Islam italiano*, p. 216.

22. Vincent Geisser et Khadija Mohsen-Finan, « L'Islam à l'école », Institut des hautes études de la sécurité intérieure (IHESI), 2001. Cité dans Laurence et Vaïsse, *Integrating Islam*, p. 75.

23. Alain Gresh et Tarik Ramadan, *L'Islam en questions*, p. 159.

24. Mirza, Senthikumaran er Ja'far, *Living Apart Together*. Cité dans Christopher Caldwell, « Graphic images of separateness », *Financial Times*, 2-3 février 2007.

25. Caldwell, « Graphic images of separateness ».

26. Jörg Lau, « Französische Verhältnisse verhindern », *Zeit* 45/2005.

27. Farouk Sen et Hayrettin Aydin, *Islam in Deutschland*, pp. 110-111.

28. Rosenkranz, « Die deutsche Gesichter des Islam », citant un sondage FORSA auprès des Turcs musulmans d'Allemagne.

29. *L'Islam et la science*, L'Archange Minotaure, p. 23.

30. *L'autobiographie de Malcolm X* (avec Alex Haley), Grasset, 1993.

31. Inayat Bunglawala, « I was wrong about Salman », *Guardian*, 20 juin 2007.

32. Ian Johnson, Andrew Higgins et Carrick Mollenkamp, « Bookstore is a focus of U.K. probe », *Wall Street Journal*, 19 juillet 2005, p. A12 ; à noter que la librairie de l'Iqra Learning Centre à Leeds vend des jeux vidéo qui dressent des musulmans contre leurs adversaires dans des batailles apocalyptiques.

33. Entretien de l'auteur avec Fahmy Almajid, Copenhague, décembre 2005.

34. « Europe's Muslims more moderate », p. 4.

35. Ian Johnson et Carrick Mollenkamp, « U.K. looks hard at Muslim Community dynamics », *Wall Street Journal*, 15 juillet 2005, p. A8. Cela fait partie d'une série d'articles exceptionnels et très enrichissants. Voir aussi : Ian Johnson, Carrick Mollenkamp, Glenn Simpson et Jeanne Whalen, « Close quarters », *Wall Street Journal*, 14 juillet 2005, p. A1 ; et Johnson, Higgins et Mollenkamp, « Bookstore is a focus of U.K. probe ».

36. Craig S. Smith, « At mosque that recruited radicals, new imam calls for help in catching bombers », *New York Times*, 9 juillet 2005, p. A6.

37. L'événement le plus proche d'une telle migration survint avec l'exode du Mariel, à l'été 1980, quand 125 000 Cubains quittèrent leur île dans une migration soudaine mise en place et facilitée par Fidel Castro C'était surtout la fuite que rien ne pouvait arrêter de transfuges partant de leur plein gré. Mais ces émigrants étaient surtout composés, dans une proportion sortant de la normale, de criminels violents, sans aucun statut politique, et d'internés libérés d'hôpitaux psychiatriques. Il en résulta la construction d'un archipel de camps de détention, où nombre de *marielitos* restèrent détenus plusieurs années. En 1982, de graves émeutes qui éclatèrent dans l'un de ces camps, à Fort Chaffee, dans l'Arkansas, ruinèrent les chances de réélection du jeune et charismatique gouverneur de l'État, Bill Clinton. (Voir David Maraniss, « Cuban refugee uprising offers view of Clinton's reaction to crisis », *Washington Post*, 22 octobre 1992, p. A12.)

38. Samuel Huntington, *Le Choc des civilisations*.

39. Pour les Français : Christophe Dubois, « Des groupes de combattants se constituent en France », *Le Parisien*, 19 septembre 2005. Pour les Britanniques : David Leppard, « British brigade of Islamists joint Al-Qaeda foreign legion in Iraq », *Sunday Times*, 4 juin 2006. Pour les Belges : Stratfor.com, 29 décembre 2005.

40. Ce récit des actes de Hanif et Sharif est tiré de Christopher Caldwell, « Treason returns to smoke out the Enemy within », *Financial Times*, 17 mai 2003, p. 13.

41. Damien McElroy, « The British would-be suicide bombers stood out », *Sunday Telegraph* (édition de Londres), 11 mai 2011.

42. Martin Bright et Fareena Alam, « Making of a martyr », *Observer*, 4 mai 2003, p. 18.

43. « Stances », *Œuvres complètes de Lord Byron*, Paris, 1838, p. 327.

44. McElroy, « British would-be suicide bombers ».

45. Daniel Johnson, « Allah's England ? », *Commentary*, novembre 2006, p. 46.

46. Johnson, « Islam and Europe », voir notes du chapitre 5.

47. Caldwell, « Islam on the outskirts ».

48. Zeyno Baran, « Fighting the war of ideas », *Foreign Affairs*, vol. 84, n° 6 (novembre/décembre 2005), pp. 68-78.

49. Communication privée avec Janny Groen, co-auteure (avec Annieke Krakenberg) de *Strijdsters van Allah*, un livre sur les femmes du réseau Hofstad.

50. Ian Johnson (avezc David Crawford), « Saudi funds tied to extremism in Europe », *Wall Street Journal*, 30 décembre 2003, p. A8.

51. Ian Buruma, *Murder in Amsterdam*, pp. 165, 167, 171.

52. *Ibid.*, p. 168.

53. Entretien de l'auteur avec Massoud Kamali (voir Christopher Caldwell, « A Swedish dilemma », *Weekly Standard*, 28 février 2005).

54. Hans Magnus Enzensberger, « Der radikale Verlierer », *Der Spiegel*, n° 7 (novembre 2005), p. 174. Publié dans l'ouvrage, *Schrecken Männers*, Suhrkamp, Francfort, 2006, et *Le perdant radical : Essai sur les hommes de la terreur*, Gallimard, NRF, 2006. Il emploie le mot *Enttäuschbarkeit*, ou faculté de désappointement.

55. Alberto Bisin, Eleonora Patacchini, Thierry Verdier et Yves

Zenou, « Are Muslim immigrants different in terms of cultural integration ? », Forschungsinstitut zur Zukunft der Arbeit, Discussion Paper n° 3006, Bonn, août 2007, p. 6. L'étude reposant sur des données britanniques, il faut ajouter que ce n'était pas non plus une réaction politique de dépit contre la co-direction britannique de la guerre en Irak. Les données utilisées émanaient de la Fourth National Survey of Ethnic Minorities du Royaume-Uni, antérieure à la guerre en Irak, mais aussi aux attaques du 11 septembre 2001.

56. Jean-Pierre Obin, *Les signes et manifestations d'appartenance religieuse dans les établissements scolaires*, Rapport au ministre de l'Éducation nationale, juin 2004.

57. Voir Lionel Trilling, *Beyond Culture*, New York, Viking, 1968, pp. iii-vi. Trilling utilisait le terme dans un autre contexte. Il l'appliquait à une habitude de pensée commune aux intellectuels américains dans les années 1960.

58. Entretien de l'auteur avec le rappeur Killa Hakan, Kreuzberg, 20 octobre 2005 (en compagnie de Taner, « Balina » [Tunca] et Tarkan).

59. David Brooks, « Gangsta in French », *New York Times*, 10 novembre 2005.

60. Tel que les décrit Farhad Khosrokhavar, *L'Islam dans les prisons*, pp. 219-224.

61. * En français dans le texte. N.d.T.

62. Voir Nidra Poller, « The murder of Ilan Halimi », *Wall Street Journal*, 26 février 2006.

CHAPITRE 7

1. Entretien de l'auteur avec Anders Jericho, Copenhague, 13 décembre 2005.

2. Vincent Geisser et Khadija Mohsen-Finan, « L'Islam à l'école », Institut des hautes études de la sécurité intérieure (IHESI), 2001. Cité dans Laurence et Vaïsse, *Integrating Islam*, p. 95.

3. Olivier Hoischen, « Deutsche Jugend ohne Gott », *Frankfurter Allgemeine Zeitung*, 17 décembre 2006, p. 1. Hoischen cite une étude de Hans-Georg Ziebertz (université de Würzburg).

4. Ramadan, *Dar ash-shahada*, p. 15.

5. Shiv Malik, « My Brother the bomber », *Prospect*, n° 135 (juin 2007).

6. Lamin Sanneh, *Disciples of all nations*, p. xx.

7. Entretien de l'auteur avec Pleun Reedjik, Rotterdam-Zuid, 14 novembre 2005.

8. « Europe's Muslims more moderate ».

9. « Schäuble wünscht sie "deutsche Muslime" », *Frankfurter Allgemeine Zeitung*, 27 septembre 2006.

10. Georg-Paul Hefty, « Was ist ein deutscher Muslim ? », *Frankfurter Allgemeine Zeitung*, 28 septembre 2006.

11. Zentralrat der Muslime.

12. Evangelische Kirche in Deutschland (EKD) : *Klarheit und gute Nachbarschaft : Christen und Muslime in Deutschland*, p. 69.

13. Ian Johnson, Carrick Mollenkamp, Glenn Simpson et Jeanne Whalen, « Close quarters », *Wall Street Journal*, 14 juillet 2005.

14. Leo Wieland, « Jieder in seinem Haus – und Gott in allen », *Frankfurter Allgemeine Sonntagszeitung*, 11 mars 2007, p. 10.

15. *Ibid.*

16. Entretien de l'auteur avec le cardinal Mario Pompedda, *La Repubblica*, 13 mars 2006.

17. Hans Jansen, « Een Hoorcollege over de islamitische godsdienst en cultuur », Home Academy, La Haye, 2005.

18. Le prêtre s'appelait Thorkild Grosbøll, de la ville de Taarbæk. Pernille Stensgaard, « Præsten tror ikke på Gud », *Weekendavisen*, 23-27 mai 2003, p. 12.

19. Bente Clausen, « Stort præsteflertal dømmer Grosbøll ude », *Kristelig Dagblad*, 10 juillet 2004. Je remercie Tøger Seidenfaden, rédacteur en chef de *Politiken*, de m'avoir signalé et expliqué cet article.

20. Handlin, *Boston's Immigrants*, pp. 177, 222.

21. *Ibid.*, p. 131.

22. *Ibid.*, p. 21.

23. Marcello Pera et cardinal Joseph Ratzinger, *Without Roots*, p. 14.

24. Voir Marjoleine de Vos, « Ietsisten voruit », *NRC Handelsblad*, 30 juin 2003, p. 7.

25. Son titre, *Schluß mit lustig*, est presque intraduisible. Le titre

de la chanson d'Elvis Costello, « Clown time is over », en fournirait une bonne approximation.

26. Ces chiffre et ces observations viennent de Joshua Livestro, « Holland's post-secular future », *Weekly Standard*, 1er janvier 2007. Pour ses statistiques sur le revivalisme et le retour à l'« orthodoxie », il cite Adjedj Bakas et Minne Buwalda, *De Toekomst van God*, Schiedam, Scriptum, 2006.

27. Eric Kaufmann, « Breeding for God », (voir notes du chapitre 5). Kaufmann cite une étude de David Voas et Steve Bruce, du recensement britannique 2001.

28. Stephen Fidler, « Christian soldier known for his honesty and directness », *Financial Times*, 14-15 octobre 2005, p. 2.

29. Ce qui suit est repris et adapté à partir de réflexions faites dans Christopher Caldwell, « Faith in power of reason », *Financial Times*, 22 septembre 2006.

30. Pera et Ratzinger, *Without Roots*, pp. 121-122.

31. Christa Case, « Germans reconsider religion », *Christian Science Monitor*, 15 septembre 2006.

32. Pera et Ratzinger, *Without Roots*, p. 65.

33. Juan G. Bedoya, « Alá te ama, hermano Benedicto », *El País*, 20 septembre 2006, p. 10.

34. Ces chiffres sont ceux du dossier de presse de l'ONU. Le volume s'intitule : Programme de développement des Nations unies, *Rapport 2002 sur le Développement humain arabe*, ONU, 2003. http://hdr.undp.org/fr/rapports/regional/etatsarabes/name,3140,fr.html.

35. Bernard Lewis, *L'Islam en crise*, p. 47.

36. Sondage *Le Monde / Le Point / Europe 1*, 15 octobre 2001.

37. Entretien de l'auteur avec Andres Kinneging, février 2005, dans Caldwell, « Daughter of the Enlightenment » (voir notes du chapitre 1).

38. « Schäuble wünscht sie "deutsche Muslime" », *Frankfurter Allgemeine Zeitung*, 27 septembre 2006.

39. Entretien de l'auteur avec Francesca Paci, Turin, 22 mars 2006.

40. Caldwell, « Counterterrorism in the UK » (voir notes du chapitre 4).

41. Anne-Charlotte de Langhe, « Lionel Dumont, islamiste français en jugement », *Le Figaro*, 4 décembre 2005, p. 10.

42. Craig S. Smith, « Raised as a Catholic in Belgium, she died as a Muslim bomber », *New York Times*, 6 décembre 2005, p. 10.

43. Il est fait allusion aux dons de Lindsay dans le rapport du Home Office, *Report of the Official Account of the Bombings in London on 7th July 2005* (publié le 11 mai 2006), p. 21 : « À sa mosquée de quartier et au sein de groupes islamiques à Huddersfield et Dewsbury, il était admiré pour la rapidité à laquelle il avait appris à parler couramment l'arabe et mémorisé de longs passages du Coran, en faisant preuve d'une maturité et d'une conscience peu ordinaires. »

44. Thomas Carlyle, *Les Héros*, p. 278.

45. Alain Besançon, *Trois tentations dans l'Église*, p. 167.

46. * En français dans le texte. N.d.T.

47. Carlyle, *Les Héros*, p. xx

48. Ian Johnson (avec John Carreyrou), « French Muslims face more controls », *Wall Street Journal*, 9 décembre 2004, p. A15. Sur l'Islam européen, le travail du *Wall Street Journal*, et celui de Ian Johnson en particulier, a été exemplaire de profondeur, d'originalité et de par son ampleur. Si les auteurs commettent ici une erreur d'emphase, c'en est une que l'auteur du présent ouvrage a souvent commise : Christopher Caldwell, « The Crescent and the tricolor : Muslims in France », *The Atlantic*, 1er novembre 2000, p. 20, qui se réfère à des « imams médiocrement formés, enflammés et autoproclamés ».

49. Madeleine Bunting, « A noble, reckless rebellion », *Guardian*, 9 février 2008.

50. Expression désignant un manipulateur aux mauvaises intentions, d'après le nom du personnage d'un roman, *Trilby*, écrit par George du Maurier en 1894.

51. * En français dans le texte. N.d.T.

52. Voir Gaetano Quagliarello, *Il Foglio*, 14 mars 2006.

53. Leon de Winter, *International Herald Tribune*, lundi 18 juillet 2005.

54. Rémi Brague, *Europe : La voie romaine*, p. 182.

55. Les informations qui suivent émanent d'Ezequiel Moltó, « La mahoma' se cae de las fiestas de Moros y Cristianos », *El País*, 7 octobre 2006.

56. *mahoma*.

57. Roy, *La Laïcité*, p. 33.

58. * En français dans le texte. N.d.T.

59. Laurence et Vaïsse, *Integrating Islam*, p. 173.

60. Christopher Caldwell, « In Europe, "secular" doesn't quite translate », *New York Times*, 21 décembre 2003, p. 10 ; Christopher Caldwell, « Veiled threat », *Weekly Standard*, 19 janvier 2004.

61. Évoqué dans Caldwell, « Counterterrorism in the UK », (voir notes du chapitre 4).

62. Jean-Marc Ayrault, « Les cités, c'est la France ! », *Le Figaro*, 7 novembre 2005.

63. Johnson, *Islam and Europe* (voir notes du chapitre 5).

64. Thomas Nagel (écrivant à propos de Catherine MacKinnon), « Legal violations », *Times Literary Supplement*, 20 mai 2005, p. 8.

65. Il a finalement été acquitté le 23 juin 2011.

66. Geert Wilders a finalement obtenu le droit de venir présenter son film à la Chambre des Lords le 5 mars 2010.

67. Cette discussion reprend certains points exposés dans Caldwell, « Bad sense of Community » (voir notes du chapitre 5) et « Counter-terrorism in the U.K. » (voir notes du chapitre 4).

68. Racial and Religious Hatred Act 2006 (c1), Partie III, § 29J.

69. Geert Mak, *Nagekommen flessenpost*, Uitgeverij Atlas, Amsterdam/Anvers, p. 26, cite Jessica Stern et ses explications sur le terrorisme.

70. Ben Hoyle, « Artists too frightened to tackle radical Islam », *The Times* (édition de Londres), 19 novembre 2007.

71. Le récit qui suit de la crise des caricatures danoises est tiré de Christopher Caldwell, « The reality of cartoon violence », *Financial Times*, 3-4 février 2006.

72. Peter Popham, « Three Arrested for plot to kill Mohamed Cartoonist », *Independent*, 13 janvier 2008, p. 18.

73. « Europe's Muslims more moderate », p. 21.

74. Flemming Rose, « Wir waren vollkommen unschuldig », *Der Spiegel*, 15 décembre 2006.

75. Edgar M. Bronfman, « A free society must respect all its religions » [lettre au rédacteur en chef], *The Times* (édition de Londres), 1er février 2006, p. 16.

76. Jytte Klausen, « Rotten Judgment in the state of Denmark », *Salon*, 8 février 2006.

77. Christophe Boltanski, *Libération*, 23 mars 2006, p. 13.

78. Entretien de l'auteur avec Flemming Rose, Copenhague, 13 décembre 2005.

CHAPITRE 8

1. Esther van Kralingen, « Niet-westerse allochthonen in het voltijd hoger onderjwis », Bevolkingstrends (deuxième trimestre), Centraal Bureau voor de statistiek, 2003.

2. Nina Björk, « Det är barnen », *Dagens Nyheter*, 30 octobre 2005, p. C5. Ce paragraphe reprend des remarques figurant dans Caldwell, « What will become of Europe ».

3. Cité in Éric Fassin, « Going Dutch », *Bidoun* 10 (printemps 2007). Le film s'intitule *Naar Nederland* (Vers les Pays-Bas), accessible sur le site Internet du ministère des Affaires étrangères des Pays-Bas.

4. Les informations sur ces sondages évoqués dans ce paragraphe sont tirés d'« Europe's Muslims more moderate », p. 2. L'auteur est aussi d'avis que les attitudes britanniques envers les deux sexes sont plus proches de celles des immigrés musulmans.

5. Nahed Selim, *De Trouw (Letter en Geest)*,19 février 2005.

6. Michèle Tribalat, *Faire France*, pp. 93-94, 104.

7. Anke van der Kwaak, Edien Bartiels, Femke de Vries et Stan Meuwese, « Strategieën ter voorkoming van besnijdenis bij meisjes » (Stratégies pour la prévention de la circoncision des filles), Vrije Universiteit Medsich Centrum, Amsterdam, 2003, p. v.

8. Aldo Keel, « In der Gewalt der Tradition », *Neue Zürcher Zeitung*, 11 décembre 2006, p. 25.

9. Voir Johnson, « Islam and Europe ».

10. Caldwell, « Daughter of the Enlightenment ».

11. James Chapman, « Women get "virginity fix" NHS operations in Muslim-driven trend », *Daily Mail*, 15 novembre 2007.

12. Un jeune musicien turc de rap, fiancé en vue de son prochain mariage, que l'auteur a rencontré au Comenius Garden de Neukölln début 2007, utilisait le mot *Schlampen* (« roulure ») pour expliquer pourquoi il n'épouserait pas une femme élevée en Allemagne.

13. * En français dans le texte. N.d.T.

14. * En français dans le texte. N.d.T.

15. Charlotte Rotman, « Je pensais que si le feu allait partir je pourrais l'éteindre », *Libération*, 4 avril 2006.

16. Pascal Ceaux, « Jamal Derrar a été condamné à vingt-cinq ans de réclusion criminelle pour avoir brûlé Sohane », *Le Monde*, 9 avril 2006.

17. Voir Caldwell, « Every generation is first-generation » (voir notes du chapitre 2), p. 44. « Agence fédérale d'enquête criminelle » est la traduction de *Bundeskriminalamt*.

18. Citation du site de Fadimes Minnesfond (Fadime's Memorial Foundation) : www.fadimesminne.nu.

19. Roger Cohen, « How to reconcile Islam, sexuality and liberty ? », *International Herald Tribune*, 22 octobre 2002, p. 2.

20. Annika Hamrud, « Könsstympning enar religiösa ledare », *Dagens Nyheter*, 5 décembre 2005, p. 1.

21. Caldwell, « Every generation is first-generation ».

22. Communication privée, Janny Groen, 7 novembre 2006. Le livre est signé Janny Groen et Annieke Kranenberg, *Strijdsters van Allah*.

23. Malik, « My brother the bomber » (voir notes du chapitre 7).

24. Roy, *La Laïcité*, p. 66.

25. Rosenkranz, « Die deutsche Gesichter des Islam », p. 44.

26. Deborah Brewster, « Amana stays ahead of faith-based funds », *Financial Times*, 27-28 décembre 2008.

27. Rowan Williamson, entretien avec Christopher Landau, sur la chaîne de radio BBC 4, World at One, 7 février 2008.

28. Rowan Williamson, archevêque de Canterbury, « Civil and religious law in England : A religious perspective », conférence de la Fondation, Royal Courts of Justice, 7 février 2008.

29. Respectivement, les 8, 9 et 12 février 2008.

30. Ces informations sur l'histoire des Beth Din de Londres sont accessibles sur le site de l'United Synagogue (http://theus.org.uk).

31. La journaliste Madeleine Bunting relevait ceci dans un article de manière générale bien disposé envers l'archevêque (« A noble, reckless rebellion », *Guardian*, 9 février 2008).

32. Mirza, Senthikumaran et Ja'far, *Living Apart Together*, p. 5.

33. Sondage non daté pour l'*Irish Independent* et RTE, cité dans

Efraim Karsh et Rory Miller, « Europe's persecuted Muslims ? », *Commentary*, avril 2007, pp. 49-53.

34. « Donner waarschuwt CDA tegen islamofobie », *Vrij Nederland*, 12 septembre 2006.

35. Paul Lucardie, Ida Noomen et Gerrit Voerman, « Kroniek 1992 : Overzicht van de partijpolitieke gebeurtenissen van het jaar 1992 », in Gerrit Voerman (dir.), *Jaarboek 1992*, Groningue, Documentatiecentrum Nederlandse Politieke Partijen, 1993, p. 53.

36. Jonathan Wynne-Jones, « Multiple wives will mean multiple benefits », *Sunday Telegraph*, 3 février 2008, p. 1.

37. Les estimations vont de 10 000 à 20 000 familles (Axel Veiel, « Atemberaumende Krawalltheorien », *Neue Zürcher Zeitung*, 20 novembre 2005) et de 15 000 à 30 000 (*Le Figaro*, 16 décembre 2005). L'anthropologue américain Stanley Kurtz (« polygamy versus democracy », *Weekly Standard*, 5 juin 2006, p. 23) estime qu'en France, de 200 000 à 400 000 personnes vivent dans des familles polygames.

38. Veiel, « Atemberaumende Krawalltheorien ». Une autre explication intéressante a été proposée sur le site http://www.stratfor.com le 18 novembre 2005. C'était que les mariages polygames pourraient être la raison de la privation de nationalité de certains nouveaux citoyens français : « La plupart des émeutiers seraient de véritables citoyens français, un statut juridique qui les protège de l'expulsion – à moins, naturellement, qu'on ne constate qu'ils ont d'ores et déjà violé la loi française en devenant citoyens. Si les lois proscrivant la polygamie sont appliquées, il est possible que les autorités soient en mesure d'expulser non seulement une personne impliquée dans les émeutes, mais tout membre d'une famille qui a été autorisé à pénétrer sur le territoire en raison de ses liens avec le géniteur masculin de la famille. Cela inclurait toutes les personnes à charge ou anciennement à charge nées de mariages polygames ou qui sont entrées en France sur la base d'un lien de parenté. »

39. La discussion qui suit puise dans Caldwell, « Each generation is first-generation ».

40. Rapport non publié de Zehra Yilmaz, « Soziale und sprachliche Situation von türkischen Heiratsmigrantinnen ». Elle cite pour source (dans une note) le BMI (ministère de l'Intérieur) Zuwanderungsbericht

2004, p. 28. Les chiffres d'immigrés évoqués vont de 21 000 à 27 000 par an.

41. Laetitia van Eeckhout, « Immigration familiale : les faits », *Le Monde*, 5 janvier 2006, cité dans Laurence et Vaïsse, *Integrating Islam*, p. 17.

42. David A. Coleman, « Partner choise and the growth of ethnic minority populations », *Bevolking en Gezin*, vol. 33 (2004), pp. 2, 7, 34. (Il cite une étude OCDE de 2003.)

43. Sir (Lord) Herman Ouseley, « The Bradford District Race Review », 2001, p. 11.

44. Migration Watch UK, « The impact of chain migration on English cities » (Briefing Paper 9.13). « À peu près 50 % » signifie que les taux de croissance pour ces trois villes se situent entre 45,8 % et 52,8 %.

45. Migration Watch UK, « Transnational mariage and the formation of ghettoes » (Briefing Paper 10.12), 22 septembre 2005. Ils citent Sir (Lord) Herman Ouseley, « Race relations in Bradford », pour ces statistiques. Peut-être en raison du tollé consécutif à ces événements, dans les années 1990, le Royaume-Uni commença d'enregistrer des statistiques moins précises sur l'ethnicité.

46. Coleman et Tcherbov, « Immigration and ethnic change » (voir notes du chapitre 1).

47. Ces deux chiffres allemands figurent dans Caldwell, « Every generation is first-generation ».

48. Tariq Modood et Richard Berthoud, *Ethnic Minorities in Britain, Diversity and Disadvantage*, Londres, 1997, cité dans Philip Lewis, *Islamic Britain*, p. 220n.

49. Caldwell, « Every generation is first-generation ».

50. Sally Cope, *Yorkshire Post*, 7 décembre 2004.

51. * En français dans le texte. N.d.T.

52. Entretien de l'auteur avec Wolfgang Schäuble, ministère de l'Intérieur, Berlin, 5 février 2007. Cité dans Caldwell, « Every generation is first-generation ».

53. Aldo Keel, « In der Gewalt der Tradition », *Neue Zürcher Zeitung*, 11 décembre 2006, p. 25. Voir aussi Migration Watch UK, « Transnational mariage and the formation of Ghettoes » (document de présentation 10.12), 22 septembre 2005 ; il cite des chiffres de l'Annuel

des Étrangers au Danemark, 2004, dont Keel a sans doute utilisé une édition ultérieure.

54. Entretien de l'auteur avec Tøger Seidenfaden, Copenhague, 13 décembre 2005.

55. Entretien de l'auteur avec Rikke Hvilshøj, Copenhague, 10 décembre 2005.

56. *Ibid.*

57. * Sourate 2, La Génisse (Al-Baqarah), 2:235. N.d.T.

58. Entretien de l'auteur avec Ugo Cantone, ministre de l'Intérieur, Rome, 16 mars 2006.

59. Éditorial de *La Vanguardia* (édition de Barcelone), 21 octobre 2006, p. 28.

60. Andrew Norfolk, « Police killer suspect fled Britain in a veil », *The Times*, 20 décembre 2006.

61. Mirza, Senthikumaran et Ja'far, *Living Apart Together*. Cité dans Caldwell, « Graphic images of separateness » (voir notes du chapitre 6).

62. *Ibid.*

63. Matthew Tempest, « Blair backs School in veil row », *Guardian*, 17 octobre 2006.

64. Walden, *Time to emigrate ?*, p. 120.

65. * En français dans le texte. N.d.T.

66. Farhad Khosrokhavar, « Une laïcité frileuse », *Le Monde*, 19 novembre 2003.

67. Une enquête du *Parisien* constatait que 69 % des sondés étraient favorables à une interdiction des signes religieux. Dominique de Montvalon, « Un sondage choc », *Le Parisien*, 17 décembre 2003.

68. Laurence et Vaïsse, *Integrating Islam*, p. 171.

69. * En français dans le texte. N.d.T.

70. Michael Jeismann, « Neuntausend », *Frankfurter Allgemeine Zeitung*, 26 octobre 2007, p. 37.

71. David Coleman dans une intervention devant l'Hudson Institute, Washington, 25 septembre 2007.

72. « Les principaux extraits du discours de Jacques Chirac », *Libération*, 17 décembre 2003.

73. Disponible en ligne sur http://www.naarnederland.nl/documentenservice/pagina.asp?pagkey=52133.

74. *La Repubblica*, 18 mars 2006, p. 11 (*La Repubblica* cite l'hebdomadaire *Bild*).

75. Tahar Ben Jelloun, « Marruecos y las razones del velo », *La Vanguardia*, 21 octobre 2006, p. 31.

76. Entretien de l'auteur avec Zacarias Sayar, école Al-Quds, Copenhague, 11 décembre 2005.

77. Ian Buruma, « Tariq Ramadan has an identity issue », *New Tork Times Magazine*, 4 février 2007, p. 36.

78. Fallaci, *La Rage et l'Orgueil*, pp. 41-42.

79. Henryk M. Broder, *Hurra, wir kapitulieren !*, pp. 30-35.

80. David Coleman, « Why we don't have to believe without doubting in the "second demographic transition" – Some agnostic comments », dans le Vienna Yearbook of Population Research 2004, pp. 11-24. (Contribution à un débat sur la deuxième transition démographique, European Population Conference, Varsovie, août 2003.)

81. Marlise Simons, « Muslim women in Europe claim rights and keep faith », *New York Times*, 30 décembre 2005, p. 3.

82. Entretien de l'auteur avec Oguz Ücüncü, 25 octobre 2005.

83. Nicholas Kulish, « Gay Muslims pack a dance floor of their own », *New York Times*, 1er janvier 2008, p. A4.

CHAPITRE 9

1. Caldwell, « Veiled threat ». La lettre de Fadlallah était citée dans le site français www.proche-orient.info, disparu depuis.

2. Handlin, *Boston's Immigrants*, p. 190.

3. C'est mon opinion, pas celle de Handlin.

4. Handlin, *Boston's Immigrants*, p. 190.

5. *Ibid.*, pp. 117, 192.

6. Christopher Caldwell, « Migration debate out of control », Financial Times, 3 mars-1er avril 2006. Pour le rôle de la politique dans la dégradation de la perception gouvernementale par rapport à l'immigration en Allemagne et en France, voir Martin, Abella et Kuptsch, *Managing Labor*, p. 90.

7. Caldwell, « Counterterrorism in the U.K. » (voir notes du chapitre 4).

8. Entretien de l'auteur avec Özcan Mutlu, Berlin, novembre 2005.

9. Christophe Jakubyszyn, « L'inscription sur les listes électorales séduit les "quartiers" », *Le Monde*, 29 décembre 2005. Cité dans Laurence et Vaïsse, *Integrating Islam*, p. 197.

10. Mirza, Senthikumaran et Ja'far, *Living Apart Together*, pp. 5, 47.

11. Joshua Livestro, « Holland's Post-Secular Future », *Weekly Standard*, 1er janvier 2007.

12. Magdi Allam, *Corriere della Sera*, 22 mars 2006. Allam faisait allusion à un livre de Giorgio Paolucci et Camille Eid : *I cristiani venuti dall'Islam. Storie di musulmani convertiti*, Piemme, 2005.

13. Olga van Ditzhuijzen et Derk Stokmans, *NRC Handelsblad*, 3 octobre 2005.

14. Irene Hernandez Velasco, « OItalia pone escolta a una diputada tras las amenazas de un imam », *El Mundo*, 25 octobre 2006, p. 25.

15. Entretien avec un professeur d'arabe, 2005.

16. John Lloyd, « Poor whites », *Prospect*, n° 74, mai 2002.

17. Ian Buruma, *Murder in Amsterdam*, pp. 115, 134.

18. Christopher Caldwell, « Holland daze », *Weekly Standard*, 27 décembre 2004.

19. « L'Islam en France et les réactions aux attentats du 11 septembre 2001 », *Le Monde*, 5 octobre 2001. Ce sondage a été réalisé par l'IFOP. Cité dans Laurence et Vaïsse, *Integrating Islam*, p. 210.

20. Caldwell, « Counterterrorism in the U.K. » (voir notes du chapitre 4), p. 74.

21. Aatish Taseer, « A British jihadist », *Prospect*, n° 113, août 2005.

22. Mirza, Senthikumaran et Ja'far, *Living Apart Together*. Cité dans Christopher Caldwell, « Graphic images of separateness ».

23. « Europe's Muslims more moderate » (voir notes du chapitre 5), p. 13. Cité dans Caldwell, « Graphic images of separateness ».

24. Caldwell, « Counterterrorism in the U.K. ».

25. *Ibid.*

26. Conversation de l'auteur avec Omid Nouripour, parti des verts, Leipzig, septembre 2005.

27. Entretien de l'auteur avec Francesca Paci, Turin, 22 mars 2006.

28. * Juif en verlan. N.d.T.

29. Bernard Guetta, « Pourquoi est-ce aux Juifs de France de payer pour les échecs de l'intégration des immigrés ? », *Le Temps*, 7 août 2004. Voir aussi Obin, « Signes et manifestations » (voir notes du chapitre 6).

30. Obin, « Signes et manifestations », p. 22.

31. Robert S. Wistrich, « Cruel Britannia : Anti-Semitism Among the ruling elites », Azure, n° 21 (été 2005), pp. 113, 116. Voir Richard Alleyne, « Jewish MP pelted with eggs at war memorial », *Daily Telegraph*, 11 avril 2005.

32. Karsh et Miller, « Europe's persecuted Muslims ? » (voir notes du chapitre 8).

33. Aldo Keel, « In der Gewalt der Tradition », *Neue Zürcher Zeitung*, 11 décembre 2006, p. 25.

34. Karsh et Miller, « Europe's persecuted Muslims ? », p. 52.

35. Ce rapport de 2003 fit l'objet d'une fuite au *Jerusalem Post* par l'intermédiaire du Conseil représentatif des institutions juives de France et, au moment où j'écris ces lignes, il était accessible à l'adresse http://haganah.us/hmedia/euasr-00.html.

36. Broder, *Hurra, wir kapitulieren !*

37. David Cesarani, « Community and disunity », *Jewish Chronicle*, 24 octobre 2003. Cité dans Jenny Bourne, « Antisemitism ou anti-criticism ? », *Race and Class*, 1er juillet 2004.

38. Caldwell, « Reality of cartoon violence » (voir notes du chapitre 7).

39. Broder, *Hurra, wir kapitulieren !*, p. 60.

40. Voir la discussion dans Paul Berman, *Terror and Liberalism*, p. 143. Cité dans Christopher Caldwell, « Why Israel is gaining friends », *Financial Times*, 5 août 2005.

41. Peter Oborne, *Spectator*, 25 septembre 2005, p. 14.

42. Paul Berman, « Who's afraid of Tariq Ramadan ? », *New Republic*, 4 juin 2007.

43. Pierre-André Taguieff, « La criminalisation des "déclinologues" », *Le Figaro*, 3 juillet 2006, p. 12. Taguieff remarquait aussi une amnésie sur les méfaits du communisme, mais cela sort du champ de notre réflexion.

44. Sardar et Livingstone sont des exemples cités par Karsh et Miller, « Europe's persecuted Muslims ? ».

45. Dans le spectacle « Mes Excuses », qu'il donna fin 2004.

46. Moustapha Kessous, « Le Conseil des ministres a décidé la dissolution du groupe extrémiste la Tribu Ka », *Le Monde*, 28 juillet 2006.

47. Caldwell, « What will become of Europe », Bradley Lectures in Political Philosophy, Boston College, 10 février 2006.

48. Dror Mishani et Aurelia Smotriez, « What sort of Frenchmen are they ? », *Haaretz* (édition anglaise), 17 novembre 2005. Traduction française *Le Monde*, 23 novembre 2005.

CHAPITRE 10

1. Christopher Caldwell, « Liberté, Égalité, Judéophobie », *Weekly Standard*, 6 mai 2002.

2. Extrait du German Marshall Fund Bellagio Dialogue on Migration, juillet 2006. Conversation officieuse.

3. Lawrence Wright, *The Looming Tower*, p. 344.

4. Intelligence and Security Committee (Président : le Rt. Hon. Paul Murphy, parlementaire), « Report into the London terrorist attacks on 7 july 2005 », HMSO, Londres, mai 2006, p. 12.

5. Entretien téléphonique de l'auteur avec Benno Koepfer, Verfassungsschutz, Landesamt Baden Würtemberg (Groupe de recherche sur le terrorisme et l'islamisme extrémiste), 7 septembre 2007.

6. David Leppard et Nick Fielding, « The hate », *Sunday Times* (édition de Londres), 10 juillet 2005.

7. Laurence et Vaïsse, *Integrating Islam*, p. 40.

8. Heinsohn, *Söhne und Weltmacht*. Cette discussion puise dans un commentaire plus long des idées de Heinsohn dans Christopher Caldwell, « Youth and war, a deadly duo », *Financial Times*, 6 janvier 2007.

9. Gunnar Heinsohn (entretien), « Wo es zu viele junge Männer gibt, wird getötet », *Neue Zürcher Zeitung*, 19 novembre 2006.

10. Ahmed Rashid, « Jihadi suicide bombers : the new wave », *New York Review of Books*, 12 juin 2008, p. 17.

11. Voir par exemple Steve Coll, *The Bin Ladens*, New York, Penguin, 2008, pp. 138, 144-146.

12. En novembre 2007, le MI5 avait connaissance d'au moins 2 000 personnes impliquées dans le terrorisme en Grande-Bretagne, selon Jonathan Evans, le directeur général des services de renseignement. Voir Stephen Fidler, « Down but dangerous », *Financial Times*, 10 juin 2008.

13. Theo Hobson, « War and Peace and Islam », *Spectator*, 23 juillet 2005.

14. Agence France-Presse, 18 janvier 2006. Cette version semble être une traduction en anglais de remarques faites à l'origine en allemand dans *Stern*, « Sexuelle Angst der Männer vor Frauen ist eine Ursache für islamistischen Terror » (entretien avec Salman Rushdie), 17 janvier 2006. Cité dans Broder, *Hurra, wir kapitulieren !*, p. 152.

15. Mordechai Levy, « Nimm meine Schuld auf dich », *Die Zeit*, n° 4, 2003.

16. Voir Abdelwahab Meddeb, *La Maladie de l'Islam*, pp. 24-30, ou Malek Chebel, *L'Islam et la raison*, pp. 36-58.

17. Wilfried Thesiger, *Arabian Sands*, p. 94. Notre traduction.

18. « Nicolas Sarkozy justifie, au nom de la sécurité, les mesures contre des bagagistes musulmans de Roissy », *Le Monde*, 21 octobre 2006. Il avait déclaré : « Il n'y a aucun délit de sale gueule. »

19. Nicolas Sarkozy, *La République, les religions, l'espérance*, p. 93.

20. Christopher Caldwell, « Sacred cow of religious rights », *Financial Times*, 15 juillet 2005.

21. Daniel Johnson, « Allah's England ? », *Commentary*, novembre 2006, p. 45.

22. Roy, *La Laïcité*, p. 153.

23. Jules Monnerot, *Sociologie du communisme*, pp. 9-25, surtout 20-25.

24. *Ibid.*, p. 21.

25. *Ibid.*

26. *Ibid.*

27. Jules Monnerot, *Sociologie du communisme*, p. 23.

28. Leppard et Fielding, « The hate ».

29. Bassam Tibi, « Grenzen der Toleranz », *Die Welt am Sonntag*, 5 septembre 2004.

30. Cette discussion puise dans Christopher Caldwell, « Counterterrorism in the U.K. » (voir notes du chapitre 4).

31. Conversation avec Hassan Moussa, Stockholm, décembre 2005. Dans Caldwell, « Islam on the outskirts ».

32. Pew Research Center, « Islamic extremism », p. 1 (voir notes du chapitre 6).

33. Cela figurait dans une brochure publiée par l'Islamic Forum Europe, intitulée *Muslims in Europe*.

34. Craig S. Smith, « At mosque that recruited radicals, new imam calls for help in catching bombers », *New York Times*, 9 juillet 2005, p. A6.

35. « Three are charged over July 7 bombings », *Times*, 5 avril 2007.

36. George W. Bush, discours devant le Congrès en session plénière, 20 septembre 2008.

37. Entretien de l'auteur avec Ahmad Abou Laban, Nørrebro, Copenhague, 11 décembre 2005.

38. « Fanatismi incendiari contro ordinarie viltà », *Il Foglio*, 7 février 2006.

39. *Ibid.*

40. Andrew Hussey, « Not a fanatic after all ? », *New Statesman*, 12 septembre 2005.

41. En 2007, un débat public – on pourrait même parler de bataille – eut lieu entre deux auteurs, Ian Buruma et Paul Berman autour de la question de l'orientation politique réelle de Ramadan en 2007. Voir Buruma, « Identity issue », et Berman, « Who's afraid of Tariq Ramadan ? ».

42. Johnson, « Islam and Europe » (voir notes du chapitre 5).

43. Berman, « Who's afraid of Tariq Ramadan ? ».

44. Gresh et Ramadan, *L'Islam en questions*, p. 139.

45. *Ibid.*, p. 144.

46. *Ibid.*, p. 151.

47. Christopher Caldwell, « At the border of free speech », *Financial Times*, 30 septembre-1er octobre 2007. Ramadan a lui-même écrit un récit de son expulsion des États-Unis. Voir Tariq Ramadan, « Why I'm banned in the USA », *Washington Post*, 1er octobre 2006, p. B1.

48. Ramadan, *Dar ash-shahada*, pp. 21-23.

49. *Ibid.*, pp. 29, 41.

50. Une *shahada* est une profession de foi. L'expression et le concept

sont débattus par Tariq Ramadan dans tout *Dar ash-shahada* et dans *La Foi, la voie et la résistance* (p. 14) et *Les Musulmans de l'Occident et l'avenir de l'Islam* (pp. 131-138).

51. Tariq Ramadan, « Les altermondialistes face aux défis du pluralisme », dans *Quelles résistances pour une justice globale ?*, pp. 75-76.

52. Gresh et Ramadan, *L'Islam en questions*, p. 156.

53. *Ibid.*, p. 178. Sa politique est fondamentalement antimondialiste.

54. Buruma, « Identity Issue », p. 36.

55. *Ibid.*, p. 36.

56. *Ibid.*, p. 155.

57. Ramadan, *La Foi, la voie, la résistance*, pp. 68-69.

58. Gresh et Ramadan, *L'Islam en questions*, p. 162.

59. *Ibid.*, p. 358.

60. *Ibid.*, p. 369.

61. *Ibid.*, p. 368.

62. *Ibid.*, p. 372. La citation vient du Coran, sourate 5:54.

63. Ramadan, *Sources du renouveau*, p. 364.

64. * En français dans le texte. N.d.T.

65. *Ibid.*, pp. 367, 373.

66. Gresh et Ramadan, *L'Islam en questions*, p. 327.

67. *Ibid.*, p. 156.

68. *Ibid.*, p. 181.

69. Buruma, « Identity issue », p. 36. Ramadan est explicite sur les moyens anticolonialistes de se réapproprier la connaissance des colons, dans *Sources du renouveau*, p. 454.

70. Ramadan, *La Foi, la voie*, pp. 68-70.

CHAPITRE 11

1. Évoqué plus en détail dans Caldwell, « Europe's future » (voir notes du chapitre 1).

2. Christopher Caldwell, « Why did the French and the Dutch vote no ? », *Weekly Standard*, 13 juin 2005.

3. Christopher Caldwell, « A partnership, if only in spirit », *Financial Times*, 2-3 décembre 2006.

4. Pew Research Center, « Islamic extremism », p. 27 (43 % « très important » + 32 % « assez important »).

5. Christopher Caldwell, « The East in the West », *New York Times Magazine*, 25 septembre 2005, p. 48 ; un sondage Eurobarometer réalisé en 2005 montrait que 35 % des Européens y étaient favorables.

6. Entretien de l'auteur avec Oguz Ücüncü, Cologne, novembre 2005.

7. Caldwell, « Swedish dilemma » (voir notes du chapitre 5).

8. Abul Taher, « Minorities feel more British than whites », *The Times*, 18 décembre 2006.

9. Pim Fortuyn, *De verweesde samenleving*, p. 186.

10. *Ibid.*, pp. 184-185.

11. *Ibid.*, p. 191.

12. « Grens dicht voor islamiet » (entretien avec Pim Fortuyn), *De Volkskrant*, 9 février 2002, p. 1 ; reproduit dans Hans Wansink, *De Erfenis van Fortuyn*, p. 289.

13. Fortuyn, *De verweesde samenleving*, p. 193.

14. « Grens dicht voor islamiet » (entretien avec Pim Fortuyn), Wansink, p. 288.

15. *Ibid.*, pp. 285, 290.

16. Fortuyn, *De verweesde samenleving*, p. 186.

17. L'éloge dans Fortuyn, *De verweesde samenleving*, p. 181 ; le mépris dans « Grens dficht voor islamiet » (entretien avec Pim Fortuyn).

18. Fortuyn, *De verweesde samenleving*, p. 183.

19. *Ibid.*, p. 191.

20. Christopher Caldwell, « Sensible extension of rights », *Financial Times*, 22-23 novembre 2003.

21. Ces épisodes de hooliganisme proviennent de Christopher Caldwell, « No half measures for hooliganism », *Financial Times*, 8 décembre 2006.

22. Christophe Forcari, « Dieudonné vante les mérites de Jany Le Pen », *Libération*, 16 mars 2007.

23. Michael Leidig, « Gaddafi backs "friend" Haider », *Daily Telegraph*, 19 juin 2001.

24. Katrin Bennhold, « In egalitarian Europe, a not-so-hidden world of squalor », *International Herald Tribune*, 18 octobre 2005, p. 1.

25. Je remercie Toralf Staud, journaliste à *Die Zeit* et auteur d'une étude sur le NPD, *Moderne Nazis*, de m'avoir expliqué ce parti au cours d'une série d'e-mails et de conversations, à l'automne 2005.

26. Entretien de l'auteur avec Karl Richter, Dresde, 16 septembre 2006.

27. Entretien de l'auteur avec Antje Hermenau, chef de la délégation des Grünen au parlement de Saxe, Leipzig, 15 septembre 2005.

28. *Ibid.*

29. Entretien de l'auteur avec Karl Richter, Dresde, 16 septembre 2006.

30. * En français dans le texte. N.d.T.

31. Entretien de l'auteur avec Jesper Langballe, Copenhague, 12 décembre 2005.

32. C'est la formule employée par un éminent consultant en management de la diversité interviewé à Copenhague en décembre 2005.

33. Entretien de l'auteur avec Toger Seidenfaden, Copenhague, 13 décembre 2005.

34. Ainsi que l'évoque Fortuyn dans *De puinhopen van acht jaar Paars*.

35. Zoé Cadiot, « Villiers-le-Bel reste sous haute tension », *L'Indépendant*, 28 novembre 2007.

36. Jean de Maillard, « Le pire reste à venir ». http://www.rue89.com/plume-balance/dans-les-banlieues-le-pire-reste-a-venir?page=1. Mis en ligne le 28 novembre 2007.

37. Entretien téléphonique avec Xavier Lemoine, maire de Montfermeil, 26 mars 2007.

38. Nicolas Sarkozy, *La République, les religions, l'espérance*, p. 88.

39. *Ibid.*, p. 77.

40. « Nicolas Sarkozy veut stopper la voyoucratie », *L'Express.fr*, 19 novembre 2007.

41. Didier Pourquery, « En touche », *Libération*, 29 novembre 2007, p. 2.

42. Philippe Ridet, « La banlieue et ses électeurs, vus par Nicolas Sarkozy », *Le Monde*, 7 octobre 2005.

43. Associated Press, « Sarkozy calls or creation of international treaty on migration », *International Herald Tribune*, 11 décembre 2006.

44. Entretien de l'auteur avec Nicolas Sarkozy, ministère de l'Intérieur, Paris, 20 janvier 2006. Cité dans Caldwell, « Man who would be *le président* » (voir notes du chapitre 5).

45. Les similarités de Sarkozy avec Nixon sont traitées plus en profondeur dans Caldwell, « Harsh policing », *Financial Times*, 31 mars-1er avril 2007.

46. Pascale Robert-Diard, « Les incidents de la gare du Nord relancent le duel Sarkozy-Royal », *Le Monde*, 30 mars 2007.

47. Sarkozy, *La République, les religions*, p. 75.

48. *Ibid.*, p. 109.

49. *Ibid.*, p. 78.

50. *Ibid.*, p. 107.

51. Ce programme est décrit plus en détail dans Christopher Caldwell, « France takes a chance on a new ideal of equality », *Financial Times*, 15-16 novembre 2003, p. 15.

52. Voir Jeremy Harding, « Color bind », *Columbia Journalism Review*, juillet/août 2006.

53. Jonathan Moules, « Benefits of ethnic diversity doubted », *Financial Times*, 20 février 2007, p. 4.

54. Robert D. Putnam, « *E pluribus unum* » (voir notes du chapitre 3).

55. Caroline Fourest, « La diversité contre l'égalité », *Le Monde*, 18 janvier 2008.

56. Entretien de l'auteur avec Nicolas Sarkozy, ministère de l'Intérieur, Paris, 20 janvier 2006. Cité dans Caldwell, « Man who would be *le président* ».

57. * Ensemble de lois américaines, étatiques et locales, promulguées aux États-Unis entre 1876 et 1965, stipulant une ségrégation *de jure* dans tous les lieux publics, en vertu du statut « séparés mais égaux » réservé aux Noirs américains. N.d.T.

58. The Home Office Departmental Report 2006, p. 103.

59. Les observations de Birnbaum et les citations d'Étienne Balibar et Robert Castel sont dans Jean Birnbaum, « Le spectre des origines », *Le Monde*, 5 octobre 2007.

CHAPITRE 12

1. David Singh Grewal, *Network Power*.

2. David Rieff, « Migrant worry », *New York Times Magazine*, 6 novembre 2005, p. 15-16.

3. Christopher Caldwell, « Bordering on what ? », *New York Times Magazine*, 25 septembre 2005, p. 46.

4. Conversation officieuse.

5. Mark Mulligan et Raphael Minder, « Spain and Morocco call for joint action over tide of migrants », *Financial Times*, 12 octobre 2005, p. 3.

6. Caldwell, « Europe's future » (voir notes du chapitre 1).

7. Hamid Dabashi, « Native informers and the making of the American empire », *Al-Ahram Weekly*, 1er-7 juillet 2006.

8. Stephen Sestanovic, « American Maximalism », *The National Interest*, printemps 2005.

9. Tony Benn, *More Time for politics*, p. 5.

10. Luuk van Middelaar, « Et voilà, de moderniteit », *De Trouw (Letter en Geest)*, 1er décembre 2001.

11. Seumas Milne, « They can't see why the're hated », *Guardian*, 13 septembre 2001.

12. Politicky, « Weißer Mann – Was nun ? » (voir notes du chapitre 4).

13. Michel Houellebecq, *Les Particules élémentaires*, p. 93.

14. Enoch Powell, discours à la Conférence annuelle du Rotary Club de Londres, Eastbourne, 16 novembre 1968. Dans Powell, *Reflections of a Stateman*, p. 393.

15. Alexander Stille, « No Blacks need apply » (voir notes du chapitre 1).

16. Pew Research Center Poll, mars 2006.

17. Geneive Abdo, « America's Muslims aren't as assimilated as you think », *Washington Post*, 27 août 2006, p. B3.

18. Mark Lilla, « The politics of God », *New York Times Magazine*, 19 août 2007, p. 50.

19*. En français dans le texte. N.d.T.

20. Élie Barnavi, *La Tribune Juive* (cité dans John Thornhill,

« Europe's Holiday from ist own history »), *Financial Times*, 19 février 2007, p. 16.

21. Max Hastings, « I confess, I have never had a Muslim to dinner in my house », *Weekly Telegraph #732* (3-5 août 2005).

22. Caldwell, « Counterterrorism in the U.K. » (voir notes du chapitre 4).

23. Christopher Caldwell, « The post 8-10 world », *New York Times Magazine*, 20 août 2006.

24. Certaines interventions de Sbai sont évoquées par Cristina Giudici, « Gruppo di famiglia con Allah », *Il Foglio*, 30 octobre 2004, et dans son livre *L'Italia di Allah*.

25. Udo di Fabio, *Die Kultur der Freiheit*, pp. 50-51.

Bibliographie

Alesina, Albert et Edward Glaeser, *Fighting Poverty in the U.S. and Europe*, Oxford University Press, New York, 2005.

Allievi, Stefano, *Islam italiano*, Giulio Einaudi, Turin, 2003.

Aristote, *La Politique*.

Aron, Raymond, *Le Spectateur engagé*, Paris, Éditions de Fallois, 2004.

– *Une histoire du* XXe *siècle*, Plon, Paris, 1996.

Belloc, Hilaire, *The Great Heresies*, Sheed & Ward, New York, 1938.

Benn, Tony, *More Time for Politics*, Hutchinson, Londres, 2007.

Berman, Paul, *Terror and Liberalism*, W.W. Norton, New York, 2003.

Besançon, Alain, *Trois tentations dans l'église*, Perrin, Paris, 2002.

Blanchard, Pascal, Nicolas Bancel et Sandrine Lemaire, éd. *La fracture coloniale*, Éditions La Découverte, Paris, 2005.

Bouzar, Dounia, *Monsieur Islam n'existe pas*, Hachette, Paris, 2004.

Brague, Rémi, *Europe : La voie romaine*, Gallimard (Folio), Paris, 1992.

Brauman, Rony et Alain Finkielkraut, *La Discorde*, Mille et Une Nuits, Paris, 2006.

Brenner, Emmanuel, *Les Territoires perdus de la République*, Mille et Une Nuits, Paris, 2002.

Broder, Henryk M., *Hurra, wir kapitulieren ! Von der Lust am Einknicken*, Siedler, Berlin, 2006.

Brubaker, Rogers, *Citizenship and Nationhood in France and*

Germany, Harvard University Press, Cambridge, Massachusetts, 1998.

– *Nationalist Reframed : Nationhood and the National Question in the New Europe*, Cambridge University Press, Cambridge, Royaume-Uni, 1996.

Burnham, James, *The Machiavellians*, John Day, New York, 1941.

Buruma, Ian, *Murder in Amsterdam*, Penguin, New York, 2006.

Carlyle, Thomas, *On Heroes, Hero-Worship and the Heroic in History*, University of California Press, Berkeley, 1993.

Ceylan, Rauf, *Ethnische Kolonien : Entstehung, Funktion und Wandel am Beispiel türkischer Moscheen und Cafés*, Verlag für Sozialwissenschaften, Wiesbaden, 2006.

Chebel, Malek, *L'Islam et la raison*, Perrin, Paris, 2006.

Daun, Åke, *Swedish Mentality*, Penn State University Press, University Park, 1996.

Dench, Geoff, *Minorities in the Open Society*, Transaction, New Brunswick, New Jersey, 2003.

Di Fabio, Udo, *Die Kultur der Freiheit*, C.H. Beck, Munich, 2005.

Dokumentationszentrum und Museum über die Migration aus der Türkei (DOMiT) : *Zur Geschichte der Arbeitsmigration aus der Türkei : Materialsammlung*, Cologne [Rhénanie du Nord-Westphalie], Ministerium für Arbeit, 2000.

Enzensberger, Magnus, *La Grande migration*, *L'Infini*, Gallimard, Paris, 1995

– *Le perdant radical : Essai sur les hommes de la terreur*, Gallimard, NRF, 2006, (*Schreckens Männer*, Suhrkamp, Francfort, 2006, publié à l'origine sous le titre « Der radikale Verlierer », *Der Spiegel*, 7 novembre 2005).

Evangelische Kirche in Deutschland (EKD), *Klarheit und gute Nachbarschaft : Christen und Muslime in Deutschland*, Kirchenamt der EKD, Hanovre, 2006.

Fallaci, ORiana, *La Rage et l'Orgueil*, Plon, Paris, 2002.
Florida, Richard, *The Flight of the Creative Class*, HarperCollins, New York, 2005.
Fortuyn, Pilm, *De puinhopen van acht jaar Paars*, Karakter Uitgevers, Rotterdam, 2002.
– *De verweesde samenleving*, Karakter Uitgevers, Rotterdam, 2002.
Fryer, Peter, *Staying Power*, Pluto Press, Londres, 1984.

Giudici, Cristina, *L'Italia di Allah*, Mondadori, Rome, 2005.
Goody, Jack, *Islam in Europe*, Polity Press, Cambridge, Royaume-Uni, 2004.
Gresh, Alain et Tariq Ramadan, *L'Islam en questions*, Actes Sud, Arles, 2002.
Grewal, David Singh, *Network Power*, Yale University Press, New Haven, 2008.
Groen, Janny et Annieke, Kranenberg, *Strijdsters van Allah*, Volkskrant/Meulenhoff, Amsterdam, 2005.

Hall, Peter, *Cities of Tomorrow* (3e ed.), Blackwell, Malden, Massachusetts, 2002.
Handlin, Oscar, *Boston's Immigrants*, Belknap/Harvard, Cambridge, Massachusetts, 1969.
Heinsohn, Gunnar, *Söhne und Weltmacht : Terror im Austieg und Fall der Nationen*, Orell Füssli Verlag, Zürich, 2003.
Hirschman, Albert O., *Deux siècles de rhétorique réactionnaire*, Fayard, 1991.
Hodgson, Marshall G. S., *L'Islam dans l'histoire mondiale*, Actes Sud (coll. Sinbad), Arles, 1999.
Hoffmann, Corine, *La Massaï blanche*, Pocket, Paris, 2002.
Home Office (Royaume-Uni), *Report of the Official Account of the Bombings in London on 7th July 2005*, Home Office, Londres, 11 mai 2006.
Houellebecq, Michel, *Les Particules élémentaires*, Flammarion, Paris, 1998.
– *Extension du domaine de la lutte*, J'ai Lu, Paris, 1997.

Huntington, Samuel, *Le choc des civilisations*, Odile Jacob, Paris, 2000.

Kagan, Robert, *Of Paradise and power*, Knopf, New York, 2003.

Khosrokhavar, Farhad, *L'islam dans les prisons*, Balland, Paris, 2004.

Laurence, Jonathan et Justin Vaïsse, *Integrating Islam : Political and Religious Challenges in Contemporary France*, Brookings, Washington, 2006.

Legrain, Philippe, *Immigrants : Your Country Needs Them*, Little Brown, Londres, 2006.

Lemann, Nicholas, *The Promised Land*, Knopf, New York, 1991.

Leonard, Mark, *Why Europe Will Run the 21st Century*, Public Affairs Press, Londres, 2006.

Lewis, Bernard, *L'Islam en crise*, Gallimard, coll. Le Débat, Paris, 2003.

Lewis, Philip, *Islamic Britain*, I. B. Tauris, Londres, 2002.

Lucassen, Jan et Rinus Penninx, Nieuwkomers, Nakomelingen, *Nederlanders : Immigranten in Nederland, 1550-1993*, Het Spinhuis, Amsterdam, 1994.

Luft, Stefan, *Abschied von Multikulti*, Resch-Verlag, Gräfelfing, 2006.

Mak, Geert, *Nagekomen flessenpost*, Uitgeverij Atlas, Amsterdam, 2005.

– *L'autobiographie de Malcolm X* (avec Alex Haley), Grasset, Paris, 1993.

Malik, Kenan, *The Meaning of Race*, New York University Press, New York, 1996.

Manent, Pierre, *La Raison des nations*, Gallimard, Paris, 2006.

Martin, Philip, Manolo Abella et Christian Kuptsch, *Managing Labor Migration in the Twenty-first Century*, Yale University Press, New Haven, 2006.

Meddeb, Abdelwahab, *La Maladie de l'Islam*, Le Seuil, Paris, 2002.
Mirza, Munira, Abi Senthikumaran et Zein Ja'far, *Living Apart Together*, Policy Exchange, Londres, 2007.
Monnerot, Jules, *Sociologie du Communisme*, Gallimard, Paris, 1949.

Nations Unies, *Replacement Migration : Is It a Solution to Declining and Ageing Populations ?*, Division Population des Nations Unies, 2001.

Pera, Marcello et cardinal Joseph Raztinger, Without Roots : The West, Relativism, Christianity, Islam, Basic Books, New York, 2006.
Pirenne Henri, *Mahomet et Charlemagne*, Quadriges, PUF, 1992, Paris.
Powell, Enoch, Reflections of a Stateman, édité par Rex Collings, Bellew Publishing, Londres, 1991.

Ramadan, Tariq, *Aux sources du renouveau musulman*, Bayard, Paris, 1998.
– *Dar ash-shahada*, Tawhid, Lyon, 2002.
– *La Foi, la Voie et la Résistance*, Tawhid, Lyon, 2002.
– *Les Musulmans de l'Occident et l'avenir de l'Islam*, Sindbad, Paris, 2003.
Renan, Ernest, *L'Islam et la science*, L'Archange minotaure, coll. Vers l'Orient, Paris, 2005. (Conférence donnée à la Sorbonne le 29 mars 1883).
Rifkin, Jeremy, *The European Dream*, Polity Press, New York, 2004.
Roy, Olivier, *La Laïcité face à l'Islam*, Stock, Paris, 2005.

Sanneh, Lamin, *Disciples of All Nations*, Yale University Press, New Haven, 2008.
Sarkozy, Nicolas, *La République, les religions, l'espérance*, Éditions du Cerf, Paris, 2004.

Sayad, Abdelmalek, *La double absence*, Le Seuil, Paris, 1999.

Sen Faruk et Hayrettin Aydin, *Islam in Deutschland,* C. H. Beck, Münich, 2002.

Smith, Zadie, *Sourires de Loup*, Gallimard (Folio), Paris, 2003.

Sociaal en Cultureel Rapport 1998 : « 25 jaar sociale verandering », Rijswik : Sociaal en Cultureel Planbureau/Elsevier, 1998.

Staud, Toralf, *Moderne Nazis : Die neuen Rechten und der Aufstieg der NPD*, Kiepenheuer und Witsch, Cologne, 2006.

Taguieff, Pierre-André, *Les contre-réactionnaires*, Denoël, Paris, 2007.

Thesiger, Wilfred, *Le désert des déserts*, Pocket, Paris, 1999.

Thomas, Dominique, *Le londonistan : le djihad au cœur de l'Europe*, Michalon, Paris, 2005.

Tocqueville, Alexis de, *L'Ancien régime et la Révolution*, vol. 3, Œuvres, Bibliothèque de la Pléïade, Paris, 2004.

Tranaes, Torben et Klaus Zimmerman, éd., Migrants, *Work and the Welfare State*, Presses Universitaires du Sud du Danemark, Odense, 2005.

Tribalat, Michèle, *Faire France*, La Découverte, Paris, 1995.

Walden, George, *Time to Emigrate ?*, Gibson Square Books, Londres, 2006.

Wansink, Hans, *De Erfenis van Fortuyn*, Meulenhoff, Amsterdam, 2004.

Weil, Patrick, *La France et ses étrangers*, Gallimard, Paris, 2004.

Wolfram, Herwig, *History of the Goths*, University of California Press, Berkeley, 1988.

Wright, Lawrence, *The Looming Tower*, Vintage, New York, 2006.

Index

abaya, 314.
Abdo, Geneive, 450.
Abduh, Mohammed, 398.
Abdullah, Omar, 228, 229.
Abou Jahjah, Dyab, 359.
Accoyer, Bernard, 304.
Adami, Zanyar, 150.
Afghanistan, 198, 200, 225, 226, 261, 314, 338, 346, 347, 366, 369, 373, 444.
Afrique, 59, 75, 83, 86, 98, 103, 104, 137, 139, 164, 168, 226, 240, 244, 291, 292, 298, 304, 317, 351, 410, 438, 457.
Afrique de l'Est, 119.
Afrique de l'Ouest, 105, 106.
Agence Juive pour Israël, 96.
Ahmadinejad, Mahmoud, 327.
al-Afghani, Jamal al-Din, 398.
Albanie, 41.
al-Banna, Hassan, 389, 395, 396, 397, 398.
Alesina, Alberto, 93.
Al-Hayat, 142.
al-Jazeera, 224, 352.
Allam, Magdi, 341.
Allemagne, 18, 33, 36, 41, 48, 50, 53, 58, 59, 60, 61, 64, 65, 66, 71, 77, 83, 87, 88, 89, 102, 114, 117, 136, 143, 154, 155, 167, 168, 169, 172, 184, 189, 190, 191, 209, 210, 211, 219, 220, 231, 234, 242, 245, 266, 295, 304, 305, 307, 308, 309, 310, 311, 312, 324, 327, 336, 358, 366, 368, 399, 400, 403, 418, 419, 422, 442, 443, 461.
Allievi, Stefano, 218.
al-Muhajiroun, 228, 385.
Alonso, José Antonio, 109.
al-Qaida, 362, 363, 365, 366, 376, 383, 389, 390.
Amara, Fadela, 295, 431.
Amérique latine, 36, 98, 327.
Amis, Kingsley, 151.
Amsterdam, 34, 42, 98, 169, 178, 191, 291, 323, 353.
Anatolie, 186, 298, 305, 307, 308, 309, 459.
Andersen, Torben, 84.
Arabie Saoudite, 229, 248, 261, 274, 282, 300, 314, 362, 372, 381, 390.
Arafat, Yasser, 44, 45.
Ari, Muhlis, 210.

Aristote, 94.
Aron, Raymond, 19, 51, 125.
as-Soennah, mosquée 231.
Atatürk, Kemal, 220, 373, 406, 451.
Aube de l'histoire universelle, L', 51.
Aubervilliers, 188.
Aubry, Martine, 188.
Autriche, 41, 136, 170, 171, 417.
Ayrault, Jean-Marc, 273.
Azmi, Aishah, 318.
Aznar, José-Maria, 363, 403.

Bakri, Omar, 142.
Balibar, Étienne, 433.
Balkans, 46, 116, 168, 226.
Bangladais (immigrants), 181, 306.
Barnavi, Élie, 455.
Barrow Cadbury Trust, 170.
Battei Din, 301.
BBC, 30, 31, 121, 155, 351.
Begag, Azouz, 130.
Behren-lès-Forbach, 168.
Belgique, 33, 35, 120, 136, 166, 168, 171, 227, 292, 325, 344, 415.
Bellil, Samira, 294, 295.
Belloc, Hilaire, 162, 164, 165.
Benghazi (Libye), 282.
Ben Jelloun, Tahar, 324.
Ben Laden, Oussama, 259, 347, 364, 368, 370.
Benna, Zyed, 193, 194.
Benn, Tony, 443.
Benoît XVI, 405.
Benziane, Sohane, 295, 297.
Bergsjön (Suède), 175, 176, 177.
Berlin, 66, 295, 296, 308, 327, 416.
Berlin, Kreuzberg (quartier de), 71, 169, 171, 172, 328.
Berlin, mur de, 171.
Berlin, Neukölln (quartier de), 169.
Berman, Paulk, 354.
Berque, Jacques, 218.
Berthoud, Richard, 307.
Besançon, Alain, 263.
Béziers, 362.
Bghouia, Safir, 361.
Bible, 134.
Birmingham, 27, 29, 95, 97, 170, 203, 219, 229, 277, 306.
Birnbaum, Jean, 433.
Björk, Nina, 288.
Blackburn (Angleterre), 169, 319, 337.
Blair, Tony, 123, 272, 276, 318, 344, 355, 366, 375, 391, 456, 457.
Blunkett, David, 122, 277.
Bolkestein, Frits, 303, 409.
Bonn, 83, 232.
Bosniaques (immigrants), 90, 175.
Boston (Massachusetts), 62, 96, 250, 335, 336.
Boubakeur, Dalil, 273.
Bouchta, Bouriki, 347.
Bousakla, Mimount, 292.
Boutih, Malek, 204.
Boutin, Christine, 324.
Bouyeri, Mohammed, 232, 362.
Bouzar, Dounia, 217.
Bradford (Angleterre), 56, 135, 169, 181, 194, 268, 306, 337, 341.

Bragg, Billy, 130.
Brague, Rémi, 267.
Brenner, Emmanuel (Georges Bensoussan), 316.
British National Party, 418.
Broder, Henryk, 327.
Bronfman, Edgar, 284.
Brown, Gordon, 123, 156, 157.
Brubaker, Rogers, 95.
Brugman, Jan, 315.
Bruxelles, 171, 188, 205, 404, 438.
Bunglawala, Inayat, 222, 223.
Bunting, Madeleine, 122.
Burnham, James, 460.
burqa, 314.
Buruma, Ian, 232, 392, 398.
Burundi, 153, 289.
Bush, George W., 265, 327, 375, 386, 443, 457.
Business Angels des Cités, 71.
Butt, Hassan, 345.
Buttiglione, Rocco, 270.
Byron, George Gordon, Lord 228.

Calvin, John, 267.
Cameron, David, 375.
Camp des saints, Le (Jean Raspail), 31.
Canada, 86, 87, 88, 96, 97, 98.
Canard Enchaîné, Le, 179, 444.
Canaries, Îles, 105, 106, 107, 108.
Caraïbes, 27, 31, 56, 57, 92, 135, 170, 203, 327.
Cardilli, Torquato, 261.
Cardo, Pierre, 179.
Caribéens, 56, 194.
Carlyle, Thomas, 163, 263, 264.
Carrère d'Encausse, Hélène, 144.
Castel, Robert, 433.
Çeric, Moustapha, 382, 383.
Ceuta (Espagne), 103, 104, 105, 121.
Ceylan, Rauf, 189, 190, 193, 232.
CFCM (Conseil français du culte musulman), 199, 221, 272, 273, 274.
Chanteloup-les-Vignes, 179.
Charlie Hebdo, 285.
Chiliens, 116, 224.
Chine, 119, 127.
Chirac, Jacques, 271, 316, 321, 322, 324, 333, 334, 348, 421, 422.
Choc des Civilisations, Le (Huntington), 19, 51, 226.
Churchill, Winston, 130.
Clarke, Charles, 385.
Clarke, Peter, 386.
Clichy-sous-Bois, 193, 339.
Clinton, Bill, 284, 442.
Cohen, Roger, 297.
Coleman, David, 43, 69, 306, 327.
Cologne, 169, 191, 327.
Commission nationale consultative des droits de l'homme (CNCDH), 166.
Conget, Audalla, 258, 259.
Conseil national du renseignement (États-Unis), 169.
Consortium pour la recherche appliquée sur les migrations internationales (CARIM), 88.
Consulta Islamica, 274.
Convention de Genève sur le Statut des Réfugiés, 123.

Convention Européenne des Droits de l'Homme, 457.
Cook, James, 112.
Coran, 265, 276, 315, 342, 371, 382.
Corriere della Sera, Il, 140.
Corti, Ilda, 328.
Crick, Bernard, Sir, 408.
Cuba, 115, 152.
Cullen, Kevin, 384.

Dabashi, Hamid, 441.
Daily Express, 318.
Daily Mail, 293.
Danemark, 13, 17, 39, 40, 61, 74, 83, 112, 113, 114, 118, 188, 189, 215, 216, 225, 231, 250, 265, 281, 282, 306, 310, 312, 313, 420, 535.
Dannatt, Richard, 254.
Dansk Folkeparti, DF (Parti Populaire Danois), 215, 420.
dar al-harb, 391, 392.
dar al-islam, 142, 391.
Dati, Rachida, 431.
Daun, Åke, 34.
Degauque, Muriel, 262.
Dench, Geoff, 145.
Deobandi, école (Pakistan), 346.
Derby (Angleterre), 131, 227, 228.
Derrar, Jamal, 295.
Descoings, Richard, 429.
Désert des déserts, Le (Thesiger), 373.
Deutsche Oper, 280.
de Winter, Leon, 267.
Dewsbury (Angleterre), 169, 318.
di Fabio, Udo, 155, 459.
di Lorenzo, Giovanni, 184.
Donner, Piet-Hein, 302.
Dreux, 189.
Dreyfus, affaire, 321, 349.
Dudley (Angleterre), 131.
Duisbourg (Allemagne), 65, 169, 172, 190, 191, 298, 307, 308, 344.
Duisenberg, Gretta, 353.
Duisenberg, Wim, 353.
Dumont, Lionel, 262.

Égypte, 110, 121, 166, 291, 333, 376, 390, 396.
El Maroudi, Hasna, 341, 342.
Émirats Arabes Unis, 229.
Empire ottoman, 127, 228, 230, 451.
Empire Windrush, 56.
Enzensberger, Hans Magnus, 32, 84, 111, 114, 154, 233.
Espagne, 32, 33, 35, 41, 46, 49, 59, 72, 81, 87, 91, 96, 98, 99, 100, 103, 104, 105, 108, 114, 120, 131, 168, 228, 230, 245, 248, 258, 259, 269, 283, 317, 361, 362, 363, 364, 399, 403, 404, 416, 437, 438, 439, 443.
ETA, 363, 364.
États-Unis, 19, 20, 27, 36, 62, 66, 71, 84, 88, 91, 94, 95, 96, 97, 98, 121, 146, 165, 169, 173, 174, 178, 184, 186, 196, 209, 213, 222, 223, 226, 239, 253, 265, 288, 289, 333, 334, 344, 352, 353, 364, 384, 390, 419, 430, 432, 433, 436, 439, 442, 443, 444, 445, 446, 447, 448, 450, 457.

Europe, 3, 5, 11, 12, 13, 14, 15, 16, 19, 20, 25, 26, 30, 31, 32, 33, 35, 36, 37, 38, 39, 40, 41, 42, 44, 45, 46, 47, 48, 49, 50, 51, 52, 53, 54, 55, 59, 60, 61, 62, 63, 64, 65, 66, 67, 77, 78, 80, 81, 83, 84, 86, 88, 90, 91, 92, 93, 96, 98, 99, 100, 101, 103, 105, 106, 107, 108, 109, 114, 115, 116, 118, 121, 122, 123, 124, 125, 127, 128, 129, 139, 140, 143, 146, 147, 149, 151, 156, 157, 161, 162, 163, 164, 165, 166, 167, 169, 170, 171, 173, 174, 178, 180, 185, 186, 188, 189, 190, 193, 205, 207, 209, 210, 213, 214, 215, 216, 217, 218, 220, 223, 224, 229, 230, 232, 233, 235, 236, 237, 239, 241, 242, 243, 244, 248, 249, 250, 251, 252, 253, 254, 257, 265, 269, 270, 271, 275, 279, 282, 283, 284, 285, 287, 288, 289, 290, 293, 300, 302, 305, 309, 312, 314, 320, 323, 325, 326, 328, 336, 337, 338, 340, 342, 344, 345, 347, 348, 349, 350, 352, 353, 356, 357, 358, 359, 360, 361, 362, 365, 366, 368, 370, 376, 377, 379, 380, 384, 391, 392, 397, 398, 399, 400, 403, 404, 405, 406, 407, 408, 412, 414, 415, 416, 417, 420, 423, 424, 432, 433, 434, 436, 437, 438, 439, 442, 443, 444, 445, 446, 447, 449, 450, 453, 454, 455, 456, 457, 458, 459, 460, 461, 533, 534, 535, 536.
Europe de l'Est, 33, 170.
Européens, 15, 20, 26, 30, 32, 33, 38, 39, 40, 41, 42, 43, 46, 52, 54, 55, 61, 70, 72, 73, 78, 82, 89, 90, 100, 109, 110, 114, 120, 125, 126, 127, 128, 129, 142, 147, 148, 149, 151, 152, 154, 155, 156, 161, 162, 163, 164, 165, 166, 173, 183, 188, 190, 193, 215, 217, 221, 227, 230, 231, 233, 235, 236, 239, 241, 242, 243, 246, 249, 250, 251, 254, 260, 261, 263, 270, 275, 283, 284, 289, 299, 300, 303, 308, 310, 314, 316, 324, 326, 337, 340, 341, 343, 344, 347, 350, 351, 353, 354, 355, 356, 357, 364, 367, 372, 379, 386, 388, 389, 394, 396, 397, 399, 400, 403, 404, 406, 433, 434, 435, 436, 437, 438, 439, 442, 443, 445, 447, 449, 452, 454, 455, 456, 458.
Eweida, Nadia, 154.

Fadlallah, Mohammed Hussein, 333.
Fallaci, Oriana, 39, 85, 140, 141, 142, 326.
Farrakhan, Louis, 138.
Feldstein, Martin, 81.
Figaro, Le, 249, 279.
Financial Times, 67, 438.
Fini, Gianfranco, 415.
Finkielkraut, Alain, 143, 144, 201, 202, 360.
Finlande, 35, 259.
Fitna (film), 276, 374.
Flores d'Arcais, Paolo, 256.
Fortuyn, Pim, 408, 409, 410,

411, 412, 413, 414, 422, 424, 427, 428.
France, 3, 5, 16, 18, 19, 25, 33, 35, 36, 37, 43, 46, 48, 53, 55, 57, 62, 65, 76, 83, 85, 86, 93, 96, 99, 102, 114, 115, 117, 120, 130, 136, 138, 140, 143, 144, 149, 150, 151, 167, 168, 169, 174, 177, 178, 180, 184, 185, 186, 192, 193, 194, 195, 196, 197, 198, 199, 202, 204, 208, 209, 211, 212, 218, 221, 229, 240, 242, 245, 259, 268, 273, 283, 290, 304, 305, 315, 320, 321, 322, 324, 328, 333, 334, 336, 337, 348, 349, 350, 361, 367, 390, 400, 403, 416, 417, 423, 424, 425, 427, 429, 430, 433, 443, 445, 450, 455, 461.
Franco, Francisco, 248.
Frattini, Franco, 106.
Frères Musulmans, 199, 230, 273, 333, 389, 392, 396.
Frevert, Louise, 421.
Frontex, 108, 109.
Front National (France), 144, 177, 196, 417, 421, 426.

Gambiens, 103.
Ganji, Akbar, 382.
Garzon, Baltasar, 390.
Gayssot, Jean-Claude, 136.
Gayssot (loi), 136, 137, 138.
Gaza, 282, 353, 369.
GIA (Groupe Islamique Armé), 198, 361.
Gibbons, Gillian, 131.
Giscard d'Estaing, Valéry, 179.
Glaeser, Edward, 93.
Goethe, Johann Wolfgang von, 46, 163.
« Going, Going » (Larkin), 101.
Goodbye, Deutschland ! (émission de télévision), 96.
Goody, Jack, 163, 165.
Göteborg (Suède), 175, 177, 213.
Grande-Bretagne, 25, 27, 29, 30, 35, 43, 44, 50, 55, 56, 62, 63, 75, 83, 84, 87, 91, 92, 99, 102, 115, 122, 123, 132, 148, 155, 168, 170, 181, 182, 194, 203, 207, 211, 213, 219, 231, 245, 265, 283, 289, 293, 301, 302, 306, 317, 320, 323, 337, 346, 350, 366, 385, 391, 399, 416, 431, 445, 456, 461.
Grecs, 116, 451.
Gresh, Alain, 218.
Grewal, David Singh, 435.
Gringo, 150, 177.
Groen, Janny, 298.
Groupe international de crise (GCI), 199, 201.
Guardian, The, 63, 122, 444.
Guerre du Golfe, 268, 334.
Guerre froide, 55, 101, 165, 226, 337, 411, 419, 442.

Haaretz, 143.
Habermas, Jürgen, 145, 256.
Hahne, Peter, 252.
Haider, Jörg, 417.
Haine, La (film), 180.
Halimi, Ilan, 240, 358.
Hamas, 391.
Hambourg, 328, 344.
Handlin, Oscar, 62, 96, 251, 335.

Hanif, Asif Mohammed, 227.
Hastings, Max, 455.
Heath, Edward, 28.
Hefty, George-Paul, 246.
Heinsohn, Gunnar, 50, 88, 368, 378.
Helsinki, 185.
Hezbollah, 333.
hijab, 298, 314.
Hirsi Ali, Ayaan, 49, 98, 278, 323.
Hizb ut-Tahrir, 225, 230, 231, 345.
HLM, 174, 177, 179.
Hodgson, Marshall G. S., 141.
Hoekelet, Angelo, 201, 202.
Hofmann, Corinne, 151.
Hofstad (réseau), 231, 298.
Holocauste, 136, 137, 138, 316, 356, 357, 358, 359, 360, 419.
Honeyford, Ray, 135, 136.
Hongrie, 46, 58, 85, 86, 100, 216.
Houellebecq, Michel, 151, 152, 325, 446.
HP/De Tijd, 340.
Huguenots, 47, 63.
Huntington, Samuel, 19, 51, 226, 234.
Hussein Saddam, 248, 373, 417.
Hussey, Andrew, 388.
Hvilshøj, Rikke, 216, 313.

Independence Party (Royaume-Uni), 415.
Indiens, 31, 56, 57, 89, 214, 346.
Iran, 118, 300, 405.
Iran-Irak (guerre), 116.
Irlandais 335.
Irlandais, 33, 40, 62, 63, 96, 186, 251, 336, 385, 402, 405.
Irlande, 32, 33, 47, 87, 90, 99, 101, 120, 238, 265, 266, 269, 302, 309, 402.
Irving, David, 136.
Islam, 3, 5, 12, 13, 14, 16, 18, 19, 20, 22, 36, 37, 39, 40, 49, 50, 52, 54, 95, 108, 113, 132, 141, 142, 157, 159, 161, 162, 163, 164, 165, 166, 167, 169, 170, 171, 173, 187, 188, 191, 192, 198, 199, 200, 201, 212, 216, 217, 218, 219, 220, 221, 222, 223, 224, 226, 229, 230, 231, 234, 237, 239, 241, 242, 243, 244, 247, 249, 251, 252, 253, 254, 257, 258, 259, 260, 261, 262, 263, 264, 265, 268, 269, 271, 274, 275, 276, 277, 278, 279, 280, 281, 282, 283, 284, 285, 286, 287, 289, 297, 298, 299, 302, 314, 316, 319, 321, 322, 325, 326, 327, 329, 333, 334, 337, 339, 340, 341, 342, 343, 344, 345, 346, 347, 361, 362, 364, 369, 370, 371, 372, 373, 374, 375, 376, 377, 378, 379, 380, 381, 382, 387, 388, 390, 391, 395, 397, 398, 399, 400, 405, 406, 407, 410, 412, 413, 414, 417, 419, 421, 433, 437, 440, 451, 453, 456, 461, 534, 535, 536, 537.
Islam dans l'histoire mondiale, L' (Hodgson), 141.
Islamkonferenz, 50, 218.
Islam, Youssouf (Cat Stevens), 261.

Israël, 40, 45, 96, 226, 227, 228, 248, 255, 316, 344, 345, 347, 352, 353, 354, 355, 356, 359, 366, 383, 390, 416, 417, 450.
Italie, 33, 41, 42, 43, 46, 47, 57, 58, 59, 61, 75, 76, 103, 114, 172, 186, 187, 192, 218, 249, 270, 271, 309, 317, 341, 400, 433, 447.
Italiens, 51, 75, 76, 168, 219, 261.

Jamaat-i-Islami, 346.
Jamaïcains, 56, 449.
Jama, Mustaf, 317.
Jammeh, Yahya, 91.
Jansen, Hans, 249.
Jaurès, Jean, 136.
Jean-Paul II, pape, 99, 255, 257.
Jerichow, Anders, 241.
jihad, jihadistes, 132, 200, 225, 361, 362, 369, 394, 395, 396.
Jneid, Fawaz, 231.
Johansson, Göran, 213.
Jospin, Lionel, 380.
jus sanguinis, 208, 209, 210, 212.
jus soli, 12, 208, 535.
Jyllands-Posten, 53, 281, 282, 283, 285, 359, 452.

Kadhafi, Muhammar, 417.
Kamali, Massoud, 232.
Kashmir, 383.
Kassovitz, Mathieu, 180.
Kelkal, Khaled, 198, 361.
Kepel, Gilles, 392.
Khan, Mohammed Sidique, 236, 243, 362, 366.
Khosrokhavar, Farhad, 192, 321.
Kilroy-Silk, Robert, 123.
King, Martin Luther, 26.
Kinneging, Andreas, 260.
Kjaersgaard, Pia, 123, 420, 421.
Klausen, Jytte, 285.
Know-Nothing (parti), 336.
Koweït, 229, 282.
Krarup, Søren, 420, 422.
Kurdes (immigrants), 175, 184, 217.
Kurdes (nationalistes), 116, 405, 451.

Labour Party (britannique), 115, 277, 338, 418, 443.
Lafontaine, Oskar, 418.
Lampedusa, Giuseppe di, 76.
Lampedusa (Italie), 106.
Langballe, Jesper, 216, 420, 421.
La Rage et l'Orgueil (Fallaci), 39, 140, 141, 142.
Larcher, Gérard, 304.
Larkin, Philip, 101.
Latrèche, Mohammed Ennacer, 322.
Lau, Jörg, 220.
Lawrence, Stephen, 134.
Lebrot, Jacques, 374, 375.
Leeds (Angleterre), 243, 247.
Leefbaar Nederland (parti), 409.
Legrain, Philippe, 68.
Leicester (Angleterre), 97, 169, 181, 214, 337.
Lemann, Nicholas, 66.
Lemoine, Xavier, 423.
Leonard, Mark, 127.
Le Pen, Jean-Marie, 177, 196, 417, 422, 426.

Lettonie, 101.
Levi, Primo, 64.
Lewis, Bernard, 39, 137, 242, 379.
Lewy, Mordechai, 371.
Liban, 381.
Libération, 144, 208.
Libye, 106, 417.
Liddle, Ron, 188.
Liechtenstein, 87.
Ligue arabe européenne, 359.
Ligue du Nord (Italie), 415, 447.
Lilla, Mark, 453, 454.
Lille, 188.
Lindbeck, Assar, 176.
Lindsay, Germaine, 262.
Lire Lolita à Téhéran (Nafisi), 441.
Liste Pim Fortuyn, 409, 422.
Livestro, Joshua, 253.
Livingstone, Ken, 181, 182, 358.
Londres, 17, 27, 29, 43, 51, 71, 130, 169, 172, 181, 183, 219, 225, 229, 236, 239, 243, 262, 263, 315, 344, 350, 358, 366, 375, 381, 385, 386, 416, 418, 433.
Lopez Garcia, Bernabé, 98.
Lumières, 153, 252, 255, 266, 275, 311.
Lutz, Wolfgang, 41.
Luxembourg, 33, 400, 401.
Luxenberg, Christoph (pseud.), 342.
Lyon, 194.

Maastricht, Traité de (1993), 401.
MacPherson (enquête), 133.
MacShane, Denis, 326.
Madrid, 39, 98, 239, 347, 363.
Mahmood, Khalid, 277.
Mahomet (prophète), 53, 263, 264, 277, 279, 280, 281, 284, 387, 452.
Mak, Geert, 48, 49, 279.
Malcolm X, 222, 223.
Maliens (immigrants), 103.
Malik, Shiv, 299.
Malmö (Suède), 18, 178, 189.
Manchester, 169, 306, 350.
Manent, Pierre, 156.
Manuel II Paléologue, empereur byzantin, 256, 257.
Manzoor, Sarfraz, 214.
March, The (film), 30, 31.
Maroc, 43, 46, 59, 106, 161, 205, 257, 315, 325, 437, 438.
Marocains (immigrants), 34, 61, 91, 166, 192, 217, 328, 362, 363.
Marseille, 169, 361.
Martin, David, 370.
Martin, Philip, 72.
Massachusetts, 62, 335, 336.
Massaï Blanche, La (Hofmann), 151.
Maududi, Abu A'la, 346.
Mauritanie, 106, 108, 109.
Mbala-Mbala, Dieudonné, 138, 358, 417.
McVeigh, Timothy, 17, 384, 385.
Meisner, Joachim, 327.
Melilla (Espagne), 103, 104, 105, 121.
Mercosur, 90.
Merkel, Angela, 327.
Merz, Friedrich, 156.

Mexique, 165, 224, 436.
Milli Görüs, 407.
Million, Program, 175, 177.
Mill, John Stuart, 263.
Milne, Seunas, 444.
Milton, John, 64.
Mitterrand, François, 334.
Modood, Tariq, 307.
Monde, Le, 144, 205, 430.
Monnerot, Jules, 376, 377.
Monsieur Islam n'existe pas (Bouzar), 217.
Montfermeil, 42, 423.
Mooney, Bel, 315, 316.
Morales, Evo, 90.
Moro, Aldo, 376.
Moussa, Hassan, 298, 381.
Mouvement contre le Racisme et pour l'Amitié entre les Peuples (MRAP), 140, 141, 142, 144.
Moynihan, Daniel Patrick, 135.
Mullah Boys, 243.
Munich, 191, 328, 361.
Muslim Association of Britain, 221.
Muslim Council of Britain, 222, 346.
Mussolini, Benito, 415.
Mustafa, Taji, 345.
musulmans, 17, 19, 20, 21, 36, 38, 40, 44, 45, 49, 50, 52, 53, 57, 98, 112, 113, 118, 131, 140, 141, 144, 164, 166, 168, 169, 170, 171, 173, 184, 186, 187, 188, 191, 192, 199, 200, 203, 205, 211, 212, 215, 216, 217, 218, 219, 220, 221, 222, 223, 224, 225, 226, 227, 229, 230, 232, 234, 235, 236, 237, 238, 239, 240, 242, 243, 244, 245, 246, 247, 248, 249, 252, 253, 255, 257, 258, 259, 260, 261, 266, 267, 269, 270, 272, 273, 274, 275, 276, 277, 278, 279, 281, 282, 283, 284, 287, 289, 290, 291, 292, 293, 298, 299, 300, 301, 302, 307, 310, 314, 315, 317, 318, 322, 323, 324, 325, 327, 328, 333, 334, 336, 337, 338, 339, 340, 341, 342, 343, 344, 345, 346, 347, 348, 349, 351, 352, 353, 357, 358, 359, 361, 362, 365, 366, 367, 368, 370, 372, 373, 374, 375, 379, 380, 381, 382, 383, 384, 386, 387, 389, 390, 391, 392, 393, 394, 395, 396, 397, 398, 399, 407, 409, 412, 413, 417, 427, 441, 444, 450, 451, 453, 454, 456, 458.

Nafisi, Azar, 441.
Nagel, Thomas, 275.
Nantes, Édit de (1685), 63.
Nasser, Gamal Abdel, 166.
National-Demokratische Partei Deutschlands (NPD), 418.
Nationality Act, 1948 (Royaume-Uni), 209.
Negro Family, The (Moynihan), 135.
New Statesman, 357, 388.
New York Times, 328.
Ni Putes Ni Soumises, 295.
niqab, 314, 317, 318.
Nixon, Richard, 426, 427, 449.
Nord-Africains (immigrants), 46, 63, 96, 106, 168, 177, 178, 188, 192.

Norvège, 90, 353.
Nouvelle Alliance italienne (NA), La, 415.
Nouvel Observateur, 144.
NRC Handelsblad, 341.

Odyssée (Homère), 110.
Organisation pour la coopération économique et le développement (OCDE), 50, 117.
OTAN, 125, 441, 442.
Ousley, Herman, 306.

Paci, Francesca, 261, 347.
Pakistan, 31, 100, 281, 346, 374, 441.
Pakistanais (immigrants), 44, 56, 57, 61, 90, 106, 168, 170, 181, 203, 217, 243, 306, 307, 341, 345, 346, 374, 383.
Palestiniens, 138, 225, 352, 357, 369.
Pantelleria (Italie), 106.
Pareto, Vilfredo, 460.
Paris, 42, 43, 57, 99, 143, 152, 167, 174, 179, 180, 230, 273, 295, 322, 333, 444.
Particules élémentaires, Les (Houellebecq), 151, 446.
Parti Populaire (espagnol), 363, 364, 416.
Pays-Bas, 18, 21, 25, 42, 43, 46, 48, 55, 57, 74, 82, 97, 98, 116, 117, 118, 119, 150, 169, 208, 230, 231, 252, 253, 266, 278, 287, 288, 328, 342, 400, 403, 408, 409, 410, 411, 422, 424, 428, 433.
Pera, Marcello, 251, 252, 311.
Perry, Grayson, 280.
Persson, Torsten, 116.
Pétré-Grenouilleau, Olivier, 138.
Phillips, Melanie, 132.
Phillips, Trevor, 181, 183, 320.
Piccardo, Hamza, 261.
Pirenne, Henri, 162, 163, 399.
Policy Exchange, 219.
Politicky, Matthias, 445.
Pologne, 33, 47, 57, 100, 136, 216, 270.
Polonais (immigrants), 33, 53, 99, 100, 116, 219.
Pompedda, cardinal Mario, 248, 249.
Portugal, 33, 59, 100.
Powell, Enoch, 26, 27, 28, 29, 30, 31, 132, 207, 208, 447.
Prodi, Romano, 127.
Putnam, Robert, 94, 431.

Qaradawi, Youssouf, 224.
Qutb, Said, 389.

Rachid, Ahmed, 369.
Ramadan, 242.
Ramadan, Said, 389.
Ramadan, Tariq, 322, 326, 386, 388, 389, 390, 391, 392, 393, 394, 395, 396, 397, 398, 413.
Raspail, Jean, 31.
Reagan, Ronald, 78.
Rebérioux, Madeleine, 136, 137.
Redeker, Robert, 278.
Reedjik, Pleun, 245.
Réforme, 275.
Reid, John, 117, 123.
Renan, Ernest, 164, 165, 221, 223.
Respect Party (Royaume-Uni), 261.
Rice, Condoleezza, 319.

Richter, Karl, 418, 419.
Ridley, Yvonne, 261.
Rifkin, Jeremy, 127.
Rinkeby (Suède), 177.
Río Duero, 108.
Rome, Traité de (1957), 400.
Rose, Flemming, 281, 283, 285, 286.
Rosengård, cités (Suède), 18, 189, 317.
Rotterdam (Pays-Bas), 42, 166, 169, 188, 245.
Roubaix, 188, 262.
Roy, Olivier, 270, 299, 376.
Ruiz-Gallardón, Alberto, 39.
Rushdie, Salman, 223, 277, 278, 339, 340, 341, 342, 371.
Rüttgers, Jürgen, 88, 214.
Rynja, Martin, 279.

Sabuni, Nyanko, 289, 292.
Sahindal, Fadime, 296, 297.
salafisme, 200.
Salisbury Review, 135.
Samoura, Larami, 204.
Santoro, Andrea, 282.
Sardar, Ziauddin, 357.
Sarkozy, Nicolas, 14, 85, 86, 92, 93, 184, 194, 197, 198, 199, 272, 273, 333, 374, 375, 422, 423, 424, 425, 427, 428, 429, 431, 435, 536.
Saxe, 418, 419.
Sayad, Abdelmalek, 124.
Sbai, Souad, 457.
Scandinavie, 25, 116.
Schäuble, Wolfgang, 87, 218, 246, 260, 309, 310.
Schengen (accords de), 33, 402, 404, 411.
Schily, Otto, 215.
Schröder, Gerhard, 88, 210, 211, 338.
Scialoja, Mario, 261.
Sciences-Po, 429.
Seconde guerre mondiale, 25, 50, 54, 55, 58, 64, 85, 115, 117, 124, 125, 131, 164, 249, 284, 348, 350, 372, 415, 417, 419, 422, 436, 442, 454, 457.
Seidenfaden, Tøger, 313, 421.
Seine-Saint-Denis, 168, 196, 294.
Selim, Nahed, 290.
Sénégal, 109, 205, 439.
11 Septembre, attaques terroristes, 39, 142, 164, 173, 188, 225, 252, 265, 338, 344, 347, 361, 362, 364, 375, 384, 385, 389, 443, 444, 456.
Shadjareh, Massoud, 383.
Sharif, Omar Khan, 227.
Shipman, Harold, 384, 385.
Siddiqui, Ghayasuddin, 95.
Sinn, Hans-Werner, 100.
Slovaquie, 100, 136.
Smith, Jacqui, 130, 132.
Smith, Zadie, 445.
Sociaux-démocrates (allemands), 338, 422.
Somalie, 38, 116, 118, 257, 291, 317.
Somalis (immigrants), 175, 185.
Soroush, Abdelkarim, 382.
SOS Racisme, 204.
Soudan, 131, 291.
Soudanais (immigrants), 90, 121.

Soufisme, 346.
Souhelli, Moushin, 204.
Sourires de Loups (Smith), 129.
Stasi, Bernard, 321.
Stern, Der, 217.
Strasbourg, 169, 194, 401.
Straw, Jack, 319, 323.
Suède, 18, 34, 58, 62, 99, 117, 118, 120, 134, 150, 174, 184, 189, 192, 213, 232, 233, 288, 289, 292, 296, 297, 298, 317, 353, 381, 399, 433.
Suédois (immigrants), 34, 42, 407.
Suisse, 35.
Sunna, 314.
Sunnites, 141, 217, 372.
Sürücü, Hatun, 295, 296.
Süßmuth, Rita, 50.
Syrie, 166, 229, 282, 405.

Taguieff, Pierre-André, 134, 146, 356.
Taliban, 314.
Tantawi, Mohammed Sayyed, 334.
Tawfik, Younis, 172.
Tcherbov, Sergueï, 306.
Tchétchénie, 347.
Tebbit, Norman, 207, 208.
Tensta (Suède), 18, 177, 178.
Territoires perdus de la République, Les (Brenner), 316.
Teyhani, Gülgün, 308.
Thatcher, Margaret, 78, 337.
Thesiger, Wilfred, 372.
Tibi, Bassam, 155, 163, 165, 379.
Times (édition de Londres), 115, 284, 315, 377.
Time to Emigrate ? (Walden), 97.
Tocqueville, Alexis de, 133.
Traoré, Bouna, 193, 194.
Tribalat, Michelle, 168.
Tribu Ka, 358.
Turcs (immigrants), 18, 59, 61, 65, 66, 83, 137, 166, 168, 171, 172, 185, 209, 217, 220, 242, 246, 305, 306, 309, 310, 328, 338, 416.
Turin (Italie), 43, 63, 64, 172, 177, 328, 347.
Turquie, 13, 43, 58, 59, 71, 116, 118, 137, 161, 164, 190, 210, 305, 309, 314, 325, 345, 373, 405, 406, 407, 436, 451, 452, 536.

Ücüncü, Oguz, 407.
Ukraine, 107.
Union des organisations islamiques de France (UOIF), 273.
Union Européenne, 13, 33, 54, 99, 100, 103, 107, 125, 126, 132, 148, 191, 196, 282, 337, 350, 351, 399, 400, 408, 438, 536.
Union Soviétique, 442.

van der Horst, Pieter, 351.
van Gogh, Theo, 74, 97, 215, 231, 232, 246, 267, 278, 298, 312.
Vanneste, Christian, 134.
Vaudois, 64.
Védrine, Hubert, 348.
Venstre parti (Danemark), 420.
Verdonk, Rita, 215.

Versets Sataniques, Les (Rushdie), 277, 340.
Vietnamiens (immigrants), 59, 116, 216.
Villepin, Dominique de, 90.
Villiers-le-Bel, 204, 423, 425.
Vlaams Belang (VB), Flandres (Belgique), 415.
Vluchtelingen Werk, 117.
Voltaire, 275.

Waheed, Imran, 225.
wahhabisme, 229, 346.
Walden, George, 97, 193, 319.
Wall Street Journal, 225, 247.
Wallström, Margot, 127.
Waugh, Auberon, 115.
Westergaard, Kurt, 283.
Western Union, 91.
white flight, 95, 97.
« White Man, What Now ? » (Politycki), 152.
Widdecombe, Ann, 324.
Wilders, Geert, 276, 278, 374, 375.
Williams, Rowan, archevêque, 300, 301, 302, 371.
Wright, Lawrence, 362.

Yadigaroglu, Yasmine, 298.
Yougoslavie, 58, 59, 117, 118.

Zapatero, José Luis Rodriguez, 109, 211, 363, 364, 403, 404.
Zêdess, 85, 86, 92, 93.
ZEP (zone d'éducation prioritaire), 429.
Zwarte Piet, 130.

Remerciements

Ce livre aurait été bien plus ennuyeux si plusieurs rédacteurs en chef – William Kristol, Fred Barnes, Richard Starr et Claudia Anderson au Weekly Standard ; Gerald Marzorati et Alex Star au New York Times Magazine ; et Lionel Barber, Brian Groom et Gwen Robinson au Financial Times – ne m'avaient pas permis d'écrire sur certaines des questions et des lieux évoqués dans ces pages. Je les remercie. Je suis reconnaissant envers mon beau-frère, Jordi Gali, d'avoir lu le chapitre 2 ; à mes collègues européens, Paul Brill, Janny Groen, Blandine Grosjean, Michel Gurfinkiel, Lotte Folke Kaarsholm, Jörg et Mariam Lau et Stuart Reid pour leurs conseils et leur aide généreuse ; à mon agent, Tina Bennett ; et à mes éditeurs, Kristine Puopolo et Helen Conford.

Les erreurs ou appréciations erronées de ce livre sont de mon fait.

Table

Sommaire 11

Préface 15

Première Partie
Immigration

Chapitre 1
Des rivières de sang. 25

Enoch Powell, à tort ou à raison. 26
Combien d'immigrants ? 32
L'immigration musulmane 35
L'Europe et son problème démographique. 40
Civilisation et décadence 45
La diversité surévaluée 47
Peut-on avoir la même Europe avec un peuple différent ? . 52

Chapitre 2
L'économie de l'immigration. 55

La grande migration de l'après-guerre 55
Une immigration d'une échelle sans précédent 61
L'argument capitaliste : le sauvetage d'industries moribondes 67
Des emplois dont personne ne veut 72
L'argument socialiste : le sauvetage de l'État providence . . 77

Chapitre 3
À qui profite l'immigration? 85
Les bons immigrés et les mauvais 86
L'immigration sert-elle les autochtones ou les immigrants? 89
Protection sociale et fuite résidentielle 93
Les plombiers polonais 99
Barcelone ou la mort 102
Le devoir d'hospitalité 110
Asile et droits de l'homme 114
Asile et démocratie 120

Chapitre 4
La peur déguisée en tolérance 125
Neutralité et politiquement correct 128
La criminalisation de l'opinion 133
Comités de doléances 139
Diversité et mépris de soi 146
Des citoyens de seconde classe 151

Deuxième Partie
L'Islam

Chapitre 5
Les colonies ethniques 161
La conception historique de l'Islam en Europe 161
Populations musulmanes, présentes et futures 167
Le rajeunissement de quartiers en déshérence 171
Architecture et ségrégation 173
Des zones de non-droit 178
Ségrégation ou autoségrégation? 181
Espaces de la charia 187
Violence, délinquance et émeutes 192
Les banlieues de l'émeute et l'Islam 198
Tribalisme, idéologie et escalade 202

Chapitre 6

Une culture concurrente 207

Jus soli et *jus sanguinis*, assimilation et intégration 208
L'illusion de la diversité 215
L'Islam en tant qu'hyper-identité 221
Double loyauté 226
Humiliation et islamophobie 231
Musulmans et Noirs américains 237

Chapitre 7

La crise de la foi en Europe 241

Résurgence religieuse 242
Islam et croyants européens 244
Islam et incroyants européens 249
Benoît XVI : nouvelles idées sur la foi et l'incrédulité 254
Sympathie occidentale envers (et conversion à) l'Islam . . . 258
Le modèle européen de gestion de la religion 264
Organiser les institutions religieuses 271
Liberté de religion = liberté de l'Islam 274
La crise des caricatures danoises 280

Chapitre 8

L'Islam et le sexe 287

La liberté sexuelle comme exigence européenne non négociable 288
Virginité et violence 291
Islam ou coutume ? 297
L'attrait de la charia 299
Mariages arrangés 304
Loi du mariage au Danemark 310
Controverses sur le foulard 314
La loi française contre le voile 320
Libération obligatoire 323

Troisième Partie
L'Occident

Chapitre 9
Tolérance et impunité 333
L'auto-affirmation politique comme moment charnière... 334
Intimidation et autodéfense 339
Les politiques de la terreur 344
Antisémitisme et antisionisme 348
« Le communisme du XXIe siècle » 356

Chapitre 10
Résistance et jihad 361
Pauvreté, emploi, grandeur perdue et autres griefs 363
Islam et violence 369
« L'Islam est pacifique » 373
Musulmans modérés 379
Tariq Ramadan et le double langage 386
Résistance et jihad 394

Chapitre 11
Libéralisme et diversité 399
L'immigration, l'Islam et l'Union européenne 400
Le projet de faire entrer la Turquie dans l'Europe 405
Pim Fortuyn et la faiblesse de l'Occident 408
« Droitisme » et « fascisme » dans le contexte de l'immigration et de l'Islam 414
Le Parti du peuple danois 420
Nicolas Sarkozy et la force de la République 423
Discrimination positive 429

Chapitre 12
Survie et culture 435
Le devoir de l'Europe envers le monde 437
L'Europe émancipée de l'Amérique 442

Le modèle américain de société multiethnique, et le modèle ottoman. 446
De « l'Islam, c'est la paix » à « aimez-le ou quittez-le » 453
Deux types d'utilité. 458

Notes 463

Bibliographie 513

Index 519

Remerciements 533

MAQUETTE ET MISE EN PAGES

Zeharbegi@

IMPRESSION : CORLET À CONDÉ-SUR-NOIREAU (14)
DÉPÔT LÉGAL : OCTOBRE 2011. N° D'IMPRESSION 141508
Imprimé en France